URSULA BÜTTNER

Politische Gerechtigkeit und Sozialer Geist

Hamburg zur Zeit der Weimarer Republik

CHRISTIANS

HAMBURGER BEITRÄGE
ZUR SOZIAL- UND ZEITGESCHICHTE BAND XX

Im Auftrag der
Forschungsstelle für die Geschichte
des Nationalsozialismus in Hamburg
und der Hamburger Bibliothek
für Sozialgeschichte und Arbeiterbewegung
herausgegeben von
Werner Jochmann, Werner Johe
und Ursula Büttner

Büttner, Ursula:
Politische Gerechtigkeit und sozialer Geist:
Hamburg zur Zeit der Weimarer Republik /
Ursula Büttner.– Hamburg: Christians, 1985.
(Hamburger Beiträge zur Sozial- und Zeit-
geschichte; Bd. 20)
ISBN 3-7672-0908-X
NE: GT

© Hans Christians Verlag, Hamburg 1985
Ausstattung Alfred Janietz
Printed in Germany
ISBN 3-7672-0908-X

INHALT

Einleitung

Auf dem Höhepunkt der Weltwirtschaftskrise, als sich die demokratischen Politiker der Weimarer Republik von allen Seiten angegriffen und in die Defensive gedrängt sahen, trösteten sich manche mit der Hoffnung, die Geschichte werde ihnen dereinst mehr Gerechtigkeit widerfahren lassen. Wenn eines Tages die Akten geöffnet werden könnten, würden sie Anerkennung finden für ihre Leistungen und ihre Opferbereitschaft. Dieses Vertrauen in die »Objektivität« des Historikers zu rechtfertigen, fällt jedoch gerade bei der Erforschung der Weimarer Republik nicht leicht. Auch für den Geschichtsforscher ist die Erinnerung an die erste deutsche Demokratie überschattet vom Wissen um ihr Scheitern; es beeinflußt seine Fragestellungen und seine Perspektive.

Wissenschaftler von sehr unterschiedlicher Prägung haben übereinstimmend auf dieses Problem hingewiesen, in den fünfziger Jahren Karl Dietrich Erdmann ebenso wie Karl Dietrich Bracher, in jüngerer Zeit Michael Stürmer ebenso wie Eberhard Kolb. So erklärte dieser: »Kein Versuch, die Geschichte dieser vierzehn Jahre aufzuhellen und den ›historischen Ort‹ der Weimarer Republik im Zusammenhang der deutschen Geschichte zu bestimmen, kann abstrahieren von dem, was *nach* Weimar kam.« Und Stürmer meinte: »Niemand vermag die Geschichte der ersten deutschen Republik anders zu sehen als im Banne des Bürgerkrieges, in dem sie zustande kam, der trügerischen Hoffnungen, die sie begleiteten, und der moralischen und politischen Katastrophe, die ihrem Scheitern folgte.«[1] Die Bemerkung selbst beweist, wie sehr das Werturteil über den Weimarer Staat von der Betroffenheit über seinen Untergang bestimmt wird; denn »trügerisch« waren die Hoffnungen, weil die kurze Lebensdauer der Demokratie die Verwirklichung verhinderte.

Diese Konzentration auf die Frage nach den Ursachen für das Scheitern der Weimarer Republik hatte zur Folge, daß ihre Strukturfehler und Schwächen das meiste Interesse fanden. Zahlreiche belastende Faktoren wurden herausgearbeitet: der Fortbestand vorrevolutionärer Machtzentren in der Bürokratie, in der Justiz, im Militär, in Industrie und Landwirtschaft; das Weiterwirken vor- und antidemokratischer Einstellungen; die Funktionsmängel des Parteiensystems; die verbreiteten Vorbehalte gegen diese politischen Organisationen usw. Versäumnisse in der Zeit der Revolution erschienen als wichtige Ursachen für die häufigen Krisen und schließlich den Zusammenbruch der Weimarer Demokratie, wenn sie ihn auch nicht notwendig herbeiführten. Die Bedeutung dieser strukturellen Probleme steht außer Frage. Sie können nicht bagatellisiert werden, wenn die Ablösung der Demokratie durch die nationalsozialistische Diktatur nicht zum bloßen Zufall, zu einer unerklärlichen »Laune« der Geschichte werden soll. Auch in diesem Buch werden die Schwächen der Weimarer Staatsordnung an vielen Stellen sichtbar. Die ersten Jahre, in denen in den verschiedenen Bereichen die Weichen gestellt wurden, finden besondere Beachtung.

Neben der Orientierung am Ende der Weimarer Republik ist aber auch eine andere Betrachtungsweise möglich. Wenn sich der Blick stärker auf die damalige aktuelle Situation und die Erfahrungen der Zeitgenossen richtet, verschieben sich bei der Bewertung die Akzente. Die Tatsache bleibt zwar bestehen, daß der Weimarer demokratische Staat bei zu wenigen seiner Bürger Zustimmung und Unterstützung fand, so daß er schließlich dem Ansturm der Radikalen erlag. Doch als ebenso bemerkenswert erscheint dann die Feststellung, daß sich bis 1930 trotz der schweren innen- und außenpolitischen Konflikte und trotz der wirtschaftlichen Bedrängnisse, die ihn erschütterten, rund 40% der Wähler zu diesem Staat bekannten. Die Bezeichnung Weimars als »Republik ohne Republikaner« wird den vielen nicht gerecht, die sich mit aller Kraft für ihn einsetzten.

Vor dem Hintergrund der Schwierigkeiten, mit denen die verantwortlichen Politiker zu kämpfen hatten, können sich ihre Leistungen sehr wohl sehen lassen. Der amerikanische Historiker Peter Gay, der vor der Emigration in seinen jungen Jahren noch einen Eindruck von der geistigen Aufgeschlossenheit im Berlin der frühen dreißiger Jahre gewann, beschrieb das Erreichte: Die Revolution »beendete den Krieg. Sie fegte ein für allemal das preußische Königshaus und die anderen deutschen Fürstenhäuser hinweg, große und kleine. Sie erzog immerhin einige Deutsche zu praktischer Politik. Sie schuf einen demokratischen Staat. Sie verschaffte Talenten, die im Kaiserreich keine Aussicht auf Beförderung hatten, neue Möglichkeiten und eröffnete fortschrittlichen Professoren, modernen Dramatikern und Regisseuren und demokratischen Denkern Stellungen mit Ansehen und Macht. Hugo Preuß, der Vater der Weimarer Verfassung, war ein Symbol der Revolution; als Juden und Linksdemokraten hatte man ihn trotz seiner Verdienste aus dem Establishment der Universitäten ausgeschlossen; jetzt aber gestaltete er, der Außenseiter, die neue Republik.«[2]

Rund 75 % der Wähler entschieden sich bei der Abstimmung über die Nationalversammlung am 19. Januar 1919 für die drei Parteien, die sich zur parlamentarischen Demokratie bekannten, und zwar nicht erst seit dem Zusammenbruch des kaiserlichen Obrigkeitsstaates, sondern bereits seit langem. Dieses Votum ist, wie ich meine, ernst zu nehmen und zu fragen, aus welchen Gründen die Parteien der Regierungskoalition bis zur nächsten Wahl im Juni 1920 soviel Zustimmung verloren, daß sie auf einen Stimmenanteil von wenig mehr als 40 % zurückfielen. Der Wille zum politischen Neubeginn war Anfang 1919 offensichtlich weit verbreitet. Vielleicht erfüllte er sogar mehr Menschen als 1945, als die Mehrheit der Bevölkerung nach den Aussagen zahlreicher Beobachter politisch desorientiert, demoralisiert und apathisch war. Wie nach dem Zweiten Weltkrieg waren auch nach dem Ersten große Anstrengungen notwendig, um allmählich wieder die alltäglichen Lebensbedingungen zu normalisieren. Hunger, Kälte, Arbeitslosigkeit bedrängten viele. Die Spannungen entluden sich in schweren politischen Unruhen. Die Wirtschaft drohte vollends zusammenzubrechen. Anders als 1945 aber gab es keine Besatzungsmächte, gegen die sich die Mißstimmung richten konnte, während die demokratischen Politiker erst nach der Währungsreform in der Phase des wirtschaftlichen Wiederaufstiegs und der politischen Konsolidierung die Verantwortung übernehmen mußten. Die Politiker der Weimarer Republik hatten sie von Anfang an zu tragen; alle schweren Folgen des Krieges und der Niederlage wurden ihnen angelastet.

Unter diesen Umständen gehörte eine starke, grundsätzliche Überzeugung dazu, um trotz der aktuellen Enttäuschungen an der Demokratie festzuhalten. Die Kraft dieser Gesinnung zeigte sich sogar 1945 noch, als sich viele von den demokratischen Politikern und engagierten Anhängern der Weimarer Republik an den politischen Neuaufbau wagten. Den Leitgedanken ihres Handelns brachte Helene Lange, als sie am 24. März 1919 als Alterspräsidentin die verfassunggebende Hamburger Bürgerschaft eröffnete, auf die Formel: »Politische Gerechtigkeit und sozialer Geist«. Inwieweit dieses Motiv die Politik des Hamburger Senats und der Bürgerschaft bestimmte, welche Widerstände und Hemmungen dabei zu überwinden waren, ist eine zentrale Frage bei der folgenden Darstellung. Mit dem Ziel, die politische und soziale Gleichstellung aller Bürger zu erreichen, wurden damals Einrichtungen geschaffen, die heute als selbstverständlich erscheinen, zum Beispiel die Arbeitslosenversicherung und die Arbeitsgerichte, die moderne Verwaltung und die Verwaltungsgerichtsbarkeit. Es zeigt sich, daß die Rede von den »Errungenschaften der Weimarer Republik« mehr Berechtigung hatte, als ihre Gegner wahrhaben wollten, wenn sie die Wendung ironisch oder polemisch gebrauchten. Politische Gerechtigkeit übten die Demokraten auch ihnen gegenüber. Erst spät, 1930, erkannten sie, daß solche Prinzipientreue den Feinden der Republik gegenüber gefährlich war, daß die Freiheit der Demokratie dort eine Grenze finden mußte, wo sie zu ihrer Zerstörung mißbraucht werden sollte.

Die Parlamentsrede einer Frau war als solche ein Symbol für das Streben nach politischer Gerechtigkeit und ein Zeichen für den politischen Wandel. Die Zeitgenossen maßen die Ergebnisse der Revolution im allgemeinen nicht an einem abstrakten, normativen Demokratiemodell – dies taten allenfalls manche Intellektuelle –, sondern verglichen sie mit den Verhältnissen im Kaiserreich. Unter diesem Aspekt waren die Veränderungen erheblich, einem Teil der Bevölkerung gingen sie viel zu weit. Welchen Nutzen und welche Verluste sie für die verschiedenen Bevölkerungsgruppen brachten und ob sich daraus Erklärungen für das politische Verhalten ergeben, ist eine weitere zentrale Frage.

Besondere Beachtung finden die Entwicklungen in der Arbeiterschaft und ihren Organisationen. Sie bestimmten im Winter 1918/19 den Verlauf der Revolution. Als stärkste Regierungspartei war die SPD während der gesamten Zeit der Weimarer Republik maßgebend an der Gestaltung der hamburgischen Politik beteiligt. Die Radikalisierung von Teilen der Arbeiterschaft und die Linkswendung der Unabhängigen Sozialdemokratischen Partei (USPD), durch die 1919/20 die Anhänger der parlamentarischen Demokratie aus ihr verdrängt wurden, hatte erhebliche Folgen für die innenpolitische Kräftekonstellation. Der demokratische Sozialismus wurde geschwächt. Die SPD mußte nach zwei Seiten hin operieren, zum einen ihre Ziele gegen bürgerliche Parteien durchzusetzen versuchen, zum anderen ihren Kurs gegen die Vorkämpfer der proletarischen Rätediktatur verteidigen. Eine Erweiterung der Regierungskoalition nach links kam nicht mehr in Frage; als Bündnispartner standen ausschließlich die bürgerlichen Parteien der Mitte zur Verfügung.

Trotzdem wurde Hamburg keine »konservative Republik«. Dies war der guten Zusammenarbeit mit der Deutschen Demokratischen Partei zu danken. Bis zum Ende des Weimarer Staates beruhte darauf die ungewöhnliche politische Stabilität, durch die sich Hamburg gegenüber dem Reich und anderen deutschen Ländern auszeichnete. Die Grundlage für das Bündnis bildete das gemeinsame Bestreben der SPD und der DDP, einen Staat zu schaffen, der allen seinen Bürgern gleiche politische Rechte und darüber hinaus gleiche soziale Chancen sicherte. Helene Langes Formel bezeichnete die Basis, auf der sich die sozialdemokratische Arbeiterschaft und das fortschrittliche Bürgertum trotz unterschiedlicher Ziele im einzelnen zu einer in der Grundtendenz übereinstimmenden Politik zusammenfinden konnten. Auch wenn viele Bestrebungen nur in Ansätzen verwirklicht wurden, bestimmte das *Bemühen* um politisch und sozial gerechte Lösungen für die anstehenden gewaltigen Probleme in Hamburg die Signatur der Weimarer Demokratie.

Die Republik war mehr als eine Vorstufe oder ein Zwischenstadium auf dem Weg in die nationalsozialistische Diktatur. Von diesem Regime trennten sie der Respekt vor rechtsstaatlichen Normen und den Grundrechten des Menschen, eine freiheitliche politische Kultur und die soziale, humane Zielsetzung der Politik oder, um noch einmal Helene Lange zu zitieren: das Bekenntnis zu politischer Gerechtigkeit und sozialem Geist.

1. Unter der Herrschaft des Arbeiter- und Soldatenrats

Revolution

Die Niederlage Deutschlands im Ersten Weltkrieg und der Zusammenbruch der politischen Ordnung des Kaiserreichs zeichneten sich seit dem Sommer 1918 ab. Nach dem Scheitern der deutschen Offensive im Westen und den Niederlagen der Verbündeten im Osten war die militärische Situation nach Einschätzung der Obersten Heeresleitung hoffnungslos. Seit Ende September drängte sie die Reichsregierung deshalb ungeduldig, einen Waffenstillstand herbeizuführen. Die Soldaten an der Front waren erschöpft, demoralisiert und kaum noch einsatzfähig, die Menschen in der Heimat, insbesondere in den großen Städten und Industriezentren durch die jahrelangen Entbehrungen zermürbt. Die große Mehrheit der Bevölkerung sehnte sich nach Frieden. Darüber hinaus verlangte sie eine Staatsverfassung, die ihr mehr Einfluß zugestand. Es war abzusehen, daß die Zwangs- und Unterdrückungsmittel, über die die Militärbehörden während des Belagerungszustands verfügten, auf die Dauer nicht reichen würden, um Massenproteste und -demonstrationen für Frieden und Demokratie zu verhindern. Am 3. Oktober wurde Prinz Max von Baden zum Reichskanzler ernannt; er bildete erstmals eine Regierung, die sich auf das Vertrauen der Reichstagsmehrheit stützen konnte und der auch sozialdemokratische Minister angehörten. Noch am Tag seines Amtsantritts ersuchte der neue Reichskanzler den amerikanischen Präsidenten, Friedensverhandlungen und einen Waffenstillstand zu vermitteln.

Diese Nachricht war für weiteste Kreise der Bevölkerung ein schwerer Schock. Selbst die »Mehrheitsparteien«, die linksliberale Fortschrittliche Volkspartei, das katholische Zentrum und die SPD, die jetzt die Regierung mittrugen, hatten sich zwar für einen »Verständigungsfrieden ohne Annexionen und Kontributionen« eingesetzt, aber nie eine Niederlage erwartet, die Deutschland dem Wohlwollen seiner Feinde auslieferte. Alle Opfer und Leiden erschienen plötzlich als vergebens. Die verbreitete Sehnsucht nach Frieden entwickelte sich zu der ungeduldigen Forderung, nun sofort »Schluß zu machen«; niemand sollte mehr in dem sinnlos gewordenen Krieg sterben. Wenn die preußische Monarchie dem Friedensschluß im Wege stand, so mußte sie fallen.

Den Anstoß zum Sturz des zusammenbrechenden Regimes gab eine Meuterei von Matrosen der Hochseeflotte. Sie weigerten sich, kurz vor Kriegsende, in den letzten Oktobertagen, in die Nordsee auszulaufen, um, wie sie ahnten, ohne Wissen und Willen der Reichsregierung den Engländern eine letzte große Schlacht zu liefern, die am Ausgang des militärischen Ringens nichts mehr ändern konnte. Mit den verhafteten und nach Kiel transportierten Aufrührern solidarisierten sich dort Matrosen und Soldaten. Die Arbeiter der Werften und Großbetriebe folgten. Zu dem anfangs begrenzten Ziel der Gefangenenbefreiung kamen weitergehende, aber immer noch auf die Behebung aktueller Mißstände beschränkte Forderungen, die das politische System nicht grundsätzlich in Frage stellten. Die Bewegung stieß auf wenig Widerstand und weitete sich rasch aus. Am Abend des 4. Novembers folgten alle 40 000 in Kiel stationierten Truppen nur noch den Anordnungen des Soldatenrats; zusammen mit dem Arbeiterrat, der für den nächsten Tag den Generalstreik durchsetzte, hatte er alle Macht in Händen.

Die Erhebung der Matrosen und Soldaten in Kiel griff unmittelbar auf Hamburg über.[3] Am Morgen des 5. Novembers herrschte auf den Werften hektische Aktivität. Vereinzelt kam es zu Tumulten. Nach lebhaften Diskussionen beschlossen die Arbeiter den Sympathiestreik für die Kieler Genossen. Eine Delegation verhandelte am frühen Nachmittag mit den Vorständen der SPD und der Gewerkschaften über seine Durchführung. Diese lehnten jedoch ab, ohne Zustimmung der Organisationen auf Betreiben einer einzelnen Branche den Streik zu proklamieren. Die Sitzung wurde um zwei Stunden auf 17.00 Uhr vertagt, um die Vertrauensleute der Großbetriebe hinzuziehen. In dieser erweiterten Versammlung, an der etwa 200 Delegierte teilnahmen, gelang es dem Vorsitzenden der Kartellkommission der Gewerkschaften, Karl Hense, gegen wenige Stimmen eine von der Par tei- und Gewerkschaftsführung gemeinsam erarbeitete Entschließung durchzusetzen, durch die die Entscheidung über den Streik einer Konferenz aller Betriebsvertrauensleute, Vorstandsmitglieder und Delegierten der SPD und der Gewerkschaften übertragen und damit zugleich auf den 7. November verschoben wurde. Überzeugend wirkte die Resolution vor allem wegen der weitreichenden politischen Forderungen: »1. Sofortige Herbeiführung des Friedens, 2. Rücktritt der Hohenzollern, 3. sofortige weitgehendste Demokratie im Reich und in den Bundesstaaten, 4. Amnestie und sofortige Freilassung aller politisch Inhaftierten, 5. sofortige Einführung des allgemeinen, gleichen, geheimen und direkten Wahlrechts für beide Geschlechter vom vollendeten 20. Lebensjahre an«.[4]

Diese Forderungen gingen weit über die der Kieler Soldaten hinaus. Die Hamburger SPD preschte damit auch gegenüber ihrer Berliner Parteiführung vor, die zu diesem Zeitpunkt zwar die Abdankung des Kaisers verlangte, aber bereit war, die Hohenzollernmonarchie zu erhalten. Die Leitung der Hamburger Sozialdemokratie versuchte, zwei nur schwer vereinbare Ziele zu erreichen: Einerseits wollte sie Zeit gewinnen, da der Vorstand der Gesamtpartei gerade aus Anlaß der Kieler Revolte in einem Aufruf dringend vor Streiks gewarnt hatte, andererseits mußte sie verhindern, daß sie ihren Einfluß auf die Arbeiterschaft an die radikalere USPD verlor.

Schon vor dem Krieg hatten sich in der SPD mehrere Gruppierungen herausgebildet, die in wichtigen prinzipiellen Fragen völlig entgegengesetzte Auffassungen vertraten. Die große Mehrheit hielt zwar in der Theorie an den revolutionären Konzeptionen des Erfurter Programms fest, zielte in der Praxis aber keineswegs auf den Umsturz des bestehenden Systems, sondern versuchte, in seinem Rahmen durch die Wahrnehmung aller Wirkungsmöglichkeiten in täglicher Kleinarbeit Fortschritte für die Arbeiterschaft zu erreichen. Diese »Reformisten« waren gerade in Hamburg, wo Partei, Gewerkschaften und Genossenschaften eng miteinander verbunden waren, in einer außerordentlich starken Position. Fast alle sozialdemokratischen Politiker und Funktionäre stimmten hier überein, daß es nicht auf »revolutionäre Demonstrationspolitik«,[5] sondern auf konkrete Erfolge der politischen Tätigkeit ankomme. Die Opposition, die sich auch in der Praxis stärker an der revolutionären marxistischen Tradition orientieren wollte, fand nur im Metallarbeiterverband, insbesondere bei den Werftarbeitern, einen gewissen Rückhalt. Artikuliert wurde die Kritik in einem Zirkel sozialistischer Intellektueller um den Altonaer Rechtsanwalt Dr. Carl Herz, den Historiker der Hamburger Arbeiterbewegung Dr. Heinrich Laufenberg und den Journalisten Fritz Wolffheim.

Seit dem Kriegsausbruch verschärfte sich die prinzipielle Kontroverse in der SPD. Die Mehrheit ließ sich von der Überzeugung leiten, daß es sich um einen Deutschland aufgezwungenen Verteidigungskrieg handele, in dem sie ihre Hilfe nicht verweigern dürfe; sie bewilligte die nötigen Kredite und wuchs durch die Zusammenarbeit mit den Regierungen, Behörden und gemäßigten bürgerlichen Parteien weiter in den bestehenden Staat hinein. Eine zunehmende, vielschichtig zusammengesetzte Minderheit dagegen trat dafür ein, durch Verweigerung der Kredite die Beendigung des Krieges zu erzwingen oder zumindest die Verantwortung für ihn zurückzuweisen. Nach heftigen innerparteilichen Kämpfen kam es 1917 zum endgültigen Bruch zwischen den beiden Richtungen. Wegen »Sonderbündelei« und mangelnder Parteidisziplin wurde die Minderheit ausgeschlossen und gründete daraufhin Anfang April eine eigene Partei, die Unabhängige Sozialdemokratische Partei (USPD).

In Hamburg vollzog sich die Spaltung in der gleichen Weise: Eine Landesdelegiertenversammlung der SPD billigte das Vorgehen der Berliner Parteileitung und kündigte entsprechende Maßnahmen an. Trotzdem setzte die Opposition ihre Bemühungen fort, ihren organisatorischen Rückhalt in der Partei auszubauen. Sie wurde ausgeschlossen und bildete noch im April 1917 den Kreisverein Hamburg-Altona der USPD. Alle entscheidenden Ämter, die Bürgerschafts- und Reichstagsmandate sowie die Parteizeitung »Hamburger Echo« blieben hier jedoch im Besitz der SPD. Unter dem Kriegsrecht konnte sich die USPD deshalb kaum entfalten. Ihre Flugblätter und Publikationen wurden beschlagnahmt, ihre öffentlichen Versammlungen verboten, ihre bekannten Genossen zum Militärdienst eingezogen. Noch im Oktober 1918 hatte sie nicht mehr als 500 Mitglieder. Allerdings verfügte sie über gute Kontakte zum Metallarbeiterverband und zu den Vertrauensleuten der Werften und Metallbetriebe. Dadurch konnte sie in den ersten Wochen der Revolution erheblichen Einfluß ausüben.

Noch geringer war der Anhang der anderen Gruppe, die sich im Lauf des Krieges von der SPD abspaltete. Die Hamburger »Linksradikalen« um Laufenberg und Wolffheim vereinigten höchstens 100 bis 200 Mitglieder, nach mehreren Verhaftungsaktionen gegen sie in den ersten Novembertagen 1918 sogar nur ca. 50 Mitglieder. Sofort nach dem Ausschluß aus der alten Partei hatten sie sich von der übrigen Opposition getrennt. Wie der Spartakusbund betonten sie vor allem die Bedeutung der revolutionären »Massenaktionen«, im Gegensatz zu ihm lehnten sie jedoch den taktisch motivierten Anschluß an die USPD ab und propagierten statt dessen den Aufbau einer linken revolutionären Kaderpartei nach dem Vorbild der Bolschewiki in Rußland. Als sich der Spartakusbund Ende 1918 zur Gründung der KPD entschloß, waren die Hamburger Linksradikalen dabei. Während des Krieges versuchten sie in erster Linie, durch die illegale Herstellung und Verbreitung von Flugschriften mit Texten ihrer Programmatiker,

Laufenberg und Wolffheim, zu wirken und auch die Erklärungen des Spartakusbundes unter die Bevölkerung zu bringen. Mit ihrem betonten Aktionismus sprachen sie besonders die Mitglieder der oppositionellen Arbeiterjugendbewegung an. Bei den Betriebsarbeitern blieb ihnen dagegen der Erfolg versagt. In das Revolutionsgeschehen konnten sie erst nach der Rückkehr ihrer bekannten Genossen von der Front oder aus dem Lazarett eingreifen.

Während von den Linksradikalen zunächst keine Gefahr drohte, erwies sich die Sorge der SPD vor der Konkurrenz der Unabhängigen als berechtigt. Schon in der Delegiertenversammlung der Großbetriebe am Nachmittag des 5. Novembers ließ der Sprecher der USPD keinen Zweifel, daß sie sich stark genug fühlte und entschlossen war, den Generalstreik – trotz des aufschiebenden Beschlusses der anwesenden überwiegend sozialdemokratisch orientierten Arbeitervertreter – allein durchzuführen. Eine Kundgebung der USPD mit dem Reichstagsabgeordneten Wilhelm Dittmann am Abend desselben Tages im Gewerkschaftshaus war mit rund 6000 Zuhörern überfüllt. Ebenso viele Menschen drängten sich vor den Eingängen. Unter dem brausenden Beifall der Versammelten feierte Dittmann den Matrosenaufstand in Kiel als den Beginn der deutschen Revolution. »Das Alte stürzt, und das Proletariat sieht sich über Nacht vor die Aufgabe gestellt, die politische Macht zu ergreifen.« [6] Er verlangte die Abdankung des Kaisers und die Errichtung der »sozialistischen Republik«; die Hamburger Arbeiter forderte er für den nächsten Tag zum Generalstreik auf. Mehrere hundert revolutionäre Matrosen, die sich von Kiel nach Hamburg durchgeschlagen hatten, wurden mit stürmischem Beifall begrüßt, ebenso wenig später einige Infanteriesoldaten, die sich aus der Untersuchungshaft befreit hatten. Sie waren ein lebendiges Symbol für den Zusammenbruch der alten Militärgewalten. Die Versammlung beschloß den Generalstreik und auf Vorschlag eines der Matrosen eine Massenkundgebung auf dem Heiligengeistfeld am Mittag des nächsten Tages, des 6. Novembers.

So energisch die USPD hier die Revolution vorantrieb, an der Ausschaltung der Militärmacht war sie nicht beteiligt. Sie erfolgte in der Nacht und am 6. November durch eine spontane Aktion der Soldaten. Weil die Bahnverbindungen zum Unruhezentrum Kiel unterbrochen waren, sammelten sich im Hamburger Hauptbahnhof Matrosen, die von anderen Standorten in den Ostseehafen kommandiert waren und nicht weiterkamen, und revolutionäre Marinesoldaten, die trotz der Sperren nach Hamburg vorgedrungen waren. Einer dieser Durchreisenden, der württembergische Matrosenmaat Friedrich Zeller, riß die Initiative an sich. Mit einer kleinen Schar überrumpelte und entwaffnete er die im Hafen liegenden Torpedoboote, deren Besatzungen keinen Widerstand leisteten. Durch diese Mannschaften und ihre Waffen verstärkt, besetzte der Trupp im Morgengrauen den Elbtunnel, überwältigte die Zollwache, beschlagnahmte die erste Straßenbahn und fuhr mit ihr zum Gewerkschaftshaus, das er als Hauptquartier der revolutionären Soldaten mit Maschinengewehren und Barrikaden aus geschickt zusammengestellten Straßenbahnwagen militärisch sicherte. Anschließend wurde der Hauptbahnhof besetzt. Auf den Straßen verkehrende Fronturlauber wurden entwaffnet und nach Hause geschickt, die Offiziere im Gewerkschaftshaus gefangengesetzt. Bei dem Versuch, die Soldaten in der Kaserne in der Bundesstraße für die Aufstandsbewegung zu gewinnen und die dort Inhaftierten zu befreien, hatten die Revolutionäre ihre ersten Toten zu verzeichnen. Erst nach einem Schußwechsel konnten sie die Kaserne übernehmen.

Sobald sie ihre ersten Erfolge errungen hatten, suchten die Soldaten politische Unterstützung. Dadurch kam die USPD wieder ins Spiel, die durch die militärischen Aktionen der Nacht ebenso überrascht worden war wie die übrige Bevölkerung. Eine Abordnung holte ihren Vorsitzenden, Ferdinand Kalweit, ins Gewerkschaftshaus. Mit drei Genossen seiner Partei, Paul Dittmann, einem Bruder des Reichstagsabgeordneten, Jacob Rieper und Paul Wagner, bildete er den provisorischen Arbeiterrat unter seiner Führung. Den provisorischen Soldatenrat leitete Zeller. Seine Mitglieder einte keine einheitliche politische Überzeugung; ihr Amt verdankten sie ihrer Rolle in der militärischen Erhebung, ihrem Mut und ihrer Tatkraft. Sie waren überwiegend erst in der letzten Phase des Krieges oder während der Revolution politisiert worden und daher in ihren politischen Anschauungen unsicher und leicht zu beeinflussen.

Noch am Morgen des 6. Novembers erließ der provisorische Arbeiter- und Soldatenrat eine Proklamation an die Bevölkerung: Er gab bekannt, daß er »den größten Teil der politischen Macht« übernommen habe, forderte zu »Ruhe und Besonnenheit« und Unterordnung unter seine Maßnahmen auf, versprach, für die »Aufrechterhaltung der Ordnung« zu sorgen, Plünderungen mit aller Härte zu verhindern und die Lebensmittelzufuhren und die Belieferung der Kriegsküchen zu sichern. Im übrigen übernahm er die Erklärung des Kieler Rates Wort für Wort, darunter die Garantie des Privateigentums.[7]

Gemäß dem Beschluß der USPD-Versammlung vom Vortag wurde in den meisten Hamburger Betrieben im Lauf des Tages die Arbeit eingestellt. An der Kundgebung auf dem Heiligengeistfeld am Mittag nahmen ca. 40000 Menschen teil. Nachdem Rieper die Bekanntmachung des provisorischen Arbeiter- und Soldatenrats vorgestellt hatte, forderte Wolffheim – als Soldat – auf, das Zentrum der Militärgewalt im Bezirk, das Stellvertretende Generalkommando in Altona, auszuschalten. In der Reichenstraße wurde der anrückende Zug heftig beschossen, in dem folgenden erbitterten Häuserkampf fanden weitere revolutionäre Soldaten den Tod. Insgesamt fielen in Hamburg während der revolutionären Kämpfe am 6. November acht Soldaten und zwei Zivilisten. Das Generalkommando selbst war bereits geräumt, es konnte widerstandslos besetzt werden. Damit war die Herrschaft des Arbeiter- und Soldatenrats militärisch gesichert.

Am Abend verhandelte er, unterstützt vom Vorsitzenden der USPD im Reich, Hugo Haase, mit dem Senat über seine dringendsten Forderungen. Bürgermeister Werner von Melle und Senator Carl Petersen wurden deshalb aus einer regulären Sitzung der Bürgerschaft abberufen, die gerade über die Errichtung eines Arbeitsamts beriet, ein altes Projekt der SPD und der Vereinigten Liberalen. Unter den Eingängen, die auf die Tagesordnung einer der nächsten Sitzungen kommen sollten, befand sich ein inzwischen anachronistisch gewordener Antrag des Senats, zur Demokratisierung des Wahlrechts die Grundeigentümerwahlen abzuschaffen und künftig 120 Bürgerschaftsmandate bei den allgemeinen, 40 bei den Notabelnwahlen zu vergeben. Nach der Rückkehr von der Unterredung mit den Abgesandten des Arbeiter- und Soldatenrats erklärte von Melle für den Senat: »Eine neue Zeit ist für die innere Entwicklung Deutschlands bereits angebrochen. Der Senat ist bereit, sich in den Dienst dieser neuen Zeit zu stellen.«[8] Wie schon in einem Aufruf an die Bevölkerung vom Nachmittag forderte der Senat erneut auf, »unter allen Umständen die öffentliche Ruhe und Ordnung« zu bewahren. Drei Tage vor der Ausrufung der »deutschen Republik« in Berlin, durch die der Sozialdemokrat Philipp Scheidemann dem deutschen Kaiserreich am 9. November 1918 ein Ende setzte, hatten sich in Hamburg Soldaten und Arbeiter die Rahmenbedingungen für die politische Neuordnung erkämpft.

Die Anfangsphase der Revolution verlief in derselben typischen Weise wie in Kiel und wenig später in vielen anderen Orten Deutschlands. Die revolutionäre Erhebung war nicht organisiert; sie wurde von Soldaten spontan ausgelöst und zunächst getragen, die sich allerdings sehr bald politische Unterstützung suchten. Die alten Gewalten wichen zurück und versuchten, sich durch Anpassung an die neuen Verhältnisse einen Rest von Einfluß zu sichern. Nach dem fast widerstandslosen Zusammenbruch der Militärmacht hatten sie keine andere Wahl. Die Soldaten- und Arbeiterräte entstanden aus der Notwendigkeit heraus, das Machtvakuum zu füllen: vor allem Plünderungen zu verhindern und die Ernährung zu sichern. Nur bei der Namenswahl machte sich das russische Vorbild geltend. Durch ihr Zögern bzw. den Versuch, die Bewegung einzudämmen, hatte sich die SPD selbst aus ihr ausgeschaltet, so daß die USPD eine zentrale Rolle spielen konnte. Die Bemühungen der SPD, ihre frühere dominierende Position zurückzugewinnen, wie überhaupt die Auseinandersetzungen zwischen den drei Arbeiterparteien um ihren Einfluß auf das Proletariat und damit um ihren Anteil an der Macht gaben den folgenden Tagen und Wochen das Gepräge.

Die USPD versuchte anfangs, im Bündnis mit den Linksradikalen die SPD von den entscheidenden Funktionen auszuschließen. Ressentiments, die sich in den heftigen Fehden zwischen Opposition und Mehrheit wie auch als Folge der Benachteiligung und Unterdrückung der Linken während des Krieges angesammelt hatten, kamen hierbei zum Tragen. Sehr rasch erkannten die führenden Politiker der Unabhängigen jedoch, daß ihre organisatorische Basis zu schwach war, um die anstehenden Aufgaben zu bewältigen, und daß dadurch die Revolution gefährdet wurde. Soviel Unzufriedenheit der Kurs der SPD im Krieg hervorgerufen hatte, noch immer stand die überwiegende Mehrheit der Arbeiterschaft hinter ihr. Traditionelle, oft über mehrere Generationen von Familienmitgliedern zurückreichende und damit auch emotional beeinflußte Bindungen erwiesen sich als außerordentlich stark. Die Bewältigung der drängenden alltäglichen Probleme trauten viele eher den erfahrenen Funktionären der SPD und der Gewerkschaften zu, die auf einen verzweigten Organisationsapparat zurückgreifen konnten, als den linken früheren Außenseitern. Außerdem kam der SPD der verbreitete Wunsch nach Wiedervereinigung der Arbeiterbewegung zugute. Nach dem Ende des Krieges schien vielen der Hauptgrund für die Spaltung beseitigt zu sein, so daß eine Politik gegen die größte der Arbeiterparteien ihre Kontrahenten, USPD und Linksradikale, in die Isolierung geführt und geschwächt hätte. Beide waren deshalb an einer Verständigung ebenso interessiert wie die SPD.

Vertreter der drei Parteien einigten sich, die Exekutive des »Großen Arbeiterrats«, der am 8. November gewählt werden sollte, paritätisch zu besetzen: mit je drei Vertretern der USPD, der Linksradikalen, der SPD und der Gewerkschaften sowie 18 Delegierten der Betriebe. Damit kam das gleiche Prinzip zur Anwendung wie am nächsten Tag bei der Bildung der revolutionären Reichsregierung, des Rates der Volksbeauftragten, in den je drei Politiker der SPD und der USPD entsandt wurden. Trotz ihrer zahlenmäßigen Überlegenheit konnte die alte Partei keinen Führungsanspruch erheben, sondern mußte sich dadurch, daß sie für Parität eintrat, überhaupt erst wieder in die Bewegung einschalten. Über die politische Orientierung des Arbeiterrats entschieden in Hamburg die Vertreter der Betriebe. Die Linksradikalen hatten sich hier zunächst mehr Einfluß gesichert als in den meisten anderen deutschen Städten.

Die kurzfristige Anberaumung der Wahlen – sie wurden erst am Morgen des 8. Novembers in der Zeitung des Arbeiter- und Soldatenrats angekündigt – begünstigte die Großbetriebe, deren Belegschaften bereits politisiert und aktiviert waren. Im »Großen Arbeiterrat« verfügten die Unabhängigen und Linksradikalen über die Mehrheit, die Exekutive wurde der Vereinbarung entsprechend gebildet. Sie wählte am 11. November Heinrich Laufenberg, der gerade erst von der Westfront nach Hamburg zurückgekehrt war, mit 16 gegen 14 Stimmen für den Sozialdemokraten Berthold Grosse zum Vorsitzenden. Das tatsächliche Übergewicht der Linken wurde auf diese Weise verstärkt.

Um die Fülle der Aufgaben zu bewältigen, die im Stadtstaat mit der Übernahme der politischen Macht verbunden waren, schuf sich die Exekutive in Anlehnung an die Behördengliederung und die Aufgabenteilung des Senats zwölf Kommissionen: 1. Auswärtiges, Politik und Presse, 2. Sozialpolitik, 3. Verkehrswesen, 4. Ernährungswesen, 5. Justiz- und Gefängniswesen, 6. Sicherheitswesen und Polizei, 7. Sanitätswesen, 8. Bauwesen, 9. Unterrichts-, Kunst- und Bildungswesen, 10. Handel, Schiffahrt, Industrie und Gewerbe, 11. Finanzwesen und Steuern, 12. Militärwesen. Nur wenige dieser Abteilungen erlangten Bedeutung. Ihr Aufbau zeigte aber, daß die dominierende Linke im Arbeiterrat ihre Tätigkeit nicht als provisorisch verstand, sondern entschlossen war, auf Dauer als oberste Instanz im Gesamtbereich der Politik und Verwaltung zu kontrollieren und zu entscheiden.

Anfangs gelang es ihr, auch die Mehrzahl der 15, bald 30 Mitglieder des Soldatenrats in ihrem Sinne zu beeinflussen. Den Vorsitz dieses Gremiums übernahm Georg Heise. In einer gemeinsamen Sitzung der beiden Räte am 12. November gaben Soldaten den Ausschlag, daß nach langer, leidenschaftlicher Debatte die Redner der SPD eine Niederlage erlitten. Vergeblich hatten sie sich dafür eingesetzt, die traditionellen politischen Institutionen nicht zu beseitigen, sondern aufgrund allgemeiner, gleicher, direkter Wahlen nach den Prinzipien der parlamentarischen Demokratie neu zu bilden. Die Mehrheit entschied sich, in einer Proklamation zum Beginn ihrer Tätigkeit das Ergebnis der Revolution gemäß den Vorstellungen der Linken zu bekräftigen: »Der Arbeiter- und Soldatenrat hat die Ausübung der politischen Gewalt im Hamburger Staatsgebiet übernommen. Senat und Bürgerschaft bestehen nicht mehr.«[9]

Kriegsfolgen

Mit diesem Beschluß übernahm der Arbeiter- und Soldatenrat die gesamte und ausschließliche Verantwortung für die Lösung einer Fülle ungewöhnlich schwieriger Probleme. Er mußte – seinem revolutionären Anspruch gemäß – Formen für die Neuordnung von Staat und Gesellschaft finden und zugleich zahlreiche bedrängende und komplizierte Tagesaufgaben bewältigen.

Der Krieg hatte gravierende Veränderungen der Bevölkerungs-, Sozial- und Wirtschaftsstruktur Hamburgs zur Folge. Bis zum 1. November 1914 waren rund 40 000 Männer eingezogen worden, ein Jahr später war die Zahl auf 100 000, am 1. Dezember 1916 auf 110 000 und 1917 auf 120 000 gestiegen. 34 519 Hamburger Soldaten hatten während des Krieges den Tod gefunden: 24 901 waren gefallen, 6606 später ihren Verletzungen erlegen, die übrigen überwiegend an Infektionskrankheiten oder infolge von Überanstrengung und Erschöpfung gestorben. 110 Soldaten hatten ihrem Leben selbst ein Ende gemacht. Mit einem Anteil von fast 7% an der männlichen Bevölkerung lagen die Verluste in Hamburg sehr hoch. In Köln betrugen sie zum Beispiel nur knapp 5%, in Preußen 5,5%. 12 023 dieser im Krieg ums Leben gekommenen Männer hinterließen Frauen und viele von ihnen auch Kinder.[10] Im März 1920 gab es in Hamburg rund 23 000 Kriegswaisen.[11]

Fast ein Jahr nach Kriegsende waren im Oktober 1919 noch mindestens 5000, nach gut begründeten Schätzungen der Statistiker eher an die 10 000 Soldaten in Gefangenschaft. Die gesamten kriegsbedingten Bevölkerungsverluste gingen darüber hinaus: Wenn die Bevölkerungsentwicklung der Jahre 1905–1910 als normal angesehen und angenommen wird, daß sie sich unter Friedensbedingungen in den folgenden Jahren in der gleichen Weise fortgesetzt hätte, so fehlten Hamburg bei Kriegsende 193 206 Menschen. Die wichtigsten Ursachen waren die überhöhte Sterblichkeit nicht nur bei den Soldaten, sondern auch unter der Zivilbevölkerung infolge der Entbehrungen, ein drastischer Geburtenrückgang von 2,1% auf 0,8% der Wohnbevölkerung und die stark verminderte Zuwanderung nach Hamburg.[12] Vollständige Angaben über die Zahl der Kriegsversehrten, deren Arbeitskraft der hamburgischen Wirtschaft ganz oder teilweise verlorenging, fehlen. 1925 wurden 13 482 Kriegsbeschädigte und -hinterbliebene unterstützt.[13]

Anstelle der zum Kriegsdienst eingezogenen Soldaten hatten Frauen und – in geringerem Maß – Jugendliche eine Erwerbsarbeit aufgenommen. Die Krankenkassenstatistik spiegelt die Verhältnisse wider. Danach sank die Zahl der beschäftigten Arbeitnehmer zwischen 1914 und 1918 relativ geringfügig um weniger als 30 000. Der Rückgang bei den männlichen Arbeitskräften von 203 068 auf 131 207 wurde durch die Vermehrung der weiblichen Beschäftigten von 78 826 auf 122 451 zu einem guten Teil ausgeglichen. Der Anteil der Frauenarbeit wuchs dadurch von etwa 30% auf nahezu 50%. Branchenspezifische Zahlen, die allerdings nur für Arbeiter in überwachten Industrie- und Handwerksbetrieben, also in größeren, mit Maschinen ausgestatteten oder zum Nahrungsmittelsektor gehörenden Unternehmen, vorliegen, zeigen, wie sehr früher den Männern vorbehaltene Arbeitsplätze nun von Frauen besetzt waren. Ihr Anteil an der Gesamtzahl der Arbeiter stieg z. B. in der Metallverarbeitung von 8,3 auf 30,3 %, in der chemischen Industrie von 22,5 auf 45,8 % und im holzverarbeitenden Gewerbe von 5,5 auf 40,7 %.[14]

Dieser Prozeß ließ sich bei Kriegsende nicht einfach rückgängig machen. Viele Frauen arbeiteten notgedrungen, weil die Familieneinkommen ohne ihre Mitarbeit für den Lebensunterhalt nicht mehr reichten. Andere wollten die Selbständigkeit und zum Teil die Befriedigung nicht verlieren, die ihnen die Berufsarbeit bot. Es mußten deshalb in großer Zahl neue Arbeitsplätze geschaffen werden, um nach der Demobilmachung die nach Hamburg zurückkehrenden Soldaten wieder in das Wirtschaftleben einzugliedern. Dies gelang – nach einer kurzen Phase hoher Arbeitslosigkeit – in bemerkenswerter Weise. Nach den Unterlagen der Krankenversicherung waren in der Stadt Hamburg 1918 253658 Arbeitnehmer beschäftigt, 1919 309583, 1920 375138 und 1921 404094; 1914 waren es dagegen nur 281984 gewesen.[15]

Dieser Erfolg ist um so höher zu bewerten, als die Hamburger Wirtschaft durch den Krieg schwer getroffen war und sich auf tiefgreifende durch ihn ausgelöste Strukturveränderungen einstellen mußte. Trotz der verstärkten Industrialisierung in den letzten Jahrzehnten vor dem Weltkrieg erhielt sie noch immer durch Schiffahrt und Außenhandel das Gepräge.[16] Als 1925 nach dem Ende der Nachkriegswirren und der Inflation eine Bestandsaufnahme möglich war, wurden mehr als 83 % des Gesamtumsatzes in der Wirtschaftsabteilung Handel und Verkehr erzielt, davon fast drei Viertel im Warenaustausch mit dem Ausland, während im Reichsdurchschnitt nur 46 % auf sie entfielen. 64 % der Betriebe und 57 % der Beschäftigten gehörten zu der Abteilung, im Reichsdurchschnitt dagegen nur 43 % bzw. 29 %. Umgekehrt waren in Hamburg in Industrie und Handwerk 31 % der Betriebe und 38 % der Beschäftigten tätig, im Reich aber 53 % bzw. 68 %. Auch in diesem Wirtschaftssektor arbeitete ein Großteil der Hamburger Unternehmen in erheblichem Maß für ausländische Märkte oder für die Schiffahrt, so insbesondere als typischer und wichtigster Produktionszweig die Werftindustrie. Der Bedeutung von Handel und Verkehr entsprach es, daß die Angestellten (mit den statistisch ihnen zugeordneten Beamten) in Hamburg stark überrepräsentiert waren. Unter den Arbeitern gab es verhältnismäßig viele ungelernte; Facharbeiter spielten außer in den noch weitgehend handwerksmäßig organisierten Branchen fast nur in der Metallindustrie eine Rolle.

Bei der engen internationalen Verflechtung der Hamburger Wirtschaft wurde sie bei Beginn des Krieges durch die englische Seeblockade in weiten Teilen lahmgelegt. Rüstungsaufträge und Kriegsschiffbauten boten nur einen unvollkommenen Ersatz. Die Hoffnung, daß die Sperre beim Inkrafttreten des Waffenstillstands aufgehoben würde, erfüllte sich erst im Sommer 1919; sie wurde zeitweilig sogar auf die Ostsee ausgedehnt. Das Trierer Waffenstillstandsabkommen vom 17. Januar 1919, später der Versailler Friedensvertrag verpflichteten Deutschland, den größten und leistungsfähigsten Teil seiner Handelsflotte sowie ein Viertel aller Fischereifahrzeuge an die Siegerstaaten abzuliefern. Von der Erfüllung der Forderung wurden die dringend benötigten Lebensmittellieferungen abhängig gemacht. Die Hamburger und Bremer Reeder verloren 96,8 % ihrer Dampferflotte.[17] Die Entschädigungszahlungen der Reichsregierung, über die erst 1921 eine Einigung zustande kam, wurden durch die Geldentwertung zu einem erheblichen Teil aufgezehrt.

Vor der Überführung der Schiffe in alliierten Besitz entwickelten sich in Hamburg im März 1919 heftige Szenen. Bei einer Versammlung des Deutschen Seemannsbundes weigerten sich die Seeleute, die Schiffe durch die verminte Nordsee zu bringen, um sie Beauftragten der Siegerstaaten zu übergeben und damit auch die eigenen Arbeitsplätze zu vernichten. 1920 wurden in Hamburg für dort beheimatete Schiffe nur 7675 Seeleute angemustert statt 76494 im Jahr 1913. Es bedurfte des gemeinsamen energischen Einsatzes der SPD, des Gewerkschaftskartells, des Kommandantur-Soldatenrats und der führenden demokratischen Politiker, um die Seeleute zur Aufgabe ihres Widerstandes zu bewegen. Erst der dringende Appell, durch ihr Opfer eine Hungerkatastrophe vom deutschen Volk abzuwenden, verbunden mit der Drohung, die Ausfahrt der Schiffe notfalls mit Gewalt zu erzwingen, veranlaßte sie, ihren ablehnenden Beschluß in einer zweiten Versammlung mit 1700 gegen 800 Stimmen zu revidieren.[18]

Durch Beschränkungen der deutschen Handels- und Verkehrspolitik brachte der Versailler Vertrag weitere Nachteile für Hamburg. Besonders schwer wogen neben der Auslieferung der Flotte der Verlust der Kolonien und die Beschlagnahme des deutschen Vermögens in den feindlichen Staaten und von ihren Armeen besetzten Gebieten. Viele Überseefirmen hatten dadurch schon während des Krieges Niederlassungen, Plantagen und den größten Teil ihres Betriebskapitals eingebüßt. Ressentiments gegen deutsche Waren und Dienstleistungen behinderten oft die Wiederanbahnung von Handelsbeziehungen.

Trotzdem waren auf längere Sicht die mittelbaren Folgen des Krieges, die durch ihn ausgelösten Strukturverschiebungen in der Weltwirtschaft, noch bedeutsamer. Die Vernichtung großer Vermögenswerte während des Krieges hatte die Kaufkraft der an ihm beteiligten europäischen Industriestaaten geschwächt, die Rohstoffproduzenten fanden weniger Abnehmer für ihre Waren, der Weltmarkt war kleiner geworden. Weil sie ihren Bedarf vier Jahre lang in Europa kaum hatten befriedigen können, waren viele überseeische Länder dazu übergegangen, eigene Industrien, Handelsorganisationen und Schiffahrtslinien aufzubauen, so daß es, als die Europäer ihre früheren Funktionen wieder aufzunehmen versuchten, in großen Bereichen Überkapazitäten gab. Immer mehr Staaten begannen, ihre Wirtschaften durch hohe Schutzzölle und andere protektionistische Maßnahmen abzuschirmen. In Japan und besonders in den USA waren Europa starke Konkurrenten entstanden, die es bei Geschäften in Übersee oft ausschalten konnten. Wissenschaftler sprachen in den zwanziger Jahren geradezu von einer »Enteuropäisierung« der Weltwirtschaft. Diese Tendenzen machten es auch den Hamburger Kaufleuten schwer, ihre alte Position zurückzugewinnen.

Die Umstellung der Industrie auf Friedensbedürfnisse bot in einigen Branchen besondere Probleme. Ohne Rücksicht auf spätere Produktions- und Arbeitsmöglichkeiten waren die Werften während des Krieges forciert ausgebaut worden, am Ende beschäftigten sie etwa 38000 Arbeitnehmer, während es in den besten Jahren der Weimarer Republik – wie 1913 – rund 25000 waren. In Geesthacht, das damals zum hamburgischen Staat gehörte, ging ein Großteil der Arbeitsplätze verloren, weil die dominierende Sprengstoffindustrie ihre Produktion stillegen mußte. Die Wirtschaft der Stadt erholte sich bis zum Ende der Weimarer Republik nicht von diesem Schlag.

Die industrielle Produktion wurde nach Kriegsende monatelang durch den gravierenden Rohstoff- und Kohlenmangel behindert. Wegen der andauernden Blockade konnte Hamburg seinen Kohlenbedarf nicht wie früher in England decken. Ein bedeutender Teil der deutschen Kohlenförderung mußte an die Siegerstaaten geliefert werden. Lange Streiks im Ruhrgebiet trugen dazu bei, daß die Kohlenproduktion im ersten Halbjahr 1919 stark absank. Der Transport nach Hamburg scheiterte oftmals wegen der katastrophalen Eisenbahnverhältnisse. Aber auch durch die Berliner Bewirtschaftungsstelle, das Reichskohlenkommissariat, fühlten sich die Hamburger benachteiligt, da die umliegenden preußischen Städte und Gebiete besser mit Strom und Gas versorgt zu sein schienen, kürzere Sperrstunden hatten und ihre Verkehrsmittel abends länger in Betrieb halten konnten. In Hamburg dagegen reichten im April 1919 die Kohlenvorräte der Gaswerke zeitweise noch für einen halben Tag, die der Elektrizitätswerke für anderthalb Tage, ihre Geschäftsleitungen mußten »in des Wortes wahrster Bedeutung um ein paar Tonnen Kohlen betteln gehen«.[19]

Wiederholt mußten große Fabriken wegen Kohlenmangels ihre Tore schließen. Im Februar und März 1919 wurde für eine bzw. für zwei Wo-

chen über alle Handwerks- und Industriebetriebe eine Stromsperre verhängt. Mehr als die Hälfte der Beschäftigten im Produktionssektor mußte
deshalb zeitweise aussetzen und öffentliche Unterstützung beziehen. Obwohl Wohnungen dringend fehlten, ruhte die Bautätigkeit, weil die Ziege-
leien ohne Kohle nicht arbeiten konnten. Schiffe, die Lebensmittel aus
England holen sollten, mußten im Hafen bleiben, an manchen Tagen lag die
gesamte Fischdampferflotte Hamburgs und Cuxhavens fest. Nicht genug,
daß Chancen zur Verbesserung der prekären Ernährungssituation nicht genutzt werden konnten: die durch jahrelange Entbehrungen geschwächte
Bevölkerung mußte weite Arbeitswege zu Fuß zurücklegen, weil die Stra-
ßenbahnen während mehrerer Wochen überhaupt nicht, die Hoch- und
Vorortbahnen nur sechs Stunden am Tag fuhren. Zuhause litt sie unter dem
Mangel an Heizung, Licht und Kochgas.

Nicht minder drückend war die unzureichende Versorgung mit Nahrungsmitteln, Kleidung und Schuhen. Mit Hilfe eines komplizierten Kar-
tensystems versuchte der Staat, durch Zuteilung der knappen Waren die
dringendsten Lebensbedürfnisse zu befriedigen. Diese Bewirtschaftungs-
und Rationierungsmaßnahmen konnten erst seit dem Sommer 1919 allmählich abgebaut werden. Obwohl das Hamburgische Kriegsversorgungs-
amt viele hundert Millionen Mark für den Ankauf, die Lagerung und Kon-
servierung von Lebensmitteln, für Preisverbilligungen und die Subventionierung der Kriegsküchen aufwandte, die ebenfalls bis zum Frühjahr 1920
weiterbestanden, konnte es nicht verhindern, daß die Bevölkerung nach
dem »Steckrübenwinter« 1916/17 und dem nur wenig besseren Winter
1917/18 einem weiteren Hungerwinter entgegenging. In einzelnen Bereichen, insbesondere bei der wichtigen Kartoffelversorgung, war die Lage
weit schlimmer als im Vorjahr. Auch die Qualität der Waren hatte sich
immer mehr verschlechtert. Die verantwortlichen Beamten fürchteten, die
Vorräte trotz strengster Rationierung nicht über den März 1919 hinaus
strecken zu können.[20]

Mit dem Zusammenbruch der Militärgewalt erlebte der Schleichhandel,
durch den sich wohlhabendere Bevölkerungskreise zu hohen Preisen mit
zusätzlichen Nahrungsmitteln eindecken konnten, einen ungeheuren Aufschwung. Er führte dazu, daß dem kontrollierten Markt immer mehr Waren entzogen wurden, weshalb beispielsweise im Sommer 1919 die staatliche Fleischbewirtschaftung zum Erliegen kam. Wachsende Mißstimmung
gegen die politischen Institutionen und aggressive Ressentiments gegen die
»Kriegsgewinnler« und »Schieber« waren eine andere Folge.

Die Ernährungsprobleme wurden dadurch noch verschärft, daß die Bevölkerung Hamburgs nach Kriegsende rasch wieder auf den Vorkriegs-
stand anwuchs. Die Rückkehr der entlassenen Soldaten, die erneut einset-

zende Zuwanderung von außerhalb, die vor 1914 für Hamburg typisch gewesen war, und der Zuzug von Flüchtlingen aus den abgetrennten Gebieten führten dazu, daß sich die Zahl der Einwohner der Stadt um rund 140 000 auf 986 000 vergrößerte.

Diese Entwicklung trug dazu bei, daß die Wohnungsnot dramatische Ausmaße annahm. Der Wohnungsbau war während des Krieges fast völlig zum Erliegen gekommen. Nach seinem Ende nahm nicht nur die Zahl der Einwohner, sondern, weil nun viele Eheschließungen nachgeholt wurden, auch die der selbständigen Haushalte stark zu. Dadurch entstand eine Diskrepanz zwischen Wohnungsangebot und -nachfrage, die ständig weiterwuchs, weil es bis in die Mitte der zwanziger Jahre nicht gelang, den Wohnungsbau zu beleben. Während vor dem Krieg 15 000 und mehr Wohnungen leergestanden hatten, waren es seit 1919 nur wenige hundert, die am Zähltag zufällig für kurze Zeit frei waren. Insbesondere bei Kleinwohnungen in Stadtteilen mit überproportional großer Arbeiter- oder Angestelltenbevölkerung herrschte gravierender Mangel.[21]

Der Zustrom von Menschen nach Hamburg erschwerte auch die Bewältigung einer weiteren Aufgabe: Die geschilderten strukturellen und aktuellen Probleme hatten zu starker Einschränkung der Beschäftigung geführt. Die heimkehrenden Soldaten und die Zuwandernden stießen auf eine Wirtschaft, die vorerst wenig Arbeitsmöglichkeiten bot, viele von ihnen vergrößerten das Heer der Erwerbslosen. Bei Eröffnung der 14 Meldestellen des neuen staatlichen Arbeitsamtes am 2. Dezember 1918 wurden 38 710 Erwerbslose erfaßt, Anfang Januar 1919 waren es schon fast 60000, von denen rund 44 000 öffentliche Unterstützung bezogen, einen Monat später 75 000. Hinzu kamen 118 000 Arbeitnehmer, die wegen des Kohlenmangels nur zeitweise beschäftigt wurden. Die Zahlen schwankten von Monat zu Monat erheblich, erst seit September 1919 gingen sie kontinuierlich zurück. Der Monatsdurchschnitt lag mit 65 265 Erwerbslosen, darunter 52 451 Unterstützungsempfängern, 1919 insgesamt sehr hoch.[22]

Politische Konzeptionen und Wirken des Arbeiter- und Soldatenrats

Der Staat war gefordert, für die Beseitigung aller dieser Notstände – der hohen Arbeitslosigkeit, der Ernährungsmisere, des Rohstoff-, Kohle- und Energiemangels – zu sorgen. Darüber waren sich, nachdem die weitgehende Reglementierung des Wirtschaftslebens während des Krieges selbstverständlich geworden war, sämtliche Bevölkerungsgruppen und Politiker einig. Im Arbeiter- und Soldatenrat ließen sich die maßgebenden Mitglieder aller drei Fraktionen von der Überzeugung leiten, daß die Zustimmung zu ihrer Politik und damit das Schicksal der Revolution von den Erfolgen bei der Bewältigung der aktuellen Probleme abhängig seien. Sie wußten, daß ein Versagen vor diesen konkreten Aufgaben die erstrebte politische und gesellschaftliche Neuordnung mehr gefährden würde als irgendwelche – vorerst unwahrscheinlichen – Gegenaktionen aus Kreisen des Bürgertums.

Die Mitglieder des Arbeiter- und Soldatenrats waren sich auch einig, daß sie die Mitarbeit der Verwaltungsbürokratie nicht entbehren konnten. Schon in der Verordnung vom 12. November 1918, mit der sie Senat und Bürgerschaft für abgesetzt erklärten, bestimmten sie, daß die Beamten auf ihren Posten bleiben sollten. In den folgenden Tagen bestätigten sie den Fortbestand und die Weiterarbeit der Behörden. Die Erfahrungen der ersten Woche seiner Tätigkeit zeigten dem Rat jedoch, daß diese Vorkehrungen nicht reichten und Senat, Bürgerschaft und Finanzdeputation in bestimmten Funktionen, insbesondere bei der zum Lebensmittel- und Rohstoffeinkauf dringend nötigen Kreditbeschaffung, unersetzlich waren. Um bei den internationalen Kapitalbesitzern Vertrauen zu finden, mußten die gewohnten Anleihepraktiken beibehalten werden und als Vertragspartner die bekannten Institutionen in Erscheinung treten. Ohne die Anleihebewilligung der Bürgerschaft erhielt die Finanzdeputation keine Kredite. Dem Argument, daß ausländische Kapitalisten zwar dem Senat, nicht aber einem Arbeiter- und Soldatenrat Darlehen gewähren würden, konnte dieser nichts entgegensetzen.

Um diesen Schwierigkeiten zu entgehen, entschloß sich der Rat nach mehrtägiger Debatte, Senat und Bürgerschaft zum 18. November als kommunale Körperschaften mit rein administrativen Aufgaben wieder einzusetzen. Den Anspruch auf die oberste politische Gewalt behauptete er, indem er sich ein absolutes Vetorecht gegen alle Beschlüsse der beiden Gremien und die Befugnis vorbehielt, vier Vertreter in den Senat, einen in die Finanzdeputation und Beigeordnete in sämtliche Behörden zu entsenden. Während in den meisten Ländern des deutschen Reichs nach einer kurzen Übergangszeit eine aus der Revolution hervorgegangene Regierung die Räte legitimierte, arbeitete in Hamburg ein nach dem Vorkriegsrecht ohne Sozialdemokraten gebildeter Senat mit eingeschränkter Kompetenz unter der Oberhoheit des Arbeiter- und Soldatenrats weiter.

Die Vorstellung, daß »Kommunalangelegenheiten unpolitischer Natur sind« – wie der Unabhängige Carl Herz formulierte –, spiegelte einen in allen Bevölkerungskreisen Hamburgs verbreiteten Irrtum wider.[23] Der daraus folgende Versuch, zwischen politischen und administrativen Aufga-

ben im Stadtstaat zu trennen, war unrealistisch. Er verschaffte den ent-
machteten Vertretern der früher herrschenden Schichten die Möglichkeit,
sich allmählich wieder stärker zur Geltung zu bringen. Aber nicht diese
Sorge bewegte die maßgebenden Ratsmitglieder am meisten, sondern die
Befürchtung, daß der Senat seine Mitarbeit unter den neuen Bedingungen
verweigern könne. Laufenberg erwog, in diesem Fall mit militärischen
Zwangsmitteln vorzugehen. Er war überzeugt, daß das Bürgertum den Ar-
beiter- und Soldatenrat zur Wiederherstellung geordneter Verhältnisse
ebensosehr brauche wie dieser die Mitwirkung der Experten in Verwaltung
und Wirtschaft und daß es deshalb aus der partiellen Wiedereinsetzung des
Senats keinen Vorteil ziehen könne.

Tatsächlich hing die Vorherrschaft des Arbeiter- und Soldatenrats weniger vom Maß der Zugeständnisse an Senat und Bürgerschaft ab als von der
Entwicklung der Machtverhältnisse in der Gesellschaft. Ein Protest des
Bürgerschaftspräsidenten gegen die »Nichtachtung der hamburgischen
Verfassung« und die »Gewaltherrschaft einer Minderheit« [24] war eher Ausdruck der Ohnmacht als eines wirksamen Widerstands. Bei ihrer Arbeit
vermieden Senat und Bürgerschaft den Konflikt. Von seinem Vetorecht
mußte der Rat keinen Gebrauch machen. Eine Vorlage über die Wahl einer
verfassunggebenden Bürgerschaft, in der er einen Angriff auf seine Rechts-
position sah, wurde zurückgezogen, in anderen Fällen setzte die Bürgerschaft die Beratung auf seinen Wunsch hin aus, um ihm zuvor Gelegenheit
zur Stellungnahme zu geben. Unangefochten konnte der Arbeiter- und
Soldatenrat seiner Souveränität Ausdruck geben, indem er anstelle des Senats die aus dem Krieg heimkehrenden hamburgischen Regimenter begrüßte oder das Gnadenrecht beanspruchte.

Die Behörden griffen auf seine Autorität zurück, um ihren Anordnungen Respekt zu verschaffen. Wiederholt erkannten bürgerliche Politiker
die entscheidende Hilfe des Rates bei der Lösung schwieriger Probleme an,
so den Einsatz von 4000 Soldaten bei dringenden Erntearbeiten oder die
Mitwirkung bei der Schlichtung höchst brisanter Mietkonflikte. [25] Vor
allem in den ersten zwei Monaten seines Bestehens trug er in erheblichem
Maß zur Milderung sozialer und politischer Spannungen bei.

Durch insgesamt 135 Verordnungen bemühte sich der Arbeiter- und Soldatenrat um die Regelung der staatsrechtlichen Verhältnisse in Hamburg
nach der Revolution, aber auch um die Sicherung der Ernährung und medizinischen Versorgung, um die Wiederherstellung der öffentlichen Sicherheit, die Entwaffnung der Zivilbevölkerung, den Schutz vor Plünderungen
und anderen Verbrechen. [26] Mit einer Serie von Dekreten wurden die dringendsten Forderungen der Arbeitnehmer verwirklicht: Die Verkürzung
der täglichen Arbeitszeit auf acht Stunden bei vollem Lohnausgleich ge-

hörte ebenso dazu wie die Beseitigung der Akkordarbeit und der Heimarbeit oder die Verpflichtung der Arbeitgeber, sich der öffentlichen Arbeitsnachweise zu bedienen. Gegen Entlassungen als Folge zeitweiliger, durch Arbeits-, Material- oder Energiemangel bedingter Betriebseinschränkungen wurden die Beschäftigten weitgehend geschützt. Die meisten dieser Bestimmungen überdauerten den Arbeiter- und Soldatenrat. Nicht zu unterschätzen ist auch, daß er dadurch, daß er in Permanenz tagte und meistens für alle möglichen Forderungen, Wünsche und Sorgen zu sprechen war, ein Ventil für Unzufriedenheit und Aggressionen schuf. Der Nachteil war, daß seine Sitzungen häufig von Außenstehenden gestört wurden, daß sie ineffektiv waren und Grundsatzdebatten immer wieder abgebrochen wurden.

Von den Abteilungen des Arbeiterrats trat am stärksten die Sozialpolitische in Erscheinung. Sie bereitete nicht nur seine einschlägigen Verordnungen vor, sondern beanspruchte auch das Recht, für den Einzelbetrieb oder einen Gewerbezweig die Arbeitsbedingungen zu regeln und darüber hinaus bei Streitigkeiten zwischen Arbeitgebern und Arbeitnehmern als Schlichtungsinstanz zu fungieren. Dadurch geriet der Arbeiterrat in Konkurrenz zu den Gewerkschaften, denen er nur noch das Recht zubilligte, die Betriebsräte bei der Aushandlung der Vereinbarungen mit den Arbeitgebern zu unterstützen. In einigen Erklärungen ging er so weit, die Gewerkschaften zu den überlebten Organisationen des vorrevolutionären politischen und gesellschaftlichen Systems zu rechnen.

Die Arbeitgeber fügten sich im allgemeinen den Entscheidungen des Arbeiterrats, insbesondere seit einige Widerstrebende unter ihnen, wie der Leiter des Hafenbetriebsvereins, Mitte November 1918 kurzerhand verhaftet worden waren.[27] Manche weigerten sich allerdings, nachdem der erste Schock über den politischen Umsturz überwunden war, die Anordnungen des Rates anzuerkennen, und klagten unter Berufung auf das geltende Recht vor den Gewerbegerichten gegen sie, vor allem gegen die volle Lohnfortzahlung für die Streiktage während der ersten Revolutionswoche. Die Klagen hatten durchweg Erfolg. Trotzdem versuchte der Arbeiter- und Soldatenrat nicht, durch Eingriffe in das Rechtswesen seiner gesetzgeberischen Tätigkeit Respekt zu verschaffen.

Einen Antrag der Linksradikalen, die bürgerlichen Gerichte zu schließen, lehnte der Rat am 18. Dezember 1918 ab. Der Vorsitzende seiner Justizkommission, Carl Herz, setzte sich mit seiner ganzen Autorität dafür ein, die Unabhängigkeit der Rechtspflege in vollem Umfang zu bewahren. Politischer Druck auf laufende Prozesse sollte verhindert werden, die Entscheidung über Inhaftierungen weiterhin ausschließlich Richtern zustehen, selbst die Bearbeitung von Gnadensachen demselben Beamten wie bisher

überlassen bleiben. Änderungen der Gerichtsverfassung waren nach Herz'
Ansicht Sache der Reichsinstanzen. Er wandte sich sogar gegen den Vorschlag seines sozialdemokratischen Rechtsanwaltskollegen, Dr. Herbert
Pardo, zwei besonders unsozial und reaktionär denkende Richter aus ihren
Ämtern zu entfernen. Statt dessen begnügte er sich mit der vagen Hoffnung, »daß die gewaltigen Ereignisse der letzten Zeit auch auf diejenigen
Richter Einfluß üben werden, die bisher der sozialen Bewegung fremd gegenüber gestanden haben. Richter wegen ihrer politischen Gesinnung ab-
zusetzen, müsse er ablehnen.«[28] Die Gefahr, daß bei einer Einschränkung
oder zeitweiligen Aufhebung der richterlichen Unabhängigkeit der Willkür Tor und Tür geöffnet würden, war nicht von der Hand zu weisen.
Durch den völligen Verzicht auf Eingriffe in den Justizbereich wurden aber
auch die Voraussetzungen dafür geschaffen, daß Ergebnisse der Revolution
über die Rechtsprechung revidiert werden konnten.

Hier zeigte sich eine entscheidende Schwäche des Hamburger Arbeiter-
und Soldatenrats: Er leitete auch in der Phase, in der Linksradikale und
Unabhängige über die Mehrheit in ihm verfügten, keine grundlegenden
strukturellen Veränderungen ein. Von der Revolution waren alle politischen Organisationen überrascht worden, so daß sie keine konkreten Pläne
dafür besaßen, wie nach der Übernahme der Macht die Umgestaltung der
Staatsverfassung durch den Umbau der Sozialordnung abgesichert werden
sollte. Die Zeit nach der Kriegsniederlage und dem Zusammenbruch des
alten Regimes aber war wenig geeignet, Zukunftskonzeptionen zu entwik-
keln, weil alle Kräfte durch die drängenden Alltagsprobleme beansprucht
wurden.

Zur »Sozialisierung« bekannten sich alle Fraktionen des Rates unter Be-
rufung auf das 1891 verabschiedete Erfurter Programm der gemeinsamen
Mutterpartei SPD. Doch gab es selbst innerhalb der Gruppen die unter-
schiedlichsten Vorstellungen darüber, welche Wirtschaftszweige für die
Sozialisierung »reif« seien und was der Begriff bedeute: Überführung in
Staatsregie, weitgehende betriebliche Mitbestimmung der Arbeitnehmer
oder Entwicklung neuer »gemeinwirtschaftlicher« Organisationsformen?
Anstöße, um der Lösung des Problems näher zu kommen, gingen vom
Hamburger Arbeiter- und Soldatenrat nicht aus.

Ebensowenig nahm er eine andere wesentliche Aufgabe, die Demokratisierung der Verwaltung, auch nur in Angriff. Dabei hatte der völlige Mißerfolg der von ihm in die Behörden entsandten Beigeordneten allen klar vor
Augen geführt, wie schwierig und wichtig es war, Methoden zur Kontrolle
der Bürokratie zu finden. »Wir haben den verschiedenen Deputationen
einige Aufpasser hingesetzt«, zog der Sozialdemokrat Heinrich Stubbe die
Bilanz. »Diese Aufpasser haben aber niemals etwas mit Verwaltungsarbei-

ten zu tun gehabt und deshalb hatten wir keinen Einfluß auf die Verwaltung.«[29] Ähnlich negativ äußerte sich Laufenberg. Herz kam zu dem pessimistischen Schluß: »Das Proletariat aber, bisher ausgeschlossen von aller Kultur, aller höheren Bildung, aller Verwaltungstätigkeit, kann aus seiner eigenen Mitte heraus nicht allein die Kräfte stellen, um die Staatsmaschine, die jetzt ungleich komplizierter und vielgestaltiger geworden ist, in seinem Sinne zu leiten.«[30] Er sah aufgrund der vergeblichen Anstrengungen des Hamburger Arbeiter- und Soldatenrats auf diesem Gebiet geradezu die zentrale politische Zukunftsaufgabe darin, sich die nötigen Fachkenner heranzubilden, um in einem langfristigen Prozeß die Verwaltung mit Sozialisten zu durchdringen.

Bei einer anderen strittigen Frage war eine Vertagung unmöglich. Ob und wann Parlamentswahlen stattfinden sollten, mußte alsbald entschieden werden. Hinter der Kontroverse um den Termin standen grundsätzliche Differenzen darüber, wie das Verhältnis von Parlamenten und Räten geregelt werden sollte, welche Funktion diesen im politisch-gesellschaftlichen Aufbau zugedacht war. Es ging, auf eine schroffe Alternative zugespitzt, die keinen Raum für Zwischenlösungen ließ, um die Einstellung zur parlamentarischen Demokratie oder zur Räteherrschaft.

Die SPD hatte sich bereits in einer Sitzung ihrer Bürgerschaftsfraktion am 11. November 1918 für die sofortige Neuwahl des hamburgischen Parlaments nach dem allgemeinen, gleichen, direkten und geheimen Wahlrecht erklärt. Seither trat sie in den Sitzungen des Arbeiter- und Soldatenrats, in öffentlichen Versammlungen und in ihrer Presse nachdrücklich für diesen Standpunkt ein. Da die Anhänger der SPD »nicht nur Sozialisten, sondern auch Demokraten« seien, müsse sie den Willen der Volksmehrheit respektieren, und diese sei für die Berufung einer Nationalversammlung bzw. einer verfassunggebenden Bürgerschaft. Nachdem die SPD jahrzehntelang für das allgemeine, gleiche Wahlrecht gekämpft habe, könne sie sich nun nicht so »blamieren«, vor der Einführung zurückzuschrecken. Die Hamburger Sozialdemokraten waren zuversichtlich, daß die Idee des Sozialismus genügend Überzeugungskraft in sich berge, um die Mehrheit des Volkes zu gewinnen, »eine Mehrheit, stark genug, für die Arbeiterklasse alles Notwendige zu erringen und unserer Volkswirtschaft die sozialistische Grundlage zu geben«.[31] Die »Diktatur des Proletariats« lehnten sie ab. Die Arbeiterräte sollten erhalten bleiben, aber nicht im politischen Bereich wirken, sondern der Demokratisierung der Wirtschaft dienen, die eine »Vorstufe des Sozialismus« sei. »Wie im Staate die Parlamente die Herrschaft der Fürsten beseitigt haben, so werden auch die Arbeiterräte die Alleinherrschaft der Unternehmer beseitigen.«[32]

Die USPD hielt die Einberufung verfassunggebender Versammlungen im Reich und in Hamburg aus außen- und innenpolitischen Gründen für unvermeidlich, wollte aber die Wahltermine weit hinausschieben. Dabei spielte auch die taktische Überlegung eine Rolle, daß sie zuvor einen leistungsfähigen Organisationsapparat aufbauen und sich genügend Presseunterstützung sichern mußte. Als Argumente für ihren Standpunkt führten USPD-Politiker an: Angesichts seiner Machtlosigkeit könne es sich Deutschland nicht leisten, den Wunsch der westlichen Alliierten nach Einführung der parlamentarischen Demokratie zu ignorieren. Auf die Dauer dürfe auch das Bürgertum nicht von der politischen Verantwortung ausgeschlossen werden, da seine Mitarbeit in Wirtschaft und Verwaltung noch auf lange Zeit unentbehrlich sei. Mit dem Zusammentritt der Parlamente werde aber die politische Herrschaft der Arbeiter- und Soldatenräte ihr Ende finden. Dies dürfe erst geschehen, wenn sie »die politischen und wirtschaftlichen Folgen der Revolution« gesichert hätten: die Demokratie und die »Sozialisierung gewisser wirtschaftlicher Grundbetriebe«.[33]

Nachdem die Entscheidung über die Wahl der Nationalversammlung am 19. Januar 1919 gefallen war, modifizierte die USPD ihre Auffassung: Die Räte sollten nun neben den Parlamenten bestehenbleiben, um »die Schaffung der Demokratie in den Betrieben« zu gewährleisten, die »Überwachung der Bürokratie und der Vertretungskörper in Gemeinde, Staat und Reich« zu übernehmen und »den Geist des Militarismus niederzuhalten«. Der Reichszentrale der Arbeiter- und Soldatenräte wollte die USPD »das Recht des Einspruches gegen Beschlüsse der Nationalversammlung« zubilligen.[34]

Bei den Linksradikalen waren die Meinungen über die Nationalversammlung gespalten. Die Mehrheit lehnte sie ab. Sie sah im Rätesystem nach russischem Vorbild die geeignete Organisationsform, um sofort die Herrschaft des Proletariats zu errichten und zur Sozialisierung aller Wirtschaftsbereiche überzugehen. Demokratie setzte nach ihrer Auffassung »völlig gleiche ökonomische Bedingungen für alle Volksgenossen« und damit die »restlose vollendete Sozialisierung der Gesellschaft« voraus. Vorher zur politischen Demokratie überzugehen und das gleiche Wahlrecht für alle einzuführen, das bedeute nur, »die Herrschaft des politisch weit überlegenen und mit riesigen Machtmitteln ausgerüsteten Bürgertums über das Proletariat« zu verewigen. Es gebe deshalb nur eine Alternative: die »offene und unverhüllte Diktatur des industriellen Proletariats« zu errichten und aufrechtzuerhalten bis zur »Vollendung der Sozialisierung – bis zur Auflösung aller Gesellschaftsklassen in eine einzige Klasse von Arbeitern«. Nicht »Einigung«, sondern »Spaltung«, »Loslösung der Arbeiterklasse von der Bourgeoisie und ihren Vertretern« bis hin zur USPD, müsse die Parole sein, nicht »Ruhe und Ordnung«, sondern »offener Kampf des revolutionären Proletariats gegen das gesamte Bürgertum – von Hindenburg bis Haase«, das heißt von der ehemaligen Obersten Heeresleitung bis zur USPD.[35]

Laufenberg versuchte dagegen, solange er Vorsitzender des Arbeiterrates war, Modelle für die politische Ordnung zu finden, die von allen drei Arbeiterparteien akzeptiert werden konnten. Er hatte deshalb in seiner eigenen Partei mit allerhand Widerstand zu kämpfen, aber für ihn war der Gedanke maßgebend, daß nur die Einigung der Arbeiterklasse die Erfolge der Revolution sichern könne. Er schlug vor, aus allgemeinen, gleichen Wahlen hervorgegangene Parlamente zuzulassen, sie aber nur mit generellen gesetzgeberischen Aufgaben, nicht mit der Verfassungsberatung zu betrauen. Sie sollte dem Zentralrat der Arbeiter- und Soldatenräte überlassen bleiben, dem zusammen mit den regionalen und lokalen Räten die politische Oberhoheit zugedacht war. Die Entwicklung in Rußland könne nicht als Vorbild dienen, da die gesellschaftlichen Bedingungen, unter denen sich der Kampf abspiele, dort und in Zentral- und Westeuropa grundverschieden seien. Die Bolschewiki hätten keine sozialistische Gesellschaft schaffen können, weil die wirtschaftlichen Verhältnisse in dem industriell rückständigen Land noch nicht »reif« dafür seien. Auch in Hamburg habe der Arbeiter- und Soldatenrat zwar die politische Macht inne, sei aber »nicht imstande, eine proletarische Diktatur auszuüben«.

Die Mitwirkung des Bürgertums sei auf längere Sicht nicht zu entbehren; denn ohne sie könne die Wirtschaft nicht in Gang kommen. Der Staat, die Räte hätten keinen Kredit, nur der Personalkredit der Hamburger Kaufleute und Bankiers mache es möglich, Lebensmittel und Rohstoffe zu importieren. Die Klugheit gebiete deshalb, dem Bürgertum über die Parlamente freiwillig den Einfluß einzuräumen, der seinem politischen Gewicht entspreche. Es werde sich sonst auf andere Weise, durch illegale Mittel – zum Beispiel durch Bestechung von Räten oder Kauf von Presseorganen –, zur Geltung bringen, ohne daß man es daran hindern könne.

Gleichzeitig warnte Laufenberg davor, die Position der Arbeiterräte zu schwächen: Die große Hungersnot, die in den nächsten Monaten zu befürchten sei, werde der »anarchistisch-individualistisch veranlagten« Fraktion unter den Linksradikalen starken Auftrieb geben. Diese »extremste« Gruppe, »die unmittelbar zu terroristischen Aktionen« übergehen wolle, könne »von der übrigen Masse der sozialistischen Arbeiter« nur abgespalten und damit der Bürgerkrieg verhindert werden, wenn die »Herrschaft der Arbeiterklasse« durch die Räte erhalten bleibe.[36] Laufenbergs Idee, Rätesystem und Parlamentarismus zu verbinden, fand kaum Zustimmung. Obwohl Herz seine übrige Argumentation so einleuchtend fand, daß er sie in spätere politische Erklärungen übernahm, lehnte er das vorgeschlagene »Zweikammersystem« ebenso ab wie die SPD. Erst später, seit Januar 1919, entwickelte die USPD eine ähnliche Konzeption über das Verhältnis von Nationalversammlung und Zentralrat.

Lähmung und Niedergang der Räte

Die tiefen Gegensätze zwischen den drei Fraktionen des Arbeiter- und Soldatenrats beeinträchtigten seine Wirkungsmöglichkeiten. Ressentiments gegen die SPD und die Gewerkschaften wegen ihrer Haltung im Krieg kamen in Erlassen des Rates von Anfang an wiederholt zum Ausdruck. Die sozialdemokratische Tageszeitung »Hamburger Echo« wurde mehrmals – in den ersten Tagen der Revolution und erneut nach einem mißglückten reaktionären Putsch Mitte Dezember 1918 – »in den Dienst der Ratspolitik gestellt«, das heißt der SPD zugunsten der links von ihr stehenden Gruppen entzogen, aufgrund energischer Proteste der sozialdemokratischen Anhängerschaft aber stets nach kurzer Zeit wieder freigegeben. Die SPD und die Gewerkschaften ihrerseits wandten sich in einer Reihe scharfer Resolutionen gegen den Arbeiter- und Soldatenrat. Sie forderten – erstmals am 26. November 1918 – seine »sofortige Neuwahl« nach einem Modus, der allen Arbeitern die Stimmabgabe erlaube, »baldtunlichst« allgemeine und gleiche Wahlen zu den gesetzgebenden Körperschaften des Reiches und der Kommunen, Anerkennung der Gewerkschaftsfunktionen und -rechte, Verzicht auf Eingriffe in die Verwaltungsgeschäfte.[37]

Beide Seiten versuchten, durch Aufbietung »der Massen« ihren Auffassungen Nachdruck zu verleihen. So demonstrierten am 1. Januar 1919 etwa 30000 Menschen auf der Moorweide für die Politik der SPD, während rund 10000 auf dem Heiligengeistfeld für die Parolen der USPD und der KPD eintraten, zu der sich am Vortag beim Gründungskongreß in Berlin die Linksradikalen mit dem Spartakusbund zusammengeschlossen hatten.

Die Polarisierung wurde dadurch gefördert, daß es der SPD in der Zwischenzeit bei mehreren Ersatzwahlen gelungen war, die Mehrheit im Soldatenrat zu erringen. Seit Ende Dezember 1918 stellte sie auch den Vorsitzenden: Walther Lamp'l, der sich durch ein Programm zur Demokratisierung des Militärwesens reichsweit einen Namen gemacht hatte. Die Zusammensetzung des Arbeiterrats war dagegen unverändert, so daß die Unabhängigen und Linsradikalen bzw. Kommunisten nach wie vor die Mehrheit besaßen.

Seit der Jahreswende 1918/1919 wirkten zudem die Konflikte in Berlin immer stärker auf Hamburg zurück. Die neugegründete KPD versuchte,

die politische Revolution zur »zweiten sozialen Revolution« voranzutreiben. Sie sagte damit einer sozialdemokratischen Reichsregierung den
Kampf an, die nach dem Ausscheiden der USPD-Mitglieder nicht mehr
davor zurückschreckte, Unruhen und Aufstände linker Arbeiter von Freikorps unter Führung reaktionärer kaiserlicher Offiziere unterdrücken zu
lassen.

Am deutlichsten trat der Zusammenhang zwischen den Kämpfen in Berlin
und Hamburg beim sogenannten »Spartakusaufstand« in Erscheinung.
Nach einer Massendemonstration gegen die Absetzung des zur USPD gehörenden Berliner Polizeipräsidenten wurden am 5. Januar in der Reichshauptstadt die Druckereien des »Vorwärts« und einiger bürgerlicher Zeitungen besetzt. In verhängnisvoller Selbsttäuschung über die Machtverhältnisse und die politische Haltung der Berliner Soldaten beschlossen daraufhin
führende Politiker der USPD, der KPD und der Revolutionären Obleute,
den Kampf bis zum Sturz der Regierung fortzusetzen. Nach mehrtägigen
vergeblichen Vermittlungsbemühungen des gemäßigten Teils der USPD
wurden die besetzten Gebäude zwischen dem 9. und 12. Januar von regie-
rungstreuen Freiwilligen der SPD und – was für die Beziehungen der Arbeiterparteien zueinander und für die Zukunft der Republik schlimmer war –
von einem Freikorps freigekämpft. Der Brutalität dieser Söldnertruppe fielen zahlreiche Menschen zum Opfer; auf ihr Konto gingen furchtbare Greu-
eltaten wie die Ermordung von Parlamentären, Geiseln und Gefangenen,
darunter am 15. Januar, also nach Abschluß der Kämpfe, der beiden KPD-
Führer, Rosa Luxemburg und Karl Liebknecht.

Fast zeitgleich kam es in Hamburg zu großen Demonstrationen und
Aktionen, die nach der Deutung Laufenbergs genau wie in Berlin den Beginn einer neuen Ära der revolutionären Auseinandersetzungen bezeichneten. Die Angriffe richteten sich ebenfalls gegen die sozialdemokratische
Presse, außerdem in besonderem Maß gegen die Gewerkschaften, die wie
wiederum Laufenberg erklärte, im Interesse der Festigung und des Aus-
baus des Rätesystems dieser neuen, höheren Form der Arbeiterorganisa-
tion weichen sollten. Am 5. Januar veranstalteten Werftarbeiter eine
Protestkundgebung gegen ihre Gewerkschaftsdelegierten, weil sie – in
Übereinstimmung mit Beschlüssen des Arbeiter- und Soldatenrats vom 11.
und 12. November 1918 – über die Behandlung der verhaßten Akkordarbeit berieten. Am 9. Januar forderten die Revolutionären Obleute Hamburgs zum Generalstreik auf. Zur Begründung nannten sie ausschließlich
wirtschaftliche Forderungen. Offensichtlich war ihr politischer Rückhalt zu
schwach, um offen zum Sympathiestreik für die Berliner Aufständischen
aufrufen zu können. Unterstützung fanden sie bei einem Teil der Werft-
und der Metallarbeiter. Andere distanzierten sich und erklärten, nur durch

die Sperrung des Elbtunnels und verschiedener Zugänge zu den Betrieben
an der Aufnahme der Arbeit gehindert worden zu sein. Auf manchen Werften wurde normal gearbeitet.[38]

Eine Gruppe der streikenden Werftarbeiter besetzte im Anschluß an eine
Demonstration das Gewerkschaftshaus. Der Forderung an den Arbeiter-
und Soldatenrat, die Büros der Gewerkschaften zu schließen und ihre Kassen zu beschlagnahmen, kam Laufenberg nach. Am Nachmittag vereinigten sich mehrere Demonstrationszüge von Erwerbslosen sowie streikenden Arbeitern und Angestellten zu einer gewaltigen Massenversammlung
auf dem Rathausmarkt, während die Exekutive des Arbeiter- und Soldatenrats über ihre Stellung zur Reichsregierung und das Verhältnis zu den
Gewerkschaften beriet. Mit allen oder gegen ein bis drei Stimmen wurden
der Ausbau des Rätesystems in den Betrieben, die letztinstanzliche Entscheidungsgewalt des Rates in sämtlichen Gewerbestreitigkeiten und die
Schaffung eines Revolutionstribunals beschlossen. Der Unterordnung der
Gewerkschaften unter den Arbeiterrat widersprachen elf der 60 Mitglieder
der beiden Exekutiven. Mit 29 gegen 26 Stimmen wurde der Rücktritt der
Reichsregierung Ebert-Scheidemann-Noske gefordert.

Obwohl Laufenberg der wartenden Menge verkündete, mit diesen Beschlüssen sei »ein großer bedeutungsvoller Schritt auf dem Wege der Revolution gemacht worden«,[39] reichten sie einem Teil der Demonstranten
nicht. Er zog zur Druckerei des Hamburger Echos und verwüstete sie.
Laufenberg verbot daraufhin vorläufig die Zeitung, die Exekutive des Rates
stellte sie einmal mehr in den Dienst seiner Politik. Gut eine Woche vor der
Wahl zur Nationalversammlung wären bei einer Verwirklichung des Beschlusses die Agitationsmöglichkeiten der SPD erheblich beeinträchtigt
worden. Laufenbergs Motive sind nicht völlig klar. Er selbst rechtfertigte
sich damit, daß er durch sein Eingreifen das Eigentum der SPD und der
Gewerkschaften geschützt habe. Seine Ausführungen vor der Exekutive
des Rates und vor den Demonstranten am 9. Januar sprechen jedoch dafür,
daß dies nicht die Hauptintention war, sondern daß er seine frühere über-
parteiliche Haltung inzwischen aufgegeben hatte und die Revolution im
Sinne der KPD weitertreiben wollte. Da er es in der Vergangenheit wiederholt als schwerwiegenden Fehler bezeichnet hatte, daß der Rat seine Verfügungsgewalt über das Echo nicht behauptet hatte, trauten ihm die Anhänger der SPD wirkliche Neutralität nicht zu.

Die Lage in Hamburg war nach den Angriffen auf das Gewerkschaftshaus und das Echo auf das äußerste gespannt. Der Soldatenrat zog Truppen
in den Kasernen und die Sicherheitsmannschaften zusammen. Die Erregung war so groß, daß einige von ihnen Laufenberg auf eigene Faust
verhafteten und im Namen von rund zwei Dritteln ihrer Kollegen anklagten,

durch sein »diktatorisches Verhalten« die Bevölkerung zu verhetzen. Diese Leute erkannten selbst die sozialdemokratische Führung des Soldatenrats nicht mehr an und fühlten sich von allen hintergangen.

Die SPD mobilisierte zum 11. Januar ihre Anhänger und rief ihrerseits zum Generalstreik auf. Eine riesige Menschenmenge folgte ihrer Parole, auf dem Rathausmarkt gegen die »spartakistischen Machthaber im Arbeiterrat« und ihren »anarchistischen Terror«, für Presse- und Koalitionsfreiheit und sofortige Neuwahl der Bürgerschaft sowie des Arbeiter- und Soldatenrats zu demonstrieren.[40] Unter dem Druck dieses Massenaufgebots sagte die Exekutive des Arbeiterrats schließlich zu, die Neuwahl alsbald in die Wege zu leiten. Der Versuch, den Einfluß der Linken auszuweiten und zu festigen, war ins Gegenteil umgeschlagen. Anders als in Berlin konnte sich die SPD durchsetzen, ohne auf die Machtmittel des alten Regimes zurückzugreifen und sich durch das Bündnis mit reaktionären Offizieren zu kompromittieren.

Bei der Debatte des Arbeiter- und Soldatenrats über die Schließung des Gewerkschaftshauses, das Echo-Verbot und das Verhalten der Sicherheitsmannschaften kündigte Laufenberg an, daß sich die Linke aus der Ratsarbeit zurückziehen und der SPD allein die Verantwortung für das weitere Schicksal der Revolution überlassen wolle, wenn sie in dem gegenwärtigen Machtkampf unterliege. Am 20. Januar 1919, einen Tag nach den Nationalversammlungswahlen, bei denen die USPD eine schwere Niederlage erlitten hatte, war es soweit: Laufenberg und Herz legten ihre Ämter als Vorsitzende des Rates bzw. seiner Justizkommission nieder, um gegen die »Diktatur des Soldatenrates« zu protestieren. Sie warfen ihm vor, die Kompetenzen des Arbeiterrates aus parteipolitischen Gründen systematisch zu ignorieren, durch eigenmächtige und willkürliche Verhaftungen von »Spartakisten« die Rechtssicherheit zerstört und durch illegale Überwachungsmaßnahmen die Wirkungsmöglichkeiten der Linkssozialisten behindert zu haben. Anlaß für den Konflikt war die Verhaftung des russischen Genossen »Sturm«, der die Besetzung des Gewerkschaftshauses geleitet hatte.

In Laufenbergs und Herz' Rücktritt kam auch Resignation zum Ausdruck: Ihr Bemühen, durch Verständigungsbereitschaft im Arbeiterrat der politischen Einigung des Proletariats näher zu kommen, stieß in ihren eigenen Parteien zunehmend auf Widerspruch und führte sie in die Isolierung. Laufenberg mußte sich seit Ende Dezember in heftigen internen Kämpfen gegen Bestrebungen der Linksradikalen wehren, ihm das Mandat zu entziehen.[41] Herz erlitt ungefähr gleichzeitig in der USPD eine Niederlage mit seinem Antrag, für die Wahlen zur Nationalversammlung gemeinsame Listen mit den Sozialdemokraten aufzustellen.[42] Die Kompromißlosigkeit vieler Genossen und der Durchsetzungswille der SPD machten es den beiden Politikern unmöglich, Rückhalt für ihre Politik zu gewinnen.

Bei der Wahl des neuen Arbeiterratsvorsitzenden enthielten sich die Unabhängigen Sozialdemokraten und die Kommunisten der Stimme, so daß der Sozialdemokrat Hense das Amt antreten konnte. Seine Aufgabe sah er darin, in der Übergangszeit bis zum Zusammentritt eines von der gesamten Bevölkerung frei gewählten Parlaments die laufenden Geschäfte zu erledigen. Die Wahl zur verfassunggebenden Bürgerschaft wurde für den 16. März 1919 festgesetzt. Eine Woche später sollten die 400 Mitglieder des Großen Arbeiterrats von allen Arbeitnehmern, sofern sie nicht mehr als 10000 Mark im Jahr verdienten, und den Erwerbslosen gewählt werden. Die Wahlergebnisse zeigten, daß die SPD noch immer die überwältigende Mehrheit der Arbeiter hinter sich hatte. Bei den Wahlen zur Nationalversammlung errang sie im Hamburger Senat 51,3 %, die USPD 6,7 % der gültigen Stimmen; bei den Bürgerschaftswahlen betrug das Verhältnis 50,5 % gegen 8,1 %. Die KPD hatte die Beteiligung an den Parlamentswahlen abgelehnt. Bei den Wahlen zum Großen Arbeiterrat gewann die SPD in der Stadt Hamburg 59,9 %, die USPD 9,1 % und die KPD 6,5 % der gültigen Stimmen.[43] Die sozialdemokratische Entscheidung für den Parlamentarismus wurde von den meisten Arbeitnehmern bejaht.

Der neue Arbeiterrat beschränkte sich auf wirtschaftliche Aufgaben. In dieser Funktion wurde er durch das Einführungsgesetz zur hamburgischen Verfassung von 1921 bestätigt. Seine Bedeutung wurde aber dadurch geschmälert, daß er nicht neugewählt und beim Ausscheiden von Mitgliedern auch nicht ergänzt werden konnte, weil dem Hamburger Gesetzgeber mit Rücksicht auf eine versprochene, aber nie erfolgte reichsrechtliche Regelung die Kompetenz fehlte, die notwendigen Ausführungsbestimmungen zu erlassen. Je länger der Arbeiterrat bestand, desto weniger konnte er sich daher auf die Legitimation durch die Wähler berufen. Er wurde zu einem Gremium, das ähnlich wie die Wirtschaftskammern durch gutachtliche Äußerungen zu Gesetzesvorlagen die Interessen einer bestimmten Bevölkerungsgruppe, der Arbeitnehmer, vertrat.

Bevor sich der neue Arbeiterrat konstituierte, übertrug Hense in der zweiten Sitzung der verfassunggebenden Bürgerschaft am 26. März 1919 die politische Gewalt, die der Arbeiter- und Soldatenrat »auf Grund der Revolution ausgeübt« hatte, feierlich auf das Parlament. Damit fand die Räteherrschaft in Hamburg ihr Ende.

Zum Schluß seiner Tätigkeit konnte der Arbeiter- und Soldatenrat trotz aller Schwierigkeiten auf wichtige Leistungen verweisen. Er hatte nach dem Zusammenbruch der alten Autoritäten entscheidend zur Befriedung des öffentlichen Lebens beigetragen und dafür gesorgt, daß die Wirtschaft, so gut es bei den schweren Umstellungs- und Versorgungsproblemen möglich war, weiterarbeiten konnte. Diese positive Rolle konnte er spielen, weil der Senat und die Behörden auf der einen, der Arbeiter- und Soldatenrat auf der anderen Seite sich bewußt waren, daß sie einander brauchten, und Konflikte zu vermeiden suchten. Da die aktuellen Tagesaufgaben anfangs völlig im Vordergrund standen, kamen die prinzipiellen Gegensätze zu den Vertretern des Bürgertums wie zwischen den Fraktionen des Arbeiterrats vorerst nicht zum Tragen. Sobald Fragen der politischen und gesellschaftlichen Neuordnung auf dem Programm standen, erwiesen sich diese Differenzen jedoch als unüberwindbar.

Dies zeigte sich seit der Jahreswende 1918/19. Die Unzufriedenheit in bestimmten Arbeitergruppen, die sich wie zum Beispiel die Werftarbeiter größere und raschere Verbesserungen ihrer Lebensbedingungen erhofft hatten, und die Mißstimmung in der wachsenden Schar der schlecht versorgten Erwerbslosen wollte die KPD benutzen, um zur zweiten Etappe der Revolution überzugehen und die Macht der Räte auf Kosten der SPD und der Gewerkschaften auszubauen. Diese hatten in ihrer Konzeption des demokratischen Volksstaates für politische Räte keinen Platz. Die Konflikte zwischen den sozialistischen Parteien verhinderten, daß der Hamburger Arbeiter- und Soldatenrat im letzten Vierteljahr seiner Herrschaft weiterhin seine stabilisierende Funktion ausüben konnte. Die abweisende Haltung der sozialdemokratischen Reichsregierung wie der generelle Trend zur Entmachtung der Räte taten ein übriges, um seine Position zu schwächen. So war der Verzicht auf politische Aufgaben schließlich folgerichtig.

Einigung der Arbeiterparteien?

Die Spannungen zwischen den sozialistischen Parteien hatten zur Entmachtung des Rats beigetragen. Seine führenden Vertreter hatten diese Gefahr vorausgesehen und deshalb immer wieder nach Wegen zur Verständigung gesucht. Auch unter den Mitgliedern der Arbeiterorganisationen war der Wunsch nach Einigung anderthalb Jahre nach der Spaltung der alten SPD noch groß. Er kam in den Diskussionsreden bei Partei- und Gewerkschaftsveranstaltungen, in Resolutionen von Betriebsbelegschaften und Zuschriften an die sozialistische Presse zum Ausdruck. Hamburger USPD-Politiker schlugen vor, für die Wahlen zur Nationalversammlung gemeinsame Listen mit der SPD aufzustellen, fanden aber weder bei der Leitung ihrer Reichsorganisation noch bei der Mehrheit der örtlichen Delegierten noch bei der SPD Zustimmung. Diese fürchtete, durch ein Bündnis mit der Linken ihre Chancen bei bürgerlichen demokratischen Bevölkerungskreisen zu schmälern, deren Vertrauen sie während des Krieges gewonnen hatte.[44] Vereinbart wurde aber eine Listenverbindung zur Sicherung der Reststimmen.

Der Arbeiter- und Soldatenrat setzte Ende des Jahres 1918 eine Einigungskommission aus Mitgliedern der drei Parteien und der beiden Räte ein, die das Gründungsprogramm für eine geschlossene revolutionäre Partei ausarbeiten sollte. Außerdem wurde diesem Gremium die Aufgabe übertragen, die Hetze der Arbeiterparteien gegeneinander zu verhindern und mit dem immer wieder die Leidenschaften aufreizenden Wettstreit Schluß zu machen, sich in gewaltigen Massendemonstrationen zu überbieten. Ein anhaltender Erfolg war und konnte der Kommission bei der Schärfe der prinzipiellen Gegensätze nicht beschieden sein. Immerhin gelang es ihr, alle sozialistischen Parteien zu einer gemeinsamen Protestkundgebung gegen die Ermordung von Rosa Luxemburg und Karl Liebknecht zu vereinen. Nach anfänglichem Zögern erkannte auch die SPD an: »Diese Toten wollten Sieg, Freiheit und Glück des Proletariats«, wenn sie auch die falschen Methoden gewählt hätten.[45] Der Arbeiter- und Soldatenrat ordnete mit Zustimmung der sozialdemokratischen Mitglieder für den Tag der Beisetzung Liebknechts öffentliche Trauer an: Ausfall aller Theater-, Konzert-, Kino- und Tanzveranstaltungen und Halbmastbeflaggung der staatlichen Gebäude und der Zeitungsdruckereien.

Die Voraussetzungen für eine Einigung zwischen den Arbeiterparteien schienen in Hamburg besonders günstig zu sein. In der USPD hatten anfangs gemäßigte Politiker die Schlüsselstellungen inne, die auf längere Sicht für die parlamentarische Demokratie eintraten. Die maßgebenden Kreise der SPD standen der Politik ihrer Reichsführung und der Genossen in der Reichsregierung in vieler Hinsicht sehr kritisch gegenüber. Die Zugeständnisse an bürgerliche Kräfte schienen ihnen – insbesondere seit dem Zusammentritt der Nationalversammlung Anfang Februar 1919 – oft zu weit zu gehen. Das Bündnis mit den alten Militärgewalten lehnten sie scharf ab. Statt sich von hohen Offizieren des kaiserlichen Heeres das Gesetz des Handelns vorschreiben zu lassen und Protestbewegungen der Arbeiterschaft mit Hilfe reaktionärer Freikorps niederzuschlagen, sollte die SPD nach ihrer Meinung in Gemeinschaft mit den Soldatenräten eine demokratische Wehrorganisation aufbauen. Bereits Ende November 1918 wurde im Hamburger Echo vor konterrevolutionären Bestrebungen der mit den Frontverbänden heimkehrenden Militaristen gewarnt: Sie raffen »an indifferenten Truppen zusammen, was sie können, vergewaltigen die Revolutionsbehörden und suchen die Brandfackel des Bürgerkriegs nach Deutschland hineinzutragen«.[46]

Um dieser Gefahr zu begegnen, unterstützte die Hamburger SPD nachdrücklich alle Bemühungen um eine demokratische Neuordnung des Militärwesens. Lamp'ls Konzept dafür wurde vom ersten Rätekongreß am 18. Dezember 1918 für das ganze Reich zum Programm erhoben. Unter dem Namen »Hamburger Punkte« ging es in die Geschichte der deutschen Revolution ein. Unter anderem sah es vor: »Die Soldaten wählen ihre Führer selbst.« »Für die Zuverlässigkeit der Truppenteile und für die Aufrechterhaltung der Disziplin sind die Soldatenräte verantwortlich.« Das stehende Heer sollte aufgelöst und statt dessen eine »Volkswehr« nach dem Milizsystem aufgebaut werden. Um die »Zertrümmerung des Militarismus« und das Ende des »Kadavergehorsams« auch äußerlich zum Ausdruck zu bringen, war die Abschaffung der Rangabzeichen vorgesehen.[47]

Wesentliche Teile dieses Konzepts waren in Hamburg bereits verwirklicht. Seit dem 9. Dezember hatte das Spitzengremium des Obersten Soldatenrates, der Siebener-Ausschuß, offiziell die Kommandogewalt inne. Als es im Januar 1919 wegen dieser Frage zum Konflikt zwischen der Reichsregierung und den Soldatenräten kam, ergriff die Hamburger SPD-Führung für diese Partei. Sie hatte kein Verständnis dafür, daß sich die Regierung nach dem Rücktritt der Volksbeauftragten der USPD dem Druck der Generäle beugte und nicht nur die Verwirklichung der »Hamburger Punkte« hinauszögerte, sondern auch die konkreten militärpolitischen Folgen der Revolution rückgängig zu machen begann. Mit der Verordnung »über die Regelung der Kommandogewalt« vom 19. Januar 1919 wurden die Kompetenzen der Offiziere weitgehend wiederhergestellt und die Soldatenräte im wesentlichen auf die Funktion von Vertrauensräten der Mannschaften beschränkt.[48] Gegen diese Beeinträchtigung ihrer Position erhoben die meisten scharfen Protest. Der Soldatenrat des 9. Armeekorps, zu dessen Bereich Hamburg-Altona gehörte, erkannte die Verordnung nicht an. Ein Versuch der Offiziere und höheren Militärbeamten, die Wiedereinsetzung in die alten Rechte durch einen Streik zu erzwingen, bestärkte ihn in seiner Haltung.[49]

Das Hamburger Echo – und das bedeutete: die maßgebenden Kreise der SPD – gaben den aufgebrachten Repräsentanten der Soldaten recht. Die Räte im Gebiet des 9. Armeekorps hätten ihre »Geschäfte vortrefflich geführt«, die öffentliche Sicherheit weitgehend wiederhergestellt, die Freiheit der Wahl zur Nationalversammlung geschützt und die Erfüllung der Waffenstillstandsbedingungen, nämlich die Ablieferung der Seeschiffe, gewährleistet. Der Kommandoerlaß sei deshalb »eine Ungerechtigkeit« gegen sie »und eine Gefahr für die Revolution und die sozialistische Republik. Die alten Militaristen dürfen nicht wieder in den Sattel gehoben werden.« Zwar würden sie vielleicht eine Zeitlang der sozialdemokratischen Regierung Ebert-Scheidemann loyal dienen; »aber bei den ersten Konflikten zwischen Proletariat und Kapitalisten stehen sie auf der anderen Seite«.[50] Die Gefahr sei besonders groß, weil die aus der kaiserlichen Armee übernommenen reaktionären Offiziere in den Freikorps Truppen mit gleicher Mentalität erhielten. »Wer bürgt uns dafür, daß sie nicht morgen ihre Maschinengewehre gegen die Regierung und gegen die Revolution kehren?«[51]

Vor dem Hintergrund dieser prinzipiellen Kontroverse über die Militärpolitik empfanden es viele Hamburger Sozialdemokraten als »ungeheuerliche Provokation«, als die Reichsregierung Ende Januar 1919 Freikorpstruppen gegen Bremen entsandte, um dort für »Ruhe und Ordnung« zu sorgen.[52] KPD und USPD hatten in der Hansestadt an der Weser die »Räterepublik« proklamiert, aber schon nach achttägiger Herrschaft am 18. Januar 1919 kapituliert und Wahlen zur verfassunggebenden Bürgerschaft zugestanden. Gescheitert war die Räteregierung außer an der Unfähigkeit und Uneinigkeit ihrer Mitglieder vor allem daran, daß ihr die Banken Kredit versagt hatten und sie deshalb ihren finanziellen Verpflichtungen nicht hatte nachkommen können. Ungelöst war noch die Aufgabe, die unkontrollierte Bewaffnung »der Arbeiter« rückgängig zu machen, durch die die öffentliche Sicherheit gefährdet wurde. Dafür aber mußte es andere Methoden geben als die militärische Strafexpedition, wie auch die meisten Sozialdemokraten meinten.

Die Sorge über das Vorgehen der Reichsregierung führte die Hamburger SPD von neuem mit den beiden anderen sozialistischen Parteien zusammen. Gemeinsam bemühten sich die führenden Genossen in fieberhaften Verhandlungen in Bremen, im Hauptquartier der Belagerungstruppen und im preußischen Kriegsministerium, den Kampf zwischen Arbeitern und Regierungssoldaten zu verhindern. Sie erreichten, daß die drei Fraktionen des Bremer Arbeiter- und Soldatenrats in die Neubildung der Regierung unter Einschluß der SPD einwilligten und die Auslieferung der Waffen an Einheiten des 9. Armeekorps versprachen. Der zuständige Volksbeauftragte Gustav Noske lehnte dagegen jedes Zugeständnis ab. Er bestand auf dem Ausschluß der KPD aus der Regierung und der Übergabe der Waffen an die Reichstruppen.

Angesichts dieser starren Haltung entschloß sich die Hamburger SPD, ihre Opposition gemeinsam mit den übrigen Arbeiterorganisationen öffentlich zu demonstrieren. In einer Resolution wandten sie sich am 3. Februar scharf gegen die militärische Intervention. Gemeinsam appellierten die führenden Vertreter der drei Arbeiterratsfraktionen, Hense, Herz und Laufenberg, in einem Telegramm an die Reichsregierung: »Die Bremer Vorgänge bringen die Revolution in Gefahr. Der Bürgerkrieg droht ... die Hamburger Arbeiterschaft, gestern noch durch heftige Parteimeinungen zerrissen, hat sich einmütig zum Kampf gegen die militärische Reaktion zusammengeschlossen. Wir ... bürgen dafür, daß in Bremen im friedlichen Wege Ruhe und Ordnung geschaffen wird. Sachliche Differenzen bestehen nicht mehr, haltet uns nur den alten Militarismus fern.«[53] Für den 5. Februar riefen SPD, USPD und KPD ihre Anhänger zu acht großen Protestversammlungen auf.

Die Auseinandersetzungen um die Aktion der Reichsregierung gegen die Bremer »Räterepublik« machten aber auch die Grenzen der Gemeinsamkeit zwischen den Arbeiterparteien deutlich. Die Entscheidung, gegen die Genossen in den Berliner Ministerien aufzutreten, fiel der Führung der Hamburger SPD nicht leicht und wurde von einem Teil der Mitglieder abgelehnt, die darin eine Verletzung der Solidarität und der Parteidisziplin sahen.[54] Versuche der KPD, den Konflikt zu verschärfen und zum Kampf gegen die Reichsregierung zu treiben, mußten deshalb zum Bruch führen. In diese Richtung zielte eine Resolution Laufenbergs, in der die Bewaffnung der Arbeiterschaft innerhalb von 48 Stunden, die Besetzung des Hafens, die Beschlagnahme sämtlicher Lebensmittellager und die militärische Sicherung der Anmarschstraßen nach Hamburg verlangt wurden. Die Entschließung kam einer Kriegserklärung gegen den Rat der Volksbeauftragten in Berlin gleich. Dennoch wurde sie gegen den Widerstand der SPD am 1. Februar im Großen Arbeiterrat mit 232 gegen 206 Stimmen angenommen.[55] Die Durchführung scheiterte am Soldatenrat, dessen mehrheitlich sozialdemokratische Leitung die Truppenmobilisierung und die Waffenausgabe an Zivilisten verzögerte. Als sich daraufhin mehrere hundert Arbeiter im Anschluß an eine Demonstration auf eigene Faust Waffen aus den Depots der Sicherheitsmannschaften beschafften und Redner der USPD und der KPD sogar bei den gemeinsamen Protestveranstaltungen der drei Arbeiterparteien zur Selbstbewaffnung aufforderten, ging die SPD auf Distanz.

Nach der Besetzung Bremens am 4. Februar 1919 war die Situation verändert. Nun kam es darauf an, die Solidaritätsbewegung in Hamburg einzudämmen, um zu verhindern, daß die Reichstruppen auch hier für »Ordnung« sorgten. Die Furcht vor der Militärintervention ließ die Arbeiterparteien ihre Gegensätze noch einmal vergessen: Gemeinsam forderten sie zur Abgabe der Waffen auf. Als dieser Appell nicht den nötigen Erfolg zeigte, verhängte der Siebener-Ausschuß des Soldatenrats für die Zeit vom 12. bis 25. Februar den Belagerungszustand und ließ sämtliche Waffen in den Häusern einsammeln. Von neuem bewies er, daß er willens und in der Lage war, die öffentliche Sicherheit zu schützen. Die mit dem Waffenbesitz verbundene Macht einer Klasse der Bevölkerung auszuliefern, kam für ihn nicht in Frage.

Der prinzipielle Gegensatz zwischen der Sozialdemokratie und den Befürwortern der »Diktatur des Proletariats« trat auch in der Einstellung zu diesem Problem zutage. Die Einigung der Arbeiterparteien, die viele noch als Ziel vor sich sahen, war schon in dieser frühen Phase unmöglich. Gleichzeitig zeigte die Hamburger SPD, daß sie auch die von rechts drohende Gefahr richtig einschätzte. Ihr konsequenter Kampf gegen den wieder vordringenden »Militarismus« trug möglicherweise dazu bei, daß sie ihren Rückhalt in der Arbeiterschaft zunächst im wesentlichen bewahren und bei den Wahlen im Januar und März 1919 mehr als 50% der Stimmen auf sich vereinen konnte – gegen 38% im Reich.

Das Bürgertum formiert sich

Während der turbulenten Auseinandersetzungen über eine Hilfe für Bremen wurden die Entscheidungen des Arbeiter- und Soldatenrats von unerwarteter Seite blockiert. Ein Trupp Soldaten, den der Siebener-Ausschuß nach Bremen in Marsch setzen wollte, um bei der Einziehung der Waffen zu helfen, konnte nicht abfahren, weil die Eisenbahner streikten. Sie erhielten Unterstützung vom Beamtenrat, der sogar drohte, alle öffentlichen Betriebe lahmzulegen, wenn die radikale Resolution Laufenbergs vom 1. Februar nicht aufgehoben würde. Der Arbeiterrat mußte den Beamten weitgehende Zugeständnisse machen, um die Beendigung des Streiks zu erreichen.[56] Nach der Überzeugung der linken Mitglieder des Arbeiterrats war die Aktion der Beamten ein konterrevolutionärer Putsch. Die Initiatoren selbst erklärten, daß sie durch ihr Handeln nur die legitime Reichsregierung decken wollten. Sie machten deutlich, daß eine Politik unter Ausschluß des Bürgertums auf die Dauer zum Scheitern verurteilt war.

In den ersten Tagen der Revolution waren bürgerliche Politiker und Organisationen völlig in den Hintergrund gedrängt worden. Sie hatten aber rasch verstanden, sich durch die Bildung eigener Räte den neuen Verhältnissen anzupassen. Schon am 15. November 1918 hatte der Arbeiter- und Soldatenrat einen Wirtschaftsrat aus Vertretern der Handels-, der Detaillisten- und der Gewerbekammer zugelassen, um sich deren Mitwirkung bei der Lösung der wirtschafts- und finanzpolitischen Probleme zu sichern. Die Zusammenarbeit war aus der Sicht des Arbeiterrats allerdings enttäuschend, weil sich der Wirtschaftsrat einseitig als Interessenvertretung der Kaufleute und Produzenten verstand. Daneben hatten sich weitere Sonderräte gebildet, unter anderem ein Angestelltenrat, der Beamtenrat, ein Rat geistiger Arbeiter, ein Ärzterat, ein Kranken- und Fürsorgerat usw. Die politische Einstellung der Mitglieder war ganz unterschiedlich. So trafen sich im Ärzterat der Sozialdemokrat Andreas Knack und der spätere Nationalsozialist Wilhelm Holzmann, im Rat geistiger Arbeiter der Hauptgeschäftsführer der Vaterlandspartei, F. F. Eiffe, und die DDP-Mitglieder Carl Mönckeberg und Fritz von Borstel.[57] Die Begründer dieses Rates, Julius Freund und Hans Wolf, gehörten zu den Drahtziehern eines gescheiterten Putschversuchs gegen den Arbeiterrat am 8./9. Dezember. Solche konterrevolutionären Bestrebungen waren aber die Ausnahme. Gemeinsam war allen Mitgliedern dieser bürgerlichen Räte der Wille, die Bevölkerungsgruppe, zu der sie gehörten, politisch wieder zur Geltung zu bringen.

Diesem Ziel diente auch der »Werbeausschuß für schnellste Wahl und Einberufung einer hamburgischen gesetzgebenden Versammlung«, dem vor allem das wohlhabende hanseatische Bürgertum die Mittel zur Finanzierung einer aufwendigen Propaganda zur Verfügung stellte. In der Forderung nach Einberufung der Nationalversammlung bzw. einer verfassunggebenden Bürgerschaft trafen sich alle bürgerlichen Bevölkerungskreise von links bis ganz rechts, auch jene, die noch vor wenigen Monaten allgemeine Wahlen, Parlamentarisierung und Demokratisierung entschieden abgelehnt hatten. Ein demokratisch gewähltes Parlament bot ihnen jetzt die einzige Chance, sich in die politische Entwicklung wieder einzuschalten.

Für die SPD und das fortschrittliche, liberale Bürgertum entsprach es der politischen Überzeugung, die Entscheidung über die Neuordnung der staatlichen und gesellschaftlichen Verhältnisse einer allgemein gewählten Nationalversammlung zu übertragen. Für die übrigen Gruppen des Bürgertums handelte es sich um eine Frage der Opportunität. Aus sehr unterschiedlichen Motiven stimmte der größte Teil der deutschen Bevölkerung 1918/19 im Ruf nach verfassunggebenden Parlamenten überein.

2. Die Begründung
der Parteiendemokratie

Die kurze Vorbereitungszeit bis zur Wahl der Nationalversammlung am 19. Januar 1919 bzw. der Bürgerschaft am 16. März stellte alle Parteien vor schwierige organisatorische Aufgaben. Innerhalb weniger Wochen mußten sie sich nicht nur über ihre Kandidatenlisten einigen, sondern auch einen Propagandaapparat aufbauen oder wiederbeleben, Agitationsmaterial herstellen, finanzieren und verteilen, zum Teil überhaupt erst ein Programm entwickeln. Die USPD hatte mit der Organisationsarbeit gerade erst beginnen können. Ebenso waren die bürgerlichen »Honoratiorenparteien« kaum vorbereitet, unter den Bedingungen des allgemeinen und gleichen Wahlrechts »Massen« zu gewinnen.

Sozialdemokratische Partei

Am leichtesten hatte es in dieser Hinsicht die Sozialdemokratische Partei.[58] Ihre Hamburger Organisation hatte schon in der Wilhelminischen Ära zu den leistungsfähigsten und finanzstärksten der Partei gehört. Während des Krieges war sie durch Einberufungen zwar beeinträchtigt worden, ältere ehrenamtlich arbeitende Genossen und Frauen hatten sie aber doch funktionsfähig erhalten. Durch die Zusammenfassung der drei Hamburger

Wahlkreisorganisationen zu einem in sich geschlossenen Landesverband war im September 1918 eine Voraussetzung geschaffen worden, um die Schlagkraft der Partei weiter zu steigern. Die hohen Mitgliederverluste, die sie während des Krieges als Folge der Einberufungen zum Heer, aber auch der wachsenden Unzufriedenheit mit ihrer »Burgfriedenspolitik« erlitten hatte, konnte sie nach der Revolution in kurzer Frist ausgleichen. Die heimkehrenden Soldaten wandten sich der altvertrauten Partei zu; der verbreitete Wunsch nach Einigung der Arbeiterbewegung kam ihr ebenfalls zugute. Auch aus dem starken Zustrom zu den Gewerkschaften konnte sie bei der engen Verbundenheit mit ihnen Nutzen ziehen.

Im April 1919 verzeichnete die SPD fast dieselbe Mitgliederzahl wie 1914: knapp 68 000. Dabei hatte sich der Anteil der Frauen stark erhöht. Andere Strukturmerkmale – und manche daraus resultierenden Probleme – blieben dagegen unverändert.

Nach wie vor bildete die Arbeiterschaft mit rund 60 % die größte Gruppe unter den Mitgliedern der SPD, und zwar repräsentierte sie hauptsächlich die qualifizierten, überwiegend handwerklich ausgebildeten und gewerkschaftlich organisierten, oft schon älteren Arbeiter. Bei den Ungelernten, darunter den großen Gruppen der Hafen- und Werftarbeiter, blieben die Ergebnisse ihrer Mitgliederwerbung unbefriedigend. Diese Arbeiter tendierten dazu, sich Organisationsversuchen überhaupt zu entziehen, was insbesondere die Gewerkschaften, aber nach zeitweiligen Erfolgen in den ersten Jahren der Weimarer Republik auch die syndikalistischen Arbeiter-Unionen und die KPD erfuhren. Neue, »bürgerliche« Bevölkerungsgruppen für die SPD zu gewinnen, gelang nur in sehr begrenztem Maß. Die Zahl der Angestellten und Beamten unter den Mitgliedern stieg zwar, seit sie wegen der Zugehörigkeit zu einer »staatsfeindlichen« Partei keine beruflichen Nachteile mehr zu befürchten brauchten, von 1,5 % bzw. 0,1 % im Jahr 1914 auf schließlich 11,4 % bzw. 3,8 % (1931), war aber im Vergleich zu ihrem Anteil an der Bevölkerung von zusammen rund 32 % noch immer relativ niedrig. Zu einem guten Teil stammten diese Angestellten und Beamten zudem aus der Arbeiterschaft und waren über die Partei, die Gewerkschaften oder die Genossenschaften in ihre spätere Position gelangt. Die Ausweitung zur »Volkspartei« gelang der SPD erst nach dem Zweiten Weltkrieg. In der Weimarer Republik blieb sie wie im Kaiserreich eine Partei der Arbeitnehmer, nur daß sich der Anteil der Angestellten unter ihnen erhöhte.

Dem entsprach das Selbstverständnis der SPD. Ihre politische Aufgabe sah sie nach wie vor hauptsächlich im Einsatz für die Interessen dieser Bevölkerungsgruppe, vorrangig der Arbeiter, während sie die Vertretung »des Bürgertums« oder »der Wirtschaft« ihren Koalitionspartnern DDP und

DVP überließ. Diese allgemein akzeptierte »Arbeitsteilung« entsprach der Funktion der Parteien im Obrigkeitsstaat gegenüber einer von ihnen unabhängigen Beamtenregierung, wurde ihrer Rolle in der parlamentarischen Demokratie, in der sie selbst die Regierung trugen, aber nicht gerecht. Sie erschwerte es besonders in den Bereichen der Wirtschafts-, Finanz- und Sozialpolitik, Gesamtkonzeptionen zu entwickeln, und trug außerdem dazu bei, daß sich die SPD 1919 auf ihre traditionellen Wirkungsfelder konzentrierte: die Wohlfahrts-, Gesundheits-, Jugend- und Schulpolitik.

Ein weiteres Schwächemoment blieb die relative Überalterung der SPD, ein Problem, das sie freilich mit allen Parteien außer der KPD und später der NSDAP teilte. Während etwa 27 % der wahlberechtigten Bevölkerung Hamburgs nicht älter als 30 Jahre waren, gehörten in der SPD nur rund 20 % der Mitglieder zu dieser Altersgruppe. Die Sozialistische Arbeiterjugend (SAJ) mußte sich nach den schweren Rückschlägen der Inflationszeit in der zweiten Hälfte der zwanziger Jahre in der Hansestadt mit weniger als 2000 Mitgliedern begnügen; das Verhältnis zwischen ihr und der Partei war oft durch Spannungen belastet.

Die schwache Position der jüngeren Genossen in der SPD unterstrich und begünstigte ihr traditionalistisches Gepräge, das am deutlichsten in der Zusammensetzung der Funktionärskader zum Ausdruck kam. Die Führungsgremien galten in erster Linie als Verwaltungsorgane. Sie waren für die Mitgliederwerbung und -betreuung, die Finanzen und die Agitation zuständig. Den politischen Kurs bestimmte in der Regel die Bürgerschaftsfraktion, der allerdings die Spitzenfunktionäre ausnahmslos angehörten. Bevorzugt wurden in langjähriger Partei- oder Gewerkschaftsarbeit erprobte Genossen gewählt und Amtsinhaber im allgemeinen immer wieder in ihrer Funktion bestätigt. Durch diese Praxis, die mit gewissen Einschränkungen auch für die Fraktion galt, bekamen neue Leute in der SPD nur schwer eine Chance. An der Überalterung und der herkömmlichen Berufsstruktur der Gremien, der Vorherrschaft der arrivierten Arbeiter, der kleinen Angestellten und Lehrer, änderte sich in der Weimarer Republik nichts.

Organisatorische Begabung und Ausdauer waren angesichts der Auswahlkriterien für den Aufstieg oft wichtiger als besondere politische Fähigkeiten. Die führenden Genossen der SPD tendierten dazu, sich bei ihren Entscheidungen an bewährten Regeln, Erfahrungen und Anschauungen zu orientieren. Es fehlte ihnen oft die Beweglichkeit, um sich auf die außergewöhnlichen Probleme und die völlig veränderten Bedingungen und Erfordernisse der Weimarer Republik einzustellen. In der Erhaltung und dem Ausbau der Parteiorganisation sahen sie aufgrund ihrer Herkunft besonders wichtige Ziele. Aus ihrer früheren Tätigkeit brachten viele von ihnen große Hochachtung für Verwaltungsleistungen und Fachwissen mit, was zwar der Zusammenarbeit mit den Beamten und Experten zugute kam, doch auch erschwerte, sich gegen sie durchzusetzen. Bei den Bemühungen um die Neuordnung der Verwaltung und der Wirtschaft kam dies zum Tragen, wie noch zu zeigen sein wird. Die wichtigste wirtschaftliche Institution Hamburgs, die Handelskammer, die sich auch in der Weimarer Republik großen Einfluß bewahrte, konnte dank dieser Einstellung der zuständigen sozialdemokratischen Abgeordneten die Revolution ohne wesentliche strukturelle und personelle Veränderungen überstehen. Die Demokratische Partei hatte hier schärfer zugreifen wollen, war ohne die Unterstützung der SPD mit ihrem Vorstoß aber gescheitert.[59]

Die vorsichtig-zurückhaltende Politik der SPD, die sich nicht zuletzt aus diesen Strukturbedingungen ergab, enttäuschte einen Teil ihrer proletarischen Anhängerschaft. Insbesondere in den Phasen, in denen die Arbeiter unter hoher Erwerbslosigkeit litten und die Ohnmacht ihrer Organisationen gegenüber dem krassen Durchsetzungswillen der Arbeitgeber erlebten, im ersten Jahr nach dem Ende des Krieges, auf dem Höhepunkt der Inflation 1922/23 und in der anschließenden Stabilisierungsphase, mußte die SPD große Mitglieder- und Wählerverluste hinnehmen. Die schwierige Aufgabe, zugleich das Vertrauen der Arbeiterschaft zu bewahren und Rückhalt im fortschrittlichen, demokratischen Bürgertum zu gewinnen, konnte sie nicht lösen. Sie war wahrscheinlich angesichts der Schärfe der sozialen Gegensätze in der Weimarer Republik, die sich in den Wirtschaftskatastrophen immer wieder zuspitzten, auch nicht lösbar. So wandten sich viele Arbeiter von der SPD ab und – zumindest als Wähler – den radikalen sozialistischen Parteien zu, ohne daß »bürgerliche« Demokraten die Reihen auffüllten. Von 72000 zur Zeit ihres höchsten Standes im April 1921 sank die Mitgliederzahl der SPD bis auf 42000 im Herbst 1926, dann stieg sie kontinuierlich wieder auf knapp 57000 (Anfang 1932) an.

Die Rückschläge und die folgende Stagnation führten in der SPD zu Unzufriedenheit und zu wachsender Kritik an der Parteispitze. Die einen forderten, ihre sozialistischen Ziele stärker zu betonen; die anderen verlangten mehr Aktivität und offensiveren Einsatz für ihre Ideen. Ein Exponent dieser Gruppe löste 1929 den bisherigen Vorsitzenden, Max Leuteritz, nach zehnjähriger Tätigkeit ab. Der Nachfolger, Karl Meitmann, war Parteisekretär in Altona gewesen, hatte sich aber vor allem durch seine Rolle bei der Säuberung der schleswig-holsteinischen Polizei nach dem Kapp-Putsch und durch seine Tätigkeit im Reichsbanner Schwarz-Rot-Gold einen Namen gemacht. Mit seiner Wahl setzte sich ein Kreis jüngerer, in dieser republikanischen Schutzorganisation engagierter Genossen um Theodor

Haubach durch, die seit der Mitte der zwanziger Jahre in der Hamburger SPD nach vorne drängten.

Die bisher skizzierten Schwächen, die ihre Kritiker so schwer empfanden, teilte die sozialdemokratische Landesorganisation mit der Gesamtpartei. In einem zentralen Bereich zeichnete sie sich jedoch gegenüber vielen Genossen in Berlin und anderen Teilen Deutschlands durch größere Konsequenz und Klarheit aus: Sie bekannte sich stets aus Überzeugung und mit Nachdruck zur parlamentarischen Demokratie als der Staatsform, in der die Arbeiter ihre Lebensinteressen am besten verwirklichen könnten, und akzeptierte die Anforderungen, die sich daraus für die SPD ergaben. So war es kein Zufall, daß die jungen Reformer, die weniger in der Rückkehr zur klassischen sozialistischen Doktrin als im selbstbewußten, kämpferischen Einsatz für die Demokratie die Zukunftschancen für die SPD sahen, gerade in Hamburg Einfluß gewannen. Der Landesverband zeigte nicht nur besonderes Verständnis für die Bedeutung einer demokratischen Wehrpolitik, sondern beteiligte sich auch stark an der Einwohnerwehr, um den Schutz der öffentlichen Sicherheit im neuen Staat nicht seinen Gegnern zu überlassen, begann sofort nach dem Kapp-Putsch mit dem Aufbau einer eigenen Wehrorganisation und gehörte nach der Gründung des Reichsbanners Schwarz-Rot-Gold im Frühjahr 1924 zu dessen energischsten Förderern.[60]

In der Hamburger SPD gab es keinen Zweifel, daß es die Grundlage des parlamentarischen Systems erschüttern mußte, wenn sich die stärkste Partei der Regierungsverantwortung entzog. Für die Entscheidung der Genossen in Berlin, nach den Rückschlägen des Jahres 1919 und der Wahlniederlage 1920 den Reichsregierungen fernzubleiben oder sie nach kurzer Zeit wieder zu verlassen, hatten die Hamburger kein Verständnis. Sie selbst erlagen nie der Versuchung, in die Opposition zu gehen, um die Partei von Kritik und internen Auseinandersetzungen zu entlasten. Sie waren überzeugt, auch bei einer für sie ungünstigen machtpolitischen Konstellation in der Regierung noch immer mehr für ihre Anhänger erreichen zu können als aus der Opposition heraus. Sowohl aufgrund solcher taktischen Überlegungen als auch der prinzipiellen Sorge um die Zukunft der Demokratie übte die Hamburger SPD deshalb zum Beispiel 1930 scharfe Kritik, als die Reichstagsfraktion die Große Koalition scheitern ließ und damit einem bürgerlichen Minderheitskabinett den Weg freimachte, ohne das Parlament mit Hilfe des Notstandsrechts des Reichspräsidenten zu regieren.[61] Durch diese Haltung trug der Landesverband viel zur politischen Stabilität Hamburgs in der Weimarer Republik bei. So war hier eine im ganzen kontinuierliche soziale und liberal-fortschrittliche Politik im Bündnis mit der Deutschen Demokratischen Partei (DDP) möglich.

Deutsche Demokratische Partei

Von den »bürgerlichen« Parteien brachte die DDP die besten Voraussetzungen mit, um sich rasch auf die veränderten politischen Verhältnisse nach der Revolution einzustellen. Sie trat in Hamburg das Erbe der Vereinigten Liberalen an, die sich 1906 aus Protest gegen den »Wahlrechtsraub« – eine Verschlechterung des Wahlrechts der einkommensschwächeren Bevölkerung, durch die der Aufstieg der SPD gebremst werden sollte – von den »alten« Bürgerschaftsfraktionen getrennt hatten.[62] Die Hamburger Linksliberalen waren stark von Friedrich Naumann geprägt und hatten unter seinem Einfluß das Ziel verfolgt, die Arbeiterschaft durch Erfüllung ihrer »berechtigten Forderungen«, durch weitgehende soziale und politische Reformen, in den bestehenden Staat zu integrieren. Vor allem in den Bereichen der Sozial- und der Schulpolitik hatten sie eng mit der SPD zusammengearbeitet, so daß sich im Lauf der Jahre gute und vertrauensvolle Beziehungen zu ihr entwickelt hatten. Führende Sozialdemokraten hielten deshalb nach der Revolution Kontakt zu demokratischen Politikern im Senat und in der Bürgerschaft, und auch im Soldatenrat wurde die Zusammenarbeit fortgesetzt, da sich viele seiner Mitglieder zur DDP bekannten.

Als einzige bürgerliche Partei konnte die Hamburger DDP 1918 von den Vereinigten Liberalen einen vielgegliederten und gut fundierten Parteiapparat übernehmen. Ihre Vorgänger hatten bereits einen besoldeten Parteisekretär angestellt, was damals für eine bürgerliche Partei eine Ausnahme gewesen war. Die führenden Politiker der Vereinigten Liberalen waren in Hamburg wegen ihrer Opposition gegen den überwiegend konservativen Kurs der »alten« Fraktionen sehr bekannt; während des Krieges waren die ersten von ihnen in den Senat eingezogen: 1917 der Kaufmann Johann Hinrich Garrels, 1918 der spätere Bürgermeister, Rechtsanwalt Carl Petersen. Mit dem Generalanzeiger für Hamburg-Altona, dem späteren Hamburger Anzeiger, stand der DDP eine weitverbreitete Tageszeitung, mit Naumanns »Hilfe« ein vielgelesenes Journal zur Verfügung.

Die DDP fand bei allen jenen Bevölkerungskreisen Unterstützung, die ihr Zugehörigkeitsgefühl zum Bürgertum vom Anschluß an die »Arbeiterpartei« SPD abhielt, die aber die Chance zum demokratischen Neuanfang nach dem Zusammenbruch des Kaiserreichs begrüßten. Schon die Vereinigten Liberalen hatten unter den zahlreichen kaufmännischen Angestellten Hamburgs viele Anhänger gefunden. Der Hauptgeschäftsführer des größten Angestelltenverbandes der Stadt gehörte von 1913 bis 1933 zu ihrer bzw. der demokratischen Bürgerschaftsfraktion. Auch bei der reformfreudigen Volksschullehrerschaft und bei unteren und besonders mittleren Beamten besaßen die Linksliberalen einen starken Rückhalt. Diese Position konnte die DDP ausbauen, nachdem sie im vorletzten Jahr des Krieges von der beargwöhnten Oppositionspartei zur »staatstragenden« Senatspartei geworden war.

Zu ihr stießen ferner viele junge Akademiker und Studenten. Sie hatten die starre gesellschaftliche Ordnung, die kaum überwindbaren Konventionen im Wilhelminischen Deutschland als bedrückend empfunden und wollten bewußt die Schranken zu anderen Bevölkerungsgruppen niederreißen und am Aufbau eines sozial gerechten, freiheitlichen Staates mitarbeiten. Von der SPD hielten sie meistens Vorurteile gegen die »gleichmacherischen« Bestrebungen der »Klassenkampfpartei« und die nicht unberechtigte Furcht vor deren Antiintellektualismus fern, doch pflegten sie zu den wenigen sozialdemokratischen Kollegen ihres Alters engen Kontakt. Wortführer der Gruppe wurde bald Heinrich Landahl, Studienrat, später Schulleiter am einzigen Reformgymnasium Hamburgs, an der Lichtwarkschule, der 1924 mit 29 Jahren als jüngster Abgeordneter der DDP in die Bürgerschaft einzog. Aus dem Kreis ging während des Dritten Reiches eine der wenigen liberalen Widerstandsorganisationen in Deutschland hervor.[63]

Die DDP war schließlich die bevorzugte Partei der jüdischen Bevölkerung Hamburgs. Sie erhoffte, im demokratischen Staat die gesellschaftliche Diskriminierung zu überwinden, unter der sie trotz der formalen rechtlichen und politischen Gleichstellung gelitten hatte. Diese Erfahrung führte auch viele jüdische Kaufleute und Industrielle zur DDP, während ihre christlichen »Standesgenossen« überwiegend der konservativ-liberalen Deutschen Volkspartei den Vorzug gaben.

Die vielschichtige soziale Zusammensetzung der Mitglieder- und Anhängerschaft erlaubte der Hamburger DDP, ein umfassendes, an den Bedürfnissen der Gesamtbevölkerung orientiertes politisches Programm zu vertreten. Während die Berliner Leitung der Partei seit Dezember 1918 ihrem unternehmerfreundlichen Flügel wachsenden Einfluß einräumen mußte, konnte in Hamburg eine solche einseitige Festlegung vermieden werden. Für die Spitzengremien der DDP hier hatte Liberalismus mit dem alten manchesterlichen Gedanken des laissez-faire nichts mehr zu tun, sondern bedeutete, die Freiheit des einzelnen einerseits gegen übermächtige Organisationen zu schützen, andererseits durch wirtschaftliche und soziale Absicherung zu ermöglichen.

Wie schon die Vereinigten Liberalen stand auch die Hamburger DDP bis zum Ende der Weimarer Republik auf dem linken Flügel der Gesamtpartei. Das zeigte sich bei vielen Gelegenheiten. So bekämpfte sie 1926 das von der Mehrheit befürwortete Gesetz gegen Schund- und Schmutzliteratur, weil sie von ihm eine Beeinträchtigung des geistigen Schaffens befürchtete. Gegen Minister der eigenen Partei setzte sie sich dafür ein, das Notstandsrecht des Reichspräsidenten durch Ausführungsbestimmungen so einzuschränken, daß ein Machtmißbrauch der Exekutive verhindert würde. Die Reichswehrpolitik verfolgte sie mit dem gleichen Mißtrauen wie die SPD, obwohl seit Noskes Sturz im Jahr 1920 ein demokratischer Minister für sie die Verantwortung trug; insbesondere verurteilte sie die verfehlte Personalpolitik und den Aufbau illegaler, durch den Versailler Friedensvertrag verbotener Verbände in der »Schwarzen Reichswehr«, die sich gegen »Verräter« sogar mit dem Mittel des »Fememordes« zu schützen versuchte.

Bei der Auseinandersetzung um die Enteignung der Fürstenvermögen lehnte die Hamburger DDP zusammen mit SPD und KPD eine Entschädigung der ehemaligen Herrscherfamilien ab. Sie widerstand damit dem massiven Druck der Wirtschaftsverbände, die die prinzipielle Unverletzlichkeit des Privateigentums auch in diesem Fall gewahrt sehen wollten; dagegen wich die Reichsleitung der Partei angesichts der Kampagne zurück und verzichtete beim Volksentscheid auf eine Abstimmungsempfehlung. So sehr die Demokratische Partei in Hamburg generell für die Förderung der »freien« Unternehmerwirtschaft und speziell für das mittelständische Gewerbe eintrat, räumte sie diesem Ziel nicht uneingeschränkte Priorität ein. Soziale Rücksichten, der Schutz der Konsumenten und der wirtschaftlich schwachen und abhängigen Bevölkerungsschichten sollten darüber nicht zu kurz kommen. Auf dem Höhepunkt der Inflation kritisierte die Landesorganisation scharf die Nachgiebigkeit der Reichsregierung – einschließlich der demokratischen Minister – gegenüber den Wünschen der Großindustrie. Am Mieterschutz hielten die Hamburger Demokraten trotz der heftigen Polemik der Grundeigentümer gegen diese »Zwangswirtschaft« fest. Für eine prinzipielle Umgestaltung der Wirtschaftsordnung, für »Sozialisierungsexperimente«, waren sie dagegen ebensowenig zu haben wie die Gesamtpartei.

Die Beispiele für den Linkskurs des Hamburger Landesverbandes der DDP ließen sich vermehren. Allerdings war er in den eigenen Reihen nicht unumstritten und wurde bei den konkreten politischen Entscheidungen auch nicht konsequent durchgeführt. Die meisten Spitzenpolitiker der Hamburger DDP, ihre Senatoren, alle Reichstagsabgeordneten und viele Bürgerschaftsabgeordnete, waren schon vor dem Krieg an hervorragender Stelle politisch tätig gewesen. Sie hielten an den damals gewonnenen Anschauungen fest und fühlten sich an Beschlüsse der Parteigremien nicht gebunden. Sie stärker zur Geltung zu bringen und ein Mitspracherecht bei aktuellen politischen Entscheidungen zu erzwingen, war unmöglich, weil die DDP auf diese Politiker wegen ihres hohen Ansehens bei der Bevölkerung nicht verzichten konnte. Unter dem alten Regime hatten sie ihre Aufgabe darin gesehen, gegen die Benachteiligung der Arbeiterschaft und die

Unterdrückung der SPD aufzutreten. Nachdem die Sozialdemokratie durch die Revolution selbst in die staatlichen Machtpositionen gelangt war, bemühten sie sich mehr, in der Zusammenarbeit mit ihr die Interessen des Bürgertums zu wahren, die SPD an zu weitgehenden Zugeständnissen gegenüber ihrer erwartungsvollen Anhängerschaft zu hindern und vor allem Versuche zur Verwirklichung der sozialistischen Gesellschaftsordnung zu unterbinden.

Im Gegensatz zur Mehrheit ihrer Hamburger Partei erstrebten diese Demokraten seit der Mitte der zwanziger Jahre den Zusammenschluß mit der nationalliberalen Deutschen Volkspartei, um die politische Position des Bürgertums zu festigen. Sie verstanden die DDP als liberale Mittelpartei, während die Jüngeren sie zur »bürgerlichen Linkspartei« entwickeln wollten. Trotz unterschiedlicher politischer Prioritäten im einzelnen stimmten aber alle Hamburger Demokraten in der Grundüberzeugung überein, daß die Arbeiterschaft von der Mitverantwortung für den Staat nicht ausgeschlossen werden dürfe, daß die Regierungsbeteiligung der SPD für die Stadt lebensnotwendig sei. An dieser Auffassung hielten sie bis zum Ende der Weimarer Demokratie fest, auch und gerade als die SPD in der Schlußphase der Republik von allen Seiten bedrängt wurde. Das feste Bündnis zwischen SPD und DDP, das dadurch ermöglicht wurde, bildete die Grundlage für die ungewöhnliche politische Stabilität in Hamburg in den Jahren zwischen der Revolution und dem Beginn der nationalsozialistischen Diktatur.

Deutsche Volkspartei

Für die anderen bürgerlichen Parteien und politischen Gruppierungen war der Umstellungsprozeß nach dem Zusammenbruch des alten Herrschaftssystems schwieriger. Der Versuch, sich durch Umbenennung zur »Volkspartei« den veränderten Bedingungen anzupassen, signalisierte die ganze Hilflosigkeit. Die Deutsche Volkspartei (DVP) trat die Nachfolge der Nationalliberalen Partei und der drei »alten« Fraktionen der Bürgerschaft an.[64] Besonders enge Beziehungen bestanden zur Fraktion der Rechten, die die Mehrzahl ihrer Mandate bei den Notabelnwahlen gewonnen hatte. Sie hatte, solange das Wahlprivileg in Geltung gewesen war, keinen entwickelten Partei- und Propagandaapparat benötigt, um zum Erfolg zu gelangen. Unangefochten hatte sie die politisch und gesellschaftlich führenden Schichten Hamburgs repräsentiert. Auch die DVP fand in erster Linie bei dem in Handel, Schiffahrt und Bankwesen tätigen Großbürgertum sowie bei Akademikern, insbesondere bei hohen Beamten und Richtern, Unterstützung. Die übergroße Mehrheit der Hamburger Kaufleute stand ihr nahe, auch wenn sich nach der Demokratisierung des Parlaments nur noch wenige zu aktiver politischer Arbeit bereit fanden. 1919 zog der Handelskammerpräses, Franz Heinrich Witthoefft, für die Volkspartei in die Nationalversammlung ein; 1920 trat ein anderes Handelskammermitglied, der Mittelamerikakaufmann Walther Dauch, seine Nachfolge im Reichstag an.

Unter dem allgemeinen Wahlrecht mußte die DVP aber darüber hinaus eine breitere Anhängerschaft an sich binden. An die schon von den Nationalliberalen begonnene intensive Mittelstandswerbung anknüpfend, gelang es ihr, viele selbständige Gewerbetreibende und Grundeigentümer für sich zu gewinnen. Sie hatten früher in den weniger elitären Fraktionen der Linken und des Linken Zentrums ihre politische Vertretung besessen, versuchten nach der Revolution zunächst mit selbständigen Wirtschaftslisten ihr Wahlglück und kamen bis zum Herbst 1921 überwiegend zur DVP. Sie zählte seither immer die Vorsitzenden der Detaillistenkammer und des Grundeigentümervereins sowie verschiedene Innungsobermeister zu ihren Abgeordneten.

Trotzdem blieb sie vorrangig die Partei des hanseatischen Großbürgertums. Nur soweit die Wünsche der mittelständischen Handel- und Gewerbetreibenden mit seinen Zielen übereinstimmten, fanden sie Berücksichtigung. Immer wieder protestierten deshalb Mittelstandsvertreter gegen ihre Benachteiligung und drohten mit der Abwendung der hinter ihnen stehenden Bevölkerungskreise; manche kehrten der DVP bald wieder den Rükken und suchten ihr Heil bei der ausschließlich an ihren Interessen orientierten Wirtschaftspartei, schließlich bei der NSDAP. Noch ungünstiger war die Situation der »national« oder konservativ denkenden Angestellten und mittleren Beamten, die sich der DVP in nicht geringer Zahl angeschlossen hatten. Sie konnten sich mit abweichenden Auffassungen in ihr nie durchsetzen.

Die Nationalliberalen hatten – von den kurzlebigen Antisemitenparteien abgesehen – bis zur Gründung der Hamburgisch-Konservativen Vereinigung im Jahr 1912 die am weitesten nach rechts reichende politische Organisation der Hansestadt gebildet. Diese Tradition setzte die DVP fort. Insbesondere seit der Vorsitzende ihrer Reichsorganisation, Gustav Stresemann, sich zur Mitarbeit in den republikanischen Regierungen entschloß und seine Partei allmählich mit dem demokratischen Staat auszusöhnen und zu einer gemäßigten Politik der Mitte hinzuführen begann, beharrte der Hamburger Landesverband am rechten Rand der DVP. Bezeichnend für seine politische Orientierung war, daß er 1919 den Vorsitzenden der Deutschen Vaterlandspartei in Hamburg, Rechtsanwalt Dr. Heinrich

Bagge, als Geschäftsführer anstellte. Ihre »gut nationale« Haltung wurde den Hamburger Volksparteilern selbst im Alldeutschen Verband bestätigt.[65] Als sich 1924 die innerparteiliche Opposition gegen Stresemanns Kurswechsel in der Nationalliberalen Vereinigung formierte, war mit Carl Anton Piper auch ein prominenter Hamburger dabei. Die Trennung von der DVP und den Übergang zur Deutschnationalen Volkspartei machte er freilich nicht mit, dafür waren an der Elbe die sozialen Schranken zu der kleinbürgerlich geprägten Nachbarpartei zur Rechten zu hoch. Auch Walther Dauch ging in der Reichstagsfraktion der Ruf voraus, nach rechts zu tendieren und immer mit der rheinisch-westfälischen Industriellengruppe für eine kompromißlos reaktionäre Linie einzutreten.

Die Hamburger DVP legte in allen Phasen der Weimarer Republik Wert darauf, als »nationale« Partei anerkannt zu werden. Sie ließ nie einen Zweifel daran, daß sie die Staatsordnung des Bismarck-Reichs positiver beurteilte als die parlamentarische Demokratie. Bei jeder Gelegenheit demonstrierte sie, daß sie den Flaggenwechsel von Schwarz-weiß-rot zu Schwarz-rot-gold ablehnte, auch und gerade als die Entscheidung für oder gegen die verfassungsmäßigen Reichsfarben in den innenpolitischen Auseinandersetzungen mehr und mehr zum Bekenntnis für oder gegen die junge Republik wurde. Mehrere Vorstöße, der alten Reichsflagge zu größerer Verbreitung zu verhelfen, gingen von Hamburger Volksparteilern aus, darunter auch die Anregung zu dem Erlaß von 1926, über den Reichskanzler Luther stürzte.[66] Selbst nach ihrem Eintritt in den Senat 1925 scheute die DVP in Hamburg nicht davor zurück, unter schwarz-weiß-roten Fahnen zusammen mit konservativen, reaktionären und völkischen Organisationen an den Bismarck-Gedenkfeiern der Vaterländischen Verbände teilzunehmen und sich einige Male Festreden von rechtsradikalen Gegnern der Republik anzuhören.

Nach dem Verständnis der meisten Volksparteiler waren Liberalismus und Demokratie unvereinbare Begriffe. Das demokratische Prinzip, allen Staatsbürgern die gleichen politischen Rechte einzuräumen, war für sie nichts als »Gleichmacherei«; das allgemeine Wahlrecht führte in ihren Augen zum »Parlamentarismus der nackten Zahl«, zur »Herrschaft der Masse«, durch die der überragenden, erfahrenen Persönlichkeit der nötige Einfluß auf das öffentliche Leben genommen werde. Statt dessen wollten manche Anhänger der DVP anfangs in den Hansestädten die Notabelnwahlen wieder einführen, andere plädierten für ein Pluralwahlrecht, also die Zubilligung zusätzlicher Stimmen bei besonderen Leistungen. Offiziell wurde die Schaffung einer zweiten Kammer aus Wirtschafts- und Verwaltungsfachleuten gefordert, um die Rechte des allgemein gewählten Parla-

ments zu begrenzen. Mit dem Selbstbewußtsein des hanseatischen Großbürgertums wurde die beanspruchte Sonderstellung begründet: Nicht die
»Massen«, sondern die »Führer von Schiffahrt und Handel« hätten Hamburg groß gemacht und müßten daher »in der hamburgischen Regierung
ein wesentliches Wort mitzusprechen« haben.[67]

Bei dem Bemühen, die Unternehmer stärker zur Geltung zu bringen,
ging es nicht zuletzt darum, die sozialen Errungenschaften der Revolution
rückgängig zu machen: die Einführung des Achtstundentags, die Verbesserung der Lohn- und Arbeitsbedingungen wie überhaupt die Grundlegung
des Sozialstaats in der Weimarer Republik. Für die meisten Redner der
Hamburger DVP hatte der Staat noch ganz im Sinne des klassischen Liberalismus lediglich die Aufgabe, »Recht und Ordnung zu schützen und dafür zu sorgen, daß gut und gerecht verwaltet wird und daß jeder unbeschränkt seinem Erwerb nachgehen kann«. Weiterreichende Pflichten
sollte er dagegen nicht übernehmen, insbesondere nicht in das Wirtschaftsleben und die Sozialverhältnisse eingreifen.[68]

Trotz aller Vorbehalte gegen die demokratische Republik kam prinzipielle, auf Zerstörung zielende Feindschaft gegen den bestehenden Staat für
die in der DVP tonangebende Oberschicht im allgemeinen nicht in Frage.
Dafür identifizierte sie sich zu sehr mit dem Staat, nachdem oft Generationen der Familie öffentliche Verantwortung getragen hatten. Die Beteiligung der DVP am Senat wurde 1925 von diesen Kreisen aus dem doppelten
Grund betrieben, Hamburg politische Stabilität und ihnen selbst mehr Einfluß zu sichern; dagegen blieben die mittelständischen Anhänger skeptisch.
Die vier volksparteilichen Senatoren entstammten ausnahmslos dem hanseatischen Großbürgertum. Einen Repräsentanten des mittelständischen
Gewerbes entsandte die DVP erst 1928 in den Senat. Die volksparteilichen
Regierungsmitglieder arbeiteten mit ihren demokratischen und sozialdemokratischen Kollegen gut zusammen. Senator Paul de Chapeaurouge
wurde aufgrund der angedeuteten gouvernementalen Gesinnung in den
letzten Jahren der Weimarer Republik zu einem der erbittertsten Gegner
der Nationalsozialisten.

Wirtschaftliche Motive trugen auch dazu bei, daß bedeutende Kaufleute
für eine Politik der Verständigung nach innen und außen eintraten. Bevor
Stresemann die DVP zu einer kompromißbereiteren Außenpolitik bewegen konnte, bemühten sich F. H. Witthoefft und Max Warburg, einen internen Oppositionszirkel zu organisieren, der sich für eine Aussöhnung
mit den ehemaligen Gegnern im Westen, für die Anerkennung der Grenze
zu Frankreich und für den Eintritt in den Völkerbund einsetzte. Ein wichtiger Impuls für die Politik, die Stresemann später durch den Abschluß der
Verträge von Locarno verwirklichte und für die er 1926 zusammen mit dem

französischen Außenminister Aristide Briand den Friedensnobelpreis erhielt, ging damit von Hamburg aus.[69]

In der DVP fand Stresemanns Politik seit 1923 generell und auch in Hamburg bei den Arbeitnehmern und bei einer Gruppe junger Akademiker und Intellektueller begeisterte Unterstützung. Sowohl sein Bemühen um friedliche Revision des Versailler Vertrags als auch sein Engagement für den Abbau der sozialen Benachteiligungen und Konflikte im Innern entsprachen ihren Zukunftsidealen. Trotz aller Anstrengungen gelang es ihnen aber ebensowenig, das Erscheinungsbild der Hamburger DVP zu verändern, wie den Honoratioren um Warburg, Witthoefft und Chapeaurouge. Es fehlte in der Landesorganisation an Rückhalt für eine Politik der Mitte, wie sich immer wieder und besonders nach Stresemanns Tod im Oktober 1929 zeigte.

Deutschnationale Volkspartei

Als Partei des hanseatischen Großbürgertums konnte die DVP in Hamburg den größten Teil jener konservativen, durch die Revolution um ihre Privilegien gebrachten Führungsschichten an sich binden, die sich in Preußen überwiegend für die Deutschnationale Volkspartei (DNVP) entschieden. Unter den politischen Gruppen, die sich Ende November 1918 zu dieser Partei zusammenschlossen, dominierten dagegen in Hamburg von Anfang an die völkischen Antisemiten.[70] Sie hatten hier im selbständigen und angestellten oder beamteten Mittelstand, der sich von der mächtig aufstrebenden Arbeiterbewegung bedroht fühlte, beachtlichen Rückhalt gefunden. Demgegenüber hatte sich die Hamburgisch-Konservative Vereinigung erst sehr spät, 1912, von den Nationalliberalen abgespalten. Ohne Unterstützung prominenter Mitglieder der alten Hamburger Familien, konnte sie weder besonderes Prestige noch langjährige politische Erfahrung für sich in Anspruch nehmen. Die Völkischen beherrschten daher den Parteiapparat, stellten die meisten Vorstandsmitglieder und die Funktionäre und bestimmten den politischen Kurs der DNVP.

Der Hamburger Landesverband der Deutschnationalen Volkspartei gehörte zu ihren aktivsten und radikalsten regionalen Organisationen. Vor aggressiver und primitiver antisemitischer Agitation schreckte er selbst in der Bürgerschaft ebensowenig zurück wie in seiner Flugblattwerbung. Den »Arierparagraphen« führte er bereits ein Jahr früher als die Reichsorganisation im Mai 1923 ein. Ohne Schwanken und ohne die geringste Bereitschaft zu taktischen Zugeständnissen verharrten die Hamburger Deutschnationalen während der gesamten Zeit der Weimarer Republik in unversöhnlicher Feindschaft gegen diesen Staat. Die Wiederherstellung der Monarchie war für sie eine unverzichtbare Forderung, deren Zweckmäßigkeit in der Partei nicht einmal diskutiert werden durfte.

Irgendeine Zusammenarbeit mit gemäßigteren bürgerlichen Parteien in einer Regierung kam für sie weder im Reich noch in Hamburg in Frage. Die Vorsitzenden der Reichsorganisation der DNVP, Oskar Hergt (1918 bis 1926) und Graf Westarp (1926–1928), stießen beim Hamburger Landesverband auf heftige Opposition, weil sie sich 1925 bzw. 1926 zur Beteiligung an einer Mitte-/Rechtsregierung bereit fanden. Schon zu diesem Zeitpunkt favorisierten die Hamburger den alldeutschen Industriellen und Pressezaren Alfred Hugenberg, der nach dem endgültigen Sieg des radikalen Flügels im Oktober 1928 zum Parteivorsitzenden gewählt wurde. Sein Rigorismus, lieber Rückschläge für die Partei und den Verlust vieler Mitglieder und Anhänger hinzunehmen, als etwas von den »weltanschaulichen« Prinzipien aufzugeben, entsprach ganz und gar den Vorstellungen der großen Mehrheit der Hamburger Deutschnationalen. Auch sie sahen nur die Alternative: »Block oder Brei?«, wie Hugenberg in einem berühmt gewordenen Artikel formuliert hatte, und entschieden sich für die in sich geschlossene, schlagkräftige, notfalls zahlenmäßig kleine Rechtspartei. Mehr als kompromißlose Obstruktion im Parlament war von ihnen nicht zu erwarten.

In den ersten Jahren ihres Bestehens erhielt die Hamburger DNVP ihr Gepräge durch selbständige Handwerker und Ladenbesitzer, die schon in den Vorgängerorganisationen eine wichtige Rolle gespielt hatten und der neuen Partei nach der Revolution in verstärktem Maß zuströmten. Auf ihren Kandidatenlisten erhielten die Gewerbetreibenden viele sichere Plätze; in der Bürgerschaft wurden deutschnationale Abgeordnete nicht müde, die typischen Mittelstandswünsche und -ängste vorzutragen.

Zu dieser Gruppe stieß eine Reihe von Großunternehmern, und zwar überwiegend von Industriellen. Sie fühlten sich in Hamburg, wo die Bedeutung von Handel und Schiffahrt so einseitig betont wurde, gegenüber den gesellschaftlich führenden Kaufleuten benachteiligt und gaben ihrer Enttäuschung über die geringere staatliche Fürsorge und öffentliche Wertschätzung wahrscheinlich auch durch die unterschiedliche politische Orientierung Ausdruck. Zum Teil waren sie durch ihre Tätigkeit im Alldeutschen Verband geprägt, der in Hamburg schon seit der Jahrhundertwende einen aggressiv-antiliberalen, völkisch-antisemitischen Kurs verfolgte.

Das galt auch für viele Akademiker in der hiesigen DNVP. Als weiteres Motiv kam bei ihnen oft die Furcht vor wirtschaftlichem Abstieg oder so-

zialer Deklassierung hinzu. So erhofften Ärzte, Apotheker und Rechtsan-
wälte von der Ausschaltung der Juden aus ihrem Beruf eine Verminderung
des Konkurrenzdrucks; manche Gymnasialprofessoren protestierten
durch den Anschluß an eine radikale Partei dagegen, daß sie als Folge der
Universitätsgründung im Jahr 1919 ihren Platz an der Spitze der Bildungs-
pyramide verloren. Neben der besonderen politischen Orientierung spielte
nicht selten auch eine bestimmte kirchliche Einstellung bei der Entscheidung für die DNVP eine Rolle. Unter den Deutschnationalen aus dem Be-
sitz- und Bildungsbürgertum waren viele Anhänger der Positiven Union,
orthodoxe Lutheraner, die lieber nur wenige Gläubige in der Kirche vereinen als durch eine liberale Reformtheologie gegen die reine Lehre sündigen
wollten. Diesen Rigorismus übertrugen sie vom religiösen auf das politische Gebiet.

Eine andere kirchlich-politische Tradition wurde bei den christlich-sozialen Angestellten wirksam, die über den Deutschnationalen Handlungsgehilfen-Verband (DHV) und zum Teil über die von ihm gestützten Antisemitenparteien zur DNVP gelangten. Sie waren durch die Bestrebungen
des preußischen Hofpredigers Adolf Stoecker und seiner Anhänger politisiert worden, die Arbeitnehmer durch betontes soziales Engagement für
die Kirche und den christlich-konservativen Staat zurückzugewinnen.[71] In
der DNVP wurden sie bald von den beherrschenden mittelständischen Gewerbetreibenden beiseitegedrängt. Bei den häufigen Interessenkonflikten
zwischen Angestellten und »Prinzipalen«, zum Beispiel über Arbeitszeit-
regelungen, entschied sich die Partei immer für die Arbeitgeber. Auf den
Kandidatenlisten der DNVP erhielten Vertreter des DHV regelmäßig nur
einen sicheren Listenplatz. Wie isoliert die christlich-sozialen Angestellten
unter den Hamburger Deutschnationalen waren, zeigte der »Fall Lambach« besonders deutlich: Der prominente DHV-Funktionär hatte im
Juni 1928 in einem Artikel vorgeschlagen, das Bekenntnis zur Monarchie
aus dem Programm der DNVP zu streichen, um ihr bei jungen Menschen
mehr Erfolg zu sichern. Ohne Rücksicht auf die Solidaritätserklärungen
zahlreicher deutschnationaler Angestelltengruppen beeilte sich die Landesorganisation daraufhin, Lambach aus der Partei auszuschließen – obwohl sie eigentlich gar nicht zuständig war.

Dies war der Auftakt zum endgültigen Bruch zwischen DHV und
DNVP. Bis zum Sommer 1930 trennten sich alle bekannten Angestellten-
funktionäre von ihr. Sie unterstützten Lambachs Versuch, zusammen mit
anderen Ausgeschlossenen oder Abtrünnigen Hugenbergs DNVP eine
Konservative Volkspartei entgegenzustellen, beteiligten sich an der Gründung des Christlich-Sozialen Volksdienstes oder wechselten zur NSDAP.
Sie folgten damit vielen, insbesondere jüngeren Mitgliedern des DHV, die

schon seit 1924 zu den völkischen Parteien, später zu den Nationalsozialisten abgewandert waren.

Der elitäre Führungsanspruch der Vertreter des Besitz- und Bildungsbürgertums in der DNVP, die ständige Berufung auf die notwendige – eigene – Erfahrung, Leistung und gesellschaftliche Stellung waren für junge Menschen, Arbeitnehmer und auch viele mittelständische Gewerbetreibende unerträglich, nachdem sie durch Krieg und Revolution politisch wach und selbstbewußt geworden waren. Alle diese Gruppen suchten nach und nach eine politische Alternative zur DNVP.

Infolgedessen wandelte sich allmählich die soziale Zusammensetzung der deutschnationalen Mitglieder- und Anhängerschaft. Die Kräfteverteilung im Landesverband verschob sich immer mehr zugunsten des wohletablierten reaktionär-alldeutsch-völkisch denkenden Bürgertums. Nachdem die DNVP in den Jahren 1920 bis 1924 einen gewaltigen Aufschwung erlebt hatte, warfen sie dramatische Mitglieder- und Wählerverluste seit 1927/28 fast wieder auf ihre Ausgangsposition zurück. Auf dem Höhepunkt ihres Erfolgs 1922 hatte sie in Hamburg 18000, im Mai 1928 7000 und im Sommer 1930 noch 3000 Mitglieder; ihr Wähleranteil ging von rund 20 % im Jahr 1924 auf wenig mehr als 4 % 1930/32 zurück. Bei den späteren Wahlen des Jahres 1932 konnte sie sich ein wenig erholen und auf bescheidenem Niveau konsolidieren.

Noch schlechter hatte die DNVP in Hamburg freilich 1919 abgeschnitten. Mit dem Gewinn von 15000 Stimmen hatte sie kaum das völkische Potential ausgeschöpft. Ihr eklatanter Mißerfolg – 2,7 % der Stimmen bei den Nationalversammlungswahlen gegen 10,5 % im Reich – zeigte, daß der aggressive völkisch-antisemitische Kurs der Hamburger Deutschnationalen in ihrer Stadt noch keine Resonanz fand. Erst die Erfahrungen der Folgezeit – die häufigen politischen Unruhen, die Teuerung, die wirtschaftliche Desorganisation und Existenzgefährdung im Zeichen der immer schneller rasenden Inflation – führten zur Radikalisierung weiterer Kreise des Bürgertums, so daß die DNVP ihren Rückstand aufholen und von 1920 bis 1924 in Hamburg ähnlich große Wahlerfolge erzielen konnte wie im Reich.

Parlamentswahlen und Senatsbildung 1919

Bei den ersten politischen Wahlen nach der Revolution gewannen die Anhänger der parlamentarischen Demokratie eine solide Mehrheit. Fast 78 % der Hamburger Wähler entschieden sich bei der Abstimmung über die Nationalversammlung am 19. Januar 1919 für die SPD und die DDP, die sich eindeutig, ohne Vorbehalte und Einschränkungen, zum politischen Neubeginn bekannten. Auch bei der Wahl zur verfassunggebenden Bürgerschaft am 16. März 1919 errangen die beiden Parteien mehr als zwei Drittel der Stimmen: die SPD 50,5 % und Die DDP 20,5 %.

Dieses günstige Resultat war kein Zufalls- oder Ausnahmeergebnis, in dem sich der Schock über die Revolution, politische Verunsicherung und Desorientierung widerspiegelten, wie Miterlebende und Historiker später meinten. Es entsprach vielmehr in bemerkenswerter Weise dem Trend, der sich schon vor dem Krieg abgezeichnet hatte. Dabei waren die Wahlbedingungen entscheidend verändert: Der Kreis der Stimmberechtigten hatte sich stark vergrößert und in seiner Zusammensetzung gewandelt. Das Wahlalter war von 25 auf 20 Jahre herabgesetzt; erstmals durften Frauen und Soldaten wählen. Bei der Abstimmung über die Bürgerschaft gab es keine Klasseneinteilung und keine Privilegien mehr; die besonderen Notabeln- und Grundeigentümerwahlen und die Bindung des Wahlrechts an ein bestimmtes Mindesteinkommen waren abgeschafft. Dennoch erzielten die großen politischen Gruppierungen bei den Wahlen zum Reichsparlament, bei denen der Vergleich am ehesten möglich ist, im Hamburger Staat 1912 und 1919 sehr ähnliche Ergebnisse: Auf die Nationalliberalen bzw. die DVP entfielen vor dem Krieg 11,9 %, jetzt 11,7 %, auf die Linksliberalen bzw. die DDP damals 25,3 %, jetzt 26,3 % und auf die vereinigte Sozialdemokratie früher 61,3 %, nun 58,0 % der Stimmen, davon auf die SPD 51,3 % und die USPD 6,7 %. Die Erschütterungen durch Krieg und Revolution hatten das Wahlverhalten kaum beeinflußt. Auch die Unterschiede in der organisatorischen Entwicklung der Parteien wirkten sich nur wenig aus. Diese Beständigkeit in der politischen Orientierung zeigt, daß der Übergang zur parlamentarischen Demokratie dem langjährigen Wollen der großen Mehrheit der wahlberechtigten Bevölkerung Hamburgs entsprach. Um so dringender stellt sich die Frage, warum die beiden Parteien, die für den neuen Staat eintraten und ihn zu gestalten versuchten, seit 1920 soviel Zustimmung verloren.

Mit 82 von 160 Mandaten besaß die SPD in der ersten demokratisch gewählten Bürgerschaft eine knappe absolute Mehrheit. Die USPD hatte 13 Sitze errungen. Eine gemeinsame Senatsbildung kam aber für keine der beiden Arbeiterparteien in Frage, nachdem sie den Wahlkampf – anders als noch vor den Nationalversammlungswahlen – mit aller Schärfe gegeneinander geführt hatten. Die USPD erklärte sich lediglich zur Tolerierung eines reinen SPD-Senats bereit, vorausgesetzt, daß er eine sozialistische Politik in ihrem Sinne betrieb. Dieser unsicheren Lösung zog die SPD eine Zusammenarbeit mit den erprobten Bundesgenossen in der Demokratischen Partei vor.

Sie überließ die Hälfte der Senatssitze Spitzenpolitikern der DDP und anderen kooperationsbereiten Mitgliedern der Vorkriegsregierung. Sogar das Amt des Ersten Bürgermeisters blieb bis 1924 in den Händen von parteipolitisch nicht gebundenen Repräsentanten des »alten Hamburg«. Seit 1921 hatte es der Finanzexperte des früheren Senats, Arnold Diestel, inne. Nach seinem Tod 1924 trat erstmals der Exponent einer Partei die Nachfolge an, jedoch kein Sozialdemokrat, sondern Carl Petersen von der DDP. Der führende Parlamentarier der SPD, Otto Stolten, begnügte sich mit der Funktion des Zweiten Bürgermeisters. Seinen Verzicht begründete er gegenüber kritischen Genossen damit, daß an die Spitze des Senats ein Mann gehöre, »der auch den alten hamburgischen Familien nahestehe«.[72] Erst 1930 gelangte ein Sozialdemokrat, Rudolf Roß, für zwei Jahre in die höchste Position. Da bei Stimmengleichheit die Entscheidung des Ersten Bürgermeisters den Ausschlag gab, bestand bis dahin faktisch eine bürgerliche Mehrheit in der hamburgischen Regierung. In der Praxis spielte das freilich eine geringe Rolle, weil die Senatsbeschlüsse im allgemeinen nicht auf Kampfabstimmungen, sondern auf gemeinsamen Überzeugungen beruhten.

Für die Zurückhaltung der SPD war die Sorge maßgebend, die Funktionsfähigkeit der Staatsführung und Verwaltung zu sichern. Angesichts der ungeheuren Nachkriegsprobleme wollte sie sich der Erfahrung und des Sachverstands der altgedienten Senatoren vergewissern. Außerdem widersprach es ihrer Auffassung von Demokratie, eine Partei, die rund ein Fünftel der Hamburger Bevölkerung vertrat, den neuen Staat bejahte und zur Mitarbeit bereit war, von der politischen Verantwortung auszuschließen.

Durch den Verzicht, die zugefallene Macht voll auszunutzen, schufen die Sozialdemokraten die Grundlage für die ungewöhnliche politische Stabilität, durch die sich Hamburg in der Weimarer Republik gegenüber dem Reich und den meisten deutschen Ländern auszeichnete. Schon bei der Bürgerschaftswahl 1921 verlor die SPD ihre parlamentarische Mehrheit. Gestützt auf die Koalition zwischen ihr und der DDP konnte der Senat dennoch seine Arbeit unbeeinträchtigt fortsetzen. Die Regierungskontinuität blieb sogar gewahrt, als 1924 SPD und DDP zusammen mit einem Stimmenanteil von 45,6 % die absolute Mehrheit verfehlten, so daß die DVP in das Bündnis einbezogen werden mußte. Die aus der vorrevolutionären Regierung stammenden Senatoren standen aufgrund ihrer gesellschaftlichen Position und ihrer politischen Anschauungen dieser Partei am nächsten, auch wenn sie ihr, wie es früher üblich gewesen war, offiziell nicht angehörten. Daß der bislang parteilose Senator Max Schramm nun für die DVP als Zweiter Bürgermeister in die Regierung zurückkehrte, machte den Zusammenhang deutlich. Diese Große Koalition von SPD, DDP und

DVP, die nach langen und schwierigen Verhandlungen gegen Widerstände in allen drei beteiligten Parteien schließlich im März 1925 zustande kam,[73] bewährte sich bis zum 27. September 1931, als auch sie die Mehrheit verlor. Danach führte der bisherige Senat bis zur nationalsozialistischen »Gleichschaltung« im März 1933 die Geschäfte weiter. Von 1919 bis 1933 waren, genau betrachtet, die politische Zusammensetzung und Bindung der hamburgischen Regierung unverändert.

Dadurch daß in Hamburg ein schroffer Bruch mit der Vergangenheit vermieden wurde, fiel es vielen Angehörigen des Bürgertums leichter, sich mit dem Übergang vom Kaiserreich zur Weimarer Republik abzufinden. In den früheren Senatoren hatten sie ein Vorbild für die Bereitschaft, Fähigkeiten und Kenntnisse dem neuen Staat zur Verfügung zu stellen, statt in unfruchtbarer Opposition zu verharren.

Der Nachteil war, daß sich seit dem Sommer 1919 auch in Hamburg Teile der Arbeiterschaft von der SPD abwandten, weil sie von ihren sozialistischen Zielen im Bündnis mit bürgerlichen Politikern zu wenig verwirklichen konnte. Diese unzufriedenen proletarischen Anhänger waren nur schwer für die SPD zurückzugewinnen, obwohl die meisten von ihnen auch in keiner anderen Arbeiterpartei eine dauernde politische Heimat fanden. Ihre Skepsis zu überwinden, erwies sich als ein mühseliger und langwieriger Prozeß. So konnte die SPD in der Phase der verstärkten sozialen Reformen nach 1924 zwar beachtliche Wähler- und später auch Mitgliedergewinne erzielen, den Stand von 1919 aber nicht annähernd wieder erreichen. Infolgedessen verringerten sich ihre Chancen weiter, wenigstens einen Teil ihrer programmatischen Forderungen durchzusetzen, und auch der Republik fehlte die Unterstützung dieser enttäuschten Bevölkerungsgruppe. Da aber die USPD und später die KPD eine Regierungsbeteiligung prinzipiell ablehnten, ja, den bestehenden demokratischen Staat als bürgerlich-kapitalistisches Herrschaftssystem bekämpften, gab es keine Alternative zur Koalition mit der DDP und schließlich sogar der DVP. Solange die SPD noch eine fast reine Arbeitnehmerpartei und keine Volkspartei war, hätte der Versuch, durch eine Alleinregierung das Bürgertum völlig von der politischen Verantwortung auszuschließen, nur den »Weizen der Reaktion üppigst in die Halme schießen« lassen, wie einmal das Hamburger Echo zu bedenken gab[74] und wie auch Herz und Laufenberg unter Berufung auf Lassalle im Arbeiterrat gewarnt hatten.

Problematischer als die Koalitionsentscheidung war deshalb, daß die SPD nicht nur auf das Amt des Ersten Bürgermeisters, sondern auch auf wichtige Ressorts verzichtete. Sie war, wie gezeigt wurde, von der Revolution ebenso überrascht worden wie ihre bürgerlichen Partner. Für viele Bereiche der Politik hatte sie deshalb keine konkreten und umfassenden

Vorstellungen entwickelt und auch keine Experten zur Verfügung, die sich rasch den nötigen Überblick über alle anstehenden Aufgaben verschaffen konnten. Bei der Ämterverteilung im Senat konzentrierte sich die SPD infolgedessen auf die Gebiete, denen schon früher ihre besondere Aufmerksamkeit gegolten hatte, die Schul-, Jugend-, Wohlfahrts- und Gesundheitspolitik. Schlüsselpositionen wie besonders die Leitung der Finanzdeputation, der Wirtschafts- und der Justizverwaltung überließ sie dagegen bürgerlichen Senatoren. Sie erkannte zunächst nicht, daß sie damit ein Stück Macht preisgab. Erst in den Jahren der Regierungsarbeit wurde vielen Sozialdemokraten voll bewußt, wie sehr die politischen Entscheidungen durch Verwaltungsakte unterstützt oder blockiert werden konnten, in welchem Maß insbesondere finanzielle Argumente oft dazu dienten, die Verwirklichung ihrer politischen Prioritäten zu verhindern. Als die SPD aufgrund dieser Erfahrung 1927 die Leitung der Finanzdeputation beanspruchte, hatten sich die politischen Machtverhältnisse zu sehr zu ihren Ungunsten verschoben, so daß sie ihre Forderung nicht mehr durchsetzen konnte. Die 1919 aus Verantwortungsbewußtsein und Unsicherheit verpaßte Chance erhielt die SPD nicht wieder.

3. Das Ringen um die politische Neuordnung

Die demokratische Verfassung von 1921

Die zentrale Aufgabe der am 16. März 1919 gewählten Bürgerschaft war die Beratung und Verabschiedung einer demokratischen hamburgischen Verfassung. Schon die Eröffnungssitzung am 24. März führte den Wandel der politischen Verhältnisse vor Augen: Zum ersten Mal hatte in Deutschland eine Frau den Vorsitz in einem Parlament inne. Als Alterspräsidentin fungierte die Abgeordnete der DDP, Helene Lange: geboren in den Tagen der ersten bürgerlich-demokratischen Revolution in Deutschland, am 9. April 1948, bekannt geworden in jahrzehntelangen Kämpfen für die Gleichberechtigung der Frau. Die Aufgabe der Bürgerschaft umriß sie in ihren Einführungsworten: »Die Arbeit dieser Versammlung soll dem *Neubau* gelten. Aus verhängnisvollster Bedrohung der äußeren Grundlagen, auf denen das stolze und blühende Leben Hamburgs beruhte, aus einer gewaltigen innerpolitischen Erschütterung heraus, die immer noch ringende Überzeugungen und Leidenschaften in Atem hält, sollen wir hier eine Verfassung schaffen, eine dauerhafte, feste Grundlage unseres Staatslebens, von der die überzeugende und überwindende Kraft politischer Gerechtigkeit und sozialen Geistes ausgeht.«[75]

Helene Langes Appell, über alle Gegensätze hinweg mit dem nüchternen Tatsachensinn des Hamburgers das Gemeinsame zu suchen, schien zunächst Erfolg zu haben. Die überwältigende Mehrheit der Abgeordneten bis hin zur DVP erklärte sich bereit, wesentliche verfassungsrechtliche Neuerungen als Folge der Revolution zu akzeptieren. Nach kurzer Grundsatzdebatte in zwei Sitzungen nahmen sie am 26. März das Gesetz über die vorläufige Staatsgewalt mit 122 gegen 15 Stimmen der DNVP und der USPD an. Sie beschlossen damit unter anderem, daß die höchste Staatsgewalt im hamburgischen Staat ausschließlich von der Bürgerschaft ausgeübt werde, daß diese den Senat zu wählen habe, seine Mitglieder jederzeit durch ein Mißtrauensvotum zum Rücktritt zwingen könne und allein, nicht mehr gemeinschaftlich mit dem Senat, das Gesetzgebungsrecht besitze. In Übereinstimmung mit der vorläufigen Reichsverfassung wurden wesentliche Elemente der parlamentarischen Demokratie verwirklicht, die nach dem Ende der nationalsozialistischen Diktatur wieder zur Geltung gelangten.

Zwischen dem 24. April 1919 und dem 19. Juni 1920 beriet ein Bürgerschaftsausschuß über die künftige Verfassung.[76] Seinen Verhandlungen legte er einen Senatsentwurf zugrunde, der im wesentlichen von Staatsrat Dr. Karl Struve stammte. Die Beratungen verzögerten sich ein wenig, weil der Ausschuß zunächst die Inkraftsetzung der Reichsverfassung am 14. August 1919 abwarten wollte, in deren Rahmen das hamburgische Grundgesetz passen mußte. An den gründlichen Erörterungen, den Um- und Neuformulierungen des Verfassungstextes beteiligten sich insbesondere Dr. Walther Lamp'l und Richard Perner von der SPD, Dr. Wolfgang Brinckmann und Dr. Walter Matthaei von der DDP sowie Dr. Max Mittelstein von der DVP. Die sachlich bedeutsamen Änderungen des Ausschusses zielten in die Richtung, die Kompetenzen des Senats gegenüber dem Entwurf einzuengen, um die Überordnung der Bürgerschaft klar zum Ausdruck zu bringen. Im übrigen dienten sie der juristischen Präzisierung und sprachlichen Verbesserung der Vorlage.

Im September 1920 ging der Entwurf des Ausschusses der Bürgerschaft zu. In insgesamt elf Sitzungen beriet das Plenum zwischen dem 20. Oktober und 29. Dezember in zwei Lesungen noch einmal über zahlreiche Änderungsanträge der Opposition, modifizierte oder ergänzte auch manche Bestimmungen. Die KPD, zu der inzwischen die USPD-Abgeordneten übergetreten waren, wünschte, die Bürgerschaft zu einem Instrument der Massenmobilisation zu machen. Zu diesem Zweck sollten die Wahlperioden auf zwei Jahre verkürzt, jederzeit Delegationen der Bevölkerung mit Rede- und Antragsrecht zu den Sitzungen zugelassen und die Immunitätsrechte der Parlamentarier erweitert werden. Der DNVP ging es vor allem darum, die frühere Unabhängigkeit des Senats vom Parlament wiederherzustellen, und die DVP wollte insbesondere den Wirtschaftskreisen größe-

ren Einfluß garantieren. Trotz der intensiven Mitwirkung Mittelsteins bei
der Ausarbeitung der Verfassung lehnte sie das fertige Werk schließlich ab –
vielleicht weil sie im bevorstehenden Wahlkampf nicht als Anhängerin der
Demokratie erscheinen wollte, wie die Mehrheitsparteien diese Inkonse-
quenz erklärten.

Die Vorlage wurde daher am 29. Dezember 1920 nur von den Parlamentariern der SPD und der DDP mit 95 gegen 40 Stimmen verabschiedet. Die
Sitzung zeigte, wieviel von dem Elan des politischen Neubeginns inzwischen verlorengegangen war. Von den beiden Parteien, die als einzige uneingeschränkt für das Grundgesetz des demokratischen Staats eintraten, von
der SPD und der DDP, fehlten zwanzig Abgeordnete. Am 9. Januar 1921
trat die neue Verfassung der Freien und Hansestadt Hamburg in Kraft.

Die Grundzüge des demokratischen Staatsaufbaus wurden den Ländern
durch die Reichsverfassung vorgeschrieben. Sie griff viel tiefer in das Selbstbestimmungsrecht der Länder ein und beschränkte ihre Selbständigkeit weit
stärker, als es die Bismarcksche Verfassung getan hatte. Die meisten Bereiche
des öffentlichen Lebens waren der Reichsgesetzgebung vorbehalten, die
Länder durften in ihnen nur solange selbst entscheiden, als das Reich von
seinem Recht keinen Gebrauch machte. Die Außenpolitik, der Außenhandel und die Wehrpolitik waren der Kompetenz der Länder völlig entzogen.
Indem die Reichsverfassung dem Reich grundsätzlich die Steuerhoheit zu-
sprach, zerstörte sie auch die finanzielle Unabhängigkeit der Länder.

Im Hinblick auf das in Artikel 13 eigens bekräftigte Prinzip »Reichsrecht
bricht Landesrecht« mußten in der Hamburger Verfassung alle Gebiete aus-
geklammert werden, die unmittelbar durch die Reichsverfassung geregelt
waren, für die sie allgemeingültige Richtlinien enthielt, Reichsvorschriften
in Aussicht stellte oder ausdrücklich die Gesetzgebungskompetenz nur
einstweilen den Ländern überließ. Zu den Bestimmungen, die die Nationalversammlung schon beschlossen hatte und die deshalb in der Hamburger
Verfassung fehlen mußten, obwohl die Mehrheit der Abgeordneten Wert auf
sie legte, gehörten beispielsweise die Vorschriften über die Immunität der
Parlamentarier, die Artikel über die Unabhängigkeit der Richter und der
gesamte Teil über die »Grundrechte und Grundpflichten der Deutschen«.
Die Hamburger Verfassung war, wie Mittelstein einmal pointiert formu-
lierte, bloß »ein Anhängsel der Reichsverfassung«[77] und nur im Zusammen-
hang mit ihr in ihrer Bedeutung zu erkennen. Als einzige Partei begrüßte die
SPD während der Verfassungsberatungen ausdrücklich diese Entwicklung
zum »Einheitsstaat«. Aber auch sie bedauerte, daß die Bürgerschaft ihrem
Werk deshalb nichts von dem mitreißenden, zukunftweisenden Geist der
Reichsverfassung geben und die Eigenart und die besonderen Aufgaben
Hamburgs in ihm kaum zum Ausdruck bringen konnte. Den Versuch, in

einer programmatischen Einleitung die besonderen wirtschaftlichen und kulturellen Aufgaben des Stadtstaats so zu formulieren, daß sich alle Bevölkerungskreise damit identifizieren konnten, gaben SPD und DDP bald wieder auf.

Der Leitgedanke der Verfassung war das Prinzip der Volkssouveränität. Es wurde in der knappen Einleitungsformel und im Artikel 2 betont: »Die Staatsgewalt geht vom Volke aus.« Als dessen Vertretung war die Bürgerschaft das höchste politische Gremium. Sie wurde, wie die SPD gegen alle anderen Parteien durchsetzte, für drei Jahre in allgemeinen, gleichen, unmittelbaren und geheimen Wahlen nach dem reinen Verhältniswahlrecht bestimmt. Die bürgerlichen Parteien hätten die vierjährige Wahlperiode wie für den Reichstag und die meisten Landesparlamente vorgezogen, die KPD forderte den zweijährigen Turnus. Da auch die SPD früher stets für möglichst kurze Sitzungsperioden eingetreten war, wollte sie sich nun nicht den Vorwurf einhandeln, daß sie, einmal im Besitz der Mehrheit, die Wähler nicht mehr so gerne zu den Urnen rufe und ihren Willen mißachte. Wahlberechtigt waren alle in Hamburg ansässigen Männer und Frauen im Alter von mindestens 20 Jahren. Um gewählt zu werden, war ein Alter von 25 Jahren erforderlich.

Entsprechend der neuen Stellung der Bürgerschaft waren ihre Beziehungen zum Senat grundlegend verändert. Er wurde von ihr mit einfacher Mehrheit gewählt, war ihr verantwortlich und von ihrem Vertrauen abhängig. Die Senatoren konnten anders als unter der alten Verfassung gleichzeitig der Bürgerschaft angehören. Sie erhielten ihr Amt auch nicht mehr auf Lebenszeit, sondern im allgemeinen für die Dauer einer Legislaturperiode, wenn sie nicht vorzeitig zurücktraten oder durch ein Mißtrauensvotum gestürzt wurden. Die Hamburger Bürgerschaft legte Wert darauf, die Unterordnung des Senats unter ihren Willen in vielen Einzelbestimmungen zu betonen. So hatte sie zwar das Recht, den Senatoren einzeln oder insgesamt das Mißtrauen auszusprechen, diese durften aber anders als Reichsminister nicht die Vertrauensfrage stellen, um von sich aus eine politische Grundsatzdebatte auszulösen. Die Bürgerschaft konnte Untersuchungsausschüsse einrichten, um Maßnahmen des Senats zu überprüfen, und sie konnte seine Mitglieder mit Zweidrittelmehrheit wegen wissentlicher oder grob fahrlässiger Verletzung der Verfassung oder eines Gesetzes vor dem Staatsgerichtshof anklagen, der sich aus fünf Parlamentariern, dem Präsidenten und drei weiteren Richtern des Hanseatischen Oberlandesgerichts zusammensetzte.

Die Bürgerschaft trat aus eigener Machtvollkommenheit zusammen und konnte mit absoluter Mehrheit ihre Selbstauflösung vor Ablauf der Legislaturperiode beschließen. Der Verfassungsausschuß wollte durch die Einfügung dieser Bestimmung Vorsorge für den Fall treffen, daß die Bürgerschaft infolge ungünstiger parteipolitischer Zusammensetzung handlungsunfähig würde. 1932 war es soweit, daß sie von dem Artikel Gebrauch machen mußte. Dagegen stand dem Senat nach der Hamburger Verfassung die Befugnis zur Parlamentsauflösung nicht zu. Sie unterschied sich damit in einem wesentlichen Punkt von der Reichsverfassung, die dem Reichspräsidenten diese Kompetenz zubilligte und ihm dadurch, wie sich in den letzten Jahren der Weimarer Republik zeigte, ein wichtiges Instrument zur Entmachtung des Reichstags an die Hand gab. Während die »Verfassungsväter« im Reich bewußt im Präsidenten ein Gegengewicht gegen das Parlament schaffen wollten, lehnten die Hamburger Mehrheitsparteien ausdrücklich ab, dem Präsidenten des Senats eine ähnlich herausgehobene Position einzuräumen. Zwar legten sie Wert darauf, ihn vom Senat und nicht von der Bürgerschaft wählen zu lassen, um ihm eine größere Unabhängigkeit von den Parteien zu ermöglichen, doch sollte er keine besonderen Rechte eines »Landespräsidenten« genießen.

Zu den einschneidenden Veränderungen gegenüber dem alten Verfassungszustand gehörte, daß der Senat das Recht zur Beschlußfassung über Gesetze verlor. Obwohl die Rechtsparteien über seine Herabwürdigung klagten, blieb er jedoch mehr als bloß ein ausführendes Organ der Bürgerschaft. Daß sie auch weiterhin auf seine vorbereitende Gesetzesarbeit Wert legte, zeigten die Vorschriften über die unterschiedliche Behandlung von Senatsvorlagen und Initiativanträgen aus den Reihen der Abgeordneten. Bei ersteren konnten die zwei erforderlichen Lesungen an aufeinanderfolgenden Tagen stattfinden, bei letzteren war eine Pause von mindestens sechs Tagen vorgeschrieben, während der der Senat Gelegenheit zur Stellungnahme erhalten mußte und die Verschiebung der zweiten Lesung um einen Monat verlangen konnte. Bei allen Gesetzen hatte er das Recht, innerhalb eines Monats nach der Beschlußfassung der Bürgerschaft Einspruch zu erheben. Dieses Veto konnte sie nur mit der absoluten Mehrheit überwinden, und selbst dann hatte der Senat noch die Möglichkeit, innerhalb eines weiteren Monats einen Volksentscheid über das Gesetz herbeizuführen. Generell konnte er die Ausfertigung und Verkündigung von Gesetzen um einen Monat verzögern. Wegen der soliden Mehrheit der Regierungskoalition erlangten diese hindernden Rechte des Senats bis 1931 praktisch ebensowenig Bedeutung wie die Bestimmungen über das Mißtrauensvotum. Danach war die Gesetzgebungskompetenz der Bürgerschaft durch eine Reichsnotverordnung weitgehend außer Kraft gesetzt.

Als die Bürgerschaft Ende 1920 die Bestimmungen über die Mitwirkung des Senats bei der Gesetzgebung beschloß, stand sie unter dem Eindruck der verheerenden Finanzlage und Verschuldung des Hamburger Staates, die äußerste Vorsicht bei allen Bewilligungen zur Pflicht machte. Die Rechtsparteien, die DNVP, die DVP und der mit ihr liierte Hamburgische Wirtschaftsbund, plädierten sogar dafür, der Finanzdeputation ein besonderes absolutes oder schwer überwindbares Vetorecht einzuräumen. Die DDP lehnte solche Bestrebungen, die Finanzdeputation gleichsam zu einer kleinen, sehr exklusiven »Ständekammer« auszugestalten, zwar ab, wollte aber wenigstens die Pflicht in der Verfassung festschreiben, sie zu allen Gesetzesvorlagen gutachtlich zu hören und ihre Stellungnahme der Bürgerschaft zugänglich zu machen. In der Praxis verfuhr der Senat bereits in dieser Weise. Die Demokraten scheiterten mit ihrem Vorschlag am Widerstand der SPD, die nicht bereit war, den Einfluß der Finanzdeputation darüber hinaus verfassungsrechtlich zu verankern.

Demokratie, so interpretierte Matthaei als Berichterstatter des Ausschusses das Grundprinzip der Verfassung, »beruht auf Vertrauen«. Dem Volk würden nicht sorgsam abgewogene Rechte eingeräumt, weil es als ganzes Inhaber der Staatsgewalt sei. Der Verfassungsgeber lasse sich von der Zuversicht leiten, »daß die gesunden Kräfte im Volke so stark sind, daß sie die Keime der Vernichtung und Zerstörung, die sich etwa in ihm regen sollten, zu überwinden« vermögen.[78] Die Verfassung enthielt deshalb Sicherungen gegen übereilte Beschlüsse und Fehlentscheidungen des Parlaments, aber keine Garantien gegen die Gefährdung des Volksstaats durch antidemokratische Massenbewegungen.

Als Ausgangspunkt aller Staatsgewalt war das Volk auch der Bürgerschaft übergeordnet und letzte Entscheidungsinstanz. Der Senat konnte daher bei schwerwiegenden Konflikten mit der Bürgerschaft, wenn sie ihm das Mißtrauen ausgesprochen oder ein Gesetz gegen sein Veto beschlossen hatte, den Volksentscheid anrufen. Das gleiche Recht hatte eine überstimmte Minderheit der Bürgerschaft. Ein Antrag von 60 Abgeordneten reichte, um die Verkündung eines Gesetzes für zwei Monate auszusetzen und in der Zwischenzeit mit Unterstützung von 5 % der Wahlberechtigten einen Volksentscheid herbeizuführen. Über ein Volksbegehren konnten außerdem 10 % der Wahlberechtigten selbst die Initiative ergreifen und einen Volksentscheid über einen ausgearbeiteten Gesetzentwurf in Gang bringen. Die Bestimmungen waren der Reichsverfassung nachgebildet. In der Praxis blieben sie für Hamburg bedeutungslos, weil es wegen der stabilen Mehrheitsverhältnisse zu keinem speziellen, auf den Staat begrenzten Volksentscheid kam.

Hamburger Abgeordnete der SPD und der DDP waren stolz darauf, daß ihre Verfassung der Minderheit mehr Schutz gewähre als irgendeine Landesverfassung. Dazu gehörte auch die Bestimmung, daß die Bürgerschaft nach einer Tagungspause von mehr als zwei Monaten auf Verlangen von zwanzig Abgeordneten zusammentreten müsse, ferner das Recht eines jeden Parlamentariers, Anfragen an den Senat zu richten, schließlich die Vorschrift, daß die Zustimmung von 30 Abgeordneten ausreiche, um die Besprechung der Antworten zu beschließen. Die Oppositionsparteien nutzten gerade diesen Artikel, um Senat und Bürgerschaft mit ständigen, meistens nur ihrer Agitation nützlichen Anfragen zu beschäftigen.

Obwohl sie manche wichtigen Probleme ungelöst ließ oder ausklammern mußte, bewährte sich die Verfassung. Es gelang, ein ausgewogenes Verhältnis von Volks-, Parlaments- und Senatsrechten zu erreichen. Die plebiszitären Elemente bildeten kein Schwächemoment, weil sie nicht wie in der Reichsverfassung mit den weitreichenden Befugnissen eines von Regierung und Parlamentsmehrheit unabhängigen Präsidenten kombiniert waren. Da diese Ersatzgewalt fehlte, waren die Parteien zum Kompromiß und zur Mehrheitsbildung gezwungen. Die im Reich so starke Tendenz, aus der Regierungsverantwortung in die Opposition zu fliehen, um wieder mehr Wähler zu gewinnen, machte sich in Hamburg erst im letzten Jahr der Weimarer Republik bei der DVP bemerkbar, als sie bereits zur Splitterpartei abgesunken war.

Im Vergleich zu den Vorkriegsverhältnissen brachte die neue Verfassung tiefgreifende Veränderungen: Die politische und finanzielle Selbständigkeit Hamburgs ging zu einem großen Teil verloren; der Senat büßte seine überlegene, unabhängige Stellung ein. Die Beseitigung der Notabeln- und Grundeigentümerwahlen brachte die gesellschaftlich führenden und die besitzenden Kreise des Bürgertums um ihre Vorrechte. Am härtesten wurde der gewerbliche Mittelstand getroffen, der in Verbindung mit einem Laden oder Handwerksbetrieb meistens Grundbesitz hatte: Während sich die Notabeln kraft ihres Ansehens, ihrer wirtschaftlichen und sozialen Stellung im allgemeinen auch auf andere Weise als mit Hilfe des Wahlprivilegs durchsetzen konnten, mußte diese Mittelschicht nun mit den übrigen, zahlenmäßig stärkeren Bevölkerungsgruppen um Einfluß kämpfen.

Die Sozialisierungsdebatte

Der am heftigsten umstrittene Artikel der Hamburger Verfassung war der »Räteartikel«. Dabei waren sich alle politischen Gruppierungen mit Ausnahme der KPD im Prinzip einig, daß eine Institution geschaffen werden solle, über die die »weitesten Kreise des Wirtschaftslebens« der Regierung und der gesetzgebenden Körperschaft »begutachtend und beratend zur Seite stehen« könnten. So unterschiedlich wie die Motive und Intentionen der Parteien waren freilich die Vorstellungen über die Zusammensetzung, die Funktionen und Kompetenzen dieses Gremiums. Die Hamburger Parlamentarier hatten jedoch gar nicht die Chance, ihren eigenen politischen Willen in Bestimmungen über die Räte zu verwirklichen, weil es in der Reichsverfassung eindeutig hieß:»Aufbau und Aufgabe der Arbeiter- und Wirtschaftsräte ... zu regeln, ist ausschließlich Sache des Reichs.« Trotz dieser klaren Vorschrift, die allen außer den volksparteilichen Juristen als ein unüberwindliches Hindernis erschien, verlangte die DVP, dem in der Revolution entstandenen Hamburger Wirtschaftsrat ein Begutachtungs- und Antragsrecht in allen wirtschafts-, finanz- und sozialpolitischen Materien zu gewähren. Die Erfüllung der Forderung war ihr so wichtig, daß sie, als sie keinen Erfolg hatte, der gesamten Verfassung die Zustimmung verweigerte.

Für die SPD war die verfassungsrechtliche Verankerung des Arbeiterrats von ähnlicher Bedeutung. Sie legte deshalb Wert darauf, die programmatische Erklärung der Reichsverfassung in der hamburgischen wenigstens zu wiederholen:»Arbeiterrat und Wirtschaftsrat sind berufen, bei der Erfüllung der wirtschaftlichen Aufgaben und bei der Ausführung der Sozialisierungsgesetze mitzuwirken.« Nach ihrer Überzeugung sollte mit der Verabschiedung der Verfassung die »politische Revolution« zum Abschluß kommen. Die »soziale Revolution, die Umwälzung der gesellschaftlichen Zustände«, durch die die Arbeiter die wirtschaftliche Gleichberechtigung und Freiheit erhalten würden, sei dagegen »noch in vollem Flusse«. Sie dürfe sich »nicht auf dem Boden der Diktatur des Proletariats, sondern [nur] auf dem Boden dieser von uns selbst geschaffenen Verfassung«, auf der Grundlage der Demokratie, vollziehen, und das Instrument dazu seien die Arbeiter- und Wirtschaftsräte.[79]

Die SPD stand unter Druck, der Verfassung nicht nur ein demokratisches Gepräge zu geben, sondern in ihr auch etwas von ihrer sozialistischen Programmatik zu verwirklichen. Unter den Anhängern machte sich seit Anfang 1919 zunehmend Enttäuschung darüber bemerkbar, daß die Sozialdemokraten in der Regierung die Sozialisierung nicht energischer vorantrieben. Die Hoffnungen auf eine wesentliche Verbesserung der Lebensbedingungen nach der Revolution hatten sich nicht erfüllt. Anfang April 1919 hatte sogar das Expertengremium, das der Rat der Volksbeauftragten am 18. November 1918 zur wissenschaftlichen Vorbereitung der Sozialisierung berufen hatte, seine Arbeit eingestellt, weil es sich wegen unüberbrückbarer Differenzen mit dem sozialdemokratisch geleiteten Reichswirtschaftsministerium keinen Erfolg mehr versprach. In Oberschlesien und im Ruhrgebiet waren große Streikbewegungen entstanden mit dem Ziel, die Sozialisierung des Bergbaus durchzusetzen. Überall wuchs die

Unzufriedenheit, weil der strukturelle Umbau der Wirtschaft keine Fortschritte machte. Auch in Hamburg glaubte insbesondere die Gewerkschaftsführung, die Mitglieder beschwichtigen zu müssen, indem sie sich
reichlich übertriebene Berliner Erklärungen über den Fortgang der Sozialisierung zu eigen machte und sie in großer Aufmachung verbreitete.[80] Ein
Teil der Arbeiterschaft begann, die politischen Errungenschaften der Revolution gering zu achten und sich um die wirtschaftlichen Konsequenzen
betrogen zu fühlen. Typisch dafür war der oft zitierte Vers: »Demokratie,
das ist nicht viel; Sozialismus ist das Ziel!« Ebenso häufig lautete die Frage
noch konkreter: »Was nützt uns die schönste Verfassung, wenn wir nichts
zu essen und nichts zu kleiden haben?«[81]

Die SPD hatte alle über eng begrenzte Verbesserungen hinausreichenden
Zukunftshoffnungen ihrer Anhänger auf den Sozialismus gerichtet, seine
Ausgestaltung im einzelnen allerdings weithin im unklaren gelassen.
Nachdem ihr in der Revolution unversehens die politische Macht zugefal-
len war, stand sie vor der Aufgabe, den Weg zur Sozialisierung der Wirtschaft zu konkretisieren, die Schwierigkeiten zu verdeutlichen und über-
triebene, auf zu kurze Zeitspannen eingestellte Erwartungen zu dämpfen.
Das Hamburger Echo öffnete seine Spalten einer intensiven Diskussion
über die Problematik, die Chancen und Formen der Sozialisierung. Der
Umbau der Wirtschaft, so wurde meistens betont, könne nicht wie die
Eroberung der politischen Institutionen mit einem Schlag geschehen, sondern sei ein langwieriger Prozeß. Er müsse mit größter Vorsicht vorangetrieben werden, da ein Zusammenbruch der Wirtschaft für die gesamte
Bevölkerung, insbesondere auch für die Arbeitnehmer, zur Katastrophe
würde. »Gewagte volkswirtschaftliche Experimente« seien nach der Erschütterung der Wirtschaft als Folge des Krieges, in einer Zeit, in der es an
allem, an Lebensmitteln, Rohstoffen, Geld und Kredit fehle, vollends ausgeschlossen.[82] Die Abhängigkeit von den kapitalistischen Siegerstaaten
setze der Sozialisierung ebenfalls enge Grenzen.

Erst müsse die Produktion wiederaufgebaut werden und Gewinn abwer-
fen, bevor es um die gerechte Verteilung der Erträge gehen könne. Nicht
einzelne Betriebe, sondern nur ganze Wirtschaftszweige sollten sozialisiert
werden, und zwar nicht nach Willkür, sondern erst, wenn sie im Zuge der
kapitalistischen Entwicklung dafür »reif« geworden, wenn sie in hohem
Maß vertrustet, organisiert und bürokratisiert seien und sich der Besitz und
der Betrieb der Produktionsmittel weitgehend voneinander getrennt hätten. Nach den »offiziellen« Darstellungen der Hamburger Echo-Redak-
tion kamen zunächst nur die großen landwirtschaftlichen Latifundien, die
Bergwerke, die Elektrizitäts- und die Zementindustrie sowie das gesamte
Verkehrswesen mit Ausnahme der Überseeschiffahrt dafür in Frage, also

Bereiche, die in Hamburg keine Rolle spielten oder bereits so organisiert waren, daß der Staat als Mehrheitsaktionär wesentlichen Einfluß auf sie ausüben konnte. Die Sozialisierung dieser Wirtschaftssektoren, so hieß es in forschem Ton, »müsse für jeden Sozialdemokraten eine Selbstverständlichkeit sein«, denn dafür habe die Arbeiterschaft »Revolution gemacht«[83] – nur konnte aus Mangel an Gelegenheit in Hamburg nichts geschehen. Um Enttäuschung vorzubeugen, wurden deshalb »auch alle Schritte, die auf eine Beschränkung der kapitalistischen Lohnsklaverei« zielten, als »ernste und wirksame Sozialisierungsmaßnahmen« bezeichnet: die Mitbestimmung der Betriebsräte über die Lohn- und Arbeitsverhältnisse und über Entlassungen, der Ausbau der Sozialversicherung und die Einführung einer leistungsfähigen Arbeitslosenversicherung.[84] Sozialpolitik sollte auch nach Meinung der Hamburger SPD dazu dienen, wirtschaftliche Strukturveränderungen zu ersetzen.

Ähnliche Auffassungen vertrat anfangs die Hamburger USPD-Führung. Carl Herz warnte vor dem Irrtum der Kommunisten, den Übergang vom Kapitalismus zum Sozialismus mit Gewalt, durch organisatorische Maßnahmen oder mit Hilfe der Diktatur, erzwingen zu können. Diese Absicht zeuge von einer gefährlichen Unterschätzung der ökonomischen Bedingungen. Eine in Jahrhunderten entstandene Wirtschaftsform könne nicht zerschlagen, sondern nur allmählich verwandelt werden. In weiten Wirtschaftsbereichen sei vorerst der Kapitalismus nicht zu ersetzen; der neue Staat könne »die Mithilfe der Unternehmer und die im Unternehmertum aufgespeicherten Kenntnisse des Wirtschaftslebens« beim Wiederaufbau ebensowenig entbehren wie die Mitarbeit der Intellektuellen. In der Gegenwart komme es deshalb darauf an, »den Kapitalismus sozial zu bändigen und das Proletariat gegen Ausbeutung nach Möglichkeit zu schützen«, das bedeutete: die dringendsten »Sozialreformen« durchzuführen.[85]

Beim außerordentlichen Parteitag der USPD in Berlin Anfang März 1919 wandten Herz und auch der Vorsitzende der Hamburger Bürgerschaftsfraktion, Paul Bergmann, sich trotz heftiger Proteste scharf gegen einen Antrag zur Vergesellschaftung der Großbanken. Die Delegierten müßten »von allen Göttern verlassen sein, dies als eine Gegenwartsforderung zu stellen«, denn der persönliche Kredit der führenden Bankiers sei für die Lebensmittelversorgung Deutschlands unentbehrlich.[86] Anstelle spektakulärer Maßnahmen schlugen diese Unabhängigen Sozialdemokraten für Großstädte wie Hamburg einen »Kommunalsozialismus« nach englischem Vorbild vor; die wichtigsten Lebensmittel, Brot, Fleisch und Wurst, sollten in Gemeindebetrieben hergestellt werden.

Abgeordnete der SPD übernahmen diese Konzeption und ergänzten sie durch die Forderung, auch den Grund und Boden dem Privatbesitz zu entziehen und den Wohnungsbau sowie die Herstellung von Baumaterialien der Gemeinde zu übertragen.[87] Im Mai 1919 beschloß die Hamburger Bürgerschaft auf Antrag der SPD, einen »Sozialisierungsausschuß« einzusetzen. Er beendete seine Arbeit, ohne praktische Ergebnisse zu erzielen. Bei der näheren Erörterung der verschiedenen Projekte waren stets unüberwindlich scheinende Hindernisse aufgetaucht. Zu irgendwelchen Sozialisierungsversuchen kam es in Hamburg nicht. Von Bedeutung waren allein die innenpolitischen Folgen der Diskussion. Die Furcht vor einer Verwirklichung des »Kommunalsozialismus«, der nicht so sehr die Großbetriebe wie mittelständische Unternehmen bedrohte, förderte auf der einen Seite in diesen Kreisen die Tendenz, sich den rechten, SPD- und republikfeindlichen Parteien zuzuwenden. Das Ausbleiben jeglicher Sozialisierung trug auf der anderen Seite zur Radikalisierung von Teilen der Arbeiterschaft, zur Niederlage der gemäßigten Politiker in der USPD und zum Vertrauensverlust der SPD bei. Herz und Bergmann konnten sich mit ihrer vorsichtigen Einstellung zur Sozialisierung in ihrer Partei nicht durchsetzen. Herz legte deshalb im Mai 1919 seine Ämter nieder, Bergmann wurde im April 1920 zusammen mit zehn anderen Abgeordneten zur Aufgabe des Bürgerschaftsmandats gezwungen. Die SPD geriet unter verstärkten Druck von seiten der USPD. Die knappe Erwähnung der Sozialisierung in der Verfassung war ein unzulänglicher Versuch, der Unzufriedenheit in der Arbeiterschaft über das Stocken der »sozialen Revolution« entgegenzuwirken.

Reform und Demokratisierung der Verwaltung

Bei einem anderen Problem, das der Arbeiter- und Soldatenrat als wichtige Aufgabe an die verfassunggebende Bürgerschaft weitergegeben hatte, konnte sie die Erwartungen ebenfalls nicht erfüllen: Die Demokratisierung der Verwaltung war am Ende ihrer Amtszeit kaum in Angriff genommen. Dabei herrschte über die Notwendigkeit einer durchgreifenden Verwaltungsreform bei allen Parteien Einigkeit, bei den Verfassungsberatungen stießen sie immer wieder auf dieses dringende Erfordernis. Zur Zeit der Revolution gab es in Hamburg rund 60 Behörden von unterschiedlichster Struktur und Größe. Ihre Zusammenfassung zu einem übersichtlich gegliederten, straff durchorganisierten Verwaltungsapparat stand bereits seit einem Jahrzehnt offiziell auf dem Arbeitsprogramm von Senat und Bürgerschaft. Klagen über die schwerfällige, aufgeblähte Bürokratie gehörten in Hamburg seit langem zum Alltag.

Den deutschnationalen und volksparteilichen Abgeordneten ging es deshalb bei ihren Reformvorschlägen ausschließlich darum, durch Vereinfachung und Verkleinerung der Verwaltung Ersparnisse zu erzielen sowie die Wirtschaftstätigkeit von bürokratischen Hemmnissen zu befreien. Im übrigen machten sie sich zu Anwälten der »wohlerworbenen Rechte« der »Berufsbeamten«, das heißt: Sie wandten sich gegen alle Versuche, deren gesellschaftliche Stellung zu beeinträchtigen und beispielsweise Außenseitern durch Lockerung der Ausbildungs- und Karrierevorschriften das Eindringen in diese exklusive Gruppe zu erleichtern.

Dagegen mußten SPD und DDP das doppelte Ziel verfolgen, die Behördenorganisation effektiver zu gestalten und ihre demokratischen Leitvorstellungen in ihr durchzusetzen. Nur wenn es gelang, eine leistungsfähige Verwaltung mit dem »Geist der Demokratie« zu erfüllen, hatte ihre politische Konzeption, grundlegende Veränderungen über Reformen zu erreichen, Aussicht auf Erfolg. Nur dann war zu erwarten, daß die Beamtenschaft die durch die Kriegsfolgen bedingten ungeheuren Aufgaben bewältigen und darüber hinaus den Anforderungen gerecht werden würde, die ihr in dem von SPD und DDP erstrebten modernen Sozialstaat zugedacht waren. Je mehr der Staat Verantwortung für weite Lebensbereiche übernahm, desto wichtiger wurden das Funktionieren der Verwaltung und die Einstellung der Beamten für den Alltag der Bevölkerung, desto stärker beeinflußten Erfahrungen mit Behörden das Urteil über die bestehende politische Ordnung. Gleichzeitig wuchsen die Schwierigkeiten, wenn Laien in die immer kompliziertere Verwaltungsmaterie eindringen und die Experten kontrollieren sollten. Diese Feststellung hatten die bürgerlichen, das heißt: die ehrenamtlichen Mitglieder der Behörden vor dem Krieg schon ebenso machen müssen wie die Kommissare des Arbeiter- und Soldatenrats.

Methoden zur demokratischen Kontrolle und Lenkung der Verwaltung zu finden, war eines der schwierigsten und wichtigsten Probleme im neuen Staat. Auch für den gemäßigten Flügel der USPD hatte es diese Bedeutung. Carl Herz sah in der Demokratisierung der Verwaltung sogar die zentrale, allesentscheidende Aufgabe. Als Folge der starken Ausdehnung der Staatskompetenzen und der Staatstätigkeit habe sich »das politische Schwergewicht immer mehr aus der Gesetzgebung in die Verwaltung« verlagert.[88] Mit dem Fortschreiten der Sozialisierung werde diese Entwicklung beschleunigt. »Je mehr wir jetzt zur Sozialisierung übergehen, um so machtloser und bedeutungsloser werden die Parlamente, und um so mehr hängt alles davon ab, daß wir die Verwaltung in unserer Hand haben.« Wer die Verwaltung beherrsche, verfüge über die ausschlaggebende Machtposition. Das Proletariat stehe vor dem Dilemma, daß es »auf einem zerrütteten Boden eine vollkommen neue Gesellschaft« aufbauen müsse, aber, wie die Erfahrungen der Arbeiter- und Soldatenräte gezeigt hätten, nicht die »geistigen Kräfte« besitze, »um dieses Riesenwerk zu bewältigen«. Sie heranzubilden und Arbeiterkindern den Weg zum Studium und schließlich in die höheren Beamten- und Richterstellen zu ebnen, müsse deshalb ein vordringliches Ziel sozialistischer Schulpolitik sein.

Als weiteres und wesentliches Mittel zur Demokratisierung der Verwaltung schlug Herz vor, die kommunale Selbstverwaltung gegenüber dem zentralisierten Staatsapparat zu stärken und die Arbeiterräte in sie einzubauen. Sie sollten auf der untersten, für den Alltag der Bevölkerung wichtigsten Ebene auf die administrative Arbeit Einfluß nehmen und sich in deren Probleme hineinfinden. »Es genügt nicht, die politische Macht zu erobern, das Proletariat muß lernen, sie sachgemäß auszuüben.« Obwohl der Machtzuwachs der Bürokratie selten so klar beschrieben wurde, blieb Herz' Analyse folgenlos, weil ihn seine USPD isolierte und das Problem ignorierte.

Auch für Lamp'l waren die Erfahrungen während der Herrschaft des Arbeiter- und Soldatenrats ein wesentliches Motiv, sich intensiv für die Demokratisierung der Verwaltung einzusetzen. Seine Bemühungen, entsprechende Bestimmungen, zum Beispiel über die Wahl der Richter, in der Verfassung zu verankern, fanden jedoch keine genügende Unterstützung. Die SPD schreckte vor tiefen Eingriffen in die Verwaltung zurück, weil sie um deren Funktionsfähigkeit fürchtete. Sie zu erhalten, war ihr angesichts der Nachkriegsprobleme so wichtig, daß sie anfangs sogar ehrenamtliche Behördenmitglieder, die unter den veränderten politischen Bedingungen die Weiterarbeit ablehnten, zur Fortsetzung ihrer Tätigkeit zwingen wollte. Kein Beamter wurde 1919 von seinem Posten verdrängt. Politische Beamte erhielten das Recht, unter Zusicherung des vollen Ruhegehalts bis zum 1. Oktober 1919 freiwillig aus dem Staatsdienst auszuscheiden; aber nur wenige machten davon Gebrauch.[89] Noch 1929 stammten sechs der sieben Staatsräte aus der hamburgischen Vorkriegsverwaltung, der siebte, Dr. Karl Struve, war zunächst Landrichter gewesen.

Die SPD hoffte, durch Änderungen bei der Ausbildung und in den Prüfungsordnungen zu erreichen, daß die Beamten ihre Arbeit stärker im »sozialen und demokratischen Geist« verrichteten. Bei der Polizei wurde durch die Errichtung der Polizeischule die Möglichkeit geschaffen, daß sich untere Beamte in Fortbildungskursen das nötige Wissen aneignen konnten, um in den höheren Dienst aufzusteigen. Damit kam eine Forderung der SPD, den Offiziersersatz aus den unteren Rängen zu nehmen, ihrer Verwirklichung näher. Generell blieben aber die traditionellen Laufbahnvorschriften weitgehend unverändert, die Schranken zwischen den verschiedenen Beamtenkategorien schwer überwindbar. Das Monopol der Akademiker im höheren Staatsdienst wurde nicht in Frage gestellt, die

Exklusivität des höheren Beamtenkorps nicht beseitigt. Die SPD fand sich resigniert damit ab, daß »das akademische Studium – und damit auch der höhere Verwaltungsdienst – nach wie vor ein Privilegium der besitzenden Klasse« seien und daß sie auch in den nächsten zehn Jahren nicht über die Kräfte verfügen werde, um eine Änderung herbeizuführen. Soziale Herkunft und politische Einstellung der Studentenschaft ließen darauf schließen, daß »ein Sozialdemokrat als höherer Verwaltungsbeamter oder Richter« dann fast ebenso selten sein werde wie vor dem Krieg.[90]

Trotz dieser fatalen Perspektive zeigte die SPD für die höheren Schulen und die Universität wenig Interesse. Sie setzte sich weder mit der nötigen Energie dafür ein, Kindern von Arbeitern, Angestellten und unteren Beamten in größerer Zahl den Besuch der Universität zu ermöglichen, noch versuchte sie, neben der akademischen Ausbildung einen anderen Zugang zu den leitenden Verwaltungsstellen zu öffnen. Ein Vorschlag aus den Reihen der DDP, an die Spitze der Behörden gelegentlich Männer aus dem praktischen Leben zu berufen, »die sich in wirtschaftlichen Betrieben, in großen sozialen Genossenschaften oder in gewerkschaftlichen Organisationen als vorzügliche Verwaltungsmenschen bewährt« hätten, fand bei der SPD keinen Widerhall.[91] Ihre maßgebenden Politiker ließen sich von der Überzeugung leiten, daß »man sich in jedem Berufe erst einarbeiten« und deshalb an gängigen Karrieremustern festhalten müsse.[92] Wieder führte die Hochachtung vor dem Sachverstand dazu, daß die SPD auf wesentliche Strukturveränderungen verzichtete.

Die DDP zeigte mehr Konsequenz bei dem Versuch, die Verwaltung dem demokratischen Staat dienstbar zu machen. Sie setzte im März 1919 durch, daß ehrenamtliche Behördenmitglieder, die den politischen Wandel ablehnten, den Dienst verlassen konnten. Aus ihren Reihen kam der Vorschlag, leitende Beamtenstellen nur auf Zeit zu besetzen, um über die Personalpolitik den Einfluß des Parlaments zu sichern und eine zu starke Machtkonzentration an der Spitze der Bürokratie zu verhindern. Der demokratische Justizsenator Dr. Arnold Nöldeke sicherte sich den Respekt der republikanischen Bevölkerung, weil er 1921 die vorzeitige Pensionierung des Generalstaatsanwalts am Hanseatischen Oberlandesgericht, Dr. August Schön, erzwang, der sich bei seiner Amtsführung allzusehr von Sympathien für nationalistische und rechtsextremistische Kreise hatte beeinflussen lassen.

Die DDP war auch die einzige Partei, die die traditionelle Doppelfunktion des Senats als Regierung und Verwaltungsspitze in Frage stellte. Durch diese Verquickung von politischer und administrativer Leitung, so argumentierte sie, werde die Demokratisierung der Verwaltung behindert, weil Kritik und Besserungsvorschläge immer den zuständigen Senator und seine

Partei treffen müßten, weshalb sie dann meistens unterblieben. Ein stark verkleinerter Senat solle sich auf seine Regierungsaufgaben beschränken und konzentrieren. Dieser Vorschlag stieß bei der SPD auf heftigen Widerspruch. Sie sah darin einen Versuch, sie wieder von jedem Einfluß auf die Verwaltung auszuschalten. Gerade als parlamentarisch verantwortliche Chefs der verschiedenen Behörden böten die Senatoren die Garantie, daß die ihnen unterstellten Beamten nach den demokratischen und sozialen Grundsätzen des neuen Staates handelten. Der Funktionsbereich des Senats blieb daher in der Verfassung von 1921 unverändert.

Auch ein anderes Element der früheren Staatsordnung, die Mitwirkung ehrenamtlicher Mitglieder in den Behörden, wurde in der Absicht übernommen, es zu einem Instrument demokratischer Kontrolle auszugestalten. Im übrigen kam die Dringlichkeit der Verwaltungsreform bei den Verfassungsberatungen zwar immer wieder zur Sprache, wegen der Schwierigkeit der Aufgabe wurde sie aber abgetrennt und vertagt.

Auf diese Weise ging die günstigste Zeit für eine demokratische Neuordnung der Verwaltung ungenutzt vorüber. In den folgenden Jahren der immer rasanter sich entwickelnden Inflation wurde die Bürgerschaft zu sehr von den aktuellen Problemen in Anspruch genommen, um sich mit einer so komplizierten Materie zu befassen. Als der Senat nach der Währungsstabilisierung 1924 die Frage wieder aufgriff, hatte sich die Zielsetzung gewandelt. Die beiden wichtigsten Intentionen waren, die Stellung des Senats und der Berufsbeamtenschaft zu stärken sowie die Organisation der Verwaltung so zu straffen, daß sie mit ihrem stark verringerten Personalbestand von 40000 statt früher 46000 Beamten, Angestellten und Arbeitern auskommen konnte.

In den anschließenden zweieinhalbjährigen Beratungen erreichten die Abgeordneten der SPD und der DDP vor allem, daß den ehrenamtlichen Behördenmitgliedern ihre bisherigen Rechte weitgehend erhalten blieben. Auch widersetzten sie sich mit Erfolg einem Antrag der Deutschen Volkspartei, neben acht Parlamentariern vier »Persönlichkeiten aus dem Wirtschaftsleben« als ehrenamtliche Mitglieder in die Finanzdeputation zu entsenden. Da es Brauch war, bei der Wahl der Delegierten der Bürgerschaft auch die Oppositionsparteien ihrer Stärke gemäß zu berücksichtigen, und da die bedeutenden Hamburger Kaufleute und Unternehmer überwiegend den »Rechtsparteien«, DVP oder DNVP, nahestanden, hätte eine Verwirklichung des Vorschlags zu einer bedenklichen Stärkung der konservativen, antisozialen Kräfte in dieser zentralen Behörde geführt. Obwohl die DVP inzwischen der Regierungskoalition beigetreten war, lehnte sie, als sie mit ihrer Forderung nicht durchdrang, das wichtigste Gesetz der Legislaturperiode ab. Während SPD und DDP spezielle Ziele mit Rücksicht auf die

Mehrheitsverhältnisse zurückstellten, gab die DVP den Wünschen der Wirtschaftskreise Vorrang vor dem Zusammenhalt der Senatsparteien bei bedeutenden Entscheidungen. Nur ihr Senator Chapeaurouge stimmte dem »Gesetz über den Aufbau der Verwaltung« zu.

Als es am 10. November 1926 mit 77 gegen 58 Stimmen verabschiedet wurde, hatten SPD und DDP ihre Mehrheit in der Bürgerschaft bereits verloren. Sie mußten sich deshalb darauf beschränken, Verschlechterungen des bisherigen Zustands zu verhindern. Fortschritte in Richtung einer stärkeren Demokratisierung der Verwaltung konnten sie nicht mehr durchsetzen. Dies war insbesondere für die SPD eine bittere Erfahrung, da sie diese Aufgabe für ebenso wichtig gehalten hatte wie die Schaffung einer freiheitlichen Verfassung.

Das Gesetz brachte eine gewaltige organisatorische Leistung zum Abschluß. Darin lag seine Bedeutung. Die noch immer bestehenden rund 50 Behörden, Ämter, Deputationen und Kommissionen wurden zu vier unmittelbar dem Senat unterstehenden Ämtern und 13 großen Fachbehörden zusammengefaßt. Der Senat hatte neben der politischen Leitung Verwaltungsaufgaben von grundsätzlicher Bedeutung wahrzunehmen, von Routineangelegenheiten wurde er entlastet. Fast genau 30 Jahre, nachdem 1896 die ersten vorsichtigen Schritte zur Modernisierung der Hamburger Verwaltung erfolgt waren, gelang damit der entscheidende Durchbruch: Hamburg erhielt einen rational gegliederten, funktionsfähigen Behördenapparat, der in den wesentlichen Zügen bis heute Bestand hatte.

In politischer Hinsicht war die Verwaltungsreform für die Anhänger der Weimarer Demokratie weniger erfolgreich. Der Einfluß der Senatoren und ehrenamtlichen Behördenmitglieder reichte nicht, um allein eine Garantie für die politische Neuorientierung der Beamtenschaft im Sinne des freiheitlichen Sozialstaates zu bieten. 1924 stellte ein sozialdemokratischer Abgeordneter enttäuscht fest, daß sich die Mitwirkung der »neuen Bürger aus den bisher ausgeschlossenen Arbeiterschichten« in der Verwaltung nicht in der erhofften Weise bemerkbar gemacht habe, weil eben »ein allmähliches Hineinarbeiten« notwendig sei.[93] Noch am Ende der Konsolidierungsphase der Weimarer Republik beschwerten sich 1928 Politiker der SPD und der DDP, daß sich an der Haltung der Hamburger Bürokratie im Vergleich zur Vorkriegszeit wenig geändert habe, daß sie noch immer die Kompetenzen der Bürgerschaft im Grunde gering achte und gegenüber dem Publikum oft die Einstellung zeige, daß »die Bürger, die Untertanen, überhaupt nichts zu melden hätten, sondern nur die Behörden als solche«.[94]

Während der Revolution hatten die Beamten eine bemerkenswerte Anpassungsbereitschaft gezeigt. Offenen Widerstand gegen die Anordnungen des Arbeiter- und Soldatenrats hatte es fast nicht gegeben, passive Resistenz nur, wenn kein energischer Durchsetzungswille spürbar war. Sobald das Bürgertum generell sein Selbstbewußtsein wiedergewann und politisch von neuem stärker hervortrat, begannen auch viele höhere Beamte – auf die sich die folgenden Beobachtungen in erster Linie beziehen –, ihrer Vorliebe für den untergegangenen Staat oder gar ihrer Verachtung für die demokratische Republik und ihre Repräsentanten offenen Ausdruck zu geben. Ende 1920 übten Vertreter der DDP wiederholt scharfe Kritik am Senat, weil er dem republikfeindlichen Treiben deutschnationaler Beamter allzu lange tatenlos zugesehen und die Anhänger der Demokratie in den Behörden nicht genügend geschützt habe. »Die heimliche Art, wie der Boden unterminiert und mit allen Mitteln versucht wird, die Verhältnisse nicht zur Festigung kommen zu lassen, ist, was uns allen schadet. Daher muß man von den Regierungsstellen verlangen, daß sie ... diesen Hetzern und Schürern den Stuhl vor die Türe setzen.«[95] Die Senatoren hätten die Pflicht, »in ganz anderer Weise wie bisher ... darüber zu wachen, daß die höheren Beamten nur diejenige Politik treiben, die der Senat von ihnen erwartet und ihnen vorschreibt«.[96] Ähnlich beurteilten Sozialdemokraten die Lage. Der spätere Polizeisenator Adolph Schönfelder bezeichnete es geradezu als »Existenzfrage für die ganze deutsche Republik« wie für die Partei selbst, daß endlich energische Maßnahmen zur Demokratisierung der Verwaltung ergriffen würden.[97]

Nachdem mehrere Putschversuche bis 1923 gezeigt hatten, daß die Republik nicht mit Gewalt zu beseitigen war, besserten sich die Verhältnisse. Trotzdem standen viele höhere Beamte dem demokratischen Staat weiterhin reserviert oder innerlich ablehnend gegenüber und zeigten nur nach außen eine »formale Korrektheit« und Loyalität.[98] Ihre konservative Grundeinstellung und die Orientierung an Leitbildern der Vorkriegszeit hinderten sie nicht selten, die Intentionen der Bürgerschaft bei der Gesetzgebung zu begreifen und zu verwirklichen.

Auch in Behörden, die sozialdemokratischen Senatoren unterstanden, gehörten die hohen Berufsbeamten überwiegend der DVP, der DNVP oder allenfalls dem rechten Flügel der DDP an. So wurde die Wohlfahrts- wie die Polizeibehörde von einem volksparteilichen, die Gesundheitsbehörde von einem deutschnationalen Präsidenten geleitet. Die Auffassungen dieser obersten Beamten wirkten auf ihre Verwaltungen im allgemeinen prägender als die Haltung des Senators. Besonders deutlich trat das bei der Wohlfahrtsbehörde zutage. Obwohl seit 1919 sozialdemokratische Senatoren die Verantwortung für sie trugen, machte sich noch in den letzten Jahren der Weimarer Republik der Geist der alten Armenverwaltung in ihr bemerkbar, die Unterstützung als Almosen gewährt und mit Erziehungsabsichten verbunden hatte.

Die SPD verlangte deshalb, qualifizierte Genossen bei der Besetzung von Oberbeamtenstellen stärker zu berücksichtigen, konnte sich aber gegen den Widerstand der bürgerlichen Parteien einschließlich der DDP nicht durchsetzen. Selbst am Ende der Weimarer Republik stellten die Sozialdemokraten keinen Staatsrat, nur einen Senatsrat – bei der hamburgischen Gesandtschaft in Berlin – und wenige Oberbeamte. Die DDP hatte mehr Anhänger unter den höheren Beamten, doch änderte das nichts an dem Gesamtbild, daß sie überwiegend konservativ eingestellt waren. Neben vielen überzeugten Demokraten waren unter den Beamten, die sich der DDP angeschlossen hatten, zudem auch manche, die sich von dieser Entscheidung Vorteile für ihre Karriere erhofften und 1933 schnell zur NSDAP übergingen.

Besser sah es lange Zeit bei den unteren und mittleren Beamten aus. Soweit ihr Verhalten und zeitgenössische Urteile erkennen lassen, standen die meisten von ihnen der SPD oder der DDP nahe. Der Beamtenrat konnte sich deshalb aus Anlaß des zehnjährigen Bestehens der Reichsverfassung 1929 und der hamburgischen Verfassung 1931 namens der Beschäftigten des öffentlichen Dienstes nachdrücklich zum freiheitlichen Volksstaat bekennen. Erst die schweren materiellen und psychischen Belastungen, denen sie während der Weltwirtschaftskrise zu Beginn der dreißiger Jahre ausgesetzt waren, erschütterten die Loyalität auch vieler dieser demokratisch gesonnenen Beamten; einige wandten sich nun der NSDAP zu.[99]

Volkswehr und Polizei

In einem Teilbereich war die demokratische Reform der Verwaltung besonders schwierig, aber auch besonders wichtig. Für die Zukunft der Republik war es von entscheidender Bedeutung, ob es gelang, eine loyale, mit den freiheitlichen Zielen des neuen Staates aus innerer Überzeugung übereinstimmende, leistungsfähige Polizei zu schaffen. Alle politischen Gruppierungen kämpften darum, Einfluß auf die bewaffnete Macht zu erlangen. Die Gegner des demokratischen Staates wollten darüber hinaus die Zeit nutzen, solange seine Schutzkräfte schwach waren, um ihre Position zu festigen und ihren Zielen näher zu kommen. Für weite Kreise der Bevölkerung hing das Urteil über die Republik auch von der Fähigkeit der Staatsorgane ab, die innere Sicherheit und das Eigentum zu schützen. Die Bemühungen um die Umbildung der Polizei zu einem Instrument des demokratischen Staates verschränkten sich daher mit den Kämpfen um die politische Macht.

Die alte Schutzmannschaft war zahlenmäßig und aufgrund ihrer Ausbildung und Bewaffnung zu schwach, um in politisch erregten Zeiten die öffentliche Ordnung aufrechtzuerhalten. In den Tagen der Revolution konnte sie diese Aufgabe, die früher Sache der Garnisonstruppen gewesen war, erst recht nicht erfüllen. Die Vorgesetzten hatten ihre vorwiegend auf militärische Disziplin gegründete Autorität ebenso verloren wie die Offiziere des Heeres und der Marine. Ein von Unabhängigen Sozialdemokraten und Linksradikalen beherrschter Schutzmannsrat und ein politisch ähnlich zusammengesetzter Rat der Hafenpolizei griffen auch in die Führung der Polizei ein. Bei politischen Konflikten, so beschlossen diese Gremien, sollte sie »neutral«, das heißt passiv bleiben.

Der Arbeiter- und Soldatenrat versuchte, die Lücken mit militärischen Sicherheitskräften auszufüllen. Anfangs hatte er die Schutzmannschaft völlig ausgeschaltet, sie aber schon am 9. November 1918 aufgrund einer Vereinbarung mit der Polizeibehörde in die meisten Funktionen wiedereingesetzt. Fortan gingen Schutzleute und Soldaten gemeinsam Streife und taten auch in den Polizeiwachen zusammen Dienst.

Damit waren die Probleme aber nicht gelöst. Die militärischen Sicherheitsmannschaften bereiteten dem Arbeiter- und Soldatenrat noch lange Zeit große Schwierigkeiten.[100] Die mit der Organisation betraute Kommission hatte jeden Freiwilligen, der sich zur Revolution und zum Sozialismus bekannte, akzeptiert, ohne seine Eignung, Vorbildung und Vergangenheit zu prüfen. Dadurch waren viele in die Reihen der Sicherheitsmannschaften gelangt, die charakterlich nicht »einwandfrei«, zum Teil auch vorbestraft waren und das Privileg des Waffenbesitzes mißbrauchten, um für eigene Rechnung Lebensmittel, Kleidung und Schuhe zu »requirieren«. Mehrfach versuchten Gruppen der Sicherheitswehr, unannehmbare Lohnforderungen unter Einsatz von Waffengewalt gegen die Beauftragten des Arbeiter- und Soldatenrats durchzudrücken. Manche der gewählten Führer nutzten ihre Stellung, um durch die Gewährung unrechtmäßiger Vergünstigungen eine treu ergebene, nur ihren Befehlen folgende bewaffnete Garde hinter sich zu bringen. Alle Fraktionen des Rates rechneten es deshalb zu seinen dringendsten Aufgaben, beim Sicherheitsdienst endlich »Ordnung« zu schaffen, was aber, da der Waffenbesitz Macht bedeutete, nur allmählich und vorsichtig geschehen konnte.

Seit Ende Dezember 1918 begannen sich die Verhältnisse zu bessern. Der Siebener-Ausschuß des Soldatenrats konnte nun daran gehen, die unzuverlässigen Kräfte aus der Sicherheitstruppe auszuschalten und sie mit guten Leuten aus den Reihen der heimkehrenden Frontsoldaten als »Volkswehr« neu zu organisieren. Die Sozialdemokraten hatten inzwischen eine beherrschende Stellung im Soldatenrat inne. Nach dessen Entmachtung trug hauptsächlich der Vorsitzende Lamp'l, der am 28. Februar 1919 zum Kommandanten von Groß-Hamburg ernannt wurde, die weitere Verantwortung für die Sicherheitskräfte.[101]

Das Konzept der Hamburger SPD für den Aufbau einer demokratischen Truppe war daher maßgebend. Es sah vor, eine Miliz zu schaffen, deren Mitglieder neben dem zeitweiligen Waffendienst einem zivilen Beruf nachgehen und dadurch in den »Volksstaat« integriert werden sollten. Allein diese Organisationsform bot nach der Auffassung der interessierten Hamburger SPD-Politiker die Gewähr, daß die Mannschaften ihren Dienst im demokratisch-sozialistischen Geist ausübten und die – unentbehrlichen – Berufsoffiziere sich nicht als abgeschlossene Kaste, sondern als »Soldaten und Bürger der Republik« verständen.[102] Nach den Konflikten mit Noske um die Wehrpolitik kam es darauf an zu beweisen, daß diese Pläne eine realisierbare Alternative darstellten. Lamp'l setzte deshalb die Bemühungen um die Schaffung einer leistungsfähigen und politisch zuverlässigen Volkswehr energisch fort.

Um den Führern mehr Unabhängigkeit gegenüber den Mannschaften zu sichern, ordnete er am 10. April 1919 an, daß sie zwar weiterhin gewählt, aber nur von der Kommandantur abberufen werden sollten. Durch die Gliederung in Abteilungen wurden die Verantwortlichkeiten klargelegt und die Voraussetzungen geschaffen, um die Tätigkeit der Volkswehr besser zu kontrollieren. Sie wuchs bis Mai 1919 auf rund 12 000 Mann, überweigend ältere, oft verheiratete Soldaten, die jeden dritten Tag 24 Stunden Dienst taten und dafür eine Löhnung etwa in Höhe der Arbeitslosenunterstützung erhielten. Neben dem Schutz der öffentlichen Sicherheit hatte die Volkswehr eine zweite, inoffizielle Funktion: Sie diente zugleich der Unterbringung von Arbeitslosen. Aufgrund dieser Zusammensetzung war sie im normalen Polizeidienst brauchbar, größeren Aufgaben aber nicht gewachsen.[103]

Trotzdem war Lamp'l zuversichtlich, aus den guten Teilen der Volkswehr allmählich eine verläßliche Sicherheitstruppe schaffen zu können. Als im Frühjahr 1919 der Abbau der bewaffneten Einheiten im Hinblick auf die Friedensbedingungen der Siegerstaaten notwendig wurde, kam ihm dies nicht ungelegen. In einem Antrag an das Reichswehrministerium schlug er am 23. Mai vor, die Hamburger Volkswehr durch Ausschaltung der weniger bewährten Soldaten auf 5000 Mann zu verkleinern und den verbleibenden höhere Löhnung und das Recht zuzubilligen, zwei Drittel ihrer Führer selbst zu wählen. Möglicherweise lag in diesem letzten Punkt der Grund dafür, daß die zuständigen Offiziere des Reichswehrministeriums die Pläne hintertrieben. Ob sie darüber hinaus, wie Lamp'l nach dem Kapp-Putsch rückschauend argwöhnte, die Zuverlässigkeit der Volkswehr bewußt unterminieren wollten, um die Voraussetzungen für ein Eingreifen von Reichswehrtruppen in Hamburg zu schaffen, läßt sich bislang nicht klären.[104]

Das Ergebnis ihrer Verzögerungstaktik aber war eindeutig: Am 1. Juni 1919 mußte die Kommandantur auf Anordnung des Ministeriums allen Volkswehrangehörigen zum 1. August kündigen. Die Bedingungen, zu denen die 5000 zur Weiterbeschäftigung ausersehenen Soldaten wiedereingestellt werden sollten, wurden nicht übermittelt, obwohl Reichswehrminister Noske, als er sich am 27. Mai in Hamburg über die Sicherheitsprobleme der Stadt informierte, rasche Erledigung zugesagt hatte. Alle Mahnungen Lamp'ls blieben erfolglos. Die Folge war, daß die Kommandantur und der Senat auf die Loyalität und Einsatzbereitschaft der Volkswehr insgesamt nicht mehr bauen konnten. Auch bislang zuverlässige Leute zeigten wenig Neigung, kurz vor der Entlassung in die Arbeitslosigkeit womöglich noch Gesundheit und Leben zu riskieren. Die Volkswehr entglitt dem Einfluß der SPD; die USPD, die schon vorher viel Sympathie bei ihr gefunden hatte, konnte ihre Position ausbauen, und selbst die Kommunisten gewannen an Bedeutung. Für den Einsatz bei politischen Unruhen fiel die Volkswehr weitgehend aus.

Einwohnerwehr und Wachbataillon Bahrenfeld

Die Linke fand nun Glauben für ihre Behauptung, daß die SPD die Volkswehr beseitigen wolle, um sie im Bündnis mit bürgerlichen Kräften durch Einwohnerwehren und Freiwilligenformationen, sogenannte Freikorps, zu ersetzen. In Wahrheit legte Lamp'l großen Wert darauf, die sozialdemokratische Arbeiterschaft für den Sicherheitsdienst zu gewinnen. Als er – in Übereinstimmung mit der Politik des Reichswehrministeriums – sofort nach seiner Ernennung zum Kommandanten von Groß-Hamburg an die Bildung einer Einwohnerwehr und eines Freiwilligenbataillons zur Bewachung der Munitionsdepots in Bahrenfeld ging, wollte er die Volkswehr nicht liquidieren, sondern im Bewußtsein der noch vorhandenen Schwächen durch anders organisierte Sicherheitskräfte ergänzen.

In der Einwohnerwehr wurden Männer zusammengefaßt, die einem zivilen Beruf nachgingen und daneben bereit waren, durch freiwilligen und ehrenamtlichen Dienst an wenigen Tagen im Monat für die Sicherheit ihres Wohnbezirks zu sorgen. Sie paßte gut in das sozialdemokratische Konzept einer Bürgermiliz. Lamp'l bestand deshalb darauf, daß die Organisation der Einwohnerwehr zum Verantwortungsbereich der Kommandantur und nicht der bürgerlich-demokratisch geleiteten Polizeibehörde gehöre. Als sich um Ostern 1919 Polizei und Volkswehr wieder einmal mehrere Tage lang als zu schwach erwiesen, um Plünderungen, Überfälle und Schießereien zu unterdrücken, trat er nach längerer Vorbereitung mit seinem Plan hervor. Am 23. April billigten Vertreter der Reichswehr, des Hamburger Senats und der Magistrate von Altona, Wilhelmsburg und Wandsbek seine Vorschläge zur Schaffung einer Einwohnerwehr, der Senat beantragte schon am nächsten Tag bei der Bürgerschaft die erforderlichen Mittel. Um eventuellem Mißtrauen in der Arbeiterschaft von vornherein entgegenzuwirken, sollte die Einwohnerwehr in Anlehnung an die 15 Volkswehrabteilungen Groß-Hamburgs aufgebaut werden, sie bei ihrer Arbeit unterstützen und militärisch ihren Führern unterstehen.[105]

Die Mitglieder der Einwohnerwehr mußten sich bei ihrem Eintritt verpflichten, die Republik und die vom Volk gewählte Regierung, die Gesetze und die öffentliche Ordnung notfalls mit Waffengewalt zu schützen. An der Spitze jeder Gliederung der Einwohnerwehr sollten nach einem Erlaß Lamp'ls von Anfang Juni ein militärischer Leiter und ein Vertrauensmann stehen und beide Posten paritätisch jeweils von einem Mitglied der SPD und einem Anhänger einer bürgerlichen Partei besetzt werden. Die Führung der Gesamtorganisation übernahm der Rittmeister a. D. Hermann C. Vering, der der Deutschen Volkspartei angehörte, als Vertrauensmann stand ihm der Sozialdemokrat Vietz zur Seite.

Mitglieder der SPD folgten in Hamburg in relativ großer Zahl dem Appell ihrer Partei und der Gewerkschaften, sich der Einwohnerwehr anzuschließen. Nach dem Geschmack des zuständigen Reichswehrgruppenkommandos waren es viel zu viele. Es glaubte, in einem grob entstellenden Bericht die Verhältnisse in der Hamburger Einwohnerwehr als abschreckendes Beispiel behandeln zu müssen.[106] Generell spiegelte ihre Zusammensetzung ungefähr die politische Orientierung in den Stadtteilen wider, in denen die Abteilungen zuhause waren, nur daß Angehörige der USPD und der KPD nicht aufgenommen wurden.

Als Schwächemoment erwies sich allerdings, daß Lamp'l meinte, die Berufserfahrung ehemaliger Offiziere in den führenden Positionen nicht entbehren zu können. Dadurch erhielten sie die Möglichkeit, der Einwohnerwehr ihren Stempel aufzudrücken. Zum Teil nutzten sie auch ihre Stellung, um Sozialdemokraten durch militärischen Drill und Schikanen wieder aus ihr zu vertreiben. Die Bürgerschaft verschleppte die Bewilligung der Mittel für Aufwands- und Verdienstausfallentschädigungen. Sie wurden deshalb von privater Seite über den Wirtschaftsrat aufgebracht mit der Folge, daß er entscheidenden Einfluß auf die Gestaltung des Dienstes gewann. Indem er Vergütungen nur für die 24-Stunden-Wache gewährte, zu der sich abhängig Beschäftigte wegen Schwierigkeiten mit ihren Arbeitgebern oft nicht verpflichten konnten, trug der Wirtschaftsrat dazu bei, das bürgerliche Element in der Einwohnerwehr zu stärken.

USPD und KPD bekämpften sie als Schutzgarde des Kapitals, bei der Volkswehr stieß sie als unliebsame Konkurrenz auf Ablehnung. Im Juni 1919 waren im Raum Groß-Hamburg 25 000, in der Stadt selbst 18 000 Mitglieder der Einwohnerwehr registriert. Weil aber die Volkswehr die Waffen zu beschlagnahmen drohte, waren nur in Stadtteilen, in denen eine Verständigung gelungen war, vier von 15 Abteilungen bereits ausgerüstet und nach den Vorstellungen Lamp'ls in das Sicherheitssystem integriert. Für größere Aufgaben stand die Einwohnerwehr noch nicht zur Verfügung.

Noch ungünstiger wirkte sich der Rückgriff auf ehemalige Offiziere bei der Organisation des Freiwilligenbataillons Bahrenfeld aus.[107] Die Nachteile wurden dadurch verstärkt, daß Lamp'l im Hinblick auf die politischen Auseinandersetzungen um die Freikorps und speziell die ablehnende Haltung der Hamburger SPD glaubte, die Vorbereitungen geheimhalten zu müssen. Bei der Mund-zu-Mund-Anwerbung von Freiwilligen beschränkte sich der beauftragte Major naturgemäß auf den Kreis von Offizieren und Bürgersöhnen, der ihm aus der Zeit seines aktiven Dienstes bekannt war. Außerdem konnte er sich auf eine im Januar 1919 ebenfalls im geheimen gegründete bürgerliche Organisation mit gleichen Zielen stützen. Einige rechtsgerichtete Kaufleute hatten damals begonnen, gleichgesinnte wehrfähige junge Männer unter dem Decknamen »Ledergesellschaft« zum freiwilligen Waffendienst zusammenzufassen. Die »Bahrenfelder« waren infolge dieser Entstehungsgeschichte eine exklusiv bürgerliche Truppe. Versuche, führenden sozialdemokratischen Mitgliedern des Soldatenrats Einfluß auf sie zu sichern, scheiterten nach kurzer Zeit.

Nachdem wilde Bewaffnungen die innere Sicherheit Hamburgs wiederholt schwer gefährdet hatten, veranlaßte Lamp'l unmittelbar nach der Ernennung zum Kommandanten mit seinem ersten Befehl am 3. März 1919 die Bildung einer Freiwilligenwachkompagnie Bahrenfeld zum Schutz der dortigen Munitionslager. Sie war anfangs 1100 Mann stark und schmolz, als sie im Juni 1919 der Reichswehr eingegliedert wurde, auf 600 Mann zusammen, weil sich ein Teil der Freiwilligen nicht, wie gefordert, auf zwölf Jahre verpflichten wollte. Ergänzt wurde diese ständige Wachabteilung durch Zeitfreiwillige, die regelmäßig zu Übungen zusammenkamen, sonst aber nur bei Bedarf einberufen wurden. Die Einheit bestand zu zwei Dritteln aus früheren Offizieren, von denen die meisten im Zivilleben an der neuen hamburgischen Universität studierten. Politisch waren die Freiwilligen konservativ, deutschnational oder auch völkisch eingestellt, gemeinsam war ihnen vor allem die Feindschaft gegen den »Bolschewismus«. Bei den Anhängern der USPD und der KPD stießen sie von Anfang an auf erbitterten Haß, bei Sozialdemokraten auf starkes Mißtrauen. Einstweilen aber waren sie zur loyalen Unterstützung des Senats bereit, da sie in ihm die einzige Garantie gegen einen Sieg der Linken sahen. Erst später gingen sie – auch weil sie sich von der Regierung und der Bürgerschaftsmehrheit im Stich gelassen fühlten – ins Lager der rechten Opposition über. Im Frühsommer 1919 waren die 600 »Bahrenfelder« dagegen die einzige verläßliche Truppe, auf die der Senat und die Kommandantur zurückgreifen konnten. Diese Situation war besonders gefährlich, weil sich im ersten Halbjahr 1919 eine immer stärkere Polarisierung und Radikalisierung der Gesellschaft abzeichnete.

4. Politische Unruhen und Putsche 1919/20

Brisante Lage im Frühjahr 1919

Schwere politische Unruhen, wie sie andere Großstädte im ersten Halbjahr 1919 erlebten, blieben Hamburg nicht zuletzt dank der erfolgreichen Politik des Soldatenrats zunächst erspart. Die Lage war aber gespannt und unsicher. Die geschilderten schweren Kriegsfolgen begannen sich auf die Stimmung und das politische Verhalten der Bevölkerung auszuwirken. Die rasch wachsenden Massen der Arbeitslosen machten ihrer Unzufriedenheit in häufigen großen Demonstrationen Luft, die nicht selten mit Ausschreitungen einiger hundert militanter Aktivisten endeten. Die anfangs relativ hohen Erwerbslosenunterstützungen sollten im März 1919 auf Anordnung der Reichsregierung um etwa ein Fünftel gekürzt werden, was die Enttäuschung über die Rückschläge seit der Revolution steigerte. Die anhaltende Teuerung, die die meisten auf die Habgier der Bauern und Händler zurückführten, tat ein übriges, um die Spannungen zwischen Proletariat und Bürgertum zu verschärfen.

Die Autorität der Regierung war so gering, die Not oftmals so groß, daß einzelne und ganze Banden zur »Selbsthilfe« übergingen, Markt- und Einzelhändler mit Gewalt zu Preisherabsetzungen zwangen, Restaurants, Lebensmittel-, Schuh- und Kleidergeschäfte plünderten. Mehrfach mußte deshalb in Hamburg der Belagerungszustand verhängt werden; im April eskalierten die Ausschreitungen in einwöchigen schweren Straßenkämpfen, der Erstürmung von Polizeiwachen und der Befreiung von Gefangenen aus dem Hüttengefängnis. Bei der anschließenden großangelegten Razzia im Unruhezentrum St. Pauli traten erstmals die »Bahrenfelder« in Aktion.

Bürgerliche Kreise propagierten zur Durchsetzung ihrer Vorstellungen über die politische und wirtschaftliche Ordnung nun ein Mittel, das sie der revolutionären Arbeiterschaft abgeschaut hatten: Immer wieder tauchte der Gedanke auf, den Streik als politische Waffe zu gebrauchen. Mitte März 1919 protestierte die Hamburger Kaufmannschaft an einem »Kampftag für die Befreiung des Handels von der Zwangswirtschaft« in »Massenversammlungen« und durch Schließung der Geschäfte gegen die Fortdauer der Kriegsreglementierungen und die geplante Sozialisierung. Im April wurde der Bürgerbund für Hamburg, Altona und Wandsbek gegründet mit der Aufgabe, gegen die »Gewalttaten einer Minderheit«, nämlich die Aktionen der sozialistischen Arbeiterschaft, den »bürgerlichen Abwehrstreik« zu organisieren.[108]

Den letzten Anstoß hatten ausgedehnte Streiks in Mitteldeutschland, in Berlin und im Ruhrgebiet gegeben, die durch Freikorps blutig unterdrückt worden waren. Führende Politiker der KPD fielen dem Terror der Rechten zum Opfer, nach Luxemburg und Liebknecht neben anderen im März Leo Jogiches. Im Februar war der bayerische Ministerpräsident, der Unabhängige Sozialdemokrat Kurt Eisner, ermordet worden, im April beseitigten Reichswehrtruppen die zweite, kommunistisch bestimmte Räterepublik in München, wobei sie Geiselmorde der »Roten« durch zahlreichere gleichartige Exzesse überboten.

Im Juni erreichten die Spannungen einen Höhepunkt. Die Leiche Rosa Luxemburgs wurde gefunden, ihre Beisetzung erinnerte nicht nur die Kommunisten an die Brutalität und Skrupellosigkeit der Konterrevolutionäre – zumal die Mörder gerade milde Richter bzw. Helfershelfer unter ihren Bewachern gefunden hatten, so daß dem Hauptschuldigen die Flucht ins Ausland gelungen war. Ein militärisches Standgericht verurteilte etwa gleichzeitig den Vorsitzenden der Münchener Räteregierung, Eugen Leviné, zum Tode und ließ den Spruch binnen zwei Tagen vollstrecken. In Hamburg beschloß die Bürgerschaft auf Antrag der SPD und der USPD, sich zum Zeichen des Protestes gegen die Hinrichtung zu vertagen; die SPD rief ihre Anhänger zur Massendemonstration gegen den »politischen Mord« an Leviné auf. Das Hamburger Echo wandte sich mit aller Schärfe gegen den sozialdemokratischen Ministerpräsidenten Bayerns: »Was hier geschehen, ist eine Infamie ohnegleichen. Die Regierung Hoffmann, die das zuließ, hat sich mit diesem Schreckensurteil besudelt.« Als sie von ihrem Begnadigungsrecht keinen Gebrauch machte, habe sie sich in der gleichen Weise, wie es auch bei Noske immer stärker zu beobachten sei, von der »in ihrem Haß rasend gewordenen Befehlshaberschaft des neudeutschen Militarismus« das Gesetz des Handelns aufzwingen lassen. »Wir fürchten, daß es bald um die Exekution der deutschen Freiheit gehen wird.«[109]

Mitte des Monats wurde die politische Erregung durch die ultimative Forderung der Sieger des Weltkrieges, den Versailler Friedensvertrag innerhalb weniger Tage unverändert zu unterschreiben, aufs höchste gesteigert. Die Rechte verurteilte die Annahme als »Verrat am deutschen Volk«, ohne sich um die Konsequenzen der Ablehnung zu bekümmern. Die KPD plädierte mit anderen Argumenten ebenfalls für die Verweigerung der Unterschrift. Als einzige Partei setzte sich die USPD unter Hinweis auf die harten Bedingungen, die die deutsche Führung dem besiegten russischen Gegner 1917 in Brest-Litowsk aufgezwungen hatte, eindeutig dafür ein, das Ultimatum zu akzeptieren. Alle anderen Parteien waren gespalten. Der sozialdemokratische Ministerpräsident Philipp Scheidemann trat am 20. Juni aus Protest gegen das Friedensdiktat von seinem Amt zurück. Eine Zeitlang schien es, als ob die Reichswehr, falls sich die Regierung zur Annahme entschließen sollte, putschen und die Militärdiktatur errichten wolle. Die USPD drohte dagegen, bei Ablehnung des Vertrages den Generalstreik auszurufen. Die gleiche Reaktion kündigte sie für den Fall der Verurteilung ihres führenden Politikers, Georg Ledebour, an, der in Berlin unter der Anklage des Hochverrats vor Gericht stand.

Auf den Straßen Hamburgs sammelten kommunistische Redner kleine »Debattierklubs« um sich und agitierten gegen die demokratischen Regierungen. In internen Zusammenkünften der Revolutionären Obleute wurde die Parole ausgegeben, daß die nächsten großen Ernährungskrawalle bis zum Sturz des Senats weitergetrieben werden sollten. Die Gefahr des Generalstreiks ging schließlich vorüber, weil sich die Nationalversammlung am 22. Juni mit der Unterzeichnung des Friedensvertrages einverstanden erklärte und Ledebour am 23. Juni freigesprochen wurde. In der aufs äußerste gespannten Atmosphäre konnte aber ein geringfügiger Anlaß ausreichen, um den mühsam bewahrten inneren Frieden zu zerstören.

Die Unsicherheit wurde dadurch vergrößert, daß innerhalb des Senats und zwischen ihm und der Kommandantur unterschiedliche Auffassungen über die beste Art der Vorkehrungen gegen einen eventuellen Umsturzversuch bestanden. Während Carl Petersen als Polizeiherr bei Noske auf die Entsendung von Reichswehrtruppen nach Hamburg drängte, um in ihrem Schutz eine zuverlässige Polizei aufbauen zu können, wollten Lamp'l und die SPD eine Intervention Berlins unbedingt vermeiden. Sie arbeiteten statt

dessen daraufhin, Volks- und Einwohnerwehr zu einsatzbereiten, schlag-
kräftigen und loyalen Einheiten umzugestalten; denn ihnen war klar, wie
Lamp'l in einer Denkschrift am 25. Mai zum Ausdruck brachte, daß bei
einem Eingreifen von Regierungstruppen »die Mehrzahl der Arbeiterschaft« der Sozialdemokratischen Partei »entgleiten« würde und daß dann
schwerste Unruhen und Kämpfe nicht mehr abzuwenden seien. »Gerade
für Hamburg, dessen einzige Hoffnung in der Wiederbelebung des Aus-
landshandels besteht, wäre das eine Katastrophe.«[110]

»Sülzeunruhen«

Am 23. Juni 1919 wurden die Befürchtungen Wirklichkeit. Die Aufdek-
kung eines Lebensmittelskandals führte zu einer solchen Eskalation der
Gewalt, daß der Bestand der Staatsordnung gefährdet schien.[111] Der Anlaß
sah in dieser Zeit der ständigen Demonstrationen und »Massenaktionen«
relativ harmlos aus. Eine empörte Menschenmenge protestierte am Morgen
vor der Heilschen Fleischkonservenfabrik in der Großen Reichenstraße,
weil in ihr ekelerregendes, stark verdorbenes und minderwertiges Fleisch
verarbeitet worden war. Die herbeigerufenen Polizisten waren zu schwach,
um Heil und sein Geschäft zu schützen. Er wurde schwer mißhandelt, auf
dem Weg ins Krankenhaus aus dem Ambulanzwagen gezerrt und in die
Alster geworfen.

Die Tumulte breiteten sich rasch aus und dauerten auch am folgenden
Tag mit unverminderter Heftigkeit fort. Durch aufhetzende Reden und
Zurschaustellung von Tierkadavern, die ebenfalls aus Heils Fabrik stammen sollten, wurde der »Volkszorn« immer wieder aufgestachelt. Nachdem die Gerichte Lebensmittelverbrechen in den vergangenen Monaten
sehr milde geahndet hatten, griff die Menge zu mittelalterlichen Methoden
der Selbstjustiz. Angestellte Heils und – aufgrund einer Verleumdung – der
Direktor der staatlichen Blindenanstalt wurden auf dem Rathausmarkt an
den Pranger gestellt; der Leiter des Kriegsversorgungsamts, Leo Lippmann, mußte sich dort öffentlich verantworten. Nach bangen Viertelstun-
den wurden sie von der Rathauswache befreit.

Die Einsatzleitung der Polizei und auch die Kommandantur unterschätzten anfangs die Gefahr und versäumten, die Unruhen sofort im Keim
zu ersticken. Lamp'l zögerte auch nach mehreren Hilferufen der Polizeiführung noch bis zum Abend des 24. Juni, »Bahrenfelder« zum Schutz des
Rathauses einzusetzen, weil er fürchtete, daß der Anblick der bei der Linken so verhaßten Truppe zu weiteren Gewalttätigkeiten aufreizen würde.

Die Sorge erwies sich als berechtigt. Als er schließlich doch an der Spitze von 150 »Bahrenfeldern« ins Rathaus einrückte, wurde die Schlußabteilung kurz vor dem Ziel angegriffen, in der Gegenwehr schossen einige Freiwillige in die Menge, der erste Tote und rund 15 Verwundete, darunter ein schwer verletztes Kind, waren zu beklagen.

Dies war das Signal zum Angriff. Lastwagen aus dem Troß der »Bahrenfelder« und die Börse wurden in Brand gesteckt. Militante Gruppen versorgten sich im Stadthaus, wo die Zentrale der Polizei und der Volkswehr ihren Sitz hatte, in verschiedenen Polizeiwachen und aus illegalen Depots mit Waffen und nahmen die ganze Nacht hindurch das Rathaus, sowie die angrenzenden Plätze und Straßen unter Beschuß. Obwohl in der Nacht und am frühen Morgen weitere rund 300 Mann der »Bahrenfelder« herangezogen wurden, mußten sie sich auf die Verteidigung ihrer Stellungen im und um das Rathaus und im Bahnhof Rödingsmarkt beschränken. Ohne Unterstützung der Volkswehr, die völlig versagte, und der Schutzmannschaft, die auf solche bürgerkriegsähnlichen Kämpfe in keiner Weise vorbereitet war, reichten ihre Kräfte nicht, um die Ruhe wiederherzustellen. Die einzige einsatzbereite Einwohnerwehrabteilung St. Georg mußte im Hauptbahnhof kapitulieren.

Am Morgen des 25. Juni ließ Lamp'l den Belagerungszustand verkünden und ersuchte das zuständige Wehrkreiskommando in Stettin, zwei Bataillone so in der Nähe Hamburgs zu stationieren, daß sie auf seine Anforderung hin sofort eingreifen könnten. Er wollte sich selbst den Einsatzbefehl vorbehalten und hoffte noch immer, auf die Verwendung der Reichswehrtruppen verzichten zu können. Die Vermittlungsbemühungen einer Delegation von sechs Vertretern der Betriebsräte, zwei prominenten Bürgerschaftsmitgliedern der USPD, einem sozialdemokratischen Abgeordneten und einem Gewerkschaftsführer waren insofern nicht unwillkommen. Es gelang der Kommission, den einzigen anwesenden Senator, Friedrich Sthamer, und die Führung der Rathausbesatzung für einen Waffenstillstand zu gewinnen. Dagegen überschätzte sie ihren Einfluß auf die Belagerer. Als die »Bahrenfelder« nicht nur das Feuer einstellten, sondern infolge einer Kette von Mißverständnissen auch die Gewehre niederlegten, nutzten die Angreifer den Augenblick der Verwirrung, um die Wachen zu überrumpeln und in den Rathaushof einzudringen. Der Übermacht mußten sich die Freiwilligen ergeben. Waffenlos wurden sie als Gefangene in die Gnadenkirche beim Heiligengeistfeld geführt, unterwegs beschimpft und mißhandelt, einige erschlagen. Insgesamt fielen 16 »Bahrenfelder« den Kämpfen und Überfällen zum Opfer. Dem Senat standen nennenswerte Sicherheitskräfte nicht mehr zur Verfügung. Ohne Widerstand zu finden, konnten die Aufrührer nun das Rathaus, das Stadthaus, das Untersuchungsgefängnis und das Strafjustizgebäude erstürmen, Akten verbrennen und Gefangene befreien. Am Nachmittag des 25. Juni entschloß sich der Senat, ebenfalls die Hilfe der Reichswehr zu erbitten.

Die Frage nach den Hintergründen und Hintermännern der schweren Unruhen beschäftigte die Öffentlichkeit, einen Untersuchungsausschuß der Bürgerschaft und die Gerichte besonders intensiv. Unverkennbar war, daß die KPD in den Wochen vorher ihre aggressive Agitation sehr gesteigert, den baldigen Sturz der bürgerlich-demokratischen Regierungen versprochen und so die Kampfstimmung angeheizt hatte. Auch die Mehrheit der Hamburger USPD und die Revolutionären Obleute drängten auf gemeinschaftliche Aktionen mit den Kommunisten zur Errichtung der Rätediktatur des Proletariats. Nachdem der Tumult ausgebrochen war, schalteten sich die Linksradikalen ein, koordinierten die Kämpfe und trieben sie weiter, riefen beispielsweise an den Arbeitsnachweisen die Erwerbslosen zur Fortführung der Demonstrationen vor Heils Fabrik auf. Für die Entstehung des Aufruhrs trugen die Parteileitungen aber keine Verantwortung. Daß sie von ihm ebenso überrascht wurden wie die Sicherheitsorgane, zeigte sich darin, daß sie auf die Übernahme der Macht im Staat in keiner Weise vorbereitet waren. Die KPD war noch zu schwach, um allein den Umsturz zu betreiben, und in der USPD hatten die Führungspositionen noch Genossen inne, die solche Abenteuer ablehnten.

Senat und Bürgerschaft konnten ungehindert ihren Aufgaben nachgehen, obwohl sie de facto ohne Schutz waren. Führende Politiker der USPD und der KPD machten sogar in Verbindung mit den Betriebsräten ihren Einfluß geltend, um die öffentliche Sicherheit wiederherzustellen. Sie trafen sich mit ihren sozialdemokratischen Kollegen und auch manchen Repräsentanten bürgerlicher Parteien in dem Wunsch, die angekündigte Entsendung von Reichswehreinheiten im letzten Augenblick zu verhindern. Ein bürgerlicher Senator fuhr den anrückenden Truppen sogar nach Wandsbek entgegen, um sie hier zu stoppen. Die in München und anderen Städten im Zuge der Reichsexekutionen von den Regierungssoldaten verübten Greuel sollten Hamburg erspart bleiben.

Reichswehreinmarsch und antirepublikanische Reorganisation der Polizei

Obwohl in der Stadt seit dem 27. Juni weitgehende Ruhe herrschte, waren die Bemühungen, die Reichswehr fernzuhalten, vergeblich. Ihre Führung hatte seit dem Konflikt in Bremen mit den Hamburger Sozialdemokraten noch eine Rechnung zu begleichen, weil sie ihr, wie sie meinte, damals in den Rücken gefallen waren. Sie wartete deshalb nur auf die Gelegenheit, um auch an der Elbe »für Ordnung zu sorgen«. Am 27. Juni scheiterte ein erster mit zu schwachen Kräften unternommener Vorstoß. Die Einheit ließ sich am Hauptbahnhof zur Abgabe der Waffen überreden und mußte sich nach Wandsbek zurückziehen. Erst vier Tage später rückte der ehemalige Kommandeur der Schutztruppen in Deutsch-Ostafrika, General Paul von Lettow-Vorbeck, mit rund 10000 Mann und 30 Geschützen, unterstützt von einem Panzerzug und einer Torpedobootsflottille, in Hamburg ein.

Das Korps verhielt sich wie in einer besetzten Stadt in Feindesland. Obwohl es auf keinen Widerstand stieß, da alle Arbeiterparteien ihre Anhänger vor sinnlosem Blutvergießen gewarnt hatten, machte es beim Einmarsch rücksichtslos von den Waffen Gebrauch. Passanten, die die Straßen nicht schnell genug räumen konnten, wurden niedergeschossen. Es kam zu zahlreichen willkürlichen Verhaftungen. Auch zwei Abgeordnete der USPD waren darunter, angeblich aufgrund einer »bedauerlichen Verwechslung«, vielleicht aber auch, weil sie das Verhalten der Truppen kurz zuvor in der Bürgerschaft scharf kritisiert hatten. Kriegsgerichte wurden eingesetzt, die bei ihren Schnellverfahren die Verteidigungsmöglichkeiten und sonstigen Rechte der Angeklagten drastisch einschränkten.[112]

Aus ihren politischen Sympathien machten die verantwortlichen Offiziere kein Geheimnis. Auf dem Rathaus und dem Hauptbahnhof ließen sie die schwarz-weiß-rote Fahne aufziehen. Zur politischen Bildung der Soldaten wurden hauptsächlich deutschnationale und völkische Redner herangezogen, unter ihnen der Hauptgeschäftsführer des Deutschvölkischen Schutz- und Trutzbundes, Alfred Roth, und der Herausgeber eines schlimmen antisemitischen Hetzblattes, Friedrich C. Holtz.[113] Zur Vorbereitung auf ihre Aufgabe hatten die Befehlshaber der Besatzungstruppen speziell erstellte Personalbögen über alle wichtigen Politiker der Hamburger SPD erhalten; in Cuxhaven führten sie Listen von einflußreichen Sozialdemokraten und Gewerkschaftern mit sich, die im Fall eines Widerstands durch Verhaftung ausgeschaltet werden sollten.[114]

Diesen unverhohlen antirepublikanisch eingestellten Offizieren oblag nun die Reorganisation der Hamburger Polizei- und Sicherheitskräfte.[115] Die Volkswehr wurde aufgelöst und zum Ersatz der Ausbau der Einwohnerwehr vorangetrieben sowie das Bahrenfelder Zeitfreiwilligenkorps vergrößert. Die Kommandantur mußte unter den Befehl des wiedereingesetzten Garnisonsältesten treten. Vor allem wurde neben der Schutzmannschaft und Kriminalpolizei eine besondere militärisch bewaffnete und zum Teil kasernierte Sicherheitspolizei aus Angehörigen des Schutztruppenregiments, das infolge des Verlusts der Kolonien keine Aufgabe mehr besaß, aus Freiwilligen anderer Formationen des Korps Lettow-Vorbeck und aus wenigen bewährten Volkswehrmännern gebildet.

Den Schutz des Hafens übernahm das Freikorps Schleswig-Holstein unter Kapitän zur See Röhr, der Hamburger Dienststellen früher vor allem durch falsche, verleumderische Berichte gegen die Kommandantur bekannt geworden war und wegen ähnlicher Intrigen gegen die Polizeiführung nach wenigen Monaten aus seinem Amt wieder ausscheiden mußte. Zum Leiter der Sicherheitswehren wurde Oberst Völckers vom Stab Lettow-Vorbecks ernannt. Von vornherein ließ er erkennen, daß er zur Unterordnung unter zivile Instanzen nicht bereit war. Als er sich einer Weisung des Senats offen widersetzte, wurde er im Dezember 1919 durch den bisherigen Kommandeur der Sicherheitspolizei in Köln, Major Meyn, abgelöst. Meyn, der vom Reichswehrministerium empfohlen worden war, zeichnete sich vor allem dadurch aus, daß er sich je nach Gelegenheit demokratisch oder deutschnational zu geben versuchte. Zum 1. Oktober 1919 traten die mit Polizeiaufgaben betrauten Reichswehr- und Freikorpsangehörigen in den Hamburger Staatsdienst über. Wenn auch die Gründe anders lagen als bei der Volkswehr, hatte der Senat bei der Mentalität und politischen Einstellung der übernommenen Offiziere alles andere als eine zuverlässige Sicherheitstruppe gewonnen.

Kapp-Putsch

Dies zeigte sich beim ersten Umsturzversuch von rechts, beim Kapp-Putsch. Am Morgen des 13. März 1920 erfuhr die hamburgische Bevölkerung vom Staatsstreich des Befehlshabers des Berliner Gruppenkommandos, General Freiherr von Lüttwitz, und des ostpreußischen Generallandschaftsdirektors, Wolfgang Kapp. Die legitime Reichsregierung des Sozialdemokraten Gustav Bauer und Reichspräsident Friedrich Ebert waren unmittelbar vor der Besetzung Berlins durch die Brigade Ehrhardt nach Dresden und dann nach Stuttgart ausgewichen. Lüttwitz hatte Kapp zum Reichskanzler ausgerufen und dieser ihn zum Reichswehrminister und Oberbefehlshaber der Streitkräfte ernannt. Der für Hamburg zuständige Chef des Reichswehrbrigadekommandos in Schwerin, von Lettow-Vorbeck, der Garnisonsälteste, Oberst von Wangenheim, der Kommandant der Gruppe Land und andere hohe Offiziere der Hamburger Sicherheitspolizei traten sofort auf die Seite der Putschisten. In Ansprachen an ihre Einheiten gaben sie der Freude über die Vertreibung der demokratischen Regierung Ausdruck.

Die Mannschaften und Unteroffiziere sowohl der Polizei als auch der in Hamburg stationierten oder nach hier beorderten Truppen standen dagegen zu ihrem Eid auf die Verfassung. Sie waren nicht bereit, sich in einen Kampf gegen die überwiegende Mehrheit der Bevölkerung verwickeln zu lassen. Die SPD begann sofort, den zivilen Widerstand zu organisieren. Ihre Vorstandsmitglieder versammelten sich spontan und beschlossen, unter der Parole:»Für die Verfassung! Gegen die Reaktion!« den Generalstreik auszurufen.»Die Republik ist in Gefahr! Von Stund an soll in allen Betrieben, mit Ausnahme der Lebensmittel- und der dazugehörigen Transportbetriebe, die Arbeit ruhen.« [116] Die Leitung der Demokratischen Partei schloß sich an und setzte ihre Unterschrift mit unter den Aufruf. Auch die USPD-Führung entschied sich nach anfänglichem Zögern für die Unterstützung des Generalstreiks, obwohl sie mit ihrer Forderung, die DDP aus dem Bündnis auszuschalten, bei der SPD nicht durchgedrungen war.

Die Mitarbeit der Demokratischen Partei war wichtig, um die Beamten und Angestellten der Behörden und öffentlichen Betriebe zur Beteiligung am Streik zu bewegen und insbesondere auch die Post, Eisenbahn und sonstigen Verkehrsbetriebe lahmzulegen. Es gelang, nicht nur die Betriebsräteorganisation, das Gewerkschaftskartell von Hamburg-Altona und Umgegend sowie die Arbeitsgemeinschaft freier Angestelltenverbände, die alle den beiden sozialdemokratischen Parteien nahestanden, für den Generalstreik zu gewinnen, sondern auch die christlichen Gewerkschaften, die liberalen Hirsch-Dunckerschen Gewerkvereine, den Beamtenrat, den Deutschen Beamtenbund, andere große Beamtenverbände und die Organisationen der Volksschullehrer. Die Lehrer an höheren Schulen weigerten sich dagegen, sich der Aktion anzuschließen. Seit dem Mittag des 13. März lagen in Hamburg fast sämtliche Betriebe, Behörden und Verkehrseinrichtungen still.

Am Abend des 13. März trat die Bürgerschaft zu einer Sondersitzung zusammen. Der Senat war vollzählig in ihr erschienen, um, wie Arnold Diestel feierlich erklärte,»vor der Öffentlichkeit kundzutun, daß er nichts gemein hat mit dem Vorgehen jener Männer in Berlin, nichts gemein hat mit jenen Bestrebungen, die auf den Umsturz der bestehenden Verhältnisse abzielen. Der Senat in allen seinen Gliedern steht fest auf dem geleisteten Eid und hält fest und treu zur deutschen Verfassung.« [117] Das Bündnis der Sozialdemokraten und Demokraten mit führenden Politikern der Vorkriegszeit bewährte sich in dieser Krise. Das entschiedene Bekenntnis auch der »alten« Senatoren zur demokratischen Ordnung bestimmte weite konservative Kreise des Bürgertums, den Staatsstreich des Militärs abzulehnen.

Namens der drei verbündeten Parteien betonte der demokratische Abgeordnete Christian Koch, nachdem er das Verbrechen der Putschisten in einer leidenschaftlichen Rede gegeißelt hatte:»Wir wollen den Bruderkrieg nicht; wenn jene gewissenlosen Menschen ihn aber wollen, dann nur zu. Wir sind bereit, unser Leben einzusetzen, damit das Errungene dem deutschen Volke erhalten bleibt.« Die drei Bürgerschaftsfraktionen beschlossen eine Proklamation an die hamburgische Bevölkerung, in der sie »alle waffenfähigen Männer ohne Unterschied der Parteirichtung, die zum Schutz der Republik entschlossen sind«, aufforderten, sich in den Bezirkslokalen der USPD, SPD und DDP zur Verstärkung der Einwohnerwehr einzufinden. Ein sechsköpfiger, mit Abgeordneten dieser Parteien paritätisch besetzter Bürgerschaftsausschuß sollte die Maßnahmen zur Abwehr des Staatsstreichs koordinieren und leiten.[118]

Die Deutsche Volkspartei verweigerte dagegen ihre Unterstützung. Chapeaurouge erklärte zur Begründung, daß das Vorgehen der Mehrheit den Bürgerkrieg heraufbeschwöre. Zwar wolle auch die DVP nicht, daß »die politische Gewalt in Deutschland auf die Dauer auf die Reaktionäre der äußersten Rechten« übergehe, sie sehe aber keinen Anlaß,»schützend aktiv« für die geflohene Reichsregierung einzutreten.[119] Chapeaurouge machte keinerlei Unterschied zwischen ihr und Kapps gewaltsam zur Macht gelangten, ganz unvollständigen Regierung von eigenen Gnaden, kein Wort verlor er darüber, daß die Putschisten und nicht die Verteidiger der Republik den inneren Frieden gebrochen hatten.

Die Deutschnationalen erhielten keine Gelegenheit, sich zu äußern. Der Plan zum militärischen Umsturz war in ihrem Umkreis unter Mitwirkung führender Politiker ihrer Hamburger Landesorganisation entstanden; einer ihrer vier Bürgerschaftsabgeordneten, Alfred Jacobsen, war, wie aus beschlagnahmten Flugblättern hervorging, von Kapp zum Zivilkommissar der Hansestadt ausersehen.

Der Garnisonsälteste, von Wangenheim, der seine Sympathien für Kapp zunächst verborgen und Abgesandten des Senats beteuert hatte, ihm gehe es ausschließlich um die Bewahrung von Ruhe und Ordnung, ließ nun die Maske fallen. Er reagierte auf die Beschlüsse der Bürgerschaft, indem er sie für aufgelöst und den Senat für abgesetzt erklärte. Der Senat erwirkte daraufhin beim Reichspräsidenten die Amtsenthebung Wangenheims und erkannte seine Anordnungen seit dem 13. März nicht mehr an. In der Nacht zum 14. März ließ der Garnisonsälteste das Hamburger Rathaus von Bahrenfelder Zeitfreiwilligen unter dem Befehl von Röhr besetzen. Da aber viele, als sie die verfassungswidrigen Ziele ihrer Offiziere erkannten, den Gehorsam verweigerten, mußte die Einheit nach anderthalb Stunden wieder in die Bahrenfelder Kaserne zurückgezogen und das Rathaus von neuem in den Schutz der Hamburger Sicherheitspolizei gegeben werden. Bei den jungen Freiwilligen, von denen ein Großteil aus den früher führenden Bürgerfamilien stammte, zeigte sich, wie wichtig das Beispiel der parteilosen »alten« Senatoren war als Warnung, sich nicht für den reaktionären Staatsumsturz mißbrauchen zu lassen. Der Senat war bestrebt, Blutvergießen möglichst zu vermeiden. Daß ihm das weitgehend gelang, war der Tatsache zu verdanken, daß sich beide Seiten der hinter ihnen stehenden bewaffneten Kräfte nicht sicher waren. Sie einigten sich deshalb auf einen »Waffenstillstand«, nach dem die Sicherheitspolizei im Hamburger Staat und in Wandsbek, das Militär in Altona und der preußischen Umgebung für Ruhe sorgen sollte. Die Lage der Putschisten verschlechterte sich rasch. Mehrere Hamburger Polizeieinheiten verhafteten ihre abtrünnigen Offiziere und wählten sich verfassungstreue Führer. Der wieder einmal zwischen den Fronten lavierende Chef der Sicherheitswehren, Oberst Meyn, wurde von Hamburger Polizei aus seiner angeblichen Gefangenschaft im Garnisonskommando in Altona »befreit«. Ein von Eutin herangezogenes Reichswehrbataillon unterstellte sich auf einen Appell Lamp'ls hin dem Senat und nahm seine Offiziere fest.

Der Leiter der Einwohnerwehr, Vering, weigerte sich zwar, diese Truppe zum Schutz des Senats aufzubieten, weil er die aus Anhängern aller Parteien von der SPD bis zur DNVP gebildete Formation keiner politischen Zerreißprobe aussetzen wollte; verschiedene Abteilungen traten aber trotzdem aktiv für die verfassungsmäßige Regierung ein. Die fast 37 000 Mann starke Einwohnerwehr Groß-Hamburgs bestand zu dieser Zeit nach einem Bericht der SPD zu mehr als der Hälfte aus Sozialdemokraten, die sich ihr, einer Aufforderung der Parteiführung folgend, nach der Reichsexekution im Juli 1919 in noch stärkerem Maß als früher angeschlossen hatten.[120] Unterstützt wurden diese verfassungstreuen Kräfte durch rund 1200 nach dem Beschluß der Bürgerschaft bewaffnete Reservisten. Anhänger der DVP und der DNVP wurden dagegen jetzt in manchen Einwohnerwehrabteilungen entwaffnet, weil sie nicht eindeutig genug auf dem Boden der Republik standen.

In Altona umstellte die Einwohnerwehr das Rathaus und das ehemalige Generalkommando, um das dort stationierte, noch auf den Befehl des Garnisonsältesten hörende Reichswehrbataillon an Aktionen zu hindern. In Harburg nahm die Einwohnerwehr in Verbindung mit verfassungstreuen Soldaten ein aus dem Baltikum zurückkehrendes, mit den Putschisten sympathisierendes Bataillon gefangen, wobei der Führer und zwanzig seiner Männer nach der Kapitulation von der wütenden Menge umgebracht wurden.[121] Wangenheim hatte damit seine letzten möglichen Reserven verloren. Am Abend des 15. März, anderthalb Tage vor dem Rücktritt des »Reichskanzlers« Kapp, legte er das Kommando über die Garnison nieder und verließ den Bereich Hamburgs in Zivil.

Da die akute Umsturzgefahr für die Hansestadt gebannt war, beschloß eine Betriebsräteversammlung am folgenden Tag die Beendigung des Generalstreiks. Auch die Vertreter der USPD stimmten zu, nachdem die SPD-Führung zugesagt hatte, sich gemeinsam mit ihnen energisch für die Säuberung des Militärs und der Verwaltung von Anhängern der Reaktion einsetzen zu wollen. Die Abgeordneten der USPD im Koordinierungsausschuß der Bürgerschaft, Bergmann und Kalweit, fanden sich sogar zur Mitunterzeichnung eines Aufrufs an die Bevölkerung vom 18. März bereit, die durch den Generalstreik verursachten wirtschaftlichen Schäden durch Anspannung aller Kräfte soweit wie möglich wiedergutzumachen. Sie traten damit in offenen Gegensatz zur Reichszentrale ihrer Partei, die am Vortag die Fortführung des Generalstreiks bis zur Errichtung der sozialistischen Republik gefordert hatte.

Auch in Hamburg verweigerte ein Großteil der Mitgliedschaft den gemäßigten Genossen der Bürgerschaftsfraktion die Gefolgschaft. Der Aufruf des linken Flügels der USPD zur Erneuerung des Generalstreiks fand aber, da SPD und Gewerkschaften sofort eine lebhafte Gegenpropaganda entfalteten, nur wenig Resonanz. Eine vorbereitende Versammlung war lediglich von rund 1000 Arbeitern besucht. Das Bestreben mancher Unabhängiger, die während der Putschtage ausgehändigten Waffen zu behalten bzw. weitere in die Hand zu bekommen, führte wiederholt zu blutigen Zusammenstößen mit der Polizei oder der Einwohnerwehr. Im Vergleich zu anderen Teilen des Reichs, insbesondere zum Ruhrgebiet, wo eine »Rote Armee« den Regierungstruppen heftige Kämpfe lieferte, vollzog sich die Arbeitsaufnahme in Hamburg jedoch weithin reibungslos.

Ansprüche, daß der Staat die zu seiner Verteidigung erlittenen Lohn- und Gehaltsausfälle erstatten solle, konnten wegen der öffentlichen Finanzkalamitäten nicht erfüllt werden. Vom Wirtschaftsrat vermittelte Verhandlungen mit den Arbeitgeberorganisationen über eine Lohnfortzahlung für die Streiktage blieben erfolglos, weil die Verbandsvertreter eine Unterstützung von politisch motivierten Ausständen prinzipiell ablehnten. Dagegen zahlten in der Praxis die meisten Arbeitgeber ihren Arbeitern und Angestellten die entgangenen Bezüge nach.[122] Auch hier zeigte sich, daß die große Mehrheit des Hamburger Bürgertums, auch wenn es konservativ gesonnen war, den Staatsstreich ablehnte, daß es sehr wohl zwischen politischen Streiks und Maßnahmen zur Verteidigung der verfassungsmäßigen Ordnung zu unterscheiden vermochte und daß es bereit war, seinen Beitrag zu leisten, um eine Verschärfung der politischen und sozialen Spannungen in der Bevölkerung zu verhindern.

Beim Kapp-Putsch bewährte sich in Hamburg das Bündnis zwischen demokratisch orientierter Arbeiterschaft, fortschrittlichem Bürgertum und staatstreuen Honoratioren. Obwohl wichtige Probleme noch ungelöst waren, entfaltete die Demokratie eine beachtliche Verteidigungskraft. Teile des Bürgertums waren im Rahmen der Verfassung auch zur Zusammenarbeit mit der USPD bereit. In zentralen Bereichen der Politik war eine Verständigung zwischen ihrem gemäßigten Flügel und der DDP keineswegs ausgeschlossen, ja, bei manchen Aufgaben, zum Beispiel bei der Verwaltungsreform, gab es sogar mehr Berührungspunkte zwischen den Auffassungen dieser beiden politischen Gruppierungen als zwischen den Konzeptionen der sozialdemokratischen Parteien. Die Chancen, die in der Einbeziehung der USPD in die Staatsverantwortung für die soziale Weiterentwicklung der Demokratie lagen, gingen infolge des Sieges der Linken in dieser Partei verloren.

»Säuberung« der Sicherheitskräfte

Nach dem Scheitern des Putsches mußten die zutage getretenen Schwächen im Sicherheitsapparat Hamburgs beseitigt werden. 37 Polizeioffiziere wurden entlassen, 7 versetzt und 15 wegen ihres energischen Handelns gegen die Verschwörer befördert. Zum 10. September 1920 wurde die Sicherheitspolizei als militärisch organisierte Truppe auf Verlangen der interalliierten Kontrollkommission der Siegerstaaten aufgelöst und durch die Ordnungspolizei in Stärke von 8000 Mann ersetzt, die neben dem Schutz der öffentlichen Ruhe, Sicherheit und Ordnung auch alle übrigen Polizeiaufgaben wie Verkehrsregelung, Marktaufsicht usw. wahrzunehmen hatte, nur zum kleineren Teil kaserniert war und durch die Art der Führung, des Auftretens gegenüber dem Publikum und der Bewaffnung ein zivileres Gepräge erhielt.

Ein Garnisonsältester kehrte nicht nach Hamburg-Altona zurück. Da die Aufteilung der Verantwortung zwischen ihm als der militärischen Spitze und dem für die Polizei zuständigen Senator zu einer schweren Gefährdung der inneren Sicherheit des Stadtstaates geführt hatte, bestand der Senat nach dem Abzug der letzten Reichswehreinheiten mit Erfolg darauf, die Garnison und ihren Chef aus dem Bereich Hamburgs zu entfernen. Das Bahrenfelder Zeitfreiwilligenkorps, dessen Liquidation bereits feststand, schrumpfte während der Putschtage auf einen antirepublikanischen Stamm unter Führung des Majors Sieveking zusammen. Dieses nach ihm benannte Freikorps mißachtete die Auflösungsorder und die Ankündigung des Senats, alle widersetzlichen Gymnasiasten und Studenten in den Reihen der Truppe von den Schulen bzw. der Universität zu relegieren. Sie marschierte geschlossen nach Güstrow ab und legte erst dort die Waffen nieder, als sie beim Nachfolger Lettow-Vorbecks im Reichswehrbrigadekommando Schwerin keine Unterstützung mehr fand.

Der Leiter der Hamburger Einwohnerwehr, Vering, wurde durch den der DDP angehörenden Baurat Harms ersetzt. Auch die Einwohnerwehr mußte Anfang November 1920 auf Beschluß der Alliierten liquidiert werden. An ihre Stelle trat ein vom Wirtschaftsrat und von den Kammern geförderter, zu ca. drei Vierteln vom Staat und zu einem Viertel von den Wirtschaftskreisen finanzierter privater Verein »Heimschutz Groß-Hamburg« unter Harms, der vor allem Wachdienste versah. SPD-Mitglieder waren auch in dieser Organisation stark vertreten. Der sozialdemokratische Reichstagsabgeordnete Adolf Biedermann gehörte dem Vorstand, der Parteivorsitzende Max Leuteritz der Verbandsleitung an.[123]

Die sozialdemokratischen Mitglieder der Einwohnerwehr schlossen sich außerdem unmittelbar nach dem Kapp-Putsch zur »Organisation Vietz« zusammen, aus der sich die »Vereinigung Republik« entwickelte.[124] Hier zeigte sich, daß die Hamburger SPD früh die Notwendigkeit erkannte, selbst für den bewaffneten Schutz der Demokratie einzutreten. Die Gegnerschaft gegen den Militarismus sollte nicht dazu führen, daß die mit der Verfügungsgewalt über die Waffen verbundene Macht allein dem Bürgertum zufiel.

5. Linke Gegner der Republik

Krise und Radikalisierung der USPD

Die Beteiligung der USPD an der Abwehr des Kapp-Putsches führte dazu, daß sich die seit langem bestehenden Spannungen in der Hamburger Partei in einer schweren Krise entluden. Die USPD hatte inzwischen große Erfolge erzielt. Im März 1920 zählte sie in der Stadt Hamburg rund 21000, im Oktober desselben Jahres etwa 25000 Mitglieder.[125] Bei den Reichstagswahlen im Juni 1920 errang sie 84518 Stimmen. Rückhalt fand die USPD bei verschiedenen Gewerkschaften, insbesondere beim Metallarbeiterverband (DMV), dessen Ortsverwaltung sie seit 1919 stellte. Aber auch viele Erwerbslose und ein Großteil der Angehörigen der Volkswehr setzten ihre Hoffnungen auf sie.

Als Folge des Mitgliederzuwachses veränderte sich der Charakter der Partei. Zur Gründergeneration der ehemaligen Sozialdemokraten stießen bislang unorganisierte, neu politisierte Genossen und spielten eine immer größere Rolle in ihr. Diese Anhänger der USPD drängten voll Ungeduld auf Aktionen zur Veränderung der wirtschaftlichen, sozialen und politischen Verhältnisse. Sie unterschätzten die Probleme und glaubten, daß es nur genügender Kampfentschlossenheit bedürfe, um zum Ziel zu gelangen. Mit der KPD wollten sie eng zusammenarbeiten,denn genau wie diese sahen sie in der Rätediktatur des Proletariats nach russischem Vorbild die

einzige Alternative zur bürgerlichen Herrschaft. Zur USPD waren sie gestoßen, weil sie die Unterstützung einer sozialistischen Massenpartei suchten, während die KPD noch eine zahlenmäßig unbedeutende, durch Rich-
tungs- und Machtkämpfe zerrissene Gruppe war.

Dagegen waren die Genossen, die aufgrund ihrer Rolle bei der Gründung der USPD zunächst die Führung übernommen hatten, bei aller Opposition gegen die Politik ihrer alten Partei doch Sozial*demokraten*. Die
»Ausschaltung der politischen Demokratie«, so faßte Herz Anfang April
1919 seine Position zusammen, halte er »für das größte Unglück, das dem
Proletariat widerfahren könnte«. Die Forderung: »Alle Macht den Arbei-
terräten!« lehnte er deshalb entschieden ab. Das Rätesystem sollte nach
seiner und der Auffassung seiner Gesinnungsfreunde der Demokratisierung der Wirtschaft und der Verwaltung dienen, aber den Parlamentarismus nicht ersetzen.[126]

Sich an den Methoden der Bolschewisten zu orientieren, kam für diese
Unabhängigen Sozialdemokraten nicht in Frage. Sie verlangten und waren
auch selbst darauf bedacht, den Trennungsstrich nach links ebenso scharf
zu ziehen wie nach rechts; denn nur unter dieser Bedingung sahen sie für
ihre Partei eine Chance, die unzufriedenen Anhänger der SPD für sich zu
gewinnen. So entschieden sie die »reaktionäre« Politik der »Rechtssozia-
listen« verurteilten, die »selbstverständlichen Forderungen« der Arbeiterschaft die Erfüllung immer wieder verweigert und dadurch selbst die
ruhigsten unter ihnen in den Radikalismus getrieben hätten, so negativ
bewerteten sie das »unheilvolle« Wirken des Spartakusbundes, das »die
Reaktion gestärkt und dem Militarismus den gewünschten Vorwand zur
Betätigung gegeben« habe.[127] Das Versagen der SPD bei der Sozialisierung
wog auch in den Augen der »rechten« Unabhängigen sehr schwer, doch
warnten sie die Anhänger zugleich, die Lebenskraft des Kapitalismus zu
unterschätzen und mit einem raschen und leichten Umbau der Wirt-
schafts- und Sozialordnung zu rechnen. Solche Vorsicht waren viele Genossen nicht bereit zu akzeptieren.

Den Willen zur Abgrenzung nach links demonstrierte die Hamburger
USPD-Führung bereits Anfang Dezember 1918, als sie formale Verleger-
rechte benutzte, um die Linksradikalen aus der Redaktion der »Roten
Fahne« zu verdrängen. Die Zeitung firmierte noch als Organ des Arbeiter-
und Soldatenrats, war aber von den Linksradikalen in der Redaktion immer
stärker im Sinne ihrer Parteigrundsätze gestaltet worden. Eine Änderung
dieser Situation war für die USPD besonders wichtig, da sie infolgedessen
als einzige sozialistische Partei wenige Wochen vor den ersten Parlamentswahlen über keine Zeitung verfügte, um für ihre Ideen zu werben. Am
2. Dezember erschien die Rote Fahne erstmals als Organ der USPD, und

wenige Tage später wurde sie in »Hamburger Volkszeitung« umbenannt, um
Verwechslungen mit dem Zentralorgan des Spartakusbundes zu verhindern.
Der Vorstand begründete sein Vorgehen damit, daß die Linksradikalen
durch ihre einseitige Redaktion der Roten Fahne die Mitglieder der USPD
»vergewaltigt« hätten; doch bereitete ihm die Parteibasis, nämlich eine Delegiertenversammlung, schon Mitte des Monats die erste Niederlage, indem
sie sich gegen ein wahltaktisches Bündnis und eine Fortführung der Zusammenarbeit mit der SPD im Rat der Volksbeauftragten aussprach.

Nach dem Mißerfolg der sozialistischen Parteien bei dem Versuch, die
Reichsexekution gegen Bremen zu verhindern, verstärkte sich die Kritik an
den Ansätzen zur Verständigung mit der SPD. Bei einer Mitgliederversammlung am 16. Februar 1919 meldeten sich überwiegend Anhänger der
linken Oppositon zu Wort. Anstelle einer Einigung mit der SPD wünschten sie ein möglichst enges Bündnis mit der KPD, um der in der nahen
Zukunft erwarteten »zweiten Revolution« den Weg zu bahnen. Sie plädierten so vorbehaltlos für diese Verbindung, daß sich selbst der ebenfalls dem
linken Parteiflügel zugerechnete ehemalige Volksbeauftrage, Emil Barth, als
Vertreter der Zentrale zu einer Warnung vor der »Putschtaktik« der Kommunisten gedrängt fühlte.[128] Zu Parteitagsdelegierten wurden neben den
führenden Repräsentanten der »Rechten«, Bergmann und Herz, auch die
»Linken«, Hermann Reich und Ernst Thälmann, gewählt. In ihren Anträ-
gen an den Parteitag setzten sich die Hamburger unter anderem für den
politischen Massenstreik, für den Ausbau des Rätesystems und gegen Bestrebungen zur Wiedervereinigung mit der SPD ein. Dagegen mahnten dort
Bergmann und Herz in ihren Reden – zum Teil gegen heftigen Widerspruch –
zur Mäßigung und zur Distanzierung von der KPD, so daß der Zwiespalt in
der Hamburger Landesorganisation öffentlich zutage trat.[129]

Die grundsätzlichen Konflikte durch undurchführbare Kompromisse zu
verdecken, war Herz nicht länger bereit. Er forderte, die auf die Dauer
doch unvermeidliche Trennung zwischen dem rechten und dem linken Parteiflügel zu vollziehen. Dementsprechend bemühte er sich im April 1919 in
einer Serie programmatischer Artikel in der Hamburger Volkszeitung, die
Genossen von seiner politischen Konzeption zu überzeugen. Ein nachhal-
tiger Erfolg blieb ihm jedoch versagt.

Die Vertreter der Linken gewannen gleichzeitig durch eifrige Versamm-
lungsagitation an Boden. Bei einer Kundgebung der Revolutionären
Obleute feierte Thälmann Anfang April vor mehr als 2000 Zuhörern die
Errichtung der Räterepublik in Ungarn. Nachdem er gezeigt hatte, wie sich
die Arbeiterschaft dort »über die Köpfe der Führer« hinweg geeinigt und
dann binnen kurzer Zeit viele sozialistische Ziele verwirklicht habe, auf deren Realisierung sie in Deutschland noch immer vergeblich warte, kam er zu

dem Schluß: Die Weltrevolution stehe kurz bevor, und nur über die Diktatur könne sich das Proletariat aus seiner schlimmen Lage befreien.[130] Am 11. Mai 1919 wurde Thälmann zum Vorsitzenden der Ortsgruppe Hamburg der USPD gewählt. Zwei Tage später akzeptierten die Vertreter der USPD bei einer Betriebsräteversammlung ein radikales Einigungsprogramm der Revolutionären Obleute, obwohl verschiedene Forderungen, zum Beispiel nach Schaffung des politischen Rätesystems und nach sofortiger entschädigungsloser Enteignung und Sozialisierung des Großkapitals, den Auffassungen ihrer führenden Politiker kraß widersprachen und zur Durchführung die »Diktatur der Minderheit« voraussetzten, die diese ebenfalls verwarfen.

Am 23. Mai lehnte Herz die Wiederwahl in die Preßkommission seiner Partei ab, um gegen die immer stärkere Annäherung an die KPD zu protestieren. Er sei »nicht mehr imstande, die Verantwortung für die Politik der Unabhängigen zu übernehmen«. Zur Begründung faßte Herz noch einmal die wesentlichen Elemente seiner politischen Überzeugung zusammen. Der Versuch, historische Entwicklungen ohne Rücksicht auf ökonomische Gesetzmäßigkeiten mit Gewalt voranzutreiben, müsse in der Niederlage enden. Nur in der Demokratie ließen sich soziale Konflikte so weit entschärfen, daß der Wiederaufbau der Wirtschaft möglich und der Bürgerkrieg vermieden werde. Das »rückhaltlose Bekenntnis zur Demokratie«, in deren Dienst das Rätesystem gestellt werden sollte, ohne sie zu ersetzen, war für Herz eine unbedingte Notwendigkeit. Mit ihm zusammen und aus den gleichen Gründen gab auch der bedeutende Gewerkschaftstheoretiker Siegfried Nestriepke seinen Posten als politischer Chefredakteur der Hamburger Volkszeitung auf, weil er zu der Gewißheit gelangt war, daß die »Mehrheit der Hamburger Mitgliedschaft« seinen politischen Kurs ablehne.[131]

Damit war für die Linken der Weg frei, um auch über die Presse ihren Einfluß auf die Anhänger der USPD weiter zu verstärken. Anfang Dezember 1919 lag dem Parteitag in Leipzig ein Antrag der Hamburger vor, eine Aussprache über einen eventuellen Zusammenschluß »mit der Richtung der Zentrale der KPD« herbeizuführen. In einem weiteren Antrag wurde das Wirken der Zweiten (sozialdemokratischen) Internationale – für die Bergmann in einem eigenen Antrag eintrat – scharf verurteilt und der Beitritt zur Dritten, Kommunistischen Internationale gefordert. Die Parlamente – auch hierin stimmten die Hamburger Unabhängigen mit der KPD überein – sollten den »Vertretern der revolutionären Arbeiterklasse« nur dazu dienen, »die Politik der Bourgeoisie zu verneinen und zu kritisieren«, die Handlungen der »jeweiligen bürgerlichen Regierung« bloßzustellen und »an weithin sichtbarer Stelle ... die Prinzipien des marxistischen Sozialismus zu verkünden«.[132]

Nach seiner Wahl zum Parteivorsitzenden bemühte sich Thälmann zunächst, den Zusammenhalt der Hamburger USPD zu wahren. Ende Januar 1920 veröffentlichte die Bürgerschaftsfraktion – mit seiner und Reichs Unterschrift – eine scharfe Erklärung, mit der sie ihre führenden Mitglieder, speziell Bergmann, gegen die »völlig haltlosen Verdächtigungen« der Volkszeitungs-Redaktion in Schutz nahmen.[133] Auch über ihre Haltung zum Kapp-Putsch: die Beteiligung am Generalstreik, die Verstärkung der verfassungstreuen Teile der Einwohnerwehr und den Eintritt in den Koordinierungsausschuß der Bürgerschaft, war sich die Fraktion zunächst einig; von den Vertrauensmännern der Hamburger Partei wurde ihr Kurs am 14. und 15. März einstimmig gebilligt. Thälmann fehlte allerdings bei der entscheidenden Sondersitzung des Parlaments. Möglicherweise wandte er bereits eine Taktik an, für die er in den Machtkämpfen der KPD berühmt wurde: Er wich durch Abwesenheit wichtigen Entschlüssen aus, um sich später jedem Stimmungswechsel der Mehrheit bzw. jedem Auffassungswandel in der Zentrale oder in Moskau anpassen zu können. 1920 sicherte er sich auf diese Weise die Möglichkeit, beim Parteitag in Halle im Oktober schwere Vorwürfe gegen die »rechtsstehenden führenden Persönlichkeiten« der Hamburger Landesorganisation der USPD zu erheben, weil sie durch die Zusammenarbeit mit der SPD und der DDP die Massen in ihrem Kampf gehemmt und die Bewaffnung des Proletariats hintertrieben hätten.[134] Dabei war er selbst am 16. März in einer erregten Mitgliederversammlung der USPD als einziger Redner im Sinne der Fraktion gegen die Fortführung des Generalstreiks aufgetreten.[135]

Die Mehrzahl der aktiven Mitglieder war entschlossen, den von den Militaristen um Kapp ausgelösten Kampf bis zur Beseitigung der parlamentarischen Demokratie weiterzutreiben. Bei der Mitgliederversammlung am 16. März wurden Redner, die den Eintritt in den Koordinierungsausschuß der Bürgerschaft zu verteidigen versuchten, niedergeschrien. In einer einstimmig angenommenen Resolution forderten die rund 2000 Teilnehmer unter anderem die »sofortige Aufstellung einer roten Armee« und erklärten: »Die U.S.P. ist nicht gewillt, die Waffen für die Regierung, sei es Kapp-Lüttwitz oder Ebert-Noske, zu führen. Sie will nur die Räterepublik gründen.«

Angesichts dieser radikalen Haltung der »Basis« zerbrach die Einigkeit der Bürgerschaftsfraktion. Am 18. März veröffentlichten elf der dreizehn Abgeordneten eine Rechtfertigung ihrer Politik als Flugblatt, weil das Parteiorgan, die Hamburger Volkszeitung, den Abdruck abgelehnt hatte. Darin übten sie zugleich scharfe Kritik an der Illoyalität von Reich und Thälmann, die die Fraktionsbeschlüsse außerhalb des Parlaments durchkreuzt hätten. Der Konflikt endete aber nicht damit, daß die Abtrünnigen wegen des Bruchs der Parteidisziplin verurteilt wurden, sondern die Fraktionsmehrheit sollte nach dem Willen des Parteirats und einer außerordentlichen Mitgliederversammlung ihre Mandate aufgeben. Bei allen Zusammenkünften der Hamburger USPD wurden Bergmann, Kalweit und ihre Gesinnungsfreunde als »Verräter des Proletariats« beschimpft. Nachdem auch eine Intervention der Zentrale zugunsten der Gruppe erfolglos geblieben war, legte sie am 19. April ihre Mandate nieder.[136]

Die Linken hatten damit in der Hamburger USPD endgültig den Sieg davongetragen. Die Kontroversen, die die Gesamtpartei im Sommer 1920 zerrissen, berührten die Landesorganisation nur insofern, als sie ihre politische Linie allgemein durchsetzen wollte. Die vielfältigen Konflikte zwischen den Flügeln der USPD konzentrierten sich in der Frage, ob und unter welchen Bedingungen sie der Dritten Internationale beitreten sollte. Während der Vorstand der USPD zu erreichen versuchte, daß sie gemeinsam mit anderen sozialistischen Parteien Europas als gleichberechtigter Partner aufgenommen würde, bestanden die russischen Spitzenfunktionäre darauf, die Internationale als hierarchisch aufgebaute, zentralistisch geführte Organisation zu erhalten, in der die angeschlossenen Parteien – und zwar nur eine einzige in jedem Land – unselbständige »Sektionen« bilden, strikt an die Beschlüsse des Exekutivkomitees gebunden und selbst gegenüber den Landesverbänden, Parlamentsfraktionen, Parteizeitungen usw. uneingeschränkt weisungsbefugt sein sollten. Für die USPD, in der auf eine demokratische innerparteiliche Willensbildung großer Wert gelegt und den Untergliederungen deshalb viel Freiheit eingeräumt wurde, bedeutete die Erfüllung dieser Forderungen einen schroffen Bruch mit ihren Organisationsprinzipien.

Die Führung der Kommunistischen Internationale ging aber noch weiter und gab der Delegation der USPD beim 2. Weltkongreß im Juli/August 1920 21 Aufnahmebedingungen mit auf den Weg, die auf die Spaltung der Partei und die Vereinigung ihres linken Flügels mit der KPD hinzielten. Die USPD sollte sich »zum revolutionären Sturz der kapitalistischen Gesellschaft« bekennen, neben dem legalen Apparat einen illegalen aufbauen, die Gewerkschaften mit Hilfe oppositioneller Zellen zersetzen, alle Gemäßigten und »Rechten« aus ihren Reihen ausschließen, ständige »Säuberungen« durchführen und die Zentrale zu mindestens zwei Dritteln aus Linken bilden, die schon vor dem Weltkongreß öffentlich für den Anschluß an die Kommunistische Internationale eingetreten waren.

Der Hamburger USPD-Führung bereitete das »Moskauer Diktat« keine Probleme. Schon beim Parteitag im Dezember 1919 hatte sie sich, wie erwähnt, für dieselben Ziele eingesetzt, die auch die russischen Kommunisten verfolgten. Um ihnen zum Durchbruch zu verhelfen, griff die Redaktion der Hamburger Volkszeitung sogar zum Mittel der Fälschung: Während der Verhandlungen mit der Internationale veröffentlichte sie einen bewußt unwahren Funkbericht ihres Korrespondenten aus Moskau, der die Genossen gegen die »rechten« Delegierten der Partei, ihren Vorsitzenden Arthur Crispien und den ehemaligen Volksbeauftragten Wilhelm Dittmann, aufhetzen sollte. Seit Anfang April 1920 hatte der Landesverband der Zentrale bereits die Beiträge gesperrt, um sie auch dadurch unter Druck zu setzen. Erst unmittelbar vor dem entscheidenden Parteitag im Oktober 1920 in Halle fand sich die Hamburger Organisation zur Zahlung bereit, weil sie sonst ihre Mandate verloren und die Position der Linken geschwächt hätte.[137] Bei der vorangegangenen parteiinternen Urabstimmung über den Anschluß an die Internationale hatten die Befürworter in Groß-Hamburg 5392, die Gegner 907 Stimmen erhalten. Allerdings waren nur 6299 der rund 25000 USPD-Mitglieder an den Wahlurnen erschienen.[138]

Die gegnerischen Gruppierungen hatten unter sehr ungleichen Bedingungen für ihre Auffassungen kämpfen müssen. Ein Teil der Gemäßigten hatte die entscheidende Auseinandersetzung nicht mehr abgewartet, sondern war schon im Sommer 1920 zur SPD übergegangen. Außerdem hatten die Anhänger der Moskauer 21 Punkte ihre Herrschaft über den Parteiapparat kompromißlos ausgenutzt und den Gegnern nicht einmal den Inseratenteil der Hamburger Volkszeitung geöffnet. Die »Rechten« mußten deshalb ihre Kandidatenliste und ihre Aufrufe zur Urabstimmung schließlich im sozialdemokratischen Hamburger Echo bekanntmachen, was wiederum Gelegenheit zu heftigen Angriffen gegen sie bot. Trotzdem spiegelte das Abstimmungsergebnis, wie Kalweit eingestand, die Mehrheitsverhältnisse in der Hamburger USPD der Tendenz nach richtig wider.

Der Parteitag in Halle vom 12. bis 17. Oktober 1920 brachte die erwartete und in Hamburg seit langem erstrebte Spaltung der USPD. Die Anhänger der Dritten Internationale, die mit 236 gegen 156 Stimmen eine deutliche Mehrheit erzielten, schlossen sich im Dezember mit der KPD zur Vereinigten Kommunistischen Partei Deutschlands zusammen; allerdings folgte ihnen weniger als die Hälfte der Mitglieder. Diejenigen, die den Anschluß an die Kommunistische Internationale unter den Bedingungen Moskaus ablehnten, bemühten sich, die »alte«, »wahre« USPD fortzuführen. In Hamburg versuchte die Bergmann-Gruppe sofort, durch die Herausgabe einer eigenen Tageszeitung, der »Hamburger Tribüne«, eine der wichtigsten Voraussetzungen für eine erfolgreiche Weiterarbeit der Rest-USPD zu schaffen. Trotzdem konnte sie bei der Linksorientierung der großen Mehrheit der aktiven Genossen nicht verhindern, daß die USPD zur unbedeutenden Splitterpartei absank. Die Hamburger Tribüne vermochte sich neben dem Hamburger Echo und der Hamburger Volkszeitung nicht als dritte Arbeiterzeitung durchzusetzen. Bei den Bürgerschaftswahlen 1921 gewann die USPD nur noch 7686 Stimmen statt 84 518 bei den Reichstagswahlen des Vorjahres. Ihr Wähleranteil sank damit von 15,1 % auf 1,4 %. Bei der Wiedervereinigung mit der SPD im Herbst 1922 zählte sie in Hamburg 1400 Mitglieder, darunter einige, die inzwischen wiederum von der KPD zu ihr übergetreten waren.

Die USPD bemühte sich, ihre sozialistischen *und* demokratischen Ziele, außerdem – mit mehr Nachdruck als früher – ihre pazifistische Einstellung klar herauszuarbeiten. Sie verlangte das entschiedene Bekenntnis zur demokratischen Republik und distanzierte sich scharf von den Umsturzbestrebungen der KPD. Wiederholt fand sie sich 1921 und 1922 mit der SPD zu großen Kundgebungen zusammen, so 1921 am 4. August, dem Jahrestag der Kriegserklärung, zu einer gewaltigen Friedensdemonstration und Ende des Monats zum öffentlichen Protest gegen die Ermordung des ehemaligen Reichsfinanzministers Matthias Erzberger durch rechtsradikale Attentäter, 1922 zur traditionellen Maifeier und am 26. Juni zu einer von vielen Tausenden besuchten Demonstration gegen die Ermordung des Reichsaußenministers Walther Rathenau. Allen diesen Veranstaltungen blieb die KPD fern.

Die gemeinsamen Aktionen von SPD und USPD, um deren Zustandekommen sich auch der Hamburger Allgemeine Deutsche Gewerkschaftsbund intensiv bemühte, trugen zur Wiederannäherung der beiden sozialdemokratischen Parteien bei und halfen dadurch, ihre Wiedervereinigung im September 1922 vorzubereiten. Die SPD, die in Hamburg mit 74000 Mitgliedern mehr als fünfzigmal so groß war wie die USPD, überließ ihr zwei oder drei sichere Plätze auf den Kandidatenlisten für die Bürgerschaft und von 1928 bis zum Juli 1932 auch eines ihrer vier Reichstagsmandate für Paul Bergmann.

Durch die Aufnahme der Unabhängigen wurde der linke Flügel in der SPD gestärkt. Es kam häufiger zu internen Konflikten über die Politik der Partei, insbesondere ihr – wie die Linken meinten – mangelndes Durchsetzungsvermögen gegenüber den bürgerlichen Koalitionspartnern. Manche ehemaligen Hamburger Unabhängigen sympathisierten in den letzten Jahren der Weimarer Republik mit der oppositionellen, pazifistischen Gruppe in der SPD, die sich um die Zeitschrift »Der Klassenkampf« scharte. Herz schrieb in ihr. Die Abspaltung der Sozialistischen Arbeiterpartei Deutschlands (SAP) machten sie aber nicht mit. Sie wußten aufgrund der Erfahrungen mit der USPD seit 1920, daß es für eine sozialistische Partei zwischen SPD und KPD keinen Platz gab.[139]

Die Radikalisierung und der Zerfall der USPD führten zu einer dauernden Schwächung des demokratischen Linkssozialismus, die für die Entwicklung der Weimarer Republik von folgenschwerer Bedeutung war. Politiker wie Herz fanden für wichtige Konzeptionen schon früh in der eigenen Partei kein Interesse mehr, weil die Mehrheit ausschließlich auf Aktionen zum Sturz des Kapitalismus fixiert war. Nach der Verdrängung der demokratisch-sozialistischen Abgeordneten aus der Bürgerschaftsfraktion gingen von ihr keine Anstöße zu Grundsatzdebatten mehr aus, und auch die Herausforderung zu manchen wichtigen Gesetzesbeschlüssen fehlte. Die Parlamentsarbeit der Hamburger USPD, seit Ende 1920 der KPD, hatte von nun an nur noch die Funktion, Material für den außerparlamentarischen Kampf zu liefern; für die Gesetzgebung selbst war sie ohne Bedeutung.

Vor allem legten sich Arbeiter mit dem Wechsel zur KPD auf den Kampf gegen die Republik fest. Andere machten diesen Schritt nicht mit, mochten sich aber auch für die konventionelle, oft zögernde und wenig selbstbewußte Politik der SPD im Bündnis mit bürgerlichen Kräften nicht entscheiden. Sie fühlten sich durch keine der Arbeiterparteien mehr repräsentiert und blieben deshalb sogar den Wahlurnen fern. 18000 Stimmen gingen der SPD, USPD und KPD zusammen 1921 im Vergleich zum Vorjahr in Hamburg verloren. Diese Nichtwähler verharrten in skeptischer Distanz zur neuen parlamentarischen Demokratie. Sie konnten durch Erfolge gewonnen werden, aber auch in Krisenzeiten zu den entschiedenen Gegnern überwechseln. Viele, die die Revolution begrüßt und die Schaffung einer demokratischen und sozialistischen Republik erhofft hatten, wandten sich infolge des Scheitern der USPD ab und versagten dem bestehenden Staat ihre Unterstützung.

Von der KPD zur Kommunistischen Arbeiterpartei

Der Zusammenschluß mit der linken USPD rettete die Hamburger KPD aus einer katastrophalen Lage. Als Folge von Richtungskämpfen und Abspaltungen war sie seit dem Winter 1919/20 zur politischen Sekte abgesunken. Dabei hatte sie dank der Rolle ihrer führenden Genossen in der Revolution und im Arbeiterrat zunächst beachtliche Erfolge erringen können. Mindestens 6000 Mitglieder zählte sie im Sommer 1919 in Hamburg.[140] Viele von ihnen gehörten zu den eingeschworenen Anhängern Laufenbergs, der durch seine große rednerische Begabung und Überzeugungskraft bei Versammlungen immer wieder die Zuhörer mit sich riß. Zur Arbeiterschaft der Großbetriebe, speziell der Werften, bestanden gute Kontakte.

Rückhalt boten der KPD insbesondere die Arbeiterunionen, deren syndikalistisches Programm in den Großbetrieben zeitweise viel Anklang fand. Dabei kam ihr zugute, daß Wolffheim 1911/12 in den USA als Redakteur für eine ähnliche Organisation, die Industrial Workers of the World, gearbeitet hatte, die nun den deutschen Unionen als Vorbild dienten und sie – zumindest in den Hafenstädten – gelegentlich unterstützten. Die Arbeiterunionen waren nach der Revolution in Opposition zu den traditionellen Gewerkschaften entstanden. Sie sahen in ihnen überlebte Gebilde einer vergangenen Epoche, propagierten den betrieblichen anstelle des beruflichen Zusammenschlusses der Arbeiter, wollten die Funktionen der bislang getrennten wirtschaftlichen und politischen Organisationen des Proletariats in sich vereinen, dadurch die Parteien wie die Gewerkschaften überflüssig machen und die Spaltung der Arbeiterbewegung überwinden. In einer Zeit, in der viele Anhänger der sozialistischen Parteien deren Wiedervereinigung wünschten, übte diese Konzeption eine starke Anziehungskraft aus. Im Sommer 1919 verfügte die Allgemeine Arbeiter-Union in Hamburg über rund 12 000 Mitglieder, von denen ca. 80 % auf den Werften arbeiteten. Auf die Sympathie dieser »Unionisten« konnte die Kommunistische Partei im allgemeinen rechnen.

Im Lauf des Jahres 1919 machte sich unter den Mitgliedern der KPD wachsende Unruhe bemerkbar. Die wirtschaftlichen Bedrängnisse, die politischen Enttäuschungen und Niederlagen, in Hamburg besonders die Repressalien seit der Besetzung der Stadt durch Reichswehrtruppen, führten dazu, daß sie immer verbitterter und ungeduldiger auf den Umsturz warteten. Führende kommunistische Politiker im Reich und in Hamburg wie auch in Moskau hatten ihnen – wohl in ehrlicher Überzeugung – für das Frühjahr, dann für den Herbst 1919 die Ausbreitung der Revolution auf Westeuropa und die Errichtung der »Internationalen Sowjet-Republik« vorausgesagt, mußten sich allmählich aber zu vorsichtigeren, mit sehr viel längeren Zeitspannen rechnenden Prognosen durchringen und den Tatendrang ihrer Anhänger immer wieder dämpfen. Viele fühlten sich mehr und mehr von den »Führern« getäuscht.

Auch Laufenberg bekam die Mißstimmung zu spüren. Im Juli 1919 schied er aus dem Vorstand aus, bemühte sich aber zunächst weiterhin, die KPD-Anhänger vor aussichtslosen gewaltsamen Angriffen auf den Staat zu bewahren. Erst im Herbst machte er sich – zusammen mit seinem Freund Wolffheim – zum Wortführer der Radikalen, um sich seinen Einfluß auf die »Basis« zu erhalten. Dadurch geriet er immer stärker in Widerspruch zur Politik der Zentrale der KPD unter Paul Levi, der nach den Rückschlägen des ersten Halbjahres 1919 entschlossen war, die anarchistischen und putschistischen Gruppen aus der Partei zu verdrängen. Beim »Heidelberger«

Parteitag im Oktober 1919 erlitten die Linken eine Niederlage und schieden, da sie vor die Alternative: Zustimmung zum Kurs der Führung oder Ausschluß gestellt wurden, aus der KPD aus.[141] Noch vor der Heimkehr trafen einige der Dissidenten Vorbereitungen für die Gründung einer neuen kommunistischen Partei mit dem Zentrum in Hamburg. Mit einem von Laufenberg entworfenen Manifest wandten sie sich »An das deutsche Proletariat!«, um es über die »von der Zentrale herbeigeführte Spaltung« der KPD zu informieren und alle oppositionellen Parteigliederungen zum Zusammenschluß aufzufordern. Als Kern des Konflikts bezeichneten sie den Versuch der Parteileitung, die »proletarische Demokratie« innerhalb der KPD zu vernichten und sie in eine »straff zentralisierte Führerbewegung« umzuwandeln. Dadurch entstehe die Gefahr, daß nach einer siegreichen proletarischen Revolution nicht die »Diktatur der Klasse«, sondern die Diktatur einer Partei und ihrer Führerschaft errichtet würde.[142] Hier war ein Problem thematisiert, dessen Bedeutung durch die weitere Geschichte des Kommunismus bewiesen wurde.

Etwa die Hälfte der Mitgliedschaft verweigerte der KPD-Führung im Reich die Gefolgschaft; in Hamburg ging ihr fast die gesamte Organisation verloren. Nur noch einige Vorstandsmitglieder und besoldete Funktionäre sowie wenige Anhänger – nach einem Bericht der gut informierten Polizei knapp 100 Genossen – hielten weiterhin zur Zentrale. Sie mußte die »Kommunistische Arbeiterzeitung« der Opposition überlassen und besaß kaum Beziehungen zu den Betrieben, da die Arbeiter-Unionen zu Wolffheim standen. Um den Neuaufbau der Organisation in Angriff zu nehmen, wie die Zentrale forderte, waren ihre wenigen Hamburger Getreuen viel zu schwach. Die meisten ihrer Versammlungen und selbst der Broschürenvertrieb wurden durch Überfälle oppositioneller Genossen verhindert. Mit überwältigender Mehrheit – etwa 270 gegen 30 Stimmen – sprach sich eine Mitgliederversammlung am 24./25. Februar 1920 für eine Trennung von der Zentrale aus. Daraufhin wagte Wolffheim Anfang März die Gründung der »Kommunistischen Partei Hamburgs, Industrial Workers of the World«. Einen Monat später ging sie mit etwa 4000 Mitgliedern in der Kommunistischen Arbeiterpartei (KAPD) auf.[143]

So sehr die Opposition in Hamburg das Feld beherrschte, ihre hochgespannten Erwartungen blieben, wie diese Zahlen zeigen, unerfüllt. Viele Genossen lehnten die erneute Spaltung ab und zogen sich überhaupt von der Kommunistischen Partei, gleich welcher Richtung, zurück. Da die Zuschüsse der Zentrale ausfielen, wurde der ständige Geldmangel katastrophal. Durch Verhaftung Laufenbergs im November 1919 war die rebellierende Hamburger KPD ihres bekanntesten Führers und besten Redners bis Anfang April 1920 beraubt. Einig war sich die Opposition nur im Protest

gegen die »Diktatur« der Zentrale, ansonsten vertrat sie die unterschiedlichsten politischen Ansichten, so daß sie schon bald durch heftige ideolo-
gische Kämpfe zerrissen wurde.

»Nationalbolschewismus«

Noch kurz vor seiner Verhaftung trug Laufenberg entscheidend zu dieser
Verwirrung bei. Um der Opposition nach dem »Heidelberger« Parteitag
eine programmatische Grundlage zu geben, veröffentlichte er zusammen
mit Wolffheim zum Jahrestag der Revolution 1919 eine »Erste kommunistische Adresse an das deutsche Proletariat«. Wie die Formulierung zeigte,
beanspruchten die Autoren, allein die wahre kommunistische Lehre zu
vertreten. Den Ausgangspunkt bildete Laufenbergs oft wiederholte Analyse, daß die »Novembererhebung der Ausdruck der Volksempörung über
den verlorenen Krieg«, aber keine proletarische Revolution gewesen sei,
daß sie zwar von den revolutionären Schichten der Arbeiterschaft unterstützt, jedoch von kampfesmüden Teilen der Armee und des Bürgertums
getragen worden sei. Infolgedessen habe eine Koalition von Sozialdemokraten und bürgerlichen Demokraten die Regierung übernommen mit dem
Ziel, durch Zerschlagung der Räte, Verhinderung der Sozialisierung und
Einberufung der Nationalversammlung die Herrschaft der Kapitalisten-
klasse in neuen Formen zu sichern. Als deren Beauftragte habe die Regierung die Bedingungen der »anglo-amerikanischen Großfinanz« hinsicht-
lich der Staatsform und des Versailler Vertrags akzeptieren müssen. Eine
proletarische politische Führung dagegen hätte sofort ein Bündnis mit
Sowjetrußland geschlossen und, gestützt auf die noch in Frankreich und
Belgien stehenden deutschen Heere, den Forderungen der westlichen Im-
perialisten Widerstand geleistet.

Um sich zu retten, müsse und werde die Arbeiterklasse nach der politischen bald die zweite, sozialistische Revolution wagen. Wenn sie gelinge,
sei ein Krieg auf Leben und Tod mit den kapitalistischen Staaten im Westen unausweichlich, denn sie könnten nicht dulden, daß sich die deutsche
Sowjetrepublik mit der russischen zu einem gewaltigen, wirtschaftlich
und militärisch unbezwingbaren Kontinentalblock zusammenschließe. In
diesem Entscheidungskampf benötige das zur Herrschaft gelangte Proletariat das technische und sonstige spezielle Wissen der Bourgeoisie. Unter
der Voraussetzung, daß diese die »Machtergreifung« der Arbeiterklasse
rückhaltlos anerkenne, sei »die proletarische Diktatur an der Aufrichtung
eines revolutionären Burgfriedens für die Zeit des Krieges nach außen

nicht minder interessiert wie im umgekehrten Verhältnis weiland Wilhelm II«.[143]

Die Konzeption zeugte von einer völligen Fehleinschätzung der Realität. Von Laufenbergs innerparteilichen Gegnern wurde sie bald als »nationalbolschewistisch« gebrandmarkt. Es ist aber nicht zu verkennen, daß in ihr viele Gedanken enthalten und zum Teil weiterentwickelt waren, die er seit langem unwidersprochen vertreten hatte. Die Polemik gegen den Versailler Vertrag entsprach außerdem der generellen Politik der KPD im Frühjahr und Sommer 1919. So hatte sich der Konflikt zwischen der KPD-Zentrale und den führenden Hamburger Genossen auch nicht an deren »Nationalismus« entzündet, sondern an der gegensätzlichen Einstellung zu Parlamenten und Gewerkschaften.

Neu war an der »Adresse« vom 1. November 1919 und den folgenden Veröffentlichungen Laufenbergs und Wolffheims, daß sie die Unausweichlichkeit eines neuen großen Krieges so stark betonten und fast ausschließlich die äußeren Bedrängnisse nannten, um die Notwendigkeit der sozialistischen Revolution zu begründen. Neu war vor allem auch die Sprache, die irritierend und aufreizend auf die Genossen wirken mußte. So löste das Wort »Burgfrieden« zur Bezeichnung der Zusammenarbeit mit bürgerlichen Experten sofort eine Fülle negativer Emotionen aus. Die Angriffe gegen die Unterzeichner des Versailler Vertrags schienen geradezu den deutschnationalen und völkischen Gegnern der Republik abgelauscht zu sein. Da war von den »niederträchtigen Blutsauger- und Ausbeutungsgelüsten der Entente« die Rede, vom »Landesverrat« derer, die einen »entehrenden Waffenstillstandsvertrag« und den »Vernichtungsfrieden von Versailles« akzeptiert hätten, von »der Verlumpung der deutschen Regierungshampelmänner«, »dem Schuld- und Sühnegestammel der unfähigen deutschen Diplomatie der Ebertinischen Republik« und den »papiernen Fetzen« des Vertrags.[144]

Wahrscheinlich hatte ein Beobachter der Polizei recht, der in diesen verbalen Exzessen ein taktisches Manöver sah, um auf Umsturz sinnende bürgerliche Schichten für die sozialistische Revolution zu gewinnen und sich zugleich die Loyalität der ehemaligen Offiziere für den kommenden Krieg zu sichern. In internen Versammlungen der KPD, dann der KAPD, verzichtete Laufenberg völlig auf das nationalistische Wortgetöse.[145] Wenn die Vermutung richtig ist, so spielten Laufenberg und Wolffheim ein gewagtes Spiel, das sie verloren. Sie boten den Gegnern willkommene Angriffspunkte und ließen die Freunde an ihnen irre werden.

In der Kommunistischen Arbeiterpartei hatten sie bald die Mehrheit gegen sich. In Hamburg bewahrten zwar viele Genossen dem Vorkämpfer der Revolution noch einige Zeit ihre Anhänglichkeit, zumal Laufenberg gerade wieder fünf Monate wegen seiner politischen Tätigkeit im Gefängnis gesessen hatte. Aber auch hier mehrten sich die Proteste. Die Ortsgruppe Altona sagte sich mit knapp 1000 Mitgliedern offiziell von der Hamburger »nationalbolschewistischen« Führung los.[146] Anfang August 1920 wurden Laufenberg, Wolffheim und ihre Anhänger aus der Kommunistischen Arbeiterpartei ausgeschlossen. Sie versuchten, zunächst durch die Gründung eines Bundes der Kommunisten weiterzuwirken, riefen dann eine Freie Vereinigung zum Studium des deutschen Kommunismus ins Leben, die vor allem bei einigen Völkischen auf Interesse stieß, konnten aber nennenswerten politischen Einfluß nicht mehr ausüben.

Die KPD setzt sich durch

Die kommunistische Bewegung in Hamburg war im Herbst 1920 vielfältig gespalten, aufs schwerste zerstritten und durch ihre Fehden weithin gelähmt. Alle Richtungen umschlossen nach Schätzungen der Polizei nicht mehr als 4000 Mitglieder. Durch die Vereinigung mit der linken USPD gewann die KPD endgültig die Oberhand. Sie wurde zur Massenpartei, hatte in allen Gewerkschaften Zellen, im Metallarbeiterverband allein rund 6000 Genossen, gewann in der Hamburger Volkszeitung eine etablierte Tageszeitung und besaß plötzlich eine Bürgerschaftsfraktion. Im März 1921 zählte die KPD in Hamburg etwa 30000, in Altona 7600 Mitglieder. Zur KAPD gehörten dagegen in den beiden Orten nur noch 1000 bzw. 800, zur USPD 250 bzw. 20 Genossen.[147]

Beim Neuaufbau der Organisation wurde das Prinzip der hierarchisch-zentralistischen Führung verwirklicht. Die Leitungsgremien wurden so zusammengesetzt, daß die Entscheidungsgewalt des Vorstandes kaum angetastet werden konnte und er alle Funktionäre ständig unter seinem Einfluß hatte. Eine Opposition konnte sich nur durchsetzen, wenn sie in der Mitgliederversammlung eine Mehrheit erreichte, sonst war sie machtlos und den Maßregelungen des Vorstands ausgeliefert. Nach langen Querelen zwischen Alt- und Neukommunisten schnitten erstere bei der Besetzung der Führungspositionen zunächst besser ab. Bei der Wahl der Vorsitzenden dagegen wurde auf Parität geachtet. Der Altkommunist Hugo Urbahns übernahm die Leitung des neugebildeten Bezirks Wasserkante, bestehend aus der »Hauptstadt« Hamburg und den Ortsgruppen im nördlichen Niedersachsen und in Schleswig-Holstein; der ehemalige Unabhängige Ernst Thälmann erhielt die gleiche Funktion in der Ortsgruppe Hamburg. Da er zugleich Vorsitzender des Hamburger Parteirats war, der, um Vertreter der übrigen Ortsgruppen erweitert, bei wichtigen Entscheidungen dem Vorstand des Bezirks übergeordnet war, konnte er auch auf ihn maßgeblichen Einfluß ausüben.

Unter dem Eindruck der neugewonnenen Stärke wuchs der Tatendrang vieler Genossen. Die rivalisierenden Spitzenfunktionäre der vereinten Parteien wetteiferten, ihre revolutionäre Kampfentschlossenheit unter Beweis zu stellen. Nachdem Levi und die ihm nahestehenden Gemäßigten im Februar 1921 aus der Zentrale der KPD ausgeschieden waren, drängten die verbliebenen »Linken« und die Beauftragten der Kommunistischen Internationale, den Aufstand zur Errichtung der Räterepublik zu wagen. Diese Bereitschaft zur Offensive entsprach ganz den Wünschen im Bezirk Wasserkante. Anfang März 1921 wurden Pläne geschmiedet, Mitte des Monats nach einem Sieg bei den Betriebsratswahlen auf den Hamburger Werften loszuschlagen. In der »Volkszeitung« wurde wie in den Berliner kommunistischen Blättern unverhohlen zur Bewaffnung und zur Vorbereitung des Umsturzes aufgefordert.

Der Anstoß kam von Mitteldeutschland. Ausgehend vom Mansfeldschen Kohlerevier, entwickelte sich dort zwischen dem 23. und 31. März eine ausgedehnte Aufruhrbewegung. Kommunistische Kampfgruppen unter Max Hoelz lieferten der Polizei mehrere schwere Gefechte. Die Arbeiter der Leuna-Werke traten in den Streik und hielten die Fabrik besetzt. Leidenschaftliche Aufrufe der KPD, im ganzen Reich zum Generalstreik und bewaffneten Kampf überzugehen, blieben jedoch weithin unbeachtet. Ohne Unterstützung, schlecht vorbereitet, koordiniert und geleitet, brach der Aufstand infolgedessen am 1. April zusammen.

Die einzige Stadt außerhalb des Unruhegebiets, in der es zu größeren kommunistischen Aktionen kam, war Hamburg.[148] Bei den vorangehenden Beratungen war die Parteiführung gespalten. Für den Kampf waren u. a. Thälmann und der Sekretär der Bezirksleitung, der »Altkommunist« Rudolf Lindau, dagegen votierte Hugo Urbahns. Angesichts des Drängens von Kurieren der Zentrale konnten sich die Skeptiker jedoch nicht durchsetzen. Nur der Plan, Polizeiwachen zu überfallen und zu entwaffnen, wurde fallengelassen. Am Morgen des 23. März drangen Erwerbslose unter Führung von Bürgerschaftsabgeordneten der KPD in die großen Werften ein und besetzten sie. Obwohl die Kommunisten in diesen Betrieben ihren stärksten Rückhalt besaßen, erwies sich die Hoffnung, daß sich die Belegschaften solidarisieren würden, als falsch. Die übergroße Mehrheit folgte den Parolen der SPD und der Gewerkschaften.

Trotzdem proklamierte die KPD den Generalstreik und versuchte, eine nicht genehmigte Massenkundgebung auf dem Heiligengeistfeld durchzuführen. Der Aufforderung, die Veranstaltung anzumelden, kam die KPD trotz einer Fristverlängerung nicht nach. Sie wollte Zusammenstöße mit der Polizei provozieren, um das Proletariat zum »Abwehrkampf« zu mobilisieren. Die Rechnung ging aber nur zur Hälfte auf: Es kam zu Auseinandersetzungen zwischen der Polizei und den anrückenden Demonstranten, zu Straßenkämpfen an verschiedenen Stellen der Stadt, und auch die Werften wurden unter Einsatz von Waffengewalt geräumt. Die Solidaritätsbewegung der Arbeiter dagegen blieb aus. Am Abend des 23. März entschloß sich die Hamburger KPD-Führung, den hoffnungslosen Umsturzversuch abzubrechen. Auch Lindau stimmte jetzt dafür, während Thälmann den Kampf fortsetzen wollte.

Die »Märzaktion« kostete in Hamburg 18 Menschen das Leben. Die Werften sperrten ihre Arbeiter für eine Woche aus. Darüber hinaus nutzten sie die Gelegenheit, um den Betriebsräten den Verzicht auf wichtige Mitbestimmungsrechte abzunötigen und einen Teil ihrer Belegschaften, darunter 70 Sozialdemokraten, zu entlassen.

Die KPD selbst erlitt einen schweren Rückschlag. Sie mußte feststellen, daß nicht nur die Masse der Arbeiterschaft, sondern auch mindestens die Hälfte der eigenen Genossen sich solchen Abenteuern verweigerte. Viele Mitglieder traten aus Protest aus der KPD aus. Andere wurden ausgeschlossen, unter ihnen der engste Mitarbeiter Thälmanns in der USPD, Hermann Reich. Er hatte seine Ablehnung des Umsturzversuchs demonstrativ zum Ausdruck gebracht, indem er am Abend des 23. März an einer Bürgerschaftssitzung teilnahm, anstatt sich, wie vorgesehen, als Redner für die Kundgebung auf dem Heiligengeistfeld bereitzuhalten. Reich schloß sich bald der Kommunistischen Arbeitsgemeinschaft des früheren Parteivorsitzenden Paul Levi an und gelangte mit ihr zur USPD und schließlich zur SPD zurück. Der Mitgliederbestand der KPD sank im Jahr nach dem mißglückten Putsch in Hamburg von 30000 auf 11000 und in Altona von 7600 auf 2253 eingeschriebene Genossen. Die Kassenlage war im Frühsommer 1922 so prekär, daß zeitweise die Gehälter der Parteiangestellten nicht bezahlt werden konnten. [149]

Nachdem die meisten Gegner der »Märzaktion« aus der KPD ausgeschieden waren, konnten die Linken im Bezirk Wasserkante noch eindeutiger als bisher den Kurs bestimmen. Führende Genossen, die nicht bedingungslos für den Kampf eingetreten waren, wie Urbahns, wurden »kaltgestellt«. Die Wendung zu einer gemäßigteren Politik, die die Internationale im Sommer 1921 einleitete und auch gegenüber der KPD-Zentrale durchsetzte, stieß in Hamburg auf entschiedene Ablehnung.

Die Weltrevolution, so wurde auf dem 3. Kommunistischen Weltkongreß im Juli festgestellt, sei nicht in einem einzigen gewaltsamen Anlauf zu verwirklichen. Die Kommunisten müßten deshalb voreilige Umsturzversuche vermeiden, zur beharrlichen Zellenarbeit in den Organisationen des Proletariats übergehen und durch ihr Engagement für die Verbesserung seiner alltäglichen Lebensbedingungen die »Einheitsfront« mit der Masse der Arbeiter herstellen. Die »Märzaktion« wurde verurteilt. Auf diesen abrupten Kurswechsel reagierte die Hamburger KPD-Führung mit offener Empörung: Sie warf den Moskauer Genossen »falsches Spiel« vor, weil die Märzkämpfe erst auf ihr Verlangen hin ausgelöst worden seien. Gegen die Einmischung der Internationale in die deutschen Parteiangelegenheiten erhob sie nun Protest, ja, sie wandte sich mit aller Schärfe gegen zwei Briefe Lenins und Sinowjews, des Vorsitzenden der Internationale, durch die diese im August den Parteitag der KPD für ihre neue Politik zu gewinnen suchten. Die beiden hätten »in ganz gemeiner Weise die Haltung des linken Flügels« angegriffen. Um der Wirtschaftskatastrophe Herr zu werden, mache die russische Führung den Bauern und Kosaken Konzessionen und sei auf dem besten Wege, im Zuge ihrer »Neuen Ökonomischen Politik« den Staatskapitalismus wieder einzuführen. Diese Tendenzen dürften aber niemals den Kurs der Internationale und der KPD bestimmen.[150] Beim Parteitag setzte Thälmann durch, daß sich die Delegierten von der Verurteilung der »Märzaktion« durch die Internationale distanzierten.

In Hamburg galt weiterhin die Auffassung, »kommunistische Arbeit« bestehe darin, Streiks auszulösen und zu großen Kämpfen auszuweiten. In Leitsätzen zur »direkten Aktion«, die als Diskussions- und Schulungsmaterial für die Zehnergruppen gedacht waren, erklärte die Hamburger KPD-Führung im September 1921 die Märzniederlage mit »Unentschlossenheit, Sabotage und Verrat«, die an »führender Stelle« geherrscht hätten. Sie müßten »sofort mit unbarmherziger Schonungslosigkeit geahndet werden«, und zwar nicht nur durch Ausschluß aus der Partei, sondern in einer Weise, daß »in Zukunft allen feigen, opportunistischen, menschewistischen und korrupten Elementen die Lust am streberischen Drängen« nach Spitzenpositionen genommen werde. Nicht nur »leichtsinnige Kritik« aus den Reihen der KPD, sondern auch die inkompetente Einmischung »fremder führender Genossen«, nämlich der Internationale, sollten bestraft werden. Zur künftigen Taktik meinte die Hamburger KPD-Spitze, der »Kampf gegen den Putschismus« müsse aufhören; er sei »opportunistisch« und führe zur Diskreditierung der kommunistischen Aufstände, ganz im Sinne der SPD. Die Erwerbslosen sollten als revolutionäre Vorhut organisiert und in den kommenden Kämpfen herangezogen werden. »Jedes Attentat zur Entwaffnung des Proletariats« müsse die KPD zurückschlagen, »wenn es nötig ist, auch durch bewaffnete Gewalt«.[151]

Der »*Hamburger Aufstand*«

An dieser entschiedenen Linksorientierung hielt der Bezirk Wasserkante der KPD bis zum Ende der Weimarer Republik prinzipiell fest. Allerdings vermied er später trotz aller zeitweiligen Unzufriedenheit die offene Konfrontation mit der Internationale. So schien er in manchen Jahren, etwa zwischen 1925 und 1927, mit Rücksicht auf die in Moskau verfolgte »Generallinie« zu einer gemäßigteren »Einheitsfrontpolitik« überzugehen. Doch handelte es sich nur um taktische Variationen, die zudem bei den Mitgliedern oft auf Ablehnung stießen. An der grundsätzlichen Einstellung änderte sich nichts. 1923 bildete der Bezirk Wasserkante zusammen mit zwei anderen mitgliederstarken Bezirken, Ruhr und Berlin-Brandenburg, eine linke Opposition gegen die Zentrale. Als führender Vertreter der Parteilinken trat Thälmann im Mai 1923 in sie ein.

Den schlagendsten Beweis für ihre militante linke Haltung lieferte die Hamburger KPD-Führung beim Oktoberaufstand desselben Jahres.[152] Sie teilte – im Gegensatz zur Mehrheit der Zentrale – die Einschätzung der maßgebenden Moskauer Genossen, daß angesichts des Massenelends und der Massenproteste auf dem Höhepunkt der Inflation die Zeit für eine revolutionäre Erhebung in Deutschland gekommen sei.

Seit dem Herbst 1922 hatte die KPD wieder bedeutende Fortschritte gemacht und auch in den Gewerkschaften und Betrieben ihre Position ausbauen können. Insbesondere bei den Werftarbeitern, die trotz schwerer Arbeitsbedingungen schlecht entlohnt wurden und selbst geringfügige Verbesserungen einem straff organisierten, intransigenten Unternehmertum abringen mußten, fanden die radikalen Forderungen der Kommunisten erneut Anklang.

Der Termin zum Losschlagen schien zudem im Oktober 1923 einmalig günstig zu sein, weil die in der Umgebung Hamburgs stationierten Reichswehrtruppen nach Sachsen verlegt worden waren, die Polizei gerade eine schwere Führungskrise durchgemacht hatte und im Hafen und auf den Werften gestreikt wurde. In den frühen Morgenstunden des 23. Oktober löste die Hamburger KPD daher den Aufstand aus. Ihre Kampfgruppen erstürmten 17 Polizeiwachen in der Stadt und in nahen preußischen Gemeinden, bemächtigten sich der Waffen und verschanzten sich dann meistens hinter eilig errichteten Barrikaden, in und auf den umliegenden Häusern gegen die anrückende Polizei. In den meisten Stadtteilen brach der Widerstand nach wenigen Stunden zusammen. Nur im Zentrum der Erhebung, in Barmbek und im preußischen Schiffbek, wo ein Teil der Bevölkerung die Aufständischen unterstützte, konnten sie sich zwei Tage lang gegen die Übermacht der Polizei behaupten. Aufgeben mußten sie schließlich vor allem deshalb, die letzten am 25. Oktober, weil sich insgesamt die Erwartung, daß sich die Arbeiterschaft ihrem Kampf anschließen und in den Generalstreik treten werde, abermals als Illusion erwies. Es gelang nicht, den Arbeitskampf im Hafen in einen politischen Streik umzuwandeln; sogar die eigenen Genossen konnte die KPD – wie 1921 – nur zum Teil für den Umsturzversuch mobilisieren.

Dagegen traten in der »Vereinigung Republik« organisierte Anhänger der SPD aktiv für den bestehenden Staat ein, indem sie reguläre Polizeiaufgaben übernahmen und so ermöglichten, die staatlichen Sicherheitskräfte bei der Niederschlagung des Aufstands einzusetzen. So groß die Unzufriedenheit über die wirtschaftliche und politische Entwicklung auf dem Höhepunkt der Inflationskrise auch war, wollte die Mehrheit der Bevölkerung von einer gewaltsamen Beseitigung des parlamentarisch-demokratischen Systems nichts wissen.

Weil sich diese Entwicklung abzeichnete, hatte die Zentrale der KPD den bewaffneten Aufstand mehr als dreißig Stunden, bevor er in Hamburg anfing, abgesagt. Warum es dennoch zu der isolierten Aktion kam, ist nicht völlig klar. Das Verhalten der Genossen an der Wasserkante in den vorangegangenen Jahren spricht dafür, daß sie den Beschluß ihrer Berliner Führung ablehnten, daß sie deren vorsichtigeren Realismus für Defätismus hielten und durch ihr Beispiel die Kommunisten und darüber hinaus das Proletariat im gesamten Reich mitzureißen hofften, um der Zentrale den Kampf aufzuzwingen. Schon im Mai 1920 hatten die »Kampforganisationen« der Hamburger Linksparteien einen von der militärischen Konzeption her bemerkenswert ähnlichen Plan entwickelt, in dem sie ebenfalls mit der Signalwirkung einer zunächst auf ihre Stadt begrenzten Erhebung für das Reich rechneten.

Entwicklung und Politik der KPD seit 1924

Ähnlich wie nach der »Märzaktion« verlor die KPD auch nach diesem gescheiterten Aufstand im Reich und in Hamburg etwa 60 % ihrer Anhänger. Wie damals gingen trotzdem die Linken im Bezirk Wasserkante gestärkt aus dem Abenteuer hervor.[153] Ihre Position wurde dadurch weiter gefestigt, daß ihre Richtung diesmal auch im Reich in den innerparteilichen Auseinandersetzungen über das mißlungene Unternehmen den Sieg davontrug. Innerhalb der Linken setzte sich die inzwischen entschieden moskautreue Gruppe um Ernst Thälmann durch. 1925 wurde er Vorsitzender der Gesamtpartei und blieb es, in den letzten Jahren der Weimarer Republik durch den einsetzenden stalinistischen Personenkult immer mehr zum Idol der KPD aufgebaut, bis zu seiner Verhaftung durch die Nationalsozialisten im März 1933.

Die Hamburger Organisation folgte seither getreulich allen Richtungsänderungen und taktischen Schwenks der Zentrale und letztlich der Internationale, die nun endgültig bestimmenden Einfluß auf die KPD gewann. In der Phase zwischen 1924 und 1929 entwickelte sich diese in schweren inneren Kämpfen zu einer hierarchisch-zentralistisch aufgebauten, ideologisch und politisch auf Moskau ausgerichteten Partei, in der für abweichende Meinungen kein Platz war und die Internationale bis in die letzte Betriebs- und Straßenzelle über den Kurs entschied.

Der Preis, den die KPD für ihre »Bolschewisierung« bezahlte, war hoch: Sie verlor – oft durch Ausschluß – viele ihrer fähigsten Funktionäre und Genossen und isolierte sich innerhalb der Arbeiterschaft. Noch 1929 hatte sie in Hamburg nur etwa 5000 Mitglieder. Erst während der dann einsetzenden Weltwirtschaftskrise konnte sie die Zahl der eingeschriebenen Genossen allmählich verdoppeln und damit die Verluste infolge des Oktoberaufstands von 1923 annähernd wettmachen. Bei den Wahlen schnitt die KPD in Hamburg immer gut ab, mit einem Anteil von 14 % bis 18 % der Stimmen war sie auch in den besten Jahren der Weimarer Republik die zweit- oder drittstärkste Partei. Aber es gelang ihr kaum, die Wähler, die durch die Stimmabgabe für sie ihrem Protest gegen die Politik der Regierungen Ausdruck gaben, organisatorisch an sich zu binden. Daß sich neugewonnene Mitglieder oft rasch wieder von ihr trennten, blieb eines der schwerwiegendsten Probleme der KPD und ihrer Nebenorganisationen. Darin lag einer der Gründe für ihre chronische Finanznot, aus der sie trotz wiederholter Sondersammlungen nie herauskam.

Betriebsarbeiter verharrten nach 1923 überwiegend in skeptischer Distanz zur KPD. Infolgedessen konnte sie ihre Positionen in den Gewerkschaften und Betriebsräten nicht halten. Besonders schmerzlich war für die Kommunisten, daß die meisten Arbeiter, die noch den Weg zu ihnen fanden, aus Kleinbetrieben kamen, während die Belegschaften der Großbetriebe, die eigentlich die politische Avantgarde des Proletariats stellen sollten, immer schwächer in ihren Reihen vertreten waren. Selbst bei den Werft- und Hafenarbeitern, die einmal besonders stark mit der KPD sympathisiert hatten, konnten sie nur wenig Einfluß ausüben.

Einen bewaffneten Aufstand wagte die KPD nach 1923 nicht mehr. Bis zum Ende der Weimarer Republik bemühte sie sich vergeblich, erst einmal die Voraussetzungen für den Erfolg zu schaffen: die Mehrheit des Proletariats in den Industriezentren an sich zu binden, die proletarischen Mittelschichten zu gewinnen und Reichswehr und Polizei zu unterwandern. In der Theorie und in ihrer Propaganda hielt die KPD aber unbeirrt daran fest, daß sie den bestehenden Staat schon bald durch eine bewaffnete Erhebung nach dem Vorbild der Oktoberkämpfe von 1923 beseitigen werde. Die Kampfansage klang je nach der gerade herrschenden Taktik lauter oder gedämpfter. 1930 hieß es beispielsweise eindeutig: »Wir Kommunisten organisieren den bewaffneten Aufstand; der Tag von 1923 ist nicht mehr fern.« [154] Durch diese zur Schau gestellte Militanz trug die KPD dazu bei, daß ihre Aktivitäten voll Sorge und nervöser Abwehrbereitschaft beobachtet und oft hart unterdrückt wurden. Die Folge war, daß sich ihre Anhänger noch stärker als ohnehin zu benachteiligten und verfolgten Außenseitern in der Republik gestempelt sahen.

Im übrigen bedeutete Linkspolitik nach 1923 vor allem kompromißlosen Kampf gegen die sozialdemokratischen Massenorganisationen. Die deutschen Kommunisten übernahmen das Verdikt Stalins und Sinowjews, daß Sozialdemokraten und Faschisten »Zwillingsbrüder« seien. In der Agitation wurde daraus das prägnante Kampfwort »Sozialfaschisten« für die Anhänger der SPD. Dem lag die Auffassung zugrunde, daß die parlamentarische Demokratie, ein autoritäres System, z. B. nach der Art der Wilhelminischen Ordnung, eine Militärdiktatur oder ein faschistisches Regime nur abweichende Ausprägungen bürgerlich-kapitalistischer Herrschaft seien, daß sie sich zwar durch die Art und Härte der Unterdrückungsmethoden, nicht aber grundsätzlich voneinander unterschieden. Alle »bürgerlichen« Parteien, einschließlich der SPD, rückten daher in der Perspektive der Kommunisten dicht zusammen. Zwar bekämpften sie die Nationalsozialisten seit deren Aufstieg zur Massenpartei mit aller Entschlossenheit; der »Hauptfeind« war und blieb jedoch die Sozialdemokratie, denn diese sammelte einen großen Teil der Arbeiterschaft hinter sich und verschaffte damit der parlamentarischen Demokratie durch ihre Unterstützung erst die Massenbasis.

Bis 1928 bemühte sich die KPD, wieder Einfluß in den Gewerkschaften zu gewinnen, später, ihnen durch selbständige »Rote« Verbände und oppositionelle Listen bei den Betriebsrätewahlen Konkurrenz zu machen. In der Phase von 1925 bis 1928 konnte es zu Gesprächen mit führenden Vertretern der SPD und der Gewerkschaften über die Verwirklichung der »Einheitsfront« kommen, wenn auch nur in propagandistischer Absicht; später waren solche »Spitzenkontakte« verpönt. Die Methoden wechselten, das Ziel blieb dasselbe: Die Führungen der SPD und der Gewerkschaften sollten als »Arbeiterverräter« entlarvt, die Massen von ihnen getrennt und zur KPD herübergezogen werden.

Die SPD reagierte sehr ähnlich. Auch sie bezichtigte die Kommunisten

des »Arbeiterverrats« und scheute vor Verunglimpfungen nicht zurück.
»Sozialfaschisten« schimpften die einen, »Kommunazis« die anderen. Solche verbalen Attacken verstärkten die Spannungen zwischen den beiden
Arbeiterparteien. Die tiefgreifenden theoretischen und sachlichen Gegensätze, die bereits unmittelbar nach der Revolution zutage getreten waren,
machten eine Zusammenarbeit zwischen ihnen ohnehin unmöglich. Am
schwersten wog dabei die unterschiedliche Einstellung zur parlamentarischen Demokratie. Die kommunistischen Putsche von 1921 und 1923 hatten darüber hinaus gerade in Hamburg eine tiefe Kluft zwischen KPD und
SPD aufgerissen. Der Ansturm der Kommunisten richtete sich gegen einen
Staat, an dessen Aufbau die Sozialdemokratie entscheidend beteiligt war
und den sie als Chance für die Arbeiterschaft begriff. Für seine Sicherheit
trug sie in der Hansestadt besondere Verantwortung, da sie nicht nur Regierungspartei war, sondern auch den Polizeisenator stellte. Die Konflikte
des folgenden Jahrzehnts sorgten dafür, daß die Erinnerung an die Gewalt-
aktionen der KPD lebendig und die Feindschaft zwischen den Arbeiterparteien unvermindert blieb. Selbst angesichts der gemeinsamen Bedrohung
durch die Nationalsozialisten war eine Verständigung daher unmöglich.

6. Rechtsradikale im Kampf gegen die Demokratie

Aggressiver Antisemitismus

Die Gefährdung der demokratischen Republik durch den Rechtsradikalismus zeichnete sich schon in den ersten Jahren ihres Bestehens ab. Hamburg gehörte seit der Wilhelminischen Ära neben Berlin, Sachsen und Hessen zu den Zentren des organisierten Antisemitismus. 1890 hatte sich hier ein »Antisemitischer Wahlverein« gebildet, der im Jahrfünft zwischen 1893 und 1898 immer 8000 bis 9000 Stimmen (ca. 7%) für seinen Reichstagskandidaten gewinnen konnte. Der Verein wirkte energisch auf den Zusammenschluß der beiden wichtigsten antisemitischen Parteien zur Deutschsozialen Reformpartei im Jahr 1894 hin und erreichte, daß sie im Gründungsjahr in Hamburg 3000 Mitglieder zählte. 1897, 1900 und 1901 errangen die Deutschsozialen bei Nachwahlen drei Bürgerschaftsmandate. Das zentrale Parteiorgan, das Deutsche Blatt, später umbenannt in Deutschsoziale, dann Deutschvölkische Blätter, erschien von Anbeginn an in Hamburg in der »Hanseatischen Druck- und Verlagsanstalt«, und 1903 wurde auch die Parteileitung von Berlin hierher verlegt. Zwei Jahre später übernahm der Hamburger Johannes Henningsen das Amt des Generalsekretärs.[155]

Diese Erfolge waren vor allem der Unterstützung des Deutschnationalen Handlungsgehilfen-Verbandes (DHV) zu danken. 1893 ebenfalls in

Hamburg von jungen kaufmännischen Angestellten gegründet, die über
die Innere Mission und evangelische »Jünglingsvereine« den Antisemitismus des Hofpredigers Adolf Stoecker in sich aufgenommen hatten, war
dieser Verband rasch gewachsen und hatte sich schon bald über den gesamten deutschsprachigen Raum verbreitet.[156] Die Kombination von radikalen
sozialpolitischen Forderungen und völkischer Ideologie sprach in einer
Zeit, in der die Zahl der Angestellten stark wuchs, ihre Berufssituation sich
fundamental veränderte und ihre Aufstiegschancen schwanden, viele von
ihnen besonders an. Durch die Betonung der nationalen Gesinnung konnten sie sich vom Proletariat trotz der Angleichung der wirtschaftlichen und
sozialen Lage distanzieren; in den Juden fanden sie den Gegner, mit dessen
Machenschaften alle unbegreiflichen und bedrängenden Entwicklungen zu
erklären waren. Um die Jahrhundertwende hatte der DHV in 423 Ortsgruppen bereits 32000 Mitglieder. Er war nun stark genug, um der Antise-
mitenpartei, die ihm auf den Weg geholfen hatte, durch wesentliche organisatorische Hilfen und großzügige finanzielle Unterstützung das Überleben
zu sichern. Zu ihr und zahlreichen anderen nationalen und völkischen Verbänden bestanden enge personelle Beziehungen.

Einer der aggressivsten unter ihnen war der Reichshammerbund, der,
nachdem in verschiedenen Städten lokale Vorläufer entstanden waren, 1912
als reichsweite Organisation in Hamburg gegründet wurde. Er machte sich
zur Aufgabe, die radikalen rassistischen Anschauungen des Judenhassers
Theodor Fritsch zu verbreiten. Hauptgeschäftsführer wurde der DHV-
Funktionär Walter Otto; zwei Jahre später, 1914, fiel das Amt des Bundeswarts an Alfred Roth, der ebenfalls in der Verwaltung des Hamburger An-
gestelltenverbands tätig war. In der Hansestadt besaß der Reichshammerbund seine größte Ortsgruppe. Mit rund 150 Mitgliedern war sie, absolut
gesehen, zwar unbedeutend, als Keimzelle für die nach dem Krieg entstehenden antisemitischen Massenorganisationen aber doch nicht ungefähr-
lich. Judenfeindliche Ressentiments gaben in Hamburg auch im Alldeutschen Verband schon früh den Ausschlag, so daß die Ortsgruppe, mit 1900
Mitgliedern im Jahr 1904 die zweitgrößte im Reich, bereits einen strikt
völkischen Kurs verfolgte, bevor ihn der spätere Vorsitzende Heinrich
Claß in der Gesamtorganisation durchsetzte. 1903 wurde der Vorsteher des
DHV, Wilhelm Schack, 1913 auch Alfred Roth in die Leitung des Alldeutschen Verbandes berufen.

Neben diesen Organisationen bildete sich im letzten Vierteljahrhundert
vor dem 1. Weltkrieg eine Vielzahl der verschiedensten völkischen Vereine,
Bünde und Zirkel. Wirtschafts-, Berufs- und Standesverbände wurden von
dem aggressiven Nationalismus erfaßt und begannen, Juden als »Volks-
fremde« auszugrenzen. Hamburg war nicht nur eine Hochburg der sozial-

demokratischen Arbeiterbewegung und des Liberalismus, sondern auch des Antisemitismus. Dieser Zusammenhang war kein Zufall, denn der Haß gegen die Juden einte alle, die sich von den mächtig anwachsenden Organisationen des Proletariats auf der einen, von den anonymen kapitalistischen Großunternehmen auf der anderen Seite bedroht fühlten.

Die Verschärfung der sozialen Konflikte und ideologischen Gegensätze während des Krieges und der Revolution führten dazu, daß auch der Antisemitismus weiteren Auftrieb erhielt. Das Feindbild, das seine Vorkämpfer zur Kennzeichnung der inneren Gegner entwickelt hatten, paßte nun ebenso problemlos auf die außenpolitische Konstellation: Das deutsche Volk mußte sich nach dieser Vorstellung in einem Zweifrontenkrieg gegen die »goldene«, kapitalistische und die »rote«, kommunistische Internationale wehren, die beide von Juden beherrscht waren. Für alle Verluste und als nachteilig empfundenen Entwicklungen wurden Juden verantwortlich gemacht: für die Kriegsniederlage und die harten Friedensbedingungen, für die Revolution und die Errichtung der demokratischen Republik, für die Fehler der Regierungen und das Vordringen des »Bolschewismus«, für die Teuerung und alle wirtschaftlichen Nöte.

Teile der früher herrschenden Schichten machten sich diese ressentimentgeladene Stimmung zunutze und förderten sie bewußt, um sich eine Massenbasis zu schaffen, mit deren Hilfe sie sich auch nach der Einführung des allgemeinen, gleichen Wahlrechts und der Parlamentarisierung den gewohnten Einfluß zu sichern hofften. Im Februar 1919 gründete der Alldeutsche Verband zu diesem Zweck den Deutschen Schutz- und Trutzbund, der 13 Monate später zunächst den Reichshammerbund in sich aufnahm und dann im Oktober 1920 mit dem Deutschvölkischen Bund der ehemaligen Parteiantisemiten zum Deutschvölkischen Schutz- und Trutzbund verschmolz.[157] Der Zusammenschluß wurde dadurch erleichtert, daß alle drei Organisationen ihre Zentralen in Hamburg hatten und Alfred Roth neben dem Amt des Bundeswarts im Reichshammerbund auch den Posten des Hauptgeschäftsführers im Schutz- und Trutzbund bekleidete. Dieser Verband überflügelte rasch alle anderen völkischen Organisationen. Im Dezember 1919 verfügte er im Reich über rund 25000, im Februar 1920 über 45000, im Mai über 70000, im Oktober über 100000 und Ende des Jahres 1920 über etwa 110000 Mitglieder. Kurz vor der Auflösung besaß er im Juli 1922 160000 bis 180000 Mitglieder. In der Ortsgruppe Hamburg waren Ende 1921 3579 Mitglieder organisiert.

Der Deutschvölkische Schutz- und Trutzbund entfaltete eine Propagandatätigkeit von bis dahin unbekannter Intensität. Er überschwemmte Deutschland mit antisemitischen Flugblättern und Klebezetteln in Millionenauflage. In zahlreichen Broschüren und Büchern, in zwei Zeitschriften

und einer eigenen Schriftenreihe verbreitete er die traditionellen judenfeindlichen Klischees wie auch aktuelle verleumderische Vorwürfe gegen
die Juden. Durch einen speziellen Nachrichtendienst versorgte er die nahestehende Presse mit entsprechenden Tendenzmeldungen. Häufige öffentliche Versammlungen, große Demonstrationen und Feiern dienten ebenfalls
der antisemitischen Hetze. Der Bund bereitete so den Boden für die Ausweitung und Steigerung des Kampfes gegen die verhaßte Minderheit und
damit zugleich für den rechtsradikalen Angriff gegen den demokratischen
und sozialen Rechtsstaat der Weimarer Republik.

Von besonderer Bedeutung waren die Beziehungen des Deutschvölki-
schen Schutz- und Trutzbundes zur Reichswehr, zur Polizei und zu den
Freikorps. Offiziere des Korps Lettow-Vorbeck ließen nach der Besetzung
Hamburgs Propagandamaterial des Bundes durch Soldaten verteilen und
zogen seine Wortführer mit Vorliebe zu Vorträgen vor der Truppe heran.
Ein Polizeioffizier erschien täglich auf der Geschäftsstelle, um vor
Aktionen gegen die antisemitische Organisation zu warnen. Unter ihrem
Einfluß verhinderten junge Bahrenfelder Zeitfreiwillige im Januar 1920
durch Krawalle einen Rezitationsabend des Schauspielers Alexander
Moissi, weil sie ihn irrtümlich für einen Juden hielten.[158] Auch sonst be-
standen enge Beziehungen zu den Freikorps. Der spätere Gauleiter der
NSDAP in Hamburg, Karl Kaufmann, wurde durch beide Organisationen
entscheidend geprägt.

Terroranschläge der Organisation Consul

Durch diese Verbindung der »nationalen Opposition« mit unzufriedenen
aktiven und ehemaligen Offizieren wurde der Rechtsradikalismus zu einer
Gefahr für den Weimarer Staat. Der Antisemitismus bot ihnen die Möglichkeit, ihre Beschwerden in ein größeres, scheinbar an den Interessen der
Nation orientiertes »theoretisches« Konzept einzuordnen. Je mehr die Demobilmachung fortschritt und viele Kameraden ins Zivilleben zurückkehrten, desto stärker konnten die Freikorpsführer darauf achten, ihre Verbände nur durch Gleichgesinnte zu ergänzen. Die »nationale« Bewegung
erhielt infolgedessen Rückhalt bei militärisch geschulten und kampfberei-
ten jungen Männern, die nicht davor zurückschreckten, auch ihre innenpolitischen Ziele mit Waffengewalt durchzusetzen.

Sie haßten und verachteten die Regierungen der Republik, die sie wiederholt zum Kampf gegen kommunistische Umsturzversuche aufgeboten,
dann aber nach ihrer Meinung nicht mit der nötigen Härte durchgegriffen

hatten, die sich von Ausschreitungen und Geiselmorden des Militärs distanzierten, aber doch zu schwach waren, um solche Exzesse durch unnachsichtige Bestrafung der Schuldigen zu unterbinden. Daß sich die verantwortlichen deutschen Politiker dem Druck der Siegerstaaten beugten und seit 1920 die bewaffneten Einheiten außerhalb der Reichswehr allmählich abbauten, steigerte den Haß der verhinderten Soldaten. Viele von ihnen verloren dadurch die materiellen Existenzgrundlagen und mußten sich auf einem überfüllten Arbeitsmarkt nach einem neuen, weniger angesehenen Beruf umschauen.

Für diese Männer war es eine Chance, als 1921 in Oberschlesien wieder Freikorps in Aktion traten. Nach dem Versailler Vertrag durfte kein Militär in diesem Gebiet stehen, über dessen Zukunft in einer Volksabstimmung entschieden werden sollte. Polnische Freischärler versuchten nun, vollendete Tatsachen zu schaffen und den Anschluß an ihren Staat zu erzwingen. Da die deutsche Regierung mit Rücksicht auf das Friedensabkommen keine regulären Truppen entsenden konnte, duldete und unterstützte sie insgeheim, daß illegale Verbände den Kampf aufnahmen. Jeder öffentlichen Kontrolle entzogen, entwickelten sie sich unter diesen Bedingungen zu verschworenen, antidemokratischen Gemeinschaften, die nur »zuverlässige«, gleichgesinnte und gleich entschlossene Männer rekrutierten und zur Abschirmung ihrer Aktionen auch vor Fememorden nicht zurückscheuten. Nachdem ihnen die illegale Gewalt gegen den äußeren Gegner in weiten Bevölkerungskreisen Zustimmung und Beifall eingetragen hatte, schien es naheliegend, die gleichen Methoden zur »Rettung des Vaterlandes« vor dem »inneren Feind« anzuwenden.

In Oberschlesien traten die militanten Aktivisten der zahlreichen »nationalen« Verbände in enge Beziehung zueinander, so daß sie nach dem Abschluß der Kämpfe überall im Reich ihre Kontaktpersonen hatten. Das Zentrum der rechtsradikalen Bestrebungen entstand in Bayern, wo sie sich unter dem Schutz der Regierung von Kahr ungehindert entfalten konnten. In den entfernteren Orten, auch in Hamburg, saßen aber Sympathisanten, die auf das Signal zum Staatsumsturz warteten. Die spektakulärsten Gewaltakte verübte hier die Organisation Consul, ein Geheimbund von Offizieren der ehemaligen Brigade Ehrhardt, die beim Kapp-Putsch Berlin besetzt hatte.[159] Die Mitglieder der Hamburger Gruppe hatten in Oberschlesien unter dem Führer der Sturmabteilung der Brigade, Manfred von Killinger, gekämpft. Wie die meisten Angehörigen der O.C. – unter diesem Namen erwarb sich die Organisation ihren zweifelhaften Ruhm – waren sie politisch durch den Deutschvölkischen Schutz- und Trutzbund geprägt worden.

Neben den außenpolitischen Entwicklungen trugen die aggressive Pro-

paganda und Taktik der Kommunisten dazu bei, im Lager der Rechten die
Bereitschaft zum gewaltsamen Staatsumsturz zu verstärken. Die von den
Linksradikalen inszenierten »Massenaktionen«, politischen Streiks und
Putsche veranlaßten die »nationalen« Verbände immer wieder, sich um die
Überwindung ihrer Gegensätze und Rivalitäten zu bemühen, um den
Kommunisten einen geschlossenen Machtblock entgegenzustellen. Die
Furcht vor der »bolschewistischen« Revolution führte auch Kreise des
Bürgertums an ihre Seite, denen es vor allem um die Sicherung der öffentlichen Ordnung ging. Unter den Radikalen wuchs die Überzeugung, daß
der Rechtsstaat nicht tauge, um den Ansturm der Linken abzuwehren, daß
man Gewalt gegen Gewalt oder mit Hitlers Worten »Terror gegen Terror«
setzen müsse. Der Führer der Hamburger O.C. befahl Bombenanschläge
gegen kommunistische Einrichtungen mit der Begründung, die »Linksradikalen« sollten erfahren, »daß bei weiteren Provokationen Männer der Tat
vorhanden seien, um dem Terror von links entgegenzutreten«.[160] Die kommunistischen Putschversuche dienten als Vorwand, aber zum Teil auch als
Ansporn, den Staatsstreich von rechts vorzubereiten. In der Organisation
Consul entstand der Plan, die Kommunisten durch die Ermordung führender Politiker zum bewaffneten Aufstand zu reizen, um dann im Gegen-
schlag eine Rechtsdiktatur zu errichten.

Die Wirkungen dieser Konzeption zeigten sich seit 1921. Deutschland
wurde von einer Serie von Terroranschlägen erschüttert, und überall führten die Spuren zur O.C. Der Zeitpunkt war günstig gewählt: Die »Märzaktion« der KPD hatte in weiten Bevölkerungskreisen Unruhe ausgelöst;
durch den Kampf um Oberschlesien und die Auseinandersetzungen um das
Londoner Ultimatum, mit dem die Siegermächte Deutschland untragbar
scheinende Reparationslasten aufgezwungen hatten, waren die nationalen
Leidenschaften aufs äußerste erregt worden. Die politische Rechte, allen
voran der Deutschvölkische Schutz- und Trutzbund, nutzte die Stimmung
zu einer systematischen Verleumdungs- und Hetzkampagne gegen den
Weimarer Staat und seine Repräsentanten. In Hamburg, wo nicht nur
große völkische Organisationen und ihr Zusammenschluß, die Gemeinschaft deutschvölkischer Bünde, ihren Sitz hatten, sondern auch in der
DNVP die Antisemiten dominierten, trat dieses gezielte Bemühen um
Verunglimpfung der Republik besonders stark in Erscheinung. Es wurde
eine Atmosphäre erzeugt, in der, wie der demokratische Bürgerschaftsabgeordnete Curt Platen Anfang Juni 1921 warnte, mit der physischen
Verfolgung Andersdenkender zu rechnen war.[161] Wenige Wochen später
erfüllte sich die Voraussage: Am 26. August 1921 fiel erstmals kein Kom-
munist oder Linkssozialist, sondern ein Exponent des Weimarer Staates,
der frühere Finanzminister und Vertreter Deutschlands bei den Waffen-

stillstandsverhandlungen in Compiégne, Matthias Erzberger, den Mördern aus der Organisation Consul zum Opfer. Weitere Attentate und Morde folgten.

Hamburg wurde im Juni 1922 durch eine Serie von Sprengstoffanschlägen der O.C. gegen das Revolutionsdenkmal auf dem Friedhof in Ohlsdorf, gegen das Verlagsgebäude der Hamburger Volkszeitung, die Wohnung von Ernst Thälmann, die Buchhandlung der KPD und das Haus der Freideutschen Jugend beunruhigt. Die Folge der Bombenattentate wurde schließlich auf höheren Befehl gestoppt, weil sie eine wichtigere Aktion zu gefährden drohten: die Ermordung des Reichsaußenministers Walther Rathenau am 24. Juni 1922. Auch in dieses Verbrechen waren zwei Mitglieder der Hamburger O.C. als Mitwisser verwickelt; ihre Beteiligung war nur gescheitert, weil geeignetere Attentäter zur Verfügung standen. Bei ihren Ermittlungen entdeckte die Polizei, daß der prominente Hamburger Privatbankier Max Warburg zu den nächsten Opfern der Mordorganisation gehören sollte.[162]

Der Anschlag auf Rathenau löste eine Welle der Empörung aus. Zum Zeichen des Protests führten die Gewerkschaften einen 24stündigen Generalstreik durch. Wie schon nach dem Erzberger-Mord sammelten sich überall in Deutschland die Anhänger der Demokratie zu gewaltigen Massenkundgebungen. Zum letzten Mal entschloß sich nach einigem Zögern auch die KPD, gemeinsam mit den beiden anderen Arbeiterparteien, den Gewerkschaften und den demokratischen bürgerlichen Parteien zu demonstrieren. Der Reichspräsident erließ eine »Verordnung zum Schutz der Republik«, die wenig später vom Reichstag mit Zweidrittelmehrheit durch ein entsprechendes Gesetz bestätigt wurde. Es bot die Handhabe zum Verbot der völkischen und militanten »nationalen« Verbände. In Hamburg kam es zu den größten Demonstrationen seit den Tagen der Revolution. Die KPD, die bei den ersten Veranstaltungen noch abseits gestanden hatte, schloß sich am 4. Juli der gemeinsamen Protestaktion der Arbeiterorganisationen an. Die Bürgerschaft trat während der Sommerferien zu einer Sondersitzung zusammen, um das Reichsgesetz durch ein spezielles Gesetz »über die Pflichten der Beamten zum Schutze der Republik« zu bekräftigen und zu ergänzen. 20 rechtsradikale Vereine, darunter der Deutschvölkische Schutz- und Trutzbund und die Organisation Consul, wurden sofort verboten.

Trotz dieser eindrucksvollen Abwehrbereitschaft von Senat, Mehrheitsparteien und Bevölkerung gab es jedoch einige bedenkliche Erscheinungen: Während die Reichstagsfraktion der Deutschen Volkspartei auf Drängen Stresemanns überwiegend dem Republikschutzgesetz zugestimmt hatte, erschien in der Tageszeitung ihrer Hamburger Organisation ein Artikel, in dem gegen die Auflösung der »Verbände der Helden« protestiert wurde.

Es blieb Max Warburg, selbst Mitglied der DVP, vorbehalten, die moralischen Maßstäbe zurechtzurücken. In einem Schreiben an die Redaktion wandte er sich gegen diese Begriffsverwirrung, durch die sich die Partei auf eine Stufe mit den Rechtsradikalen stelle. Was im Krieg bittere Pflicht gewesen sei, den Gegner zu töten, müsse im Frieden »Mord« genannt werden.[163]

Mit einem Versuch, prominente Vertreter der Hamburger Oberschicht zu einem Aufruf gegen den Antisemitismus zu bewegen, hatte Warburg nur geringen Erfolg.[164] Es zeigte sich, daß latente Ressentiments gegen die Juden auch in diesen Kreisen wirksam waren, die sich vom lärmenden Antisemitismus der Völkischen und Deutschnationalen fernhielten. Die Hoffnung vieler Juden, daß als Folge der Revolution nicht nur die letzten politischen Beschränkungen, sondern auch die gesellschaftlichen Vorbehalte fortfallen würden, erfüllte sich nicht.

Deutschvölkische Freiheitspartei und NSDAP

Durch das Verbot wurden die rechtsradikalen Organisationen in den Untergrund gedrängt und in ihrer Agitation behindert, das republikfeindliche Potential blieb aber erhalten. Nur ein Teil der verbotenen Verbände löste sich auf; andere bestanden illegal weiter oder bildeten sich in veränderter Form oder unter gewandeltem Namen neu.

Auf der legalen Ebene sammelte sich in Norddeutschland seit Dezember 1922 eine große Anzahl der Rechtsradikalen in der Deutschvölkischen Freiheitspartei. Sie verdankte ihre Entstehung einer Spaltung der DNVP. Der Rathenau-Mord hatte in dieser Partei zu der längst fälligen prinzipiellen Auseinandersetzung zwischen den verschiedenen Gruppen geführt. Während der völkische Flügel die Bluttat mehr oder weniger deutlich begrüßte, widersetzten sich die konservativen und christlich orientierten führenden Mitglieder jetzt dem Bestreben, die Partei weiterhin einseitig auf den Kampf gegen die Juden festzulegen. Beim Görlitzer Parteitag im Oktober 1922 bereiteten sie den Antisemiten eine Niederlage. Die radikalsten trennten sich daraufhin von der DNVP und gründeten die Deutschvölkische Freiheitspartei, der sich bald viele Angehörige der verbotenen nationalen und völkischen Verbände anschlossen.

Dieser Erfolg wurde dadurch erleichtert, daß die Parteiführung Hitler 1923 zu einem Abkommen über die Aufteilung der Interessensphären bewegen konnte. Danach sollte sich die NSDAP auf die Mitgliederwerbung im Süden Deutschlands konzentrieren, die Freiheitspartei dagegen im

Norden für die Organisation der Völkischen zuständig sein. Hitler versprach, seinen dortigen Anhängern »engste« Zusammenarbeit mit ihr zu empfehlen.[165] Bei diesem scheinbaren Verzicht brachte Hitler allerdings in Wahrheit ein geringes Opfer. Die NSDAP war verboten und hatte in Norddeutschland noch kaum Fuß gefaßt. Sie besaß hier nur wenige Anhänger und vereinzelte kleine Ortsgruppen. In Hamburg zählte die zu Beginn des Jahres 1922 gegründete Ortsgruppe im Mai neun, einen Monat später 13 und Ende Juli schließlich 32 Mitglieder.[166] Sie unterschied sich in nichts von den vielen anderen völkischen Zirkeln: Die Mitglieder entstammten zumeist dem Mittelstand, waren nicht mehr jung und oft in zahlreichen völkischen Organisationen tätig. Geradezu typisch für diese frühen Nationalsozialisten war der erste Ortsgruppenleiter Hamburgs, Josef Klant: Der zur Zeit seiner Ernennung 1922 dreiundfünfzigjährige Inhaber eines kleinen Tabakladens hatte sich schon in der antisemitischen Bewegung der Vorkriegszeit engagiert; er war zugleich Vorsitzender des preußisch-monarchistischen »Bundes der Aufrechten« und gehörte außerdem dem Deutschvölkischen Schutz- und Trutzbund, dem völkischen »Junglehrerbund Baldur« und einem Wehrverband, dem Bund der Niederdeutschen, an. Die NSDAP trat zu dieser Zeit in Hamburg so wenig in Erscheinung, daß sie beim Verbot der republikfeindlichen rechten Verbände Anfang Juli 1922 zunächst übersehen und das Versäumte erst am 25. November des Jahres nachgeholt wurde.[167] Vier Monate später ereilte die Freiheitspartei das gleiche Schicksal.

Putschpläne und Umsturzversuche

Die Rechtsradikalen hatten unter den Folgen des Rathenau-Mordes nicht lange zu leiden. Der Beginn des »Ruhrkampfes« im Januar 1923 gab der »nationalen« Bewegung neuen Auftrieb. Wegen relativ geringfügiger Rückstände bei den Reparationslieferungen hatte die französische Regierung die Besetzung des Ruhrgebiets befohlen, die deutsche daraufhin den passiven Widerstand proklamiert. In Berlin trug seit November 1922 nicht mehr eine Koalition von SPD, DDP und Zentrum die Verantwortung, sondern ein »rein bürgerliches«, angeblich überparteiliches »Kabinett von Fachleuten«, das von DDP, Zentrum und DVP unterstützt, von der DNVP toleriert wurde und deutlich nach rechts tendierte. Der parteilose Reichskanzler Wilhelm Cuno stand dem rechten Flügel der DVP nahe. Als ehemaliger Hapag-Direktor war er Hamburger Wirtschaftskreisen besonders eng verbunden.

Im Hinblick auf den Konflikt mit Frankreich ging nun die Reichswehrführung wieder dazu über, in allen Wehrkreisbezirken ehemalige General-
stabsoffiziere mit dem Aufbau illegaler Truppenverbände zu betrauen. Sie
griffen mit Vorliebe auf die militanten »nationalen« Organisationen zurück, stärkten deren Selbstbewußtsein, schirmten sie gegen die Eingriffe
ziviler Behörden ab und machten es der Polizei dadurch unmöglich, die
Verbote und Auflösungsverfügungen wirklich durchzusetzen. Die Reichswehr übernahm nicht nur die Pflege und Reparatur von Waffen aus den
illegalen Depots der »schwarzen« Einheiten, sondern ergänzte auch die
Bestände, zum Teil durch heimliche Einkäufe im Ausland. Die legalen und
die im Verborgenen wirkenden »nationalen« Verbände fühlten sich immer
mehr als Herren der Lage. Kaum noch verhohlen agitierten sie in ihren
Publikationen und Versammlungen für die Errichtung der »Rechtsdiktatur«. Die konspirative Tätigkeit unter dem Schutz der Reichswehr führte
dazu, daß im Verschworenenkreis bald auch Pläne zur gewaltsamen Beseitigung der Demokratie entwickelt wurden.

Ein solches Komplott wurde im Mai 1923 in Hamburg-Altona entdeckt,
als die Polizei eine Versammlung des Freikorps Roßbach auflöste, das sich
nicht nur durch besondere Radikalität auszeichnete, sondern auch in enger
Beziehung zu Hitler stand. Aus den beschlagnahmten Papieren ging die
beschriebene enge Zusammenarbeit von Reichswehr und »nationalen« Verbänden hervor.[168] Außerdem zeigte sich, daß der ehemalige Leiter der
Einwohnerwehr, H. C. Vering, nach deren Umbildung nach dem Kapp-
Putsch die mit der Rechten sympathisierenden Mitglieder in einer besonderen Organisation, zunächst in einer norddeutschen »Organisation Esche-
rich« und dann im »Bund der Niederdeutschen«, zusammengefaßt hatte,
die beide aufgrund des Republikschutzgesetzes verboten wurden. Er
wirkte darüber hinaus als Verbindungsmann zwischen den zuständigen
Reichswehrstellen, der Führung der »Schwarzen Reichswehr« im Bereich
Hamburg und Schleswig-Holstein, den legalen »vaterländischen« Verbänden und den im Untergrund operierenden verbotenen Bünden, darunter
der Organisation Consul. Seine guten Beziehungen zu Wirtschaftskreisen
ermöglichten ihm, sich speziell um die Finanzierung dieses ganzen Organi-
sationsnetzes verdient zu machen.

Nach den aufgefundenen Unterlagen konnte kein Zweifel bestehen, daß
die Beteiligten den Rechtsputsch vorbereiteten. Sie hatten detaillierte Pläne
für die Besetzung Hamburgs erarbeitet und wie im Sommer 1919 wieder
»schwarze Listen« mit den Namen von sozialdemokratischen Politikern
und Beamten zusammengestellt. Ebenso waren Polizeioffiziere erfaßt, die
in den Augen der Verschwörer »unzuverlässig«, nämlich verfassungstreu,
waren. Der Führer der »Schwarzen Reichswehr« in Hamburg-Altona, Ge-

neralmajor a. D. Helfritz, kennzeichnete in Richtlinien für die ihm unterstellten militärischen Gauleiter die Aufgabe folgendermaßen: Es gelte »Vorbereitungen zu treffen ... für den Krieg nach außen unter Zerschlagung der vaterlandsfeindlichen Widerstände im eigenen Lande«. Als eine der ersten Maßnahmen nach der Ablösung der legitimen Reichsregierung müßten deshalb die »Führer des roten Widerstandes« beseitigt werden.[169] Durch ihre Entdeckung wurden diese Umsturzpläne zunichte. Der in sie verwickelte Verbindungsoffizier der Reichswehr in Hamburg wurde auf Betreiben des Senats abberufen; im übrigen gingen die Verschwörer straffrei aus, da das Reichswehrministerium an der Aufklärung der Vorgänge wenig interessiert war.

Ein knappes halbes Jahr später zeigte sich, daß die Rechtsradikalen trotz des Fehlschlags ihre Absichten auch in Hamburg nicht aufgegeben hatten.[170] Als Adolf Hitler am Abend des 8. Novembers in München seinen Putsch wagte, berichteten die deutschnationalen Hamburger Nachrichten voll Sympathie darüber. Gleichzeitig veröffentlichten sie einen Aufruf der Vereinigten Vaterländischen Verbände Bayerns, in dem »alle deutschen Blutsbrüder« zum bewaffneten Kampf gegen die Reichshauptstadt, zur Beseitigung der Regierung, des Reichstags und der Verfassung aufgefordert wurden. Die Redaktion hatte die Proklamation von der Groß-Hamburger Landesorganisation der Verbände erhalten, deren 2. Vorsitzender, Joseph Hoffmann, zum Zivilkommissar für den Bereich der Hansestadt ausersehen war. Der Text war ihm und anderen Vorstandsmitgliedern bereits seit mehreren Tagen bekannt. Als sie ihn aufgrund erster Meldungen über den Münchener Putsch zur Veröffentlichung weitergaben, machten sie sich der Beihilfe zum Hochverrat schuldig. Sie wußten zu der Zeit noch nicht, daß sich ihre bayerischen Freunde in letzter Minute von der Aktion losgesagt und dadurch wesentlich zu deren Scheitern beigetragen hatten.

Der Senat ließ die Hamburger Nachrichten verbieten und die Mitwisser der Umsturzpläne verhaften, mußte aber die Erfahrung machen, daß der zuständige Untersuchungsrichter, Curt Korn, sie alsbald wieder freiließ und der Wehrkreiskommandeur, auf den wegen des reichsweiten Ausnahmezustands die vollziehende Gewalt übergegangen war, seine Maßnahmen durchkreuzte. Korn gehörte der DNVP an, wechselte 1924 zu den Völkischen und schließlich 1927, nachdem er in den Rechtsanwaltsberuf zurückgekehrt war, zur NSDAP über. Wie nach dem Rathenau-Mord wurde die verfassungstreue Landesregierung von neuem durch eine antirepublikanische Justiz und die Reichswehr bei der Ausübung ihrer Pflichten behindert. Sie mußte befürchten, die Unterstützung der demokratisch eingestellten Arbeiterschaft zu verlieren, wenn sie gegen rechtsradikale Putschversuche nicht mit der gleichen Härte vorgehen konnte wie zwei Wochen zuvor, am 23. Oktober 1923, gegen die kommunistische Erhebung.

Nach dem Münchener Fiasko verzichteten die Rechtsradikalen genau wie die Kommunisten auf weitere gewaltsame Umsturzversuche. Seit dem Kapp-Putsch hatte sich jedesmal gezeigt, daß es für militärische Staatsstreiche nach klassischem Muster in einem hochindustrialisierten Land wie Deutschland keine Chance mehr gab. Infolge der starken Arbeitsteiligkeit der Gesellschaft hatten sich zu viele Machtzentren entwickelt, die nicht mit einem Schlag auszuschalten waren. Es reichte nicht länger, die Spitzen des Staatsapparats zu besetzen; ohne die Unterstützung großer Teile der Bevölkerung liefen die Verschwörer immer Gefahr, durch eine Blockade des Wirtschaftslebens rasch wieder gestürzt zu werden. Hitler zog daraus die Konsequenz, indem er sich von nun an für die »legale« Machteroberung entschied.

Die Völkischen verloren nach der Stabilisierung der Währungs- und Wirtschaftsverhältnisse und nach der Beruhigung der außenpolitischen Lage seit 1924 zunehmend an politischem Einfluß. Trotz aller Zusammenschlüsse und Kartelle untereinander stark zerstritten, durch Führerrivalitäten gehemmt und nur einig im Kampf gegen die »verjudete« Demokratie, konnten sie die Position, die sie in der Anfangszeit der Weimarer Republik errungen hatten, nicht behaupten.

Wichtig war ihr Wirken, weil es der NSDAP den Weg bereitete. Früher teilnahmslose mittelständische Bevölkerungsschichten wurden politisiert und erstmals in rechtsradikalen Massenorganisationen zusammengefaßt. Durch ihre hemmungslose Agitation gewöhnten die Völkischen Teile des Bürgertums an extremistische Kampfmethoden. Oft machten sie die NSDAP im norddeutschen Raum erst bekannt. Schon 1919 verteilte der Deutschvölkische Schutz- und Trutzbund in Hamburg den Münchener Beobachter und anderes nationalsozialistisches Propagandamaterial. Hitler konnte auf dieser Vorarbeit aufbauen und unter den rund 20000 organisierten Völkischen der Hansestadt durch die Betonung der kompromißlosen Tatbereitschaft insbesondere viele junge Anhänger für sich gewinnen. Die ehemaligen Verbündeten hatten dem nichts entgegenzusetzen.

7. Inflation

Phasen der Geldentwertung

Die Auseinandersetzungen mit den radikalen Gegnern der Weimarer Demokratie vollzogen sich vor dem Hintergrund einer immer rascher fortschreitenden, schließlich katastrophal beschleunigten Inflation. Die Geldentwertung hatte schon während des Krieges begonnen, ausgelöst vor
allem durch die von der deutschen Regierung gewählte Art seiner Finanzierung. Die Kosten, die sich auf etwa das Dreifache des deutschen Volkseinkommens in einem der letzten Vorkriegsjahre, nämlich auf ca. 150 Mrd.
Mark, beliefen, waren überwiegend durch Anleihen und kurzfristige
Schatzwechselkredite aufgebracht worden. Die Erträge aus Steuererhöhungen hatten dagegen nur gereicht, um den wachsenden Schuldendienst
zu befriedigen. Die Verschuldung des Reichs war infolgedessen zwischen
1915 und 1918 von knapp 5 auf 105 Milliarden Mark, die der Länder und
Gemeinden in ähnlichem Ausmaß gewachsen. Entsprechend war der Geld-
umlauf insgesamt von 12,3 auf 63,5 Milliarden Mark, der Notenumlauf
allein von 1,8 auf 22,5 Milliarden Mark gesteigert worden, während sich
das Warenangebot immer mehr verringert hatte. Die Folge war, daß die
Mark bei Kriegsende sowohl nach der inneren Kaufkraft als auch im Verhältnis zu den wichtigsten ausländischen Währungen nur noch etwa die
Hälfte ihres früheren Wertes besaß.

Da die demokratische Regierung davor zurückscheute, die Bevölkerung sofort mit aller Härte mit den ökonomischen Konsequenzen der Kriegsniederlage zu konfrontieren, wahrscheinlich auch die Notwendigkeit einer solchen Politik nicht klar genug erkannte, entschloß sie sich weder zur Annullierung der Kriegsanleihen noch zur offiziellen Abwertung der Mark um 50 %. Die öffentlichen Haushalte blieben infolgedessen von vornherein mit untragbaren Schuldverpflichtungen belastet. Hinzu kamen die Kosten für die Unterstützung der entlassenen Soldaten, die Versorgung der Kriegsopfer, dringend benötigte Lebensmittelimporte, andere soziale Aufgaben und nicht zuletzt die Reparationen, die in den Jahren 1919 bis 1922 etwa 10 % des deutschen Volkseinkommens beanspruchten und damit der Höhe nach ungefähr der gesamten Steuerquote der Vorkriegszeit entsprachen.[171]

Reichsfinanzminister Matthias Erzberger sicherte dem Reich zwar durch die mit seinem Namen verbundene, grundlegende Neuordnung des Finanzwesens und durch den Aufbau einer modernen Steuerverwaltung erhebliche Mehreinnahmen; dies reichte jedoch nicht, um die Fortsetzung der Defizitwirtschaft in allen öffentlichen Bereichen und die Beschaffung der fehlenden Mittel mit Hilfe der Notenpresse zu verhindern. Die daher andauernde Geldentwertung führte dazu, daß viele ihre verfügbaren Markbeträge in Sachwerte oder Devisen umzuwandeln versuchten, zum Teil auch im Hinblick auf die absehbare Entwertung der Schulden für spekulative Aktien- oder Devisengeschäfte Kredite aufnahmen. Die private Kreditnachfrage wuchs deshalb ebenfalls stark an, wodurch die Inflation weiter angeheizt wurde.

Die Inflation entwickelte sich nicht gleichmäßig, sondern in mehreren deutlich unterscheidbaren Phasen: In der ersten Periode der Geldentwertung bis zum Februar 1920 sank die Mark im Verhältnis zum Dollar auf 4 % ihres Vorkriegswertes. Es folgte eine anderthalbjährige Phase relativer Stabilität bis zum September 1921, in der die Mark trotz der Fortsetzung der staatlichen Defizit- und Geldschöpfungspolitik in Deutschland diesen niedrigen Wert behielt, gestützt vor allem durch das internationale Vertrauen in ihre Erholung. Seit Oktober 1921 setzte der Verfall der Mark von neuem ein: Während der nächsten vier Monate hatte sie noch etwa 2 %, weitere vier Monate rund 1 % ihres früheren Wertes, dann sank er mit dem Beginn der Hyperinflation im Juli 1922 ins Bodenlose. Ausländer weigerten sich seit diesem Zeitpunkt, weiterhin Mark zur Zahlung anzunehmen und auf Mark lautende Kredite zu gewähren. Zum Ausgleich weitete die Reichsbank ihre Kreditvergabe stark aus, indem sie nun nicht nur staatlichen Stellen, sondern auch privaten Kunden durch großzügige Diskontierung von Handelswechseln billige Refinanzierungsmöglichkeiten eröffnete. Sie trug dadurch zu der dramatischen Beschleunigung der Geldentwertung bei.

Den Todesstoß versetzte schließlich die Reichsregierung unter Wilhelm Cuno der kaum noch zu rettenden deutschen Währung: Um den passiven Widerstand gegen den Einmarsch französischer und belgischer Truppen ins Ruhrgebiet im Januar 1923 zu finanzieren, die entlassenen Beamten, lahmgelegten Wirtschaftsunternehmen und brotlos gewordenen Arbeiter und Angestellten zu unterstützen, ließ sie die Banknotenpressen hemmungslos auf Hochtouren laufen. Im Januar 1923 wurde schon nur noch in Tausenden, seit August in Millionen und seit Oktober in Milliarden Mark gerechnet. Tausend Papiermark waren im Januar noch 23, im Juni vier Goldpfennige wert; eine Million Papiermark entsprach im August 91 und im Oktober 1,7 Goldpfennigen; eine Milliarde Papiermark wurde im November 19 Goldpfennigen gleichgestellt.[172] Ein Liter Vollmilch kostete in Hamburg im Mai 1922 9,10 Mark, im Oktober des Jahres 44 Mark, im Januar 1923 456 Mark und Mitte Juli des Jahres 5600 Mark. In den letzten Monaten der Inflation verlor das Geld täglich, schließlich fast stündlich an Wert.

Ins Bewußtsein der Zeitgenossen grub sich vor allem die Erinnerung an die Schrecken der Hyperinflation tief ein und hinderte sie für viele Jahre an einer ruhigen, rationalen Beurteilung währungspolitischer Entscheidungen. Bis zum Beginn der hypertrophen Geldentwertung hatte die Inflation aber nicht nur negative Folgen. Durch die starke Ermäßigung aller inländischen Kosten, der Löhne, Gehälter, Steuern, Abgaben, Mieten, Zinsen und sonstigen Kreditbelastungen, wurden Investitionen sehr erleichtert, und da Geldkapital rasch entwertete, war auch die Investitionsneigung groß. Die Wettbewerbsposition der deutschen Wirtschaft gegenüber dem Ausland war weit günstiger als vor dem Krieg. Umfangreiche Summen ausländischen Geldes flossen zudem nach Deutschland, weil bis Mitte 1922 viele mit der Stabilisierung und Besserung der Mark rechneten. Auf 7 bis 8 Milliarden Goldmark beliefen sich die Verluste ausländischer Gläubiger in der deutschen Inflation. Ungewollt leisteten sie damit der deutschen Wirtschaft eine Wiederaufbauhilfe in einem Umfang, der die Größenordnung des Marshallplanes nach dem 2. Weltkrieg übertraf.[173]

Alle diese Vorteile ermöglichten ein bedeutendes Wirtschaftswachstum. Die Umstellung der Produktion von Kriegs- auf Friedensanforderungen und die Wiedereingliederung der demobilisierten Soldaten in den Wirtschaftsprozeß wurden dadurch erheblich erleichtert. Es gelang, die Arbeitslosigkeit seit 1920 rasch zu vermindern; 1922 herrschten Vollbeschäftigung und in vielen Bereichen ein Mangel an Fachkräften. Mit der

Beseitigung der Erwerbslosigkeit wurde einer der wichtigsten gesellschaftlichen Konflikte der Nachkriegszeit entschärft. Soziale Reformen waren
angesichts der günstigen Wirtschaftsentwicklung leichter durchzusetzen.
Allerdings wurde durch die inflationären Umverteilungsprozesse auch der
Grund für neue soziale Spannungen gelegt. Der Investitionsboom führte
außerdem nicht nur zu sinnvollen Erweiterungen und Modernisierungen
der Produktionsanlagen, sondern auch zu unwirtschaftlichen Verzerrun-
gen der Betriebsstrukturen. Die notwendige Anpassung an veränderte
Absatzbedingungen wurde in vielen Fällen verzögert; es kam zur Bildung
unrentabler Riesenkonzerne, zu willkürlichen Zusammenschlüssen der
verschiedenartigsten Unternehmen, zur Aufblähung der betrieblichen Ver-
waltungsapparate. Aber erst in der Hyperinflation überwogen eindeutig
die negativen Wirkungen.

Auswirkungen auf die Hamburger Wirtschaft

Bei der engen Verbindung der Hamburger Wirtschaft mit dem Ausland war
der Verfall der deutschen Währung für sie von besonderer Tragweite.
Nachdem sie durch die Abschnürung von den überseeischen Märkten und
durch die weltwirtschaftlichen Strukturveränderungen infolge des Krieges
schwer getroffen worden war, erleichterte die Inflation in vieler Hinsicht
den Wiederaufbau. Dies galt vor allem für den Ausfuhrhandel. Die niedrigen Herstellungskosten deutscher Waren ermöglichten dem Exporteur,
weit geringere Preise als die internationale Konkurrenz zu fordern. Gegenüber diesem Vorteil erwiesen sich die antideutschen Ressentiments, die
nach dem Krieg in vielen Ländern herrschten, und auch die hohen Schutzzölle, mit denen sie sich abzuschirmen versuchten, als wirkungslos. Für die
deutsche Wirtschaft insgesamt war das ungewollte Währungsdumping
letztlich verhängnisvoll, da es zum Ausverkauf der Produktion zu Schleu-
derpreisen führte, dem Ausfuhrhändler aber bot es die Chance, abgerissene
Geschäftsverbindungen wieder anzuknüpfen, neue Märkte zu erobern und
auch die organisatorische Basis seines Unternehmens im Ausland relativ
rasch wiederherzustellen.[174]
 Komplizierter war die Lage für den Importhandel. Das Geldwertgefälle
zwischen dem Aus- und Inland verhinderte, daß die Einfuhren so gesteigert wurden, wie es bei dem Warenhunger nach der fünfjährigen Blockade
Deutschlands bis zum Sommer 1919 eigentlich zu erwarten war. Wenn es
nicht gelang, die Verkaufserlöse sofort in wertbeständige Devisen umzuwandeln, drohten erhebliche Verluste. Nur bei richtiger Voraussschätzung

der Markentwertung war es möglich, Valutakredite der Lieferanten abzudecken und neue Einkäufe zu tätigen. Die Inflation brachte dem Importhandel ein hohes Risiko; die generellen Probleme – die Erschwerung
der Kalkulation, die Komplizierung des Zahlungsverkehrs, die Verwilde-
rung der Kreditsitten – wogen deshalb besonders schwer. Trotzdem gelang
es gut organisierten Branchen und Firmen, indem sie sich frühzeitig auf
Goldmarkrechnung umstellten, das Geschäftsvolumen selbst in den Infla-
tionsjahren zu steigern. Die Entwicklung verlief ganz unterschiedlich. Sie
hing gerade in diesem Wirtschaftsbereich sehr stark vom Geschick und von
der Anpassungsfähigkeit des Kaufmanns ab.

Ähnliches traf für das Bank- und das Versicherungsgewerbe, speziell die
in Hamburg stark vertretene Sachversicherung, zu. Für die Schiffahrt war
die rasche Wiederbelebung des deutschen Überseehandels wichtiger als alle
Erschwerungen infolge der Inflation. Die 1921 vereinbarte geldliche Ab-
findung für die Auslieferung der Flotte an die Siegerstaaten reichte infolge
der Entwertung nur, um einen geringen Teil der früheren Tonnage durch
Neubauten zu ersetzen.[175] Die Reeder behalfen sich, indem sie fremde
Schiffe charterten, ältere aufkauften oder mit amerikanischen Gesellschaften Kooperationsverträge abschlossen. Da sie für ihre Dienstleistungen
überwiegend Devisen erhielten, die Personal- und Kreditkosten, Steuern
und Abgaben, Kai- und Hafengebühren und selbst die Pachten für ihre im
Freihafen auf Staatsgrund errichteten Anlagen aber in Mark bezahlen
konnten, erzielten sie bedeutende Gewinne. Zumindest den großen Linienreedereien gelang es auf diese Weise, in der Inflation den Grund für ihre
Geschäftserfolge in der Zeit nach der Währungsstabilisierung zu legen.
1924 war die in Hamburg beheimatete Seeschiffsflotte zu einem Drittel,
1928 zu zwei Dritteln wiederaufgebaut; wird nicht nur der Raumgehalt der
Schiffe, sondern auch der technische Fortschritt seit 1913 berücksichtigt,
so war ihre Leistungsfähigkeit mindestens ebenso groß wie damals.[176]

Mit speziellen Problemen hatten die hamburgischen Fischer zu kämpfen. Da ihre Arbeit der Ernährung der Bevölkerung diente, wurden sie
gesetzlich verpflichtet, die Fänge nur auf heimischen Märkten gegen Mark
zu veräußern. Wegen der völlig unzureichenden Versorgung Hamburgs
mit deutscher Kohle waren sie aber gezwungen, das Brennmaterial zum
Betrieb ihrer Dampfer gegen Devisen aus England zu beziehen. Im Januar
und Februar 1922 lag deshalb die gesamte Fischereiflotte Hamburgs still.
Erst als den mit englischer Kohle arbeitenden Fischern die Beteiligung an
Auktionen im Ausland gestattet wurde, konnten auch sie beträchtliche Gewinne erzielen.[177]

Die günstige Entwicklung des Außenhandels und der Schiffahrt half, die
Umstellungsschwierigkeiten zu vermindern, die Hamburgs wichtigster

Industriezweig, die Werftindustrie, nach dem Krieg zu bewältigen hatte. Bedeutende Überkapazitäten mußten beseitigt, die Belegschaften um wenigstens ein Drittel reduziert werden, um wieder friedensmäßige Größenordnungen zu erreichen. Die Nachfrage nach Schiffsneubauten war weltweit gering, weil während des Krieges ein erhebliches Überangebot an Schiffsraum entstanden war. Die wenigen internationalen Aufträge waren infolgedessen hart umkämpft. Da die deutschen Werften wegen des Währungsverfalls keine so günstigen Kreditkonditionen gewähren konnten wie ihre Konkurrenten, hatten sie in diesem Wettbewerb nur schlechte Chancen. Der Vorteil der billigen Arbeitskraft und der sonstigen geringen Inlandskosten wurde zum Teil dadurch aufgehoben, daß die wichtigsten Rohstoffe, Eisen und Kohle, im Ausland bezogen werden mußten.

Von um so größerer Bedeutung war es, daß sich mit der Zunahme des Außenhandels und des Schiffsverkehrs das Reparatur- und Wartungsgeschäft belebte und in erheblichem Umfang Devisen erbrachte. Ebenso wichtig waren im Hinblick auf die Beschäftigung die Neu- und Umbauaufträge der deutschen Schiffahrtsunternehmen, die ihre alte Position zurückzugewinnen versuchten. Allerdings schmolzen die einkalkulierten Gewinne bei auf Mark lautenden Verträgen bei der langen Bauzeit für Schiffe bis zur Ablieferung oft auf ein Nichts zusammen. Die Lage der Werften blieb in der Weimarer Republik prekär. Noch 1928 hatten sie fast keine Abschreibungen auf die seit Kriegsbeginn erworbenen Produktionsmittel vorgenommen, so daß sie die Überkapazitäten nicht genügend abbauen konnten.[178] Diese Probleme bildeten den Hintergrund für die harte Konfrontation von Arbeitgebern und Arbeitnehmern auf den Werften. Durch die Inflation wurde der Konflikt aber zeitweise entschärft, so daß es erst 1923 wieder zu schweren Kämpfen kam.

Auch in den übrigen Hamburger Industrien führte die Inflation zu den unterschiedlichsten Kombinationen von Vor- und Nachteilen. In Branchen, die hauptsächlich für den Export produzierten, überwogen bis Ende 1922 die positiven Wirkungen. Zu einem immer gravierenderen Handicap entwickelte sich die Geldentwertung dagegen für Betriebe, die ausländische Rohstoffe oder Halbfabrikate für den inländischen Markt verarbeiteten, da die Kaufkraft der potentiellen Interessenten zunehmend schrumpfte.

Generell wurde der Wiederaufbau der Wirtschaft in Hamburg durch die Inflation wahrscheinlich stärker gefördert als im gesamten deutschen Reich, weil sich das Gefälle zwischen in- und ausländischer Währung hier deutlicher und unmittelbarer auswirkte. Noch im Oktober 1923, als die zerstörerischen Folgen der Hyperinflation längst sichtbar geworden waren, rechtfertigte deshalb Senator Carl Petersen die Geldentwertung trotz der mit ihr verbundenen Härten für die Arbeitnehmer- und sonstigen benachteiligten Bevölkerungsschichten. Für ihn gab es keinen Zweifel an der »Notwendigkeit der Inflation für die Erhaltung der Wirtschaft nach dem Kriege«.[179]

Die Lage der Bevölkerungsgruppen

Die Arbeitnehmer zogen vor allem aus der guten Beschäftigungslage Nutzen. Dadurch gelang es, nicht nur die rückkehrenden Soldaten relativ schnell wieder in den Wirtschaftsprozeß einzugliedern, sondern auch den vielen Menschen, die in und nach dem Krieg neu ins Erwerbsleben eingetreten waren, die Arbeitsplätze zu erhalten. Seit September 1919 nahm die Zahl der Arbeitslosen in der Stadt Hamburg rasch ab, wie die folgende Tabelle veranschaulicht:[180]

Höchstziffern der Erwerbslosen (auf Tausend auf- oder abgerundet)

	1919	1920	1921	1922	1923	1924	1925
Januar	75 000	39 000	30 000	13 000	22 000	52 000	26 000
Februar	70 000	39 000	31 000	16 000	24 000	41 000	26 000
März	70 000	33 000	31 000	12 000	28 000	33 000	25 000
April	69 000	32 000	33 000	10 000	29 000	22 000	22 000
Mai	72 000	33 000	30 000	10 000	28 000	18 000	22 000
Juni	68 000	38 000	27 000	8 000	22 000	20 000	22 000
Juli	72 000	38 000	24 000	11 000	21 000	26 000	23 000
August	74 000	38 000	21 000	12 000	31 000	27 000	24 000
September	62 000	38 000	16 000	12 000	41 000	27 000	26 000
Oktober	55 000	35 000	14 000	17 000	48 000	25 000	31 000
November	51 000	30 000	13 000	18 000	56 000	24 000	35 000
Dezember	44 000	28 000	11 000	19 000	57 000	24 000	43 000

Die Zahl der gemeldeten Arbeitslosen, einschließlich der nicht unterstützten, schwankte 1919 recht stark, weil zeitweilige Betriebsschließungen das Bild beeinflußten. Bis zum Sommer 1919 waren 70 000 bis 75 000 Menschen in Hamburg ohne Arbeit. Die Zahl ging seit September 1919 rasch zurück und erreichte im Juni 1922, als nur noch 8000 Erwerbslose gemeldet waren, den niedrigsten Stand während der Weimarer Republik. Sie stieg dann langsam wieder an und schnellte seit August 1923 rapide in die Höhe, so daß zeitweise fast das Niveau von 1919 erreicht wurde.

1921 und 1922 konnten die Hamburger Arbeitsvermittlungsstellen die benötigten Facharbeiter oft nicht nachweisen.[181] Durch Anzeigen in auswärtigen Zeitungen versuchten die Arbeitgeber, ihren Personalbedarf zu decken. Viele Arbeiter strömten in diesen Jahren nach Hamburg, wodurch zwar dem Arbeitskräftemangel abgeholfen, aber auch die Wohnungsnot dramatisch verschärft wurde. Die Zahl der abhängig Beschäftigten war 1922 um die Hälfte größer als 1914, und sogar 1923 nahm sie um weitere 11 000 Personen zu. Diese gewaltige Ausweitung der Beschäftigungsmöglichkeiten war nur zum geringsten Teil das Ergebnis unwirtschaftlicher Mehrarbeit als Folge der Inflation, denn auch nach der Währungsstabilisierung gab es lediglich 1924 einen unbedeutenden Rückschlag, bevor sich der Trend fortsetzte. Daß im wesentlichen binnen drei Jahren, nämlich von 1919 bis 1921, die hamburgische Wirtschaft in einem Maß in Gang gebracht wurde, daß 150000 neue Arbeitsplätze entstanden, stellt eine nicht zu unterschätzende Leistung dar.[182]

Dank der guten Arbeitsmarktlage befanden sich die Arbeitnehmer bei Lohnverhandlungen in einer starken Position. Obwohl es 1921 und 1922 in Hamburg weniger Streiks und Aussperrungen gab als in anderen Regionen Deutschlands, konnten die Gewerkschaften überdurchschnittlich hohe Löhne durchsetzen.[183] Allerdings blieb das reale Einkommen durchweg unter dem Niveau der Vorkriegszeit. Da die Lohnsteigerungen der Geldentwertung nicht kontinuierlich, sondern in Sprüngen folgten, wechselten relativ gute mit schlechten Phasen. Je nach der Zusammensetzung des individuellen Bedarfs sank der Lebensstandard mehr oder weniger stark, da sich die Kosten ganz unterschiedlich entwickelten, die Ausgaben für die Ernährung beispielsweise überproportional wuchsen, die staatlich geregelten Mieten dagegen auf wenige Prozent der Friedensmiete fielen.

Am besten schnitten die früher gering bezahlten Arbeitergruppen bei den Lohnregelungen der Nachkriegszeit ab, am schlechtesten die Facharbeitergruppen, die an der Spitze der Lohnpyramide gestanden hatten. Es kam zu einer Angleichung der Einkommensverhältnisse innerhalb der Arbeiterschaft. Völlig unzureichend waren die realen Einkünfte insbesondere 1920, als die Stundenlöhne im Schnitt nur einen Wert von etwa 50 bis 70 % der früheren erreichten und infolge der Herabsetzung der Arbeitszeit auf acht Stunden am Tag ein weiteres Einkommensdrittel verlorenging. »Die Lebenshaltung der meisten Kopf- und Handarbeiter Groß-Hamburgs« bewegte sich nach der Feststellung der Gewerkschaften in diesem Jahr »unter dem Existenzminimum«.[184] 1921 konnten aber die Löhne bedeutend gesteigert werden, so daß ihr Wert jetzt 80 bis 90 % des früheren ausmachte und bei den erfolgreichsten Gruppen sogar das Vorkriegsniveau bei weitem übertraf, bei den Tiefbauarbeitern um 46 %.

1922 fielen die Reallöhne infolge des starken Preisauftriebs erheblich zurück, besserten sich jedoch 1923 von neuem. Trotz der Schwierigkeiten, die

die unruhige, unberechenbare Lohnentwicklung für die Arbeiterhaushalte mit sich brachte, lehnten Experten der Hamburger freien Gewerkschaften noch im Juni 1923 die von anderen Arbeitervertretern geforderte Umstellung auf Goldlöhne ab, weil dann auch alle übrigen Zahlungen – Preise, Mieten, Steuern, Versicherungsbeiträge und Zölle – in Gold berechnet werden müßten.[185] Die Hamburger Gewerkschaftsführer ahnten offenbar, daß ausreichende Löhne nach der Währungsstabilisierung schwerer zu erkämpfen sein würden als in der Zeit der fortschreitenden Geldentwertung. Solange sie andauerte, setzten die Arbeitgeber ihren Forderungen wenig Widerstand entgegen und wälzten die Mehrkosten über die Preise ab. Unausgesprochen und wahrscheinlich unbewußt gingen Arbeitgeber und Arbeitnehmer während der Inflation ein Bündnis auf Kosten der Bevölkerungsschichten ein, die außerhalb des Produktionsprozesses standen.

Am stärksten hatten die Menschen zu leiden, die für ihren Lebensunterhalt auf die Erträge aus Geldvermögen angewiesen waren. Viele von ihnen waren schon älter, wußten sich auf die neuen Verhältnisse nicht einzustellen und ihr Geld nicht vor der Entwertung zu schützen. Oft scheuten sie sich, ihre Verarmung einzugestehen und öffentliche oder private Stellen um Hilfe zu bitten. Zudem verschlechterte sich auch die Lage der Menschen, die aus irgendwelchen Gründen – sei es Alter, Krankheit, sonstige Erwerbsbehinderung, Kriegstod oder Arbeitslosigkeit des Hauternährers – auf staatliche Unterstützung angewiesen waren, da ihre Bezüge meistens zu spät und unzureichend an die Teuerung angepaßt wurden.

Die kaufmännischen Angestellten, die in Hamburg einen großen Prozentsatz der Erwerbstätigen stellten, schnitten beim Kampf um auskömmliche Realgehälter im allgemeinen schlechter ab als die Arbeiter, weil das Überangebot an Stellenbewerbern in ihrem Beruf die Bezüge herabzudrücken erlaubte. In der Zeit der raschen Geldentwertung wirkte sich für sie ferner nachteilig aus, daß sie nicht tage- oder wochenweise entlohnt wurden, sondern Monatsgehälter und seit 1922 ein- bis zweimal im Monat rückwirkend vereinbarte Teuerungszulagen erhielten.

Vor dem gleichen Problem standen die Beamten und Angestellten des Hamburger Staates. Ähnlich wie bei den Arbeitern kam es auch bei ihnen während der Inflation zu einer starken Nivellierung der Gehälter.[186] Die höheren Beamten mußten sich von 1920 bis 1923 in den meisten Monaten mit etwa einem Drittel ihrer Kaufkraft in der Vorkriegszeit begnügen; nur im Oktober 1921 und im September 1923 erreichten sie mehr als 50%, in jeweils fünf Monaten der Jahre 1920 und 1922 dagegen nicht einmal 30%. Die Realgehälter der mittleren Beamten bewegten sich seit April 1920 im Schnitt zwischen 50 und 60%, die der unteren Beamten zwischen 60 und 70% der früheren Bezüge. Die Staatsangestellten erhielten in den meisten

Monaten sogar 80 bis 90% und im September 1923 über 100% des Vor-
kriegsgehalts.

Hierin zeigte sich das Bestreben der demokratischen Staatsführung Hamburgs, unter sozialen Gesichtspunkten vorbildliche Arbeitsbedingungen zu
schaffen, denn die begünstigten Beamten- und Angestelltengruppen hatten
unter dem alten Regime unter besonders schlechten Einkommensverhältnissen gelitten. Trotzdem konnte der Senat nicht verhindern, daß wiederholt
Unruhe unter den Beamten entstand, weil sie mit den knappen Realgehältern
nicht mehr auskommen konnten oder fällige Zahlungen später als erwartet
erhielten. Den Hamburger Politikern waren in diesen Fällen die Hände
gebunden, da der Staat über die nötigen Mittel nicht selbst verfügte, sondern
auf die Überweisungen der Reichsbank angewiesen war.

Der Zorn der bedrängten Verbraucher richtete sich gegen die Bauern und
in der Stadt besonders gegen die Einzelhändler. Da die meisten Menschen
die wahren Gründe für die Teuerung nicht durchschauten, gaben sie der
Gewinnsucht der Gewerbetreibenden die Schuld. Der Staat bemühte sich
seit 1915 vergeblich, den Preisauftrieb, der durch wirtschaftliche Fehlentwicklungen hervorgerufen wurde, durch Gesetze zur »Bekämpfung des
Wuchers« zu dämpfen, und leistete damit den ungerechten Urteilen und
Diffamierungen Vorschub. Dabei litten viele Einzelhändler – und in geringerem Maß und etwas anderer Weise auch viele Handwerker – unter der
Währungskrise nicht weniger als ihre Kunden. Die Preise, die sie nach den
gesetzlichen Vorschriften für ihre Waren fordern durften oder die sie erzielen konnten, reichten wegen der schnellen Geldentwertung oft nur aus, um
wesentlich kleinere Mengen wieder einzukaufen. Kredite standen ihnen
häufig nicht zur Verfügung, oder sie lehnten diese Art der Finanzierung ab,
weil sie sie für unsolide hielten. Die Lager und Ladenregale wurden infolgedessen zusehends leerer, der Zusammenbruch des Geschäfts war lediglich eine Frage der Zeit.[187]

Manche dieser mittelständischen Gewerbetreibenden erlitten als Woh-
nungsvermieter weitere Verluste. Aufgrund der Reichsverordnung zum
Schutz der Mieter vom September 1918 durften sie bis März 1920 nicht
mehr als die Friedensmiete fordern und sie anschließend nur um relativ
geringe, gesetzlich vorgeschriebene Zuschläge erhöhen. In Goldmark gerechnet, schrumpfte der Wert der Mieten 1919 auf 30%, in den folgenden
Jahren auf 9% bzw. 8% und 1922 auf 2,6%; 1923 stieg er leicht auf
4,1%.[188] Wegen des gravierenden Wohnungsmangels nach dem Krieg war
die Mietpreisbindung notwendig, wenn die Unterkunft nicht für viele
Menschen unbezahlbar werden sollte. Die Fixierung der Mieten weit unter
ihrem Wert führte aber dazu, daß die Haus- und Grundeigentümer de facto
enteignet wurden. Die Verluste wogen besonders schwer, wenn nur geringe

Schulden auf den Gebäuden lasteten, so daß auch die Entwertung dieser Verpflichtungen keinen Vorteil brachte. Die geringen Mieterträge reichten nicht annähernd, um die laufenden Kosten zu bestreiten, geschweige denn Instandsetzungen zu bezahlen. Das Wohnungseigentum verfiel, nicht selten wurde es gegen scheinbar hohe Papiermarkbeträge verkauft.[189]

In vieler Hinsicht hatten die mittelständischen Gewerbetreibenden Grund, sich als die Hauptverlierer der Revolution und der nachfolgenden Entwicklung zu fühlen. Zuerst büßten sie die an den Grundbesitz gebundenen politischen Privilegien ein. Dann verloren sie einen beträchtlichen Teil ihrer Einkünfte und oft auch ihre Vermögenswerte, seien es Schuldforderungen, Sparkapitalien oder Immobilienerträge, die vielen von ihnen als Alterssicherung dienen sollten. Zu alledem mußten sie eine Schmälerung ihres sozialen Ansehens hinnehmen. Statt als staatstragender »Mittelstand« umworben zu werden, sahen sie sich seit dem Krieg dem Vorwurf des »Wuchers«, der Gewinnsucht und eigennütziger Bereicherung auf Kosten der Volksmehrheit ausgesetzt.

Die Politik des Senats 1919–1923

Der Hamburger Senat und die sozialdemokratisch-demokratische Bürgerschaftsmehrheit bemühten sich besonders, den Arbeitnehmern und den wirtschaftlich abhängigen und benachteiligten Bevölkerungsschichten die Folgen des Krieges und der Inflation zu erleichtern. Die relativ hohen Unterstützungssätze, die schon der Arbeiter- und Soldatenrat den Erwerbslosen zugebilligt hatte, wurden Anfang Dezember 1918 durch eine Senatsverordnung bestätigt und Anfang Januar 1919 sogar erhöht. Als die Reichsregierung zum 1. April 1919 deshalb die Herabsetzung forderte und damit erhebliche Unruhe unter den Erwerbslosen auslöste, beschloß die Bürgerschaft, den Leistungsabbau durch Zusatzzahlungen aus Hamburger Mitteln zu verhindern. Erst zum 1. September 1919 wurden die Unterstützungen auf das für ganz Deutschland vorgeschriebene Niveau gesenkt, weil die Reichsregierung mit der Streichung der für Hamburg unentbehrlichen finanziellen Zuschüsse drohte. Die Erwerbslosen verloren dadurch erhebliche Summen, ein Mann mit Frau und zwei Kindern beispielsweise 36 von 93 Mark in der Woche.[190]

Durch die Bewilligung umfangreicher Mittel für »Notstandsarbeiten« bemühte sich die Bürgerschaft, die Erwerbslosigkeit als solche zu bekämpfen. Um vor allem den daniederliegenden Baumarkt zu beleben, sollten die im Krieg zurückgestellten Arbeiten sofort in Angriff genommen und darüber hinaus zahlreiche Schul- und Verwaltungsgebäude sowie mehrere Wohnsiedlungen errichtet werden. Infolge der Geldentwertung gelangten viele dieser Projekte nicht zur Ausführung oder blieben unvollendet liegen, weil die bereitgestellten Summen überraschend schnell erschöpft waren. Der Hauptzweck, Arbeit zu schaffen, wurde auf anderem Wege, durch die inflationäre Belebung der Wirtschafts- und Erwerbstätigkeit, erreicht.

Auf den Wohnungsmarkt dagegen wirkte sich der geringe Erfolg der staatlichen Maßnahmen verhängnisvoll aus: Während bis 1924 alljährlich nicht mehr als 2000 bis 3000 Wohnungen hinzukamen, wuchs die Zahl der Wohnungssuchenden auf mehr als 30000.[191] Das staatliche Obdachlosenheim, das im Herbst 1920 wieder eröffnet wurde, mußte im Lauf des Jahres 1923 rund 280000 Menschen aufnehmen, darunter 57000 Hamburger.[192] Angesichts solcher Verhältnisse konnten gesetzliche Bestimmungen über den jeweiligen Raumbedarf, über die Verteilung der verfügbaren Wohnungen, über die zwangsweise Einquartierung von Untermietern und die Beschlagnahme überzähliger Zimmer nur eine geringe Entlastung bringen. Sie zeugten von dem Bemühen der Bürgerschaft um soziale Gerechtigkeit, vermochten aber an dem Mangel, der der Misere zugrundelag, nichts zu ändern.

Große Anstrengungen unternahm die Hamburger Staatsführung ferner, um die Ernährung und Versorgung der Bevölkerung mit Brennmaterialien sicherzustellen. Wie im Krieg mußten auch in der anschließenden Inflationszeit erhebliche Mittel aufgewendet werden, um bei den Grundnahrungsmitteln wenigstens für einen Mindestbedarf erschwingliche Preise zu garantieren. Bedürftige Familien konnten Gutscheine für den verbilligten Kauf von Kohlen beanspruchen und geringe Mengen von Kochgas kostenlos geliefert bekommen. Nimmt man die Bemühungen um eine fortschrittliche Schul- und Gesundheitspolitik hinzu, so ist das starke soziale Motiv in der hamburgischen Politik unverkennbar. Bei Konflikten zwischen Arbeitgebern und Arbeitnehmern scheute sich der Senat nicht, zugunsten dieser einzugreifen. So wandte er sich Ende Oktober 1923, als die Gewerkschaften durch die Folgen der Hyperinflation weithin kampfunfähig geworden waren, in einer öffentlichen Erklärung gegen die Praxis, durch betriebliche Lohnvereinbarungen die Tarifverträge auszuhöhlen.[193] Die »soziale Weitherzigkeit«, mit der der Senat auf alle Verhandlungswünsche der Arbeiterschaft einging, fand weit über Hamburg hinaus Beachtung.[194]

Neben den sozialen Aufgaben maßen Senat und Bürgerschaft aber auch der Förderung von Wirtschaft und Verkehr, vor allem dem Ausbau des Hafens, große Bedeutung bei. Alle Parteien von der SPD bis zur DNVP waren sich in dem einen Punkt einig, daß von der Konkurrenzfähigkeit und Anziehungskraft des Hafens das Wirtschaftsschicksal der gesamten Hamburger Bevölkerung abhing. Der Versuch der Reichsregierung, auf dem Höhepunkt des Währungschaos 1923 den Ausverkauf der deutschen Wirtschaft durch eine scharfe Reglementierung des Außenhandels zu verhindern, stieß deshalb beim Senat auf Widerspruch.

Um den vielfältigen sozialen, wirtschaftlichen und kulturellen Anforderungen im Stadtstaat gerecht zu werden, nahmen es die verantwortlichen Politiker Hamburgs hin, daß der Etat auch nach der Beendigung des Krieges weiterhin mit erheblichen Fehlbeträgen abschloß. Dadurch trugen sie zur Beschleunigung der Inflation bei. Zwischen 1914 und 1918 hatten sich die jährlichen Haushaltsdefizite von 35 (1914) über 115 (1916) auf 223 Millionen Mark (1918) erhöht, die Schulden waren von 842 auf 1750 Millionen Mark gewachsen.[195] Dieser Trend setzte sich nach dem Ende des Krieges in verstärktem Maße fort, die beschleunigte Geldentwertung machte aber zahlenmäßige Angaben zunehmend sinnlos. Die regulären Einnahmen reichten nur noch, um einen immer kleineren Bruchteil der laufenden Ausgaben abzudecken.[196]

Da Hamburg ausschließlich Steuern zustanden, die nachträglich erhoben oder in Teilen vom Reich zurücküberwiesen wurden, und da bis zum August 1923, wenn nicht länger, der Grundsatz Mark gleich Mark in Geltung blieb, verloren die Erträge bis zum Eingang stark an Wert. Das gleiche traf für die Pacht- und Mieteinnahmen, für die Ablieferungen der öffentlichen Verkehrs- und Versorgungsbetriebe, für die sonstigen Abgaben und Verwaltungseinnahmen zu. Trotzdem gab es selten finanzielle Engpässe: Seine inländischen Ausgaben konnte auch der Staat in entwertender Papiermark begleichen, von einem der wichtigsten Ausgabeposten, dem Besoldungsaufwand, wurde er in wachsendem Umfang befreit, da er nur die regulären Gehälter zu zahlen hatte, während das Reich die schließlich weit höheren Teuerungszulagen zu 90 % übernahm. Gegen hamburgische Schatzwechsel stellte die Reichskreditanstalt fehlende Summen jederzeit und in jeder Höhe zur Verfügung, nur wenige Male machte sie den vergeblichen Versuch, die Darlehensanforderungen Hamburgs zu begrenzen.

Daneben versuchte der Senat – ganz im Sinne der früher üblichen Haushaltspraxis –, in den außerordentlichen Etat eingestellte Ausgaben durch langfristige Anleihen zu finanzieren. Die hamburgische Staatsanleihe von 1919, die in einer ersten Serie bis 1920, in einer zweiten bis 1923 ausgegeben wurde, fand insbesondere in den USA zeitweise reißenden Absatz. Im Vertrauen auf die Leistungskraft der Hamburger Wirtschaft und in Erwartung einer hohen Aufwertung trugen auf diese Weise viele amerikanische Gläubiger, wenn auch unbeabsichtigt, dazu bei, dem Hamburger Staat die Bewältigung der vielfältigen Nachkriegsaufgaben zu erleichtern. Eine weitere, wertbeständige Anleihe in Höhe von einer Million Goldmark wurde 1923 in England untergebracht, der Erlös zum Teil zur Bezahlung großer Kohlenimporte verwendet, zum Teil in Mark umgewechselt und für dringende laufende Ausgaben verbraucht.

Die Verschuldung Hamburgs erreichte in der Inflationszeit nominell astronomische Größenordnungen, in Goldmark umgerechnet, verminderte sie sich aber von Jahr zu Jahr. Am Ende wurden die völlig wertlos gewordenen Papiermarkforderungen nach der Währungsstabilisierung aufgrund einheitlicher reichsgesetzlicher Vorschriften auf etwa 70 Millionen Reichsmark »aufgewertet«. Hinzu kam die Pfund-Anleihe von 1923. Hamburg ging damit mit einer größeren Schuldenlast aus der Inflation hervor als andere deutsche Länder. Während sie aber ihre Eisenbahnen ans Reich hatten abtreten müssen, konnte Hamburg seine wichtigen Vermögensobjekte, vor allem die Hafenanlagen, behalten.

Hyperinflation

Die rasche Beschleunigung der Hyperinflation machte seit dem Frühjahr 1923 alle Anstrengungen zur Sicherung geordneter öffentlicher Zustände und zur Bewahrung des sozialen Friedens zunichte. Nach einer kurzen Erholung im März, die Hoffnung auf ein Ende des Währungsverfalls weckte, verlor die deutsche Mark seit Mai wieder rapide, seit August beinahe täglich und schließlich fast stündlich an Wert. Wichtiger als die Höhe war der Termin einer Zahlung, geringe Verzögerungen führten für den Empfänger zu untragbaren Verlusten.

Immer häufiger wurde seit der zweiten Hälfte des Jahres 1922 bei Lieferungsverträgen, dann auch bei Lohn- und Gehaltsverhandlungen die automatische Anpassung der Zahlungen an die Teuerung vereinbart, sei es durch Umrechnung über den Dollarkurs oder – insbesondere bei Arbeitsentgelten – über den Lebenshaltungsindex. Aber auch dieser Notbehelf begann im Sommer 1923 zu versagen. Da der Index nur rückwirkend aufgrund von wöchentlichen Erhebungen in repräsentativen Geschäften ermittelt werden konnte und die Bearbeitung zwei bis drei Tage in Anspruch nahm, war er zur Zeit der Veröffentlichung schon wieder durch die fortgeschrittene Preissteigerung überholt. Ungeheure Geldsummen reichten immer weniger, um den lebenswichtigen Bedarf zu decken, und sie konnten oft nicht einmal voll dafür eingesetzt werden; denn wer Geld erhielt, mußte es, um Verluste zu vermeiden, augenblicklich in Waren umsetzen, und wenn er die am dringendsten benötigten nicht bekam, so mußte er mit weniger nützlichen vorlieb nehmen, in der vagen Hoffnung, sie vielleicht für Tauschgeschäfte verwenden zu können. Die meisten Waren verschwanden so in kürzester Zeit vom Markt. Die Verbraucher wurden zum Wettlauf um die immer knapper werdenden Güter gezwungen.

In dieser Situation wirkte es sich für die Betroffenen verheerend aus, wenn sie fällige Zahlungen zum Termin nicht oder nur teilweise erhielten, weil die erforderlichen Barmittel fehlten. Seit dem Beginn der Hyperinflation gerieten Arbeitnehmer und Beamte wiederholt in diese Lage. Die Reichsbank kam mit dem Druck und dem Versand der gewaltigen Mengen an Geldnoten in die verschiedenen Regionen des Reichs nicht mehr nach und konnte deshalb die benötigten Summen nicht rechtzeitig liefern. Ende September 1922 herrschte in Hamburg erstmals ein solcher Mangel an Zahlungsmitteln, daß in den privaten Großbetrieben und bei den Behörden zum Monatswechsel nur Bruchteile der fälligen Löhne und Gehälter ausbezahlt werden konnten, auf der Vulkan-Werft beispielsweise nicht mehr als 5 %.

Besonders hart wurden die Beamten getroffen, die schon im Vormonat durch späte Auszahlung ihrer Bezüge in arge Bedrängnis geraten waren und nun bis zum Ende der ersten Oktoberwoche ohne alle Einkünfte zurechtkommen mußten. Den Einfluß des Staates auf das Wirtschaftsschicksal bekamen sie am unmittelbarsten zu spüren. Anfang Februar 1923 mußten sie abermals auf ihre Gehälter warten, weil die Reichsbank die für den Hamburger Ultimo-Bedarf angesammelten Geldscheine zur Unterstützung des passiven Widerstands ins Ruhrgebiet leitete. Im Mai sollten die Beamten nach dem Willen der Reichsregierung keine Gehaltsaufbesserung erhalten, um die Stabilisierung der Mark zu ermöglichen. Im August wurden ihnen und vielen privaten Arbeitnehmern wieder wegen fehlender Zahlungsmittel lange Wartezeiten aufgezwungen. Die Empörung der Betroffenen ließ sich kaum mehr dämpfen.

Um zu verhindern, daß die Zahlungsstockungen zu einer Gefahr für den sozialen Frieden würden, begann der Senat Anfang Oktober 1922 von neuem, hamburgisches Notgeld herauszugeben. Schon einmal hatte er sich zu diesem Schritt gezwungen gesehen: in den letzten Wochen des Krieges und der Anfangsphase der Revolution, von Oktober bis Dezember 1918. Anders als damals besaß er jetzt die Genehmigung der Reichsbank zum Notgelddruck, allerdings nur für jeweils zwei Monate bis zum April 1923. Im August ging er wieder »illegal« vor: Die Zuspitzung der Lage veranlaßte ihn, die Einwilligung der Reichsbank diesmal nicht abzuwarten und aus eigener Machtvollkommenheit in großem Umfang und in rascher Folge Notgeld – Münzen und Scheine – in Umlauf zu bringen. Wie 1918 erschien ihm die Wahrung der öffentlichen Ruhe wichtiger als die Beachtung des Reichsbankgesetzes.[197]

Zahllose Firmen und die Handelskammer drängten den Senat zu diesem Vorgehen. Viele große und mittlere Unternehmen, darunter die Hamburger Banken und Reedereien, aber auch die Strafanstalten und die Post griffen zur Selbsthilfe und gaben, obwohl es gesetzlich verboten war, Gutscheine als Zahlungsmittelersatz heraus. Kleinere Betriebe bezahlten ihr Personal zum Teil mit Gutscheinen der Handelsgenossenschaft »Produktion«. Es entstanden Firmen, die sich auf den Druck von »Wechselgeld« für private Auftraggeber spezialisierten. Schwindler machten sich die verworrene Situation zunutze und brachten auf nichtexistente Scheinfirmen lautendes »Geld« auf den Markt. An die 70 verschiedene Zahlungsmittel waren allein im August 1923 in Hamburg in Umlauf. Diese unkontrollierte private Geldschöpfung stellte eine große Gefahr dar, da – wie die Handelskammer warnte – oft nicht genügend Gegenwerte an sicherer Stelle deponiert waren, so daß im Falle massierter Vorlage der Gutscheine selbst leistungsfähige Firmen ihr Einlöseversprechen nicht hätten erfüllen können.[198] Die Reaktionen der verzweifelten Bevölkerung wären kaum einzudämmen gewesen.

Der Senat entschloß sich deshalb Ende August, gegen die illegale private Notgeldausgabe einzuschreiten. Es gelang ihm, das eigenmächtige Handeln der vielen verschiedenen Firmen zu unterbinden. Doch zwang ihn die erneute dramatische Verknappung der Zahlungsmittel im Oktober, zu dulden, daß die Hamburger Banken zusätzlich zu dem staatlichen Notgeld eigenes herausgaben. Die wirtschaftlichen Notwendigkeiten erwiesen sich als stärker als der Ordnungswille der Staatsführung.

Die chaotische Währungsentwicklung und die Störungen des Zahlungsverkehrs begannen 1922 allmählich lähmend auf das Hamburger Wirtschaftsleben zu wirken. Jedes Geschäft erforderte einen immer größeren Verwaltungsaufwand. Seit dem Sommer waren die Girobanken nicht mehr in der Lage, den bargeldlosen Zahlungsverkehr reibungslos abzuwickeln. Vom 18. August bis zum 30. September nahmen sie an zwei Tagen in der Woche wegen Arbeitsüberlastung überhaupt keine Kundenaufträge an. Überweisungen dauerten oft sehr lange, bis zu 14 Tagen und mehr. Da sich seit 1922 Preisvereinbarungen in fester Währung, meistens auf Dollarbasis, eingebürgert hatten, führten solche Bearbeitungsfristen beim Käufer zu erheblichen Verlusten: Er mußte für den Wertschwund, den seine Zahlung bis zur Verbuchung auf dem Konto des Empfängers erlitt, aufkommen und entsprechende Summen nachzahlen. Eine ordentliche Kalkulation war unmöglich.[199]

Viele Handelsfirmen konnten nur noch kleine Warenmengen beziehen, viele Produktionsbetriebe die benötigten Rohstoff- und Kohleimporte nicht mehr bezahlen. Die Einführung einer seit langem erstmals wieder fühlbaren Gewerbesteuer im August 1923, deren Höhe sich nach der Zahl der Beschäftigten einer Firma richtete, zerstörte bei einer großen Reihe von Unternehmen die verbliebene Rentabilität. Sie wurden zu Entlassungen, zur Verkleinerung, völligen oder teilweisen Stillegung des Betriebs gezwungen. Die Erwerbslosigkeit, die seit dem Winter 1922 in Hamburg wieder gewachsen war, nahm seit diesem Monat rasch und stark zu. Der Verlust des Arbeitsplatzes bedeutete für die betroffenen Menschen den Sturz ins Elend, denn die öffentlichen Unterstützungen folgten dem Preisauftrieb viel zu langsam, so daß sie das Existenzminimum nicht mehr sicherten.

Drohende Hungerkatastrophe

Aber nicht nur die Lage der Unterstützungsempfänger war prekär, die Ernährung weiter Kreise der großstädtischen Bevölkerung drohte seit dem Sommer 1923 infolge des Währungsverfalls in Gefahr zu geraten. Da Deutschland seinen Nahrungsmittelbedarf nur zum Teil selbst erzeugen konnte, war eine autonome Preisbildung, unabhängig von den Devisenwechselkursen und den Weltmarktpreisen, nicht möglich. Angesichts des »Höhenflugs« des Dollars mußten die staatlichen Reglementierungsversuche – Ausfuhrverbote, Preisbindungen usw. – versagen. Die Landwirte sperrten sich immer stärker, die Mark als Zahlungsmittel zu akzeptieren. Scharfe Grenzkontrollen konnten nicht verhindern, daß Agrarprodukte von ausländischen Händlern aufgekauft und auf den heimischen Märkten weit unter den dort gängigen Preisen veräußert wurden. Notfalls gelangte Butter aus Schleswig-Holstein und Mecklenburg über die »offene« Grenze im Westen, über das Ruhrgebiet, nach Dänemark oder England statt in die norddeutschen Städte.

Die Geldentwertung führte im Herbst zu Lebensmittelpreisen, die zu hoch waren, um den Verbrauchern den Einkauf zu ermöglichen, und zu niedrig, um den Einzelhändlern die Wiederbeschaffung der Waren zu erlauben. Zahlreiche Läden mußten geschlossen oder aufgegeben werden, weil die Vorräte verkauft und die finanziellen Reserven verbraucht waren. In anderen Fällen stellten Einzelhändler den Verkauf ein, weil sie die Auseinandersetzungen mit ihren Kunden scheuten. Der großstädtische Verteilungsapparat drohte zusammenzubrechen.

Der Senat hielt die Lage für so gefährlich, daß er am 21. September 1923 eine »Notstandskommission« bildete mit der Aufgabe, durch Schaffung eines eisernen Vorrats die Versorgung der vom Wohlfahrtsamt unterstützten Menschen und in »eventuellen kurzfristigen Notperioden« auch der Gesamtbevölkerung Hamburgs sicherzustellen. Die dramatische Währungsverschlechterung zwang die Kommission jedoch, sich mit weit bescheideneren Zielen zufrieden zu geben. Sie konnte nicht mehr tun, als jeweils für den Augenblick die am unmittelbarsten drohende Gefahr zu bannen. In der ersten Sitzung am 4. Oktober berichtete der Präsident des Wohlfahrtsamts, daß die gerade »von der Bürgerschaft bewilligten 2,5 Billionen Mark zur Beschaffung von Lebensmitteln für Minderbemittelte jetzt nur noch dazu ausreichten, den Bedarf an Margarine für eine einzige Woche zu decken«.[200] Die Kommission stellte ihm daher weitere 8 Billionen Mark, fast die Hälfte ihres Fonds, zur Verfügung, ebenfalls 8 Billionen Mark sollten dem Ankauf von Kartoffeln und die restlichen 4 Billionen Mark als Reserve für unerwartete Notstände dienen.

Sie traten schneller ein, als erwartet, und in einem Ausmaß, das alle Vorsorge vergeblich werden ließ. In der zweiten Sitzung der Notstandskommission am 11. Oktober stand der Zusammenbruch der Brotversorgung bevor. Trotz eindringlicher Warnungen des Senats hatte die Reichsregierung beschlossen, zum 15. Oktober die Mehlbewirtschaftung, die Preiskontrolle und Zuteilung von Brot auf Karten zu beenden. Der Dollar war in wenigen Tagen auf das Zehnfache gestiegen. Es war deshalb vorauszusehen, daß der Preis für ein Brot im Augenblick der Freigabe auf über eine Milliarde Mark emporschnellen würde und Lohn- und Gehaltsempfänger sowie insbesondere alle von Unterstützung lebenden Menschen sich dieses Grundnahrungsmittel nicht mehr leisten könnten.

Während sich die Teuerung verzehnfacht hatte, waren die Beamtengehälter und die an sie gekoppelten Bezüge der Kriegsopfer erst verdoppelt worden. Die Unterstützungen der Sozial- und Kleinrentner richteten sich in der zweiten Oktoberhälfte nach dem längst überholten Lebenshaltungsindex vom 4. Oktober. Die Kommission kam zu dem Schluß, daß »die Unterstützungsempfänger … einfach verhungern müßten, wenn ihre Unterstützungssätze nicht bedeutend erhöht würden«. Als Soforthilfe beschloß sie, jedem von ihnen 1 Milliarde Mark für den Kauf eines verbilligten Brots aus den Restbeständen des Kriegsversorgungsamts und »einiger Pfund Kartoffeln« zu ermöglichen. In einem dringenden Appell forderte der Senat die Reichsregierung auf, die Bezüge aller Unterstützungsempfänger und Beamten unverzüglich in der notwendigen Weise zu erhöhen und Hamburg die erforderlichen Mittel zu überweisen, da der Staat sie nicht einmal als Vorschüsse für kurze Frist aufbringen könne. »Kommt keine Hilfe, scheint Katastrophe unabwendbar«, so lautete die Quintessenz des Ersuchens. Die Reichsregierung fand sich aber nur zur Brotverbilligung für kinderreiche Familien bereit.

Seit dem 20. Oktober kostete das Brot 1,6 Milliarden Mark. Die vom Wohlfahrtsamt unterstützten Personen erhielten zu dieser Zeit 1,5 Milliarden Mark in der Woche. Die Vervierfachung des Betrags half daher kaum, den Hunger zu vertreiben. Die erforderlichen 80 Billionen Mark zusätzlich zu den übrigen gewaltigen Summen für die unaufschiebbaren Ausgaben des Staates zu beschaffen, bereitete jedoch unendliche Mühe. Am 23. Oktober beschloß die Notstandskommission, die Brotkarten, die sich noch in den Händen der Bevölkerung befanden, nach nur einwöchiger Pause wieder in Kraft zu setzen und den Brotpreis für die Woche bei 4,5 Milliarden Mark zu stabilisieren. Den Bäckern sollte die Differenz zum Marktpreis aus Staatsmitteln vergütet werden.

Doch auch diese Maßnahme hatte nur für kurze Zeit Bestand. In der folgenden Woche kostete das auf Marken ausgegebene Brot schon 7,4 Milliarden Mark – obwohl der Staat 700 bis 900 Billionen Mark für die Verbilligung aufwandte –, und zum 6. November wurde – in Relation zum Markverfall gegenüber dem Dollar – mit einer sprunghaften Preissteigerung auf 138 Milliarden Mark gerechnet. Der Liter Milch kostete am 4. November 28, ein Pfund Ersatzfett 80 bis 100 Milliarden Mark. Ein Erwerbsloser erhielt in dieser Woche maximal 63 Milliarden Mark am Tag als Unterstützung, ein Empfänger von Wohlfahrtsleistungen 380 Milliarden Mark in der Woche. Durch eine einmalige Beihilfe wurde diesen Menschen ermöglicht, zusätzlich ein halbes Brot, ein halbes Pfund Ersatzfett und etwa fünf Pfund Kartoffeln zu kaufen.

Die Unterstützungsempfänger waren besonders schlecht dran, aber auch die Mehrheit der übrigen Bevölkerung hungerte in dieser chaotischen Schlußphase der Inflation. Am 7. November erhielt die Notstandskommission des Senats die alarmierende Nachricht, daß die Mehlvorräte sämtlicher Hamburger Bäckereien lediglich reichten, um die Bevölkerung noch eine halbe Woche lang mit einer Mindestmenge an Brot zu beliefern. Eine ausreichende Ergänzung der Bestände war unmöglich, da die Reichsgetreidestelle nur etwa die Hälfte des Hamburger Norm-Bedarfs an Mehl liefern konnte und der Rest auf dem freien Markt ausschließlich gegen Devisen zu bekommen war, über die die Bäckereien nicht verfügten. Der Staat mußte daher die Brotrationierung und -subventionierung durch Maßnahmen zur Sicherung der Mehlversorgung ergänzen.

In ähnlicher Weise griff der Hamburger Senat bei anderen Grundnahrungsmitteln und sonstigen lebenswichtigen Funktionen ein. Dabei war er darauf bedacht, keinen eigenen Verteilungsapparat aufzubauen, sondern den bestehenden privat- und gemeinwirtschaftlichen zu nutzen. Die »Produktion«, die Detaillistenkammer und der Beamtenwirtschaftsverein erhielten mehrfach Kredite, um ihnen die Einlagerung ausreichender Mengen an Kartoffeln zu ermöglichen. Die Allgemeine Ortskrankenkasse (AOK) wurde durch ein staatliches Darlehen in den Stand gesetzt, ihre Verpflichtungen weiterhin zu erfüllen.

Gefährdung der politischen Ordnung

Bei allen diesen Rettungsaktionen ging es darum, in letzter Minute die Katastrophe abzuwenden. Sie verhinderten nicht, daß die Mehrheit der Bevölkerung immer tiefer ins Elend geriet und sich Verzweiflung und Verbitterung ausbreiteten. Bei der ersten schweren Zahlungsstockung Ende September/Anfang Oktober 1922 zeichnete sich die Gefahr bereits ab. In erregten Versammlungen bestürmten Beamte ihre Vertreter, für Abhilfe zu sorgen, drohten dem Beamtenrat, der gesetzlich verankerten, offiziellen Vertretung der Hamburger Beamten, mit Absetzung und ließen sich selbst im Dienst von hohen Vorgesetzten kaum noch beruhigen. Der Polizeipräsident konnte die aufgebrachten Bediensteten seiner Behörde nur zur Wiederaufnahme der Arbeit bewegen, indem er ihnen schließlich auf eigene Verantwortung eine sofortige Sonderzahlung versprach. Es kam zu einer schweren Vertrauenskrise zwischen dem Senat und dem Beamtenrat. Während der Senat einem der führenden Funktionäre Kompetenzüberschreitung vorwarf, meinten die Beamten, bei der Hamburger Staatsführung nicht genügend Unterstützung für ihre Interessen zu finden. Trotzdem bemühten sich die Verbandsleitungen in Erinnerung an die weit schlechteren Bedingungen der Vorkriegszeit, mäßigend zu wirken. Allerdings warnten sie: »Wo bleiben Treue und Vernunft, wenn der Magen rebelliert?«[201] Die Gefahr wurde sichtbar, daß der neue Staat seine Autorität und die Loyalität seiner Beschäftigten verliere. Bemerkenswert ist aber, daß ihm die Beamtenorganisationen trotz aller Schwierigkeiten den Vorzug vor dem untergegangenen Staat gaben, weil ihnen die Demokratie mehr Rechte gewährte.

Die Zweifel an der Funktionsfähigkeit des politischen Systems drangen bis weit in die Reihen der demokratisch eingestellten Arbeitnehmerschaft. Im Frühjahr 1923 warnte der Vorstand des Hamburger Allgemeinen Deutschen Gewerkschaftsbundes, daß »die Gefahr einer alles verschlingenden«, gewaltsamen politischen Entladung besonders groß sei, denn es wolle »mit Recht in die Köpfe der Arbeiter, Angestellten und Beamten nicht hinein, daß es gerade unter der demokratisch-republikanischen Staatsform, deren Träger sie sind, zu ihrer geistigen und wirtschaftlichen Drangsalierung kommen mußte«.[202]

Im Juni stellte eine Konferenz der Hamburger freigewerkschaftlichen

Betriebsräte und Delegierten fest:»Heute regieren in Deutschland nicht die politischen Parteien, sondern die wirtschaftlichen Organisationen.« Der Staat dürfe aber »nicht zum Hausdiener des Kapitals werden«. Deshalb müsse die Forderung lauten:»Gewerkschaftsführer an die politische Front!«[203] Drei Monate später hatte sich die Kritik an den Parteien zu Zweifeln an der parlamentarischen Verfassung verdichtet. Die Spitzenorganisationen der freigewerkschaftlich orientierten Arbeiter, Angestellten und Beamten Hamburgs begründeten einen Aufruf zum einstündigen Generalstreik am 22. September 1923 damit, die Arbeitnehmer könnten sich »nach den bisherigen Erfahrungen auf die Beschlüsse der Parlamente nicht mehr verlassen«, so daß sie zu außerparlamentarischen Aktionen Zuflucht nehmen müßten.[204]

Im Herbst 1923 zeigte sich überall die politische Radikalisierung. Im Oktober kam es wieder – wie im Frühjahr 1919 – zu Teuerungsunruhen und Plünderungen von Lebensmittelgeschäften. Angesichts der herrschenden Stimmung erschien die gewerkschaftliche Mißtrauenserklärung gegen die Parlamente der Hamburger SPD-Führung als so gefährlich und für viele Verzweifelte verführerisch, daß sie sich zum öffentlichen Widerspruch entschloß. Sie erinnerte daran, daß die Gewerkschaften »in den ernsten Stunden der deutschen Republik die Verteidigung des Parlamentarismus gegen Anstürme von rechts und links doch stets als ihre vornehmste Pflicht betrachtet« hätten. Diese Haltung dürften sie nicht aufgeben oder durch mißverständliche Äußerungen in Frage stellen, denn es bedeute »das Ende der deutschen Republik, wenn die breiten Massen der in den freien Gewerkschaften und in der Sozialdemokratischen Partei Organisierten den Glauben an die parlamentarische Demokratie verlieren würden«.[205]

Dabei war den Vertretern der SPD jedoch bewußt, daß solche Appelle an die politische Vernunft auf die Dauer nur nützen würden, wenn es gelänge durch »drakonische Maßnahmen … den ausgepowerten Volksmassen das Vertrauen in eine gerecht waltende Staatsmacht wiederzugeben«. Die Reichsregierung habe die Pflicht, »dem armen Volk in seiner Ernährungsnot beizustehen und ihm, wenn es nicht anders geht, auch mit der Waffengewalt der Reichswehr das Nötigste zum Leben zu verschaffen«. Diese Forderung, die auf die Entrechtung und Enteignung der Bauern hinauslief, zeigte das volle Ausmaß der Ratlosigkeit angesichts der währungs- und wirtschaftpolitischen Zusammenhänge der Hyperinflation. Wichtig war trotzdem die mahnende Erinnerung: »An solcher Hungersnot zerbrach vor fünf Jahren die Macht der militärischen Disziplin.«[206] Diesmal aber ging es nicht um den ungeliebten kaiserlichen Obrigkeitsstaat, sondern um den von der SPD und von fortschrittlichen bürgerlichen Kräften gewollten freiheitlichen Volksstaat.

Gewerkschaften und Unternehmer zwischen Kooperation und Konflikt

Als die Vorstände der Hamburger Gewerkschaften ihrer Enttäuschung über das Versagen der Parteien und Parlamente Ausdruck gaben, befanden sie sich in doppelter Hinsicht in der Defensive. Zum einen hatte die wirtschaftliche Misere Zweifel an den Erfolgschancen gewerkschaftlicher Arbeit entstehen lassen und dazu geführt, daß die Angriffe der kommunistischen Opposition in den eigenen Reihen und bei den nichtorganisierten Betriebsarbeitern Resonanz fanden. Zum anderen hatte sich die Position der Gewerkschaften in den Auseinandersetzungen mit den Unternehmern gegenüber der Anfangsphase der Republik entscheidend verschlechtert.

Nach der Revolution hatten die freien Gewerkschaften, die in Hamburg bei der Organisation der Arbeiterschaft so gut wie konkurrenzlos dominierten, große Fortschritte machen können. Wie überall schnellte die Zahl der Mitglieder in die Höhe. Im Ortskartell Groß-Hamburg, das neben der Hansestadt die preußischen Nachbarorte Altona, Wilhelmsburg und Wandsbek sowie einige kleinere Gemeinden umfaßte, wuchs sie auf 240 696 im Jahresdurchschnitt 1919 gegen 143 108 im Jahr 1913. Der Höhepunkt wurde 1920 mit 269 839 Mitgliedern erreicht. Danach mußten die Gewerkschaften leichte Einbußen hinnehmen, aber erst nach der letzten Phase der Hyperinflation und der Währungsstabilisierung kam es zu einem dramatischen Rückschlag, durch den sie 80 000 Mitglieder, fast ein Drittel des Bestandes von 1923, verloren. Die Beruhigung der Verhältnisse in den folgenden Jahren ermöglichte dann, die Mitgliederzahl bis Ende 1929 in stetiger Aufwärtsentwicklung wieder auf 213 448 zu steigern, bevor der Trend unter dem Einfluß der Weltwirtschaftskrise von neuem umschlug.[207]

Durch die Gründung des Allgemeinen Deutschen Gewerkschaftsbundes (ADGB) Anfang Juli 1919 und die entsprechende Umwandlung der Kartellkommission zum Ortsausschuß Groß-Hamburg des ADGB im folgenden Jahr wurde der Zusammenhalt der Einzelgewerkschaften gefestigt. Zwar bewahrten sie sich – insbesondere auf dem Gebiet der Lohnpolitik – ein hohes Maß an Selbständigkeit, doch konnte der Spitzenverband bei übergreifenden politischen Fragen die Interessen der Arbeiter stärker und mit größerem Nachdruck zur Geltung bringen, als es die im Grunde nur als geschäftsführendes Organ konzipierte »Generalkommission« bzw. die lokalen Kartellkommissionen der freien Gewerkschaften vermocht hatten. Die Anstellung einer größeren Zahl hauptamtlicher, besoldeter Funktionäre sowohl beim ADGB als auch bei den bedeutenden Einzelverbänden Groß-Hamburgs trug ebenfalls zur Stärkung der Organisation bei.

Die Absonderung der Angestellten im Allgemeinen freien Angestellten-bund (AfA-Bund) seit Oktober 1921 widersprach zwar den Wünschen der hiesigen Gewerkschafter – immerhin verlor der ADGB dadurch in Hamburg rund 16500 Mitglieder –, Kooperationsabkommen mit dem neuen Spitzenverband und seit März 1923 auch dem Allgemeinen Deutschen Beamtenbund sicherten aber weiterhin das geschlossene Vorgehen der gesamten freigewerkschaftlichen Arbeitnehmerbewegung bei wichtigen politischen Entscheidungen.

In der Bürgerschaft waren die drei Kartelle durch die Zugehörigkeit führender Funktionäre zur Fraktion der SPD und – bis 1920 – der USPD stark vertreten. Der Vorsitzende des Ortsausschusses des AGDB, Karl Hense, war, woran in diesem Zusammenhang zu erinnern ist, von Januar bis März 1919 Vorsitzender des Arbeiterrats und anschließend bis 1924 Senator. Auch sein Nachfolger an der Spitze des Hamburger ADGB, John Ehrenteit, bekleidete von 1929 bis 1933 dieses Staatsamt. Andere bewährte Gewerkschaftler übernahmen die Leitung neuer, zur Erfüllung der sozialen Aufgaben geschaffener Behörden, so Emil Hüffmeier im Dezember 1918 die des Arbeitsamts.

Über ihre Abgeordneten konnten die Gewerkschaften ihre Wünsche in der Bürgerschaft wirksam zur Geltung bringen, wie z. B. die geschilderten Beschlüsse über die relativ hohe Erwerbslosenunterstützung, die Durchführung umfangreicher Notstandsarbeiten und einen weitgehenden Mieterschutz zeigten. Die starke Position der Gewerkschaften kam am deutlichsten in der Erklärung des 1. Mai zum gesetzlichen Feiertag in Hamburg zum Ausdruck, denn diesen Tag hatten maßgebende Arbeitgeberkreise unter Führung ihres Verbandes vor dem Krieg stets benutzt, um die Arbeiterschaft durch mehrtägige Aussperrung der Demonstranten ihre Macht fühlen zu lassen. Auch in der Weimarer Republik liefen die Arbeitgeber, sobald sie ihre Stellung wieder gefestigt hatten, Jahr für Jahr gegen den Maifeiertag Sturm, da sich aber nicht nur die Arbeiterparteien, sondern auch die Abgeordneten der Demokratischen Partei widersetzten, ohne Erfolg.

Als Gegner der Gewerkschaften gebärdeten sich 1918/19 nicht so sehr die Unternehmer wie Teile der Arbeiterschaft. Sie warfen ihnen ihre Rolle bei der Realisierung der Kriegswirtschaft vor, waren von Mißtrauen gegen die Funktionäre erfüllt und lehnten überhaupt den reformistischen Kurs ab. Diese antigewerkschaftliche Haltung kam in verschiedenen Verordnungen des Arbeiter- und Soldatenrats, in seiner Forderung nach Unterordnung der Gewerkschaften und in seinem Versuch, sie bei der Regelung der Lohn- und Arbeitsverhältnisse auszuschalten, in der Besetzung des Gewerkschaftshauses am 9. Januar 1919 und in der Entstehung der Arbeiter-Unionen zum Ausdruck.

Trotzdem gab es eine starke Opposition gegen die traditionelle Gewerkschaftsführung nur in wenigen Verbänden. Sie wurde zunächst ausschließlich von der USPD getragen. Die KPD begann sich erst nach dem Zusammenschluß mit dieser Partei für die Arbeit in den Gewerkschaften zu interessieren. Ihren wichtigsten Erfolg errang die USPD-Opposition im Deutschen Metallarbeiter-Verband, dessen Ortsverwaltung sie 1919/20 stellen konnte. Die Unzufriedenheit mit der früheren Führung reichte hier bis ins Jahr 1913 zurück, als sie einem großen Werftarbeiterstreik die Unterstützung verweigert hatte, weil er statutenwidrig zustande gekommen war. Während und als Folge des Krieges hatten die Gegner der bisherigen Politik weiter an Boden gewonnen. Die Expansion der Großbetriebe, besonders der Werften, hatte dazu geführt, daß der Metallarbeiterverband noch stärker als andere Gewerkschaften wuchs und eine tiefgreifende Veränderung seiner Mitgliederstruktur durchmachte. Von den fast 36 000 Organisierten, die er Ende 1919 in Hamburg zählte, waren ihm 20 000 erst in den letzten zwei Jahren beigetreten. 11 700 Mitglieder, also fast ein Drittel der Gesamtzahl, waren nicht älter als 25 Jahre, 4000 sogar erst 18 Jahre und jünger.[208]

Viele dieser neuorganisierten und jungen Arbeiter hatten nur vage Vorstellungen über das Wirken der Gewerkschaften, wollten aber mit den traditionellen Methoden brechen. Ihr unbestimmter Aktionsdrang tat bald auch der USPD Abbruch, da sie sich oft nach kurzer Zeit mit deren innergewerkschaftlicher Opposition nicht mehr zufriedengaben und zu den Arbeiter-Unionen überwechselten. Die interne Krise und der Sieg der gewerkschaftlich desinteressierten »Linken« in der USPD trugen ebenfalls dazu bei, ihren Rückhalt im ADGB zu schwächen. Ende August 1920 wurde die bisherige unabhängige Ortsverwaltung des Hamburger Metallarbeiterverbandes von einer sozialdemokratisch orientierten abgelöst.

Versuche, die Betriebsräte zu Gegenorganisationen gegen die Gewerkschaften auszubauen, mißlangen in Hamburg, da sich das Ortskartell bzw. der ADGB früh und intensiv um sie kümmerten und auch die Finanzierung übernahmen. Nachdem sich eine Versammlung der Betriebsräte Groß-Hamburgs Mitte September 1919 mit »übergroßer Mehrheit« für den Anschluß an die Gewerkschaften entschieden hatte, einigten sich deren Vorstände zwölf Tage später, eine Betriebsräteorganisation nach Industriegruppen aufzubauen und die Kosten dafür zu tragen. Eine Betriebsrätevollversammlung akzeptierte im Dezember 1919 das Organisationsstatut, das unter anderem die Beschränkung der Arbeit auf das »rein wirtschaftliche Gebiet« vorsah. Nur der Metallarbeiterverband lehnte die Anbindung der Betriebsräte an die gewerkschaftliche Dachorganisation zunächst ab. Erst nach dem Ausscheiden der Unabhängigen Sozialdemokraten aus der örtlichen Leitung holte er den Beschluß zum 1. September 1920 nach.[209] Die enge Beziehung des Hamburger ADGB zu den Betriebsräten bewährte sich unter anderem im Sommer und Herbst 1923, als es der KPD trotz intensivster Bemühungen und trotz der verheerenden wirtschaftlichen Lage kaum gelang, sie für ihre politischen Forderungen zu mobilisieren.

Bei ihrem Einsatz für die Verbesserung der Lebensbedingungen der Arbeiter standen die Gewerkschaften in Hamburg seit den 90er Jahren des 19. Jahrhunderts einem gut organisierten, intransigenten Arbeitgebertum gegenüber.[210] Durch die Bildung des Arbeitgeberverbands des Großhandels zu Beginn des Jahres 1919 wurde die bis dahin von der Industrie geführte Organisation vervollständigt.

Während der Revolution und im ersten Jahr der Weimarer Republik waren die Arbeitgeber aber noch zu Konzessionen bereit. Die Gewerkschaften erschienen ihnen jetzt als Sicherungen gegen radikalere Forderungen der Arbeiter oder gar die von Laufenberg und seinen Anhängern propagierte »zweite Revolution«. Auch Tarifverträge bejahten sie nun als Mittel geordneter, kalkulierbarer und maßvoller Lohnpolitik. Sogar deutschnationale Arbeitgebervertreter entdeckten plötzlich ihre Vorliebe für die Gewerkschaften, die im Gegensatz zum Arbeiterrat zur Vereinbarung »vernünftiger Löhne« bereit seien.[211] Die Handelskammer hob in ihrem Bericht über das Jahr 1919 eigens hervor, daß durch den Abschluß von Tarifverträgen für fast alle Fachgruppen des Hamburger Handels der Arbeitsfriede in diesem Bereich gesichert worden sei.

Das sogenannte Stinnes-Legien-Abkommen vom 15. November 1918, in dem die Spitzen der Freien Gewerkschaften Deutschlands und der Vereinigung der Deutschen Arbeitgeberverbände die gegenseitige Anerkennung der Organisationen, die unbeschränkte Koalitionsfreiheit, die tarifvertragliche Regelung der Arbeitsbedingungen und die Einführung des Achtstundentags bei vollem Lohnausgleich vereinbart hatten, fand in Hamburg zunächst Zustimmung. Nur in einem Punkt mußten die Gewerkschaften 1919 zurückweichen: Die Akkordarbeit, die allein in Hamburg während der Revolution durch ein Dekret des Arbeiter- und Soldatenrats beseitigt worden war, wurde im Herbst wieder eingeführt, da die Arbeitgeber jede Lohnsteigerung davon abhängig machten und die Gewerkschaften angesichts der hohen Arbeitslosigkeit und der keineswegs einhelligen Einstellung der Arbeiterschaft zu diesem Problem keinen Widerstand leisten konnten. Es gelang dem hauptsächlich betroffenen Metallarbeiterverband allerdings, größere Mitbestimmungsrechte durchzusetzen.[212]

Der Konjunkturaufschwung seit den letzten Monaten des Jahres 1920 stärkte die Position der Gewerkschaftsführung. Mit dem Rückgang der Erwerbslosigkeit gewann sie, wie gezeigt wurde, die Möglichkeit, relativ gute Löhne durchzusetzen, so daß die Hamburger Arbeiter die Berliner

Kollegen vom Platz des Spitzenreiters verdrängten. Der Opposition wurde dadurch ein wichtiger Angriffspunkt genommen. Zugleich spiegelte sich in den günstigen Tarifabschlüssen und in der Verminderung der Streiks und Aussperrungen das Kräftegleichgewicht zwischen Gewerkschaften und Unternehmern wider, das beiden Seiten nahelegte, sich im Wege des Kompromisses zu einigen.[213]

Dabei gab es zwischen Gewerkschaften und Unternehmern jetzt ein größeres Konfliktpotential als in der Phase der Revolution. Die damaligen Zugeständnisse wurden von den Wirtschaftsverbänden inzwischen wieder in Frage gestellt. Während die Hamburger Handelskammer beispielsweise 1919 die Heranziehung des Vermögens zur Abdeckung der Kriegs- und Kriegsfolgekosten für unausweichlich gehalten hatte und ihr Präses, Franz Heinrich Witthoefft, sogar öffentlich für die Verstaatlichung verschiedener Grundstoffindustrien und die Einführung stark progressiv gestalteter Einkommens- und Vermögenssteuern eingetreten war, lief die Spitzenorganisation der Kaufmannschaft seit 1922 wieder Sturm gegen die angeblich übermäßige Belastung des Besitzes.[214]

1919 hatte die Kammer das Streben nach »Demokratisierung der Betriebe«, verstanden als Mitbestimmung der Belegschaften bei allen sie betreffenden Angelegenheiten, ausdrücklich begrüßt. Der Arbeiter sollte nach ihren Worten »in seinem Tätigkeitsbereich zum gleichberechtigten Mitarbeiter werden«, allerdings, so schränkte sie ein, dem Unternehmer das »volle Selbstbestimmungsrecht« bei der »eigentlichen wirtschaftlichen Leitung« seines Betriebes bleiben.[215] In späteren Äußerungen stand diese Sorge um die Autonomie des Unternehmers wieder ganz im Vordergrund.

Am deutlichsten zeigte sich der Wandel in der einsetzenden Kampagne aller Wirtschaftsorganisationen gegen den Achtstundentag. Die neuen Schlagworte lauteten: »Höhere Arbeitsintensität«, »Wille zur Leistung« statt »Streben nach gewerkschaftlich oder tarifvertraglich gesichertem Unterhalt«. Vorläufig begnügten sich die Arbeitgeber aber damit, in allgemeinen Erklärungen gegen die starren gesetzlichen und tarifvertraglichen Bindungen zu polemisieren und »Ausnahmen« für bestimmte Berufe oder einzelne Betriebe aufgrund des »freien Vertragsschlusses der Beteiligten« zu fordern.[216] Sie hüteten sich wohlweislich, die Gewerkschaften, solange sie stark waren, durch ernsthafte Aktionen gegen den Achtstundentag zu provozieren.

Unverkennbar waren die Stellungnahmen der Unternehmerverbände in schärferem Ton gehalten als in der ersten Zeit nach der Revolution. Mit der Begründung, daß sie wegen der wirtschaftlichen Folgen ihre Stimme erheben müßten, unterzogen sie zunehmend auch die außen- und innenpolitische Entwicklung ihrer Kritik. Den Reichsregierungen warf die Handelskammer 1922 vor, sie ließen es an Führung fehlen und seien zu sehr darauf bedacht, sich bei allen schwierigen Problemen bei den Parteien oder der »Masse der Wähler« rückzuversichern, mit dem Ergebnis, daß ihre außenpolitischen Entscheidungen unklar, die innenpolitischen mehr von »demagogischen als sachlichen« Absichten bestimmt seien. Das Mitglied der Kammer, Wilhelm Cuno, versuchte seit dem Herbst des Jahres als Kanzler eines »parteienunabhängigen« Beamtenkabinetts in ihrem Sinne Wandel zu schaffen – und scheiterte nach kurzer Zeit, im August 1923, nachdem er die deutsche Wirtschaft endgültig in die Katastrophe, den Staat an den Rand des Zusammenbruchs geführt hatte. Die Polemik gegen die Rücksichtnahme der Regierungen auf Parlamente und Parteien, das wesentliche Element der demokratischen Verfassung, verschwand trotzdem bis zum Ende der Weimarer Republik nicht mehr aus der Argumentation der Wirtschaftsverbände.

Ein Teil der Unternehmer ging noch einen Schritt weiter. Nachdem das konservative Bürgertum etwa seit Mitte 1919, nicht zuletzt auch als Folge der Reichswehrbesetzung Hamburgs, sein Selbstbewußtsein wiedergefunden hatte, machten diese »Wirtschaftsführer« aus ihrer grundsätzlich ablehnenden Haltung zum neuen Staat kein Hehl mehr. Die Firmenleitung von Blohm und Voß beabsichtigte zum Beispiel beim Kapp-Putsch, am Generalstreik beteiligte Arbeiter als kontraktbrüchig zu behandeln und auszusperren.[217] Der Arbeitgeber-Verband Hamburg-Altona, in dem Rudolf Blohm eine beherrschende Rolle spielte, bot dem wegen seiner politischen Unzuverlässigkeit aus dem Hamburger Polizeidienst entlassenen, an der Verschwörung Kapps beteiligten Oberst Völckers eine neue Beschäftigung als Leiter seiner Presseabteilung. Völckers nutzte diese Stellung unter anderem, um den Hamburger Kreisen der »Schwarzen Reichswehr«, deren Pläne für einen Rechtsputsch im Mai 1923 aufgedeckt wurden, Finanzquellen der Wirtschaft zu erschließen.[218] Der Inhaber der großen Gummiwarenfabrik gleichen Namens, Heinrich Otto Traun, der in der Handelskammer und mehreren Unternehmerverbänden Funktionen ausübte, ließ nach dem Rathenaumord die von Belegschaftsmitgliedern halbstock gesetzte Flagge demonstrativ entfernen.[219]

Mit solchen Aktionen deutschnationaler Unternehmer sympathisierte zwar nur eine Minderheit ihrer Kollegen, doch gaben auch die übrigen und sogar ihre offiziellen Vertretungen wiederholt Anlaß, an ihrer Loyalität gegenüber der demokratischen Republik zu zweifeln. Provozierend wirkten insbesondere die häufigen Vorstöße zur stärkeren Verbreitung der alten Reichsfarben Schwarz-weiß-rot, da sich in der Mißachtung der Symbole die generelle Geringschätzung des neuen Staates auszudrücken schien. Am hartnäckigsten taten sich hierbei die Reedereien, allen voran die Hapag, hervor; aber auch die Handelskammer förderte bei Gelegenheit derartige Bestrebungen der Schiffahrtskreise. Nur wenige Unternehmer sahen so klar wie Max Warburg, daß der Staat »aus Gründen der Selbstachtung« Anerkennung für seine Farben fordern müsse und in diesem Bemühen, seine »Autorität und Würde« zu bewahren, zu unterstützen sei.[220]

Aus der reservierten oder abweisenden Einstellung der meisten Unternehmer zum neuen Staat ergaben sich auch auf innenpolitischem Gebiet Spannungen mit den sozialdemokratischen Arbeitnehmern und den Gewerkschaften, da sie sich als Träger und Verteidiger der in der Revolution geschaffenen demokratischen Ordnung verstanden. Dies hatten die Gewerkschaften durch den Generalstreik zur Abwehr des Kapp-Putsches, durch die Organisation der großen Protestdemonstrationen gegen den Erzberger- und den Rathenaumord und durch ihre maßgebliche Rolle bei der Aufdeckung der Reichswehrintrigen gegen Hamburg 1923 bewiesen. In ihren Erklärungen zum kommunistischen Aufstand im Oktober betonten sie von neuem diese Entschlossenheit, die Verfassung zu sichern.

Die Auswirkungen der Hyperinflation hatten die Gewerkschaften allerdings in der Zwischenzeit entscheidend geschwächt. Ihre Rücklagen waren vernichtet, die laufenden Einnahmen wurden in kürzester Zeit wertlos. Nur durch äußerste Drosselung aller Ausgaben gelang es, den Organisationsapparat durch den »Milliarden- und Billionentaumel« hindurchzuretten.[221] Ein Teil des Personals der Ortsverwaltung mußte entlassen werden. In den letzten zweieinhalb Monaten des Jahres 1923 konnte nicht einmal mehr das Mitteilungsblatt, »Die freie Gewerkschaft«, erscheinen. Anderes Aufklärungsmaterial wurde höchst selten herausgebracht. In einer besonders schwierigen Zeitspanne war dadurch der regelmäßige Kontakt zwischen der Gewerkschaftsführung und den Mitgliedern unterbrochen.

Streiks waren bei dieser Finanzmisere aussichtslos. Die hohe Erwerbslosigkeit und die große Zahl kurzarbeitender Betriebe, deren Stillegung jederzeit drohte, taten ein übriges, um den Gewerkschaften Kampfmaßnahmen unmöglich zu machen. Sie mußten es fast wehrlos hinnehmen, daß die Unternehmer nach ihrem Willen »diktieren« konnten und viele auf Kosten der Belegschaften einen Ausweg aus den Wirren und Bedrängnissen der Hyperinflation zu finden versuchten.

Gleichzeitig wuchs unter den Arbeitern die Ungeduld, daß ihre Organisationen zu energischer Gegenwehr übergehen sollten, um sie vor der dramatischen Verschlechterung ihrer Arbeits- und Lebensbedingungen zu bewahren. Unzufriedenheit, Kritik und Opposition gegen die Führung griffen in den Gewerkschaften um sich. Die KPD konnte die Stimmung nutzen, um bei den Betriebsratswahlen Fortschritte zu erzielen und auch in den Verbänden des ADGB stärker Fuß zu fassen. Obwohl die Überlegenheit der Sozialdemokratie nie in Frage stand, wurde die Handlungsfähigkeit der Gewerkschaftsführungen durch die internen Auseinandersetzungen weiter beeinträchtigt.

Ausgelöst durch die erneuten sprunghaften Preissteigerungen, den Bargeldmangel und die dadurch bedingten Verzögerungen bei den Lohn- und Gehaltszahlungen, kam es im August 1923 im gesamten Reich zu spontanen Streiks, die nicht von den Gewerkschaften geführt wurden. In Hamburg wurden sie durch das Verhalten der Werftleitungen provoziert, die kommunistische Protestversammlungen in den Betrieben zum Anlaß nahmen, um ihre seit Monaten besonders miserabel entlohnten, schwer notleidenden Arbeiter vom 9. bis 12. August auszusperren. Als sie die Werkstore wieder öffnen wollten – zu Bedingungen, die keinerlei Verständnis für die wirtschaftlichen Bedrängnisse der Arbeiter erkennen ließen –, antwortete die KPD mit der Proklamation des Generalstreiks. Es gelang ihr, den Verkehr für einige Stunden lahmzulegen und die Werftarbeiter zur Arbeitsverweigerung zu bewegen. Die Hafenarbeiter, die nach mehrtägigen Verzögerungen bei den Lohnzahlungen für radikale Parolen ebenfalls empfänglich waren, schlossen sich an. Es kam zu Tumulten, vereinzelten Plünderungen und gewaltsamen Auseinandersetzungen mit der Polizei, bei denen ein Mann den Tod fand und viele verletzt wurden. Erst nach der Verhängung des Ausnahmezustands am 13. August gelang es allmählich, im Bereich des Hafens und der angrenzenden Bezirke St. Pauli und Neustadt die Ruhe wiederherzustellen. Seit dem 17. August wurde im Hafen wieder voll gearbeitet. In anderen Stadtteilen war die Generalstreikparole nicht befolgt worden.[222]

Die Kommunistische Internationale und ihre deutsche Sektion, die KPD, wurden durch die August-Streiks zur Vorbereitung des bewaffneten Aufstands in Deutschland ermutigt. Sie ignorierten, daß die Mehrheit der Arbeiterschaft noch immer mit großer Disziplin den Anweisungen der Gewerkschaften und der SPD folgte. Aber dies mußte nicht so bleiben. Wie die wiederholten von den Gewerkschaften nicht gewollten Streiks zeigten, war die Gefahr nicht von der Hand zu weisen, daß sie die Führung der Arbeiterschaft verlieren könnten.

Der rapide Mitgliederschwund, den sowohl der ADGB als auch die SPD in den letzten Monaten des Jahres 1923 hinnehmen mußten, signalisierte, daß sich viele Arbeitnehmer vom Wirken der sozialdemokratischen Organisationen keinen Erfolg mehr versprachen. Am Ende der Hyperinflation standen die Gewerkschaften vor der Tatsache, daß sie ihre »wirtschaftlichen und sozialen Positionen« verloren hatten. Aus einer weit ungünstigeren Ausgangslage als 1918/19 mußten sie den Kampf um die Rechte der Arbeitnehmer fortsetzen. Sie benötigten jetzt die Hilfe des demokratischen

Staates, um wenigstens einen Teil der seit der Revolution errungenen Fortschritte zu retten.

Eine Besserung der Situation setzte die Überwindung des Währungschaos und die wirtschaftliche Normalisierung voraus. In dieser Hinsicht
waren dem Wirken der Gewerkschaften dadurch Grenzen gesetzt, daß sie –
wie die meisten Zeitgenossen – die geld-, finanz- und wirtschaftspolitischen Zusammenhänge der Inflation nicht durchschauten. Im Unterschied
zum Bundesvorstand des ADGB, der die Problematik deutlicher erkannte,
begriffen die Hamburger Funktionäre den Preisauftrieb bis ins Jahr 1923
hinein als »Teuerung«, die ihre wesentliche Ursache in der »Profitgier« der
Produzenten, Händler und Spekulanten, der nationalen und internationalen »Kapitalisten« habe.

Dieser Deutung entsprachen die Gegenmaßnahmen: 1920 versuchte der
Ortsausschuß des ADGB, die Verteilung von Grundnahrungsmitteln und
anderen lebenswichtigen Gütern selbst in die Hand zu nehmen, um durch
Ausschaltung des Einzelhandels die Preise zu drücken, scheiterte allerdings
nach kurzfristigen Erfolgen bald an der Höhe der Einstandskosten. Vom
Staat verlangte er, durch Beteiligung von Arbeitnehmervertretern an paritätisch besetzten Preisprüfungsstellen den »Wucher« zu bekämpfen, ferner
durch scharfe Kontrollen der Grenzen, Verkehrs- und Postwege die Verschiebung von Waren ins Ausland zu verhindern und hierbei mit weitreichenden Befugnissen ausgestattete, aus öffentlichen Mitteln bezahlte Beauftragte der Gewerkschaften einzusetzen. Neben den regulären Gerichten
sollten besondere »Volkswuchergerichte« tätig werden und mit drakoni-
schen Strafen gegen die Überteuerung oder Verschiebung von Bedarfsgütern ins Ausland vorgehen.[223]

1921 kündigte der Hamburger ADGB den Aufbau eines »gewerkschaftlichen Selbstschutzes gegen Konsumentenbewucherung« an. Seine Bevoll-
mächtigten sollten die notwendigen Kleinhandelspreise ermitteln, bei
Abweichungen von der Norm die Geschäftsbücher und Einkaufspapiere
prüfen und Händler, die ihre Waren zu teuer verkauften oder die Offenle-
gung ihrer Kalkulation ablehnten, in der Arbeiterpresse namentlich an-
prangern. Die Mitwirkung in den reorganisierten Preisprüfungsausschüs-
sen der Deputation für Handel, Schiffahrt und Gewerbe überzeugte die
Hamburger Gewerkschaftsführung dann jedoch, daß weniger die Endver-
käufer als die Produzenten für die »Preistreiberei« verantwortlich seien.
1922 gab sie ihre Aktion wieder auf.

Die Bemühungen des Bundesvorstands des ADGB, durch ein Zehnpunkteprogramm zur »Sachwerterfassung«, effektiven Besitzbesteuerung
und Lenkung der Wirtschaft die Grundlagen für eine solide Finanzpolitik
und eine Stabilisierung der Währung wiederherzustellen, fanden demge-

genüber in Hamburg lange Zeit kaum mehr als pflichtgemäße Unterstützung. Die Ende 1921 beschlossenen Forderungen erlangten erst 1923 größere Bedeutung, weil sie die KPD nun benutzte, um das angebliche Versagen der Führungen der SPD und der Gewerkschaften aufzudecken und die
interne Opposition gegen sie zu schüren. In der Abwehr nahm auch der
Hamburger ADGB die geringe Beachtung der »Zehn Punkte« zum Anlaß,
um den mangelnden Durchsetzungswillen der Reichsregierung gegenüber
dem Großkapital und die schwankende, unvermittelt wechselnde Politik
der SPD scharf zu kritisieren.[224]

In allen diesen Stellungnahmen, im Verlangen nach weitreichenden Eingriffen in die Wirtschaftsordnung, im Anspruch auf die Ausübung staatlicher Funktionen, nicht zuletzt im Tadel an der verbündeten Partei, trat
das Selbstbewußtsein der Gewerkschaften zutage. Aus der Identifikation
mit dem demokratischen Staat leiteten sie die selbstverständliche Erwartung ab, daß er an erster Stelle den Interessen der Arbeitnehmer und Verbraucher seinen Schutz gewähren müsse. Da die Hamburger Gewerkschaftsführer auf die äußeren Erscheinungen der Inflation fixiert blieben,
führten ihre Vorschläge und Forderungen zur Konfrontation mit anderen
Bevölkerungsgruppen, die oft unter der Währungskatastrophe nicht weniger litten als die Arbeitnehmer. Auf diese Weise trugen die Gewerkschaften
ihren Teil zur Verschärfung der sozialen Spannungen bei. Im Herbst 1923
erreichten die Konflikte ein Ausmaß, daß die Stabilität des Staates gefährdet wurde. Nicht nur aus wirtschaftlichen und sozialen, sondern auch aus
politischen Gründen war daher die Wiederherstellung geordneter Währungsverhältnisse dringend geboten.

8. Wirtschaftliche Normalisierung

Die »Hamburger Goldmark«

Im Verlangen nach wertbeständigem Geld stimmten im Herbst 1923 alle Bevölkerungskreise überein. Als Chef einer neuen Regierung der Großen Koalition sämtlicher Parteien von der SPD bis zur DVP entschloß sich Gustav Stresemann (DVP) Ende September, den »Ruhrkampf« abzubrechen. Er schuf damit eine der wichtigsten Voraussetzungen, um die Ausgaben des Reichs zu begrenzen, die hemmungslose Defizitwirtschaft, die Geldschöpfungspolitik und den Notendruck zu beenden und schließlich die Währung zu stabilisieren. Gleichzeitig kündigte das Kabinett den Ersatz der in den Augen des Publikums völlig diskreditierten Mark durch ein wertbeständiges Zahlungsmittel, die »Neumark« an.[225] Die Verwirklichung verzögerte sich jedoch, weil über die besten Methoden Uneinigkeit unter den Verantwortlichen herrschte und die Interessenten unterschiedliche Wünsche durchzusetzen versuchten.

In Hamburg wurde diese Diskussion mit wachsender Ungeduld und Skepsis verfolgt. Die Pläne waren zunächst allzu einseitig auf die Bedürfnisse und Vorstellungen der Landwirte abgestellt, deren Weigerung, die Ernte gegen wertlose Papiermark zu verschleudern, den letzten Anstoß gegeben hatte, die Lösung des Währungsproblems endlich energisch in Angriff zu nehmen. Die Notwendigkeit des Güteraustauschs mit dem Ausland und der entsprechenden internationalen Anerkennung der Währung schien demgegenüber zu wenig berücksichtigt zu werden. Am 10. Oktober warnte deshalb die Hamburger Handelskammer in einem vielbeachteten, kritischen Gutachten zu dem Währungsprojekt der Reichsregierung, daß die vorgesehene »Deckung« durch Rentenbriefe auf der Basis einer Grundschuld der Landwirtschaft, der Industrie und des Handels weder eine Gewähr für die Wertbeständigkeit des neuen Geldes biete, noch dessen Annahme im Ausland erwarten lasse. Um das erste Ziel zu erreichen, müßten stärkere Vorkehrungen gegen eine erneute übermäßige Kredit- und Geldschöpfung des Staates getroffen werden; um ein international brauchbares Zahlungsmittel zu erhalten, sei die Eintauschbarkeit in Gold oder gutbewertete Devisen unerläßlich.[226]

Aus der Sicht der am Welthandel interessierten Hamburger Kaufleute verdiente deshalb ein Vorschlag des Direktors der Nationalbank, Hjalmar Schacht, den Vorzug. Schacht, der wenige Wochen später zum Reichswährungskommissar und im Dezember 1923 zum Reichsbankpräsidenten ernannt wurde, plädierte dafür, sofort eine Goldnotenbank zu errichten, ohne Umwege über eine Rentenbank und eine Rentenmark. Er war überzeugt, daß es nur genügender Sicherheiten und Anreize bedürfe, um der Bank so umfangreiche Gold- und Devisenbestände aus deutschem und ausländischem Privatbesitz zuzuführen, daß sie auf dieser Grundlage die in Deutschland benötigte Menge an wertbeständigen Zahlungsmitteln ausgeben könne.[227] Die Grundgedanken seines Plans wurden durch die Errichtung der Hamburgischen Bank von 1923« 15 Tage später in der Hansestadt mit Erfolg verwirklicht.

Angesichts der Folgen, die der Zusammenbruch des Zahlungs- und Überweisungsverkehrs mit sich brachte, wurde das Warten, daß die Reichsregierung mit der versprochenen Währungsstabilisierung endlich Ernst mache, zu einer unerträglichen Geduldsprobe. Seit längerem gab es in Hamburger Wirtschaftskreisen bereits Überlegungen, sich von der Entwicklung im Reich zu lösen und selbst ein wertbeständiges Zahlungsmittel zu schaffen. Mitte September waren solche Gedanken erstmals im Plenum der Handelskammer erörtert worden. Vorerst aber hatten sich diejenigen durchsetzen können, die isolierte Maßnahmen – nicht zuletzt im Hinblick auf die bevorstehende Regelung für das Reich – für unvereinbar mit den Gesetzen, falsch und für den Zusammenhalt des deutschen Volkes und seiner Wirtschaft gefährlich hielten. Allmählich schwand jedoch das Vertrauen, daß sich die Reichsregierung in absehbarer Zeit zu einer Lösung des Währungsproblems durchringen werde.

Die Konflikte zwischen Kaufleuten und Banken, Produzenten und Konsumenten, Industrie und Handel, Arbeitnehmern und Arbeitgebern spitzten sich in einer Weise zu, daß weiteres Abwarten unmöglich erschien. Zahlreiche Firmen bestürmten die Handelskammer, zur Wiederherstellung eines geordneten Überweisungsverkehrs einzugreifen. Seit dem 20. September verlangte der ADGB kategorisch die Vereinbarung wertbeständiger Löhne; zur Unterstützung seiner Forderung praktizierte er eine neuartige Kampfmaßnahme: die stundenweise Stillegung ausgewählter, für die übrige Wirtschaft besonders wichtiger Betriebe. Die Werft- und Hafenarbeiter traten am 20. Oktober wieder in Streik. Die Schiffahrtskreise und die Industriellen Hamburgs drohten, selbst die Initiative zur Schaffung eines wertbeständigen Zahlungsmittels zu ergreifen, wenn sie die »Bank- und Handelswelt« in dieser Frage weiterhin im Stich lasse.

Den letzten Anstoß gab schließlich der kommunistische Umsturzversuch am 23. Oktober, der die politische Brisanz des Währungsdesasters deutlich vor Augen führte. Noch am selben Tag gab der Senat bekannt, daß er in der laufenden Woche wertbeständiges Geld herausbringen und dadurch binnen kürzester Frist wertbeständige Lohn- und Gehaltszahlungen ermöglichen werde. Diese Absicht wurde durch eine Notverordnung des Reichs, das am Vortag endlich die Rentenbank errichtet hatte und die Einheitlichkeit der kommenden Währung sichern wollte, zunächst vereitelt. Dagegen gelangten gleichzeitige Verhandlungen zwischen Vertretern des Senats und der führenden Banken der Stadt über die Gründung der »Hamburgischen Bank von 1923« in zwei Tagen zum Abschluß, so daß sie am 25. Oktober bereits ins Handelsregister eingetragen werden konnte. Erst nachträglich erwirkte sie die Duldung der Reichsbank und der Reichsregierung.

103 Hamburger Firmen, darunter 64 Banken, 15 Handelsunternehmen und 13 Reedereien, waren als Aktionäre an der Gründung beteiligt.[228] Gegen Einzahlung von US-Dollars oder anderen Devisen, die in Dollars konvertiert wurden, eröffnete die Bank Goldmarkkonten, über die die Kunden durch Überweisungen auf andere Goldmarkkonten oder durch Barabhebungen verfügen konnten. Zu diesem Zweck gab die Bank seit dem 26. Oktober auf eine halbe, eine, zwei und fünf Goldmark lautende »Verrechnungsanweisungen« und wenige Tage später auch auf Goldpfennige lautende, in der staatlichen Münze geprägte »Verrechnungsmarken« heraus. Sie sollten nur, solange die Rentenmark noch nicht oder nicht in genügender Menge zur Verfügung stand, als Geldersatz dienen, nach den ursprünglichen Planungen bis Ende November.

Da aber die Versorgung Hamburgs mit Rentenmark langsamer vonstatten ging als erwartet und die »Gold-« oder »Giromark« der Bank sich rasch zu einem höchst begehrten Zahlungsmittel entwickelte, wurde der Umlauf von anfangs 12 bis auf 46 Millionen Goldmark im September 1924 gesteigert. Um Zwangsmaßnahmen des Reichs zu verhindern, bemühte sich die Bank nach der Schaffung der Reichsmark Ende August 1924, ihre Verrechnungsanweisungen allmählich aus dem Verkehr zu ziehen. Zum 30. September 1925 verloren sie ihre Gültigkeit. Beliebt waren sie insbesondere wegen ihrer erstklassigen Deckung: Die eingezahlten Dollars wurden in voller Höhe bei amerikanischen Banken als täglich fälliges Geld hinterlegt.

Drei Wochen vor dem Erscheinen der Rentenmark gab es damit in Hamburg das erste wertbeständige »Geld«. Die »Goldmark« trug wesentlich zur Beruhigung der innenpolitischen Verhältnisse in der Hansestadt bei. Auf Betreiben der Gewerkschaften kündigte der Senat am 28. Oktober an, daß er zwar wegen des Verbots der Reichsregierung kein eigenes auf Gold beruhendes Notgeld herausgeben könne, zum Ersatz aber den privaten Arbeitgebern, die selbst nicht im Besitz der benötigten Devisen seien, bei der Beschaffung von »Goldmark« der Hamburgischen Bank helfen wolle. Den Arbeitnehmern des Staates versprach er, ab Anfang November einen Teil der Bezüge in Höhe von 4 Goldmark pro Woche in den Wertzeichen der Bank auszubezahlen. Durch die Zusage wertbeständiger Löhne gelang es, den Arbeitsfrieden im Hafen wiederherzustellen. Als erste Arbeitnehmergruppe wurde das Personal der Reedereien und Hafenbetriebe seit dem 4. November in Goldmark entlohnt.

Es zeigte sich jedoch, daß die Bank überfordert war, wenn sie über den Kreis der Gründungsfirmen hinaus allen Arbeitgebern die Bezahlung wertbeständiger Löhne ermöglichen sollte. Um nicht neue gefährliche Konflikte zwischen Goldmark- und Papiermarkempfängern aufbrechen zu lassen, erreichte der Senat deshalb in zähen Verhandlungen in Berlin, daß er große Beträge der Reichsgoldanleihe kaufen und auf dieser Unterlage vom 7. November an doch wertbeständiges staatliches Notgeld herausbringen durfte. Am 15. November kam dann auch die Rentenmark in den Verkehr. Daneben blieb die Papiermark als gesetzliches Zahlungsmittel im Umlauf. Sie wurde auf den offiziellen deutschen Devisenmärkten zum Zwangskurs von 4,2 Billionen Mark für den Dollar stabilisiert. Da aber die Reichsbank den Devisenbedarf zu diesem Kurs nur zum kleinsten Teil befriedigen konnte – in der letzten Novemberwoche billigte sie beispielsweise den Hamburger Kaufleuten im allgemeinen nur 1 % ihrer Anforderungen zu –, wurden an den internationalen Börsen wie auf dem deutschen grauen und schwarzen Markt weit höhere Beträge, bis zu 12 Billionen Papiermark, für den Dollar gezahlt.

Um sich vor Verlusten zu schützen, erhoben daher zuerst die Großhändler, dann auch die Einzelhändler bei Papiermarkzahlungen Zuschläge in Höhe von 20 % bis 100 %, im Schnitt von etwa 50 %. Aber auch die Rentenmark wurde, wie die Handelskammer in ihrem Währungsgutachten vom 10. Oktober vorausgesagt hatte, schon nach wenigen Tagen nur noch mit 60% bis 70% ihres Nennbetrages bewertet. Ähnlich erging es dem auf der Reichsgoldanleihe basierenden Hamburger Notgeld. Das einzige zu 100% seines Wertes gehandelte Zahlungsmittel, die »Goldmark« der Hamburgischen Bank, wurde in wachsendem Maß gehamstert. Für die Waren entstanden drei verschiedene Preise je nach der Art des Geldes, das dem Kunden zur Verfügung stand.[229] Wieder drohten Teile der Bevölkerung diskriminiert zu werden, nur weil ihre Arbeit in schlechter bewerteter Mark bezahlt wurde.

In dieser Situation entschloß sich der Senat, energisch einzugreifen: Durch eine Notverordnung schrieb er am 23. November unter Androhung schwerster Strafen vor, daß das hamburgische staatliche Notgeld, die Rentenmark, Dollarschatzanweisungen und die Goldanleihe des Deutschen Reichs »von jedermann im Zahlungsverkehr als vollwertiges Goldgeld anzusehen« und ohne Abstriche zu akzeptieren seien.[230] Er ging damit weiter als die Reichsregierung, die nur die Einlösung der Rentenmark zum vollen Wert bei den Reichskassen garantierte, ihr aber den Charakter eines im gesamten Geschäftsverkehr vollgültigen gesetzlichen Zahlungsmittels nicht verlieh. Dieses zielstrebige Handeln sicherte den Hamburgern die Anerkennung, aufgrund ihrer Welthandelstradition in Währungsfragen besonders verständig zu sein. Die Frankfurter Zeitung lobte: Als erste wären sie zur Ausstellung der Warenrechnungen in ausländischer Währung übergegangen, und als erste hätten sie dann der Indexrechnung zum Durchbruch verholfen. Der Hamburger Textilhandel habe als erste Wirtschaftsorganisation in Deutschland Indexpreise festgesetzt, der Ortsausschuß des ADGB mit seinen Verbänden als erster Indexlöhne durchgedrückt, der Hamburger Staat als erster Indexgebühren und -tarife beschlossen. Als diese Methode versagte, sei wiederum zuerst in Hamburg die Goldrechnung aufgekommen, hier das erste Goldgeld in Umlauf gebracht und schließlich die Anerkennung aller Arten wertbeständigen Geldes als gleichberechtigter gesetzlicher Zahlungsmittel erzwungen worden. Wichtiger als der Ruhm des Vorreiters aber war, daß die Maßnahmen Erfolg hatten: Der dreifache Preis verschwand.

Durch wiederholte scharfe Kreditrestriktionen gelang es Schacht nach seiner Ernennung zum Reichsbankpräsidenten, den Wert der Rentenmark zu heben und zu sichern. Daneben bereitete er die Rückkehr zum Goldstandard vor, die den Interessen der Hamburger Wirtschaft entsprach und nicht zuletzt von den Reparationsgläubigern als Bedingung für eine Neuregelung und Erleichterung der deutschen Verpflichtungen verlangt wurde. Im Herbst 1924 löste die zu 40% durch Gold und Devisen gedeckte

Reichsmark die Rentenmark ab. Damit fand der »Hamburger Währungs-
wirrwarr« der Übergangsphase, in der die Bevölkerung mit den verschie-
denartigen, zum Teil auf höchst ungewohnte Beträge lautenden, wertbeständigen Zahlungsmitteln zurechtkommen mußte, allmählich ein Ende.

Erschwernisse im Arbeiteralltag

Vor der Wiederherstellung normaler Währungsverhältnisse waren die Verschiebungen und Verluste, die die Inflation verursacht hatte, noch nicht im
vollen Ausmaß zu erkennen. Sie traten erst jetzt zutage. Am schwersten
hatte, wie gezeigt wurde, in vieler Hinsicht der selbständige städtische Mittelstand gelitten. Die Schicht der Kapitalrentner war vernichtet worden. Sie
mußten entweder eine Erwerbstätigkeit aufnehmen oder von den Zuwendungen Dritter leben.

Die Arbeitnehmer hatten ihren Anteil am Volkseinkommen steigern
können, wie ein Vergleich der Zahlen für 1913 und 1925/26 ergibt.[231] Aber
dieser Gewinn existierte mehr in der Statistik als in der Realität. Er war vor
allem auf das Anwachsen der Zahl der abhängig Beschäftigten zurückzu-
führen. Der einzelne merkte wenig von einem verbesserten Abschneiden
im Verteilungskampf. Im Gegenteil: Die Reallöhne lagen nach der Stabilisierung anfangs erheblich, um 20% bis 40%, unter den Friedenslöhnen.
Erst im Oktober 1927 erreichten die meisten Arbeitergruppen – mit Ausnahme der weiterhin sehr schlecht entlohnten Metallarbeiter – wieder den
Stand von 1913. Vor allem die nun rasch bis auf 124% des Friedensniveaus
steigenden Mieten drückten auf den Lebensstandard.[232]

Wie sehr sich die Position der Gewerkschaften verschlechtert hatte,
zeigte sich nicht nur in den ungünstigen Lohnabschlüssen, sondern auch
bei der Neuregelung der Arbeitszeit. Nach der Arbeitszeitverordnung vom
21. Dezember 1923 blieb zwar der Achtstundentag als Norm erhalten, aber
es wurden verschiedene Ausnahmen und die Vereinbarung von »Mehrarbeit« im Tarifvertrag zugelassen. Die Gewerkschaften waren häufig zu
schwach, um sich der Forderung der Arbeitgeber nach Arbeitszeitverlängerung mit Erfolg zu widersetzen. Im großhamburgischen Wirtschaftsge-
biet wirkte sich dies nach einer Erhebung des ADGB im Mai 1924 für etwa
45% der Arbeiter aus, hauptsächlich in der Metallindustrie, in den Che-
miefabriken und im Hafen. Im allgemeinen standen sie bis zu 54 Stunden
im Betrieb. Die Notwendigkeit der tarifvertraglichen Einigung ließ aber
die Möglichkeit, die Entwicklung unter günstigeren Bedingungen wieder
rückgängig zu machen. Schon 1925 arbeiteten in Hamburg nur noch rund

20% der in der Gewerkschaftsstatistik erfaßten Beschäftigten mehr als 48 Stunden in der Woche.[233] Um die Durchführung der Arbeitszeitverordnung entbrannten 1924 überall im Reich heftige und zum Teil langwierige Kämpfe. Der Achtstundentag galt den Arbeitnehmern als eine der wichtigsten sozialpolitischen Errungenschaften der Revolution, in der auch ihre verbesserte Stellung in der gesellschaftlichen Ordnung zum Ausdruck kam. Der Deutsche Metallarbeiter-Verband Hamburg verzeichnete für 1924 allein in seinem Bereich 23 Streiks und Aussperrungen, bei denen es überwiegend um Arbeitszeitkonflikte ging.[234] Der Hamburger Hafen wurde deshalb im März 1924 durch einen vierzehntägigen Streik lahmgelegt.

Am folgenschwersten war ein 13 Wochen während der Arbeitskampf auf den Werften an der norddeutschen Küste. Die Arbeitgeber hatten unmittelbar nach Inkrafttreten der Arbeitszeitverordnung den Tarifvertrag gekündigt und erreicht, daß das Reichsarbeitsministerium einen Schiedsspruch für verbindlich erklärte, durch den die Arbeitszeit ihren Wünschen entsprechend auf 54 Stunden in der Woche verlängert wurde. Da sie selbst gerade die Verbindlichkeit des vorigen, für sie weniger günstigen Schiedsspruches mißachtet und trotz eines Gerichtsbeschlusses gewisse Lohnerhöhungen nicht ausbezahlt hatten, ignorierten die Arbeiter die Entscheidung und verließen wie immer am Ende der Achtstundenschicht die Betriebe. Daraufhin sperrten die Werften ihre Belegschaften vom 26. Februar 1924 an aus. Vermittlungsbemühungen scheiterten vor allem an der harten Haltung der Arbeitgeber. Nach sieben Wochen traten sie plötzlich, ohne vorhergehende Verhandlungen, mit dem Angebot hervor, am 23. April die Betriebe wieder zu öffnen und sogar die Löhne etwas zu verbessern, vorausgesetzt, daß die Arbeiter die 54-Stunden-Woche akzeptierten. Dieser Versuch, die Lohn- und Arbeitsbedingungen einseitig anzuordnen, wurde abgewehrt. Erst ein neuer, wenigstens teilweise besserer Schiedsspruch veranlaßte die Werftarbeiter, am 21. Mai in die Betriebe zurückzukehren.[235]

Ihr langer Ausstand war ihnen durch vielfältige Unterstützungsaktionen ermöglicht worden: Durch Geldsammlungen konnte der Metallarbeiterverband seinen nach der Vermögensentwertung noch knappen Streikfonds auffüllen. Viele Gewerkschaften halfen mit Geld- und Lebensmittelspenden. Für die Familien wurde durch die Einrichtung kostenloser oder stark verbilligter Mittagstische gesorgt; die Kinder kamen zum Teil in fremden Arbeiter-, aber auch Bürgerfamilien unter. Das Ergebnis des Kampfes entsprach den Erwartungen nur zur Hälfte. Die Arbeitgeber mußten beachtliche Lohnerhöhungen bewilligen, die 48-Stunden-Woche als Regel anerkennen und das Mitspracherecht der Arbeitnehmervertretungen bestätigen. Bis zum 31. März 1925 sollte aber die 54stündige Arbeitswoche gelten.

Wichtiger noch als die materiellen Vereinbarungen war der moralische Erfolg. Wie schon das Verhalten der Arbeitgeber vor dem Beginn des Arbeitskampfes gezeigt hatte, ging es um eine grundsätzliche Machtprobe: Angesichts der schlechten Beschäftigungs- und Auftragslage der Werften war die Arbeitszeitverlängerung an sich nicht dringend. Doch sollte die Phase, in der die Gewerkschaften geschwächt waren, genutzt werden, um sie aus den Beziehungen zwischen Arbeitgebern und Arbeitnehmern so weit wie möglich auszuschalten und an die Stelle kollektiver Abmachungen über die Arbeitsbedingungen wieder die einseitige Anordnung des Unternehmers zu setzen. Die Werften erschienen für einen solchen Vorstoß besonders geeignet, weil ihre Arbeiter verhältnismäßig schwach organisiert waren. Die Rechnung ging jedoch in doppelter Hinsicht nicht auf: Die Nichtorganisierten ließen sich nicht vorzeitig aus der Kampffront lösen; der Metallarbeiterverband war noch immer stark genug, um einen raschen Sieg der Arbeitgeber zu verhindern.

Diese Erfahrung war für die Folgezeit von Bedeutung. Zwar waren die Kontrahenten auch jetzt kaum zu Kompromissen bereit, die freiwillige Vereinbarungen über die Arbeitsbedingungen ermöglicht hätten, aber sie fügten sich im allgemeinen den Schiedssprüchen der staatlichen Schlichter und deren Verbindlicherklärung. Lange Arbeitskämpfe wurden vermieden. Erst im letzten Viertel des Jahres 1928 kam es wieder zu einem fast vierzehnwöchigen Streik auf den Werften, durch den die Arbeiter endlich die Anhebung ihrer Löhne auf das sonst in Hamburg übliche Niveau und von neuem die Rückkehr zur 48-Stunden-Woche erzwingen wollten. Die beteiligten Gewerkschaften mußten die Aktion schließlich abbrechen, weil das Reichsarbeitsministerium einen für sie höchst unbefriedigenden Schiedsspruch für verbindlich erklärt hatte. Ihr Versprechen, den Kampf sofort nach Ablauf des Tarifvertrages wiederaufzunehmen, konnten sie wegen des Einbruchs der Weltwirtschaftskrise nicht einlösen.[236] Die hohe Arbeitslosigkeit machte es unmöglich, Streiks mit Aussicht auf Erfolg zu führen. Große Arbeitskämpfe fanden deshalb bis zum Ende der Weimarer Republik nicht mehr statt.

Sorgen der Angestellten und Beamten

Ähnlich wie die Arbeiter hatten auch die Angestellten unter der niedrigen Festsetzung der ersten »Goldgehälter« nach der Währungsstabilisierung zu leiden. Sie brauchten zudem länger, um ihre Einkommensverhältnisse zu verbessern. Erst unmittelbar, bevor die Welle der erneuten Gehaltskürzungen während der Weltwirtschaftskrise einsetzte, erreichten sie 1929 im allgemeinen wieder die realen Einkünfte der Vorkriegszeit. Da sie je nach Alter und »Leistung« sehr unterschiedlich verdienten, blieben die Bezüge vor allem vieler jüngerer Angestellter hinter dem amtlich festgesetzten Existenzminimum zurück. Ebenso erging es mehr als der Hälfte der Frauen in Angestelltenberufen, da sie generell erheblich schlechter bezahlt wurden als männliche Kollegen in gleichen Positionen.

Um trotz der ungenügenden Einkünfte Geld für gewisse kulturelle Bedürfnisse zu erübrigen, durch deren Pflege sie sich auch vom Proletariat abgrenzen wollten, sparten Angestellte oft bei den Ausgaben fürs Essen. Mangelhafte Ernährung war nach gesundheitsstatistischen Erhebungen bei ihnen häufiger anzutreffen als bei Arbeitern. Als weitere Belastung kam nach dem Ende der Inflation die starke Gefährdung der Arbeitsplätze hinzu. Die Rückkehr zu einem geordneten Zahlungsverkehr in überschaubaren Größenordnungen machte in den Büros der Industriefirmen, den Kontoren der Handelshäuser und Banken einen Großteil der Angestellten überflüssig. Bei der Stärke der Gruppe in der Handelsstadt Hamburg erreichte dieser Personalabbau hier ein besonderes Ausmaß. Die Erwerbslosigkeit der »älteren« Angestellten von über 35 Jahren, die Privatunternehmen wegen des Anspruchs auf höhere Bezahlung ungern beschäftigten, blieb ein gravierendes Problem, das der Staat trotz der bevorzugten Einstellung dieser Menschen und trotz spezieller »Arbeitsbeschaffungsmaßnahmen« für sie nicht lösen konnte.[237]

Den Beamten und Angestellten des Hamburger Staates ging es, was die Einkommensverhältnisse betraf, nicht besser. Solange die Höhe der Einnahmen noch nicht zu übersehen war, schränkten das Reich, die Länder und Gemeinden ihre Ausgaben nach der Währungsstabilisierung zunächst aufs äußerste ein, um nicht durch Haushaltsdefizite die Mark von neuem zu gefährden. Entsprechend niedrig wurden die Gehälter der Bediensteten festgesetzt. In den folgenden Jahren besserte sich die Lage ein wenig, aber selbst nach der Besoldungsreform vom Oktober/Dezember 1927, die die öffentlichen Kassen stark belastete und deshalb von vielen angegriffen wurde, erreichten nur einige Gruppen der mittleren Beamten knapp wieder die realen Bezüge der Vorkriegszeit. Untere Beamte mußten sich mit 70 % bis 80 %, höhere Beamte mit wenig mehr als 60 % begnügen. Nur wenn sie eine große Familie hatten, standen sie sich besser, da Verheirateten- und Kinderzuschläge erst seit der Revolution bezahlt wurden.

Eine gewisse Erleichterung brachten die auf dem Höhepunkt der Hyperinflation im Herbst 1923 eingeführten Notstandsbeihilfen, durch die bei Krankheits- oder Todesfällen 50 % der Kosten abgedeckt wurden. Diese ursprünglich nur für die Zeit der Krise gedachten Unterstützungen mußten weitergewährt werden, weil viele Beamte infolge der jahrelangen Unterbezahlung ohnehin verschuldet waren, meistens mit relativ kleinen Beträgen für den Kauf eines Wintermantels, die Ausrichtung einer Taufe oder Konfirmation und ähnliche Ausgaben. Bevor die Besoldungsreform von 1927 allmählich eine finanzielle Erholung herbeiführen konnte, sahen sich die Beamten in der Ära des Reichskanzlers Brüning von 1930 bis 1932 von neuem drastischen Gehaltskürzungen ausgesetzt.

Auf andere Weise hatten sie 1924 neben den materiellen Belastungen einen völlig unerwarteten Schlag erlebt: Die Reichsregierung ermöglichte am 27. Oktober 1923 ihre Versetzung in den einstweiligen Ruhestand und ordnete für den gesamten öffentlichen Bereich einen fünfzehnprozentigen Personalabbau an. In Hamburg mußten deshalb 2773 Beamte, 2774 Angestellte und 2591 Arbeiter aus dem Staatsdienst ausscheiden.[238]

Schwierigkeiten und Erfolge in den verschiedenen Wirtschaftsbereichen

Die Währungsstabilität und die folgende Geld- und Kreditknappheit führten in vielen Firmen zu erheblichen Schwierigkeiten. Manche Neugründung der Inflationszeit verschwand wieder; es kam zu spektakulären Zusammenbrüchen. Zum Symbol für diese Entwicklung wurde der Zerfall des Stinnes-Konzerns, den sein Gründer durch den Aufkauf auf den verschiedensten Gebieten tätiger Wirtschaftsunternehmen in der Phase der raschen Geld- und Schuldenentwertung zusammengebracht hatte. Durch die Zugehörigkeit einer Schiffahrtslinie und überseeischer Handelsstützpunkte hatte der Konzern auch zu Hamburg in Beziehung gestanden.

Trotz solcher Rückschläge gingen die Unternehmer insgesamt – zumindest im Vergleich zu anderen Bevölkerungsgruppen – als Gewinner aus der Inflation hervor. Ihren Anteil am Volkseinkommen hatten sie behaupten können, obwohl inzwischen die Zahl der Arbeitnehmer gewachsen war.[239] Allerdings gestaltete sich die Situation von Branche zu Branche und Betrieb zu Betrieb sehr unterschiedlich.[240] Generell waren die Startbedingungen nach der Wiederherstellung geordneter Währungsverhältnisse für den in Hamburg dominierenden Handel und seine Hilfsgewerbe schwieriger als für die Industrie: Das Betriebsvermögen der im tertiären Sektor tätigen Unternehmen mußte zu einem größeren Teil aus Geldkapital bestehen, das schwerer vor der Entwertung zu schützen war als Maschinen und Gebäude; auch profitierten sie aus demselben Grund weniger von der Entschuldung des Sachkapitals. Den plötzlichen Entzug von Geld und Kredit, der im Interesse der Währung notwendig war, bekam der Handel dagegen in besonderem Maß zu spüren. Da seine Eigenmittel größtenteils vernichtet waren, mußte er überwiegend mit teurem fremden Geld arbeiten. Er verlor infolgedessen manches Geschäft, weil er nicht so günstige Zahlungsbedingungen bieten konnte wie die internationale Konkurrenz, oder er mußte den Gewinn auf ein Minimum beschränken.

Die Erschwernisse als Folge der weltwirtschaftlichen Strukturwandlungen, die der Krieg ausgelöst hatte, machten sich erst jetzt, unter normalen Währungsverhältnissen, voll bemerkbar. Insbesondere der Exporteur erfuhr, wie hart die Absatzmärkte für europäische Waren umkämpft waren und wie sehr politische Veränderungen, Unruhen und Umstürze überall in der Welt sein Risiko vergrößerten. Die Ausfuhren über Hamburg nahmen zwar seit 1925 beträchtlich zu, aber nur 1926, 1928 und 1929 übertrafen sie während der Zeit der Weimarer Republik das Vorkriegsvolumen. 1926 herrschten zudem Ausnahmebedingungen, weil ein monatelanger Bergarbeiterstreik in England den deutschen Kohlenexport ungewöhnlich begünstigte.

Für den Einfuhrhandel waren die generellen Probleme der Währungsstabilisierung nicht weniger gravierend; darüber hinaus litt er darunter, daß sich die Kaufkraftarmut der deutschen Arbeiter, Angestellten und Beamten nur langsam besserte. Ihm kamen zudem keine staatlichen Hilfen: Steuervorteile, Kreditverbilligungen, Ausfallbürgschaften, Prämien usw., zugute, wie sie der Exporthandel genoß, da er nicht wie dieser als lebenswichtig, sondern eher als unerwünscht galt.

Angesichts dieser schwierigen Bedingungen war es für die Hamburger Wirtschaft von entscheidender Bedeutung, daß mit der Annahme des Dawes-Plans 1924 nicht nur eine Einigung über die Reparationen erzielt, sondern auch versucht wurde, den wirtschaftlichen Wiederaufbau Europas in Gang zu bringen. Die Dawes-Anleihe in Höhe von 800 Millionen Mark führte zu dem erwarteten Konjunkturaufschwung in Deutschland, der durch nachfolgende internationale Kredite im vielfachen Umfang gestützt und gefördert wurde. Hamburg profitierte von diesem belebenden Zustrom ausländischen Geldes in doppelter Weise: Es zog aus der wirtschaftlichen Erholung des Binnenlandes seinen Nutzen, und es erhielt wegen der engen geschäftlichen und auch familiären Beziehungen seiner führenden Banken zu bedeutenden amerikanischen und englischen Häusern internationales Kapital sowohl für wirtschaftliche als auch für öffentliche Zwecke zu besonders günstigen Bedingungen.

Wie nicht anders zu erwarten war, konnten freilich nicht alle wirtschaftlichen Schwächemomente und Strukturfehler innerhalb weniger Jahre überwunden werden. Die Lage des Ausfuhrhandels blieb labil, der Einfuhrhandel war wegen der geringen finanziellen Reserven der Bevölkerung weiterhin stark von allen Konjunkturschwankungen und Kaufkraftveränderungen im Innern abhängig. Im Bereich der Schiffahrt gelang die Konsolidierung nur den großen Linienreedereien, die ihren Wiederaufbau durch Kooperationsverträge mit finanzstarken amerikanischen Gesellschaften abschirmen konnten. Internationale Absprachen über die Fracht- und Passagetarife und die Aufteilung der Fahrtgebiete entschärften die Konkurrenz. Dagegen waren ihr die in der freien Fahrt tätigen Tramp-Reedereien ohne Rückhalt ausgesetzt. Für sie wirkte sich am nachteiligsten aus, daß die Zahl der schiffahrttreibenden Nationen und die Welthandelsflotte während und als Folge des Krieges stark gewachsen waren. Gegen die Preise der unter »Billigflaggen« fahrenden Schiffe aus Ländern, die Sicherheitsvorschriften und arbeitsrechtliche Bindungen kaum kannten, konnten sie nicht aufkommen. Bei Frachtraten, die unter denen der Vorkriegszeit lagen, und oft sehr schlechter Ausnutzung der Laderäume war eine Rentabilität schwer zu erzielen.

Diese Schwäche der kleineren Schiffahrtsunternehmen – auch die Binnenschiffer und Fischer wären in diesem Zusammenhang zu nennen – trug dazu bei, daß die deutschen Werften die Dauerkrise während der Weimarer Republik nie überwanden. Für Neubauaufträge waren sie fast ausschließlich auf die Linienreedereien angewiesen, und dies führte dazu, daß sie periodisch sehr unregelmäßig beschäftigt waren. Die Kapazitäten der Werften waren selbst auf dem Höhepunkt der Konjunktur, 1927, nur zu etwa 50% ausgelastet. In Hamburg wurden die Probleme dadurch gemildert, daß das Reparatur- und Wartungsgeschäft im größten deutschen Seehafen eine besondere Rolle spielte. Von dieser Basis aus konnten sich die beiden führenden Unternehmen, Blohm & Voß und die Deutsche Werft, auch beim Kampf um Neubauaufträge oft durchsetzen. Seit 1926 erzielten sie beachtliche Reingewinne. Sie gehörten zu den wenigen Werften, die ihren Aktionären Dividenden zahlten. Blohm & Voß sammelte dabei Reserven in Höhe von gut 20% des Aktienkapitals an.

Obwohl die Entwicklung in den verschiedenen Bereichen nicht einheitlich und nicht ohne Rückschläge verlief, hatte die Hamburger Wirtschaft insgesamt an dem Konjunkturaufschwung im Zeichen des Dawes-Plans vollen Anteil. Daran lassen die einschlägigen Statistiken über das Umsatzsteueraufkommen in dem Stadtstaat, den Umsatz der örtlichen Reichsbankhauptstelle, den Handels- und Schiffsverkehr, die Konkursverluste sowie Kurzarbeit und Arbeitslosigkeit keinen Zweifel.[241]

Die Depression von 1926 wurde in Hamburg durch den positiven Trend des Außenhandels weitgehend aufgefangen, der, wie erwähnt, durch den englischen Bergarbeiterstreik einen kräftigen Impuls erhielt, so daß sogar

Überschüsse in der Handels- und Leistungsbilanz zustande kamen. Aus dem gleichen Grund war 1928 die Verschlechterung der Konjunktur in Hamburg weniger deutlich zu bemerken als im übrigen Deutschland. Nur die Importeure berichteten über die verminderte Kaufbereitschaft im Binnenland; im übrigen aber sicherte die Steigerung des Exports den wichtigsten Gewerbezweigen eine gute Beschäftigung und damit der örtlichen Wirtschaft insgesamt eine positive Weiterentwicklung. Erst als die Weltwirtschaftskrise, deren Beginn durch den New Yorker Börsenkrach vom 24. Oktober 1929 signalisiert wurde, die innerdeutsche Rezession überlagerte und verstärkte, wurde auch Hamburg in den Sog des wirtschaftlichen Niedergangs gezogen.

9. Soziale Reformpolitik

Politische Folgen der Inflation

1924 standen die Menschen noch unter dem Eindruck der Verheerungen der Hyperinflation, deren Folgen ihnen erst jetzt voll bewußt wurden. Plötzlich waren die materiellen Verluste und die Beeinträchtigungen der sozialen Positionen klar zu erfassen. Die Währungsstabilisierung ließ die Verantwortung der Regierung und der Reichsbank deutlich hervortreten: Die Inflation war also nicht, wie viele lange Zeit geglaubt hatten, ein unabwendbares Verhängnis. Wenn die Politiker sie jetzt beenden konnten, warum hatten sie es nicht früher getan, bevor die Masse der Bevölkerung vor dem Nichts stand? Die Suche nach den Schuldigen und nach den Nutznießern der Katastrophe begann. Die Gräben, die die deutsche Gesellschaft zerrissen, wurden tiefer.

Die Verbitterung über die Fehlentwicklungen und Versäumnisse der Nachkriegszeit und zuletzt den gigantischen »Währungsbetrug« kam bei den Parlamentswahlen zum Ausdruck. Seit 1919 hatten sich in diesem Bereich grundlegende Wandlungen vollzogen: Damals hatten die Erleichterung über den Zusammenbruch des diskreditierten alten Regimes, die Hoffnung auf eine bessere Zukunft oder wenigstens das Bewußtsein, in einer Umbruchsphase durch die Wahl der Nationalversammlung über das künftige politische Schicksal mitentscheiden zu können, über 90 % der

Stimmberechtigten an die Wahlurnen geführt. Da der Wandel auf der Ebene der politischen Institutionen die gesellschaftlichen Strukturen und die individuellen Lebensbedingungen aber nicht so schnell und so tiefgreifend veränderte, wie die einen ersehnt und die anderen befürchtet hatten, ließ die Anteilnahme am politischen Geschehen bald wieder nach. Fortschritte, die vor allem in vielen sozialen Bereichen eingeleitet wurden, blieben, als der Währungsverfall die Staatskassen leerte, oft in den Ansätzen stecken oder wurden im Bewußtsein der Bevölkerung zunehmend durch die wirtschaftlichen Nöte überdeckt. Eine wachsende Zahl von Wahlberechtigten verlor offenbar die Überzeugung, durch die Stimmabgabe etwas bewirken zu können. Die Wahlbeteiligung ging ständig zurück und erreichte bei den Bürgerschaftswahlen am 26. Oktober 1924 mit 66 % ihren Tiefpunkt in der Weimarer Republik.

Die »Wahlmüdigkeit« ging fast ausschließlich zu Lasten der Regierungsparteien. Sie war, wie sich darin zeigte, zu einem erheblichen Teil Ausdruck der Unzufriedenheit mit der politischen Entwicklung seit der Revolution. Die SPD verlor in Hamburg bei den Reichstagswahlen 1920 90 000 und im Mai 1924 weitere 40 000 Stimmen; bei den Bürgerschaftswahlen 1921 50 000 und 1924 noch einmal 40 000 Stimmen. Ihr Anteil ging bei den Wahlen zum Reichsparlament von 51 % über 38 % auf 28 % zurück, bei den Wahlen zur Bürgerschaft von 50,5 % über 40,6 % auf 32,4 %. Viele Anhänger der SPD waren enttäuscht, daß sie ihre zentralen programmatischen Ziele – Sozialisierung und Demokratisierung – nicht energischer voranzutreiben wagte. Bis zu einem gewissen Grad ließen sie dabei durch unterschiedliches Verhalten bei den Reichs- und Landeswahlen erkennen, daß sie die Politik der Hamburger Organisation positiver beurteilten als die Entscheidungen der Berliner Parteiführung.

Die von den »Linken« beherrschte USPD bzw. die KPD kam jedoch nur für einen Teil der ehemaligen SPD-Wähler als Alternative in Frage. Die übrigen waren nicht bereit, den radikalen Kampf gegen die parlamentarische Demokratie mitzumachen oder gar die wiederholten Putschversuche bei den Wahlen zu sanktionieren. Die Gewinne der beiden linken Arbeiterparteien blieben zwischen 1920 und 1924 immer deutlich hinter den Verlusten der SPD zurück, 1920/21 um etwa die Hälfte. Die Wahlenthaltung war jetzt in den alten Arbeiterwohnbezirken in der Umgebung des Hafens besonders groß. Ein Teil des Proletariats setzte in keine der sozialistischen Parteien mehr Vertrauen.

Es bestand allerdings die Gefahr, daß sich diese politisch enttäuschten und desorientierten Menschen in einer extremen Situation doch der KPD zuwenden würden, die die Beseitigung des unerträglich gewordenen Systems versprach. Diese Tendenz zeichnete sich bei der Reichstagswahl im

Mai 1924 ab, als die Gewinne, die die Kommunisten im Vergleich zum Ergebnis der (linken) USPD bei der Reichstagswahl im Juni 1920 erzielen konnten, immerhin drei Viertel der sozialdemokratischen Verluste ausmachten. Die Ohnmacht der SPD und der Gewerkschaften war während der Hyperinflation so deutlich zutage getreten, die Mißachtung der Lebensrechte der breiten Bevölkerung im Kapitalismus erschien so offensichtlich, daß die Vorbehalte gegen die Umsturzbestrebungen der KPD schwanden. 114 000 Wähler entschieden sich für sie; in den Bezirken Neustadt und St. Pauli erhielt sie die meisten Stimmen. Daß viele durch dieses Votum vor allem ihrem Protest Ausdruck verleihen wollten, zeigten jedoch schon ein halbes Jahr später die nächsten Reichstagswahlen, bei denen 24 000 Wähler der KPD wieder den Rücken kehrten.

Prinzipiell ähnlich, wenn auch in die entgegengesetzte Richtung, verlief die Entwicklung bei den bürgerlichen Parteien. Die Regierungspartei DDP verlor bei den Wahlen zum Reichsparlament zwischen 1919 und 1924 zunächst fast 60 000 und noch einmal 16 000 Stimmen, bei den Bürgerschaftswahlen 1921 30 000 und 1924 weitere 5000 Stimmen. Ihr Anteil wurde von 26 % bei den Nationalversammlungswahlen auf 13 % bei den Wahlen des Jahres 1924 halbiert. Soweit sich die Wählerbewegungen im Saldo der Statistiken erkennen lassen, kamen diese Einbußen vollständig den »Rechtsparteien«, DVP und DNVP, zugute.

Außerdem profitierten die beiden Parteien davon, daß bis 1924 auch die Bürgerschaftswahlen – wie von Anfang an die Reichstagswahlen – zur ausschließlichen Domäne der politischen Organisationen wurden. Die Hamburger Mittelstandsvereinigungen hatten inzwischen erkannt, daß sie mit eigenen Listen im Zeichen des allgemeinen, gleichen Wahlrechts nur wenig Einfluß erringen konnten. Sie waren deshalb dazu übergegangen, ihre Vertreter auf sicheren Listenplätzen bei der DVP oder der DNVP unterzubringen – notfalls mit gelindem Druck unter Hinweis auf das hinter ihnen stehende Wählerpotential und mögliche finanzielle Wahlbeihilfen. Daß die DDP als Partner für die neue politische Strategie nicht mehr in Frage kam, war ein Symptom für den Rechtstrend im mittelständischen Bürgertum.

Die Radikalisierung unter dem Eindruck der Inflation und der Währungsstabilisierung führte dazu, daß es zwischen den »Rechtsparteien« bei der Reichstagswahl im Mai 1924 eine weitere Verschiebung zugunsten der kompromißloseren DNVP gab. Mit 122 000 Stimmen und einem Anteil von fast 20 % wurde sie zur zweitstärksten Partei hinter der SPD, deren Vorsprung auf 8 % zusammenschrumpfte. Die scharfe Ablehnung des bestehenden Staates und der ungehemmte Antisemitismus der Hamburger Deutschnationalen entsprachen den Ressentiments, mit denen viele Angehörige des gewerblichen Mittelstands auf die Vernichtung ihrer politischen

Privilegien, die Gefährdung ihrer wirtschaftlichen Existenz und die Beeinträchtigung ihrer sozialen Stellung reagierten. Außerdem hatte sich die DNVP bei ihrer Propaganda in geschickter Weise auf die Hauptsorge der Wähler konzentriert: Im Blick auf die Vergangenheit hatte sie die Initiative ihres Reichstagsabgeordneten Karl Helfferich zur Einführung einer angeblich wertbeständigen »Roggenmark« betont, im Blick auf die Zukunft die Forderung nach einer hohen »Aufwertung« der in der Inflation vernichteten Papiermarkguthaben in den Mittelpunkt gestellt. Manchen Wählern war die DNVP freilich noch nicht radikal genug. Sie entschieden sich für den Deutschsozialen Block der Deutschvölkischen Freiheitspartei und der NSDAP, die bei der Reichstagswahl im Mai 1924 zum ersten Mal kandidierten und auf Anhieb fast 38 000 Stimmen erhielten. Die verbündeten Rechtsradikalen konnten damit einen Anteil von 6 % verbuchen. Darunter waren sehr viele Proteststimmen, wie sich ein halbes Jahr später bei den nächsten Bürgerschafts- und Reichstagswahlen zeigte, bei denen sie mit rund 14 000 Stimmen auf einen Anteil von 2,5 % bzw. 2,3 % zurückfielen. Dagegen konnte die DNVP ihren Stand einstweilen noch behaupten.

Bei der ersten Wahl nach dem Ende der Hyperinflation unterstützten 43,8 % der Wähler Parteien, die ihre grundsätzliche und kompromißlose Feindschaft gegen die demokratische Republik betonten. Dieses Ergebnis war um so erschreckender, als 1919, wie gezeigt wurde, rund drei Viertel der Wähler den neuen Staat bejaht hatten, und zwar nicht nur aus einer momentanen Aufbruchstimmung heraus, sondern aufgrund ihrer lange vor dem Krieg entwickelten politischen Überzeugungen. Erst die verhängnisvollen Fehlentwicklungen und Fehlentscheidungen im Jahrfünft nach der Revolution brachten die Demokratie um diese breite Zustimmung.

Das Wahlverhalten, das sich unter der alten Verfassung und bis über den Zusammenbruch des Kaiserreichs hinaus durch große Konstanz ausgezeichnet hatte, wurde instabil. Die Stimmen verteilten sich nicht mehr nach weithin unveränderlichen Grundüberzeugungen auf drei »weltanschauliche« Hauptrichtungen, die Nationalliberalen, die demokratischen Liberalen und die Sozialdemokraten, sondern die Wahlentscheidung wurde in hohem Maß von den konkreten politischen Geschehnissen beeinflußt. Dieser Wandel entsprach den veränderten Bedingungen nach der Parlamentarisierung, durch die die Verantwortung für das Handeln und die Versäumnisse der Regierungen auf die Parteien übergegangen war. Die Auflockerung des Parteiengefüges und die größere Flexibilität der Wähler konnten die politische Kontinuität und Stabilität beeinträchtigen und in schwierigen Zeiten dazu führen, daß der demokratische Staat und die ihn tragenden Kräfte den nötigen Rückhalt verloren. Die Bereitschaft zur raschen Umorientierung enthielt aber auch die Chance, daß die Parteien bei Erfolgen im Sinne der Bevölkerungsmehrheit wieder Unterstützung für ihren Kurs und darüber hinaus für die politische Ordnung der Weimarer Republik gewinnen konnten.

Umbildung des Senats 1925

Nachdem SPD und DDP bei der Bürgerschaftswahl am 26. Oktober 1924 die Mehrheit verloren hatten, mußte die Regierungskoalition um die Deutsche Volkspartei erweitert werden. Theoretisch wäre auch eine andere Lösung, nämlich die Einbeziehung der KPD, möglich gewesen. Doch waren weder die bisherigen Regierungsparteien noch die Kommunisten selbst zu einem solchen Bündnis bereit. Obwohl es also nur einen Ausweg gab, waren die Koalitionsverhandlungen schwierig und zeitraubend. In allen drei beteiligten Parteien stieß die beabsichtigte Zusammenarbeit auf Bedenken und Widerstände. Die Sorge um die politische Stabilität Hamburgs überwog aber schließlich, so daß eine Einigung zustande kam.

Vor allem die Forderungen der Volkspartei stellten die Kompromißfähigkeit der künftigen Partner auf eine harte Probe: Eine Zumutung war insbesondere, daß sie für den Senat Hermann C. Vering benannte, der als Leiter der Einwohnerwehr beim Kapp-Putsch ins Zwielicht geraten war und 1923 im Zusammenhang mit den Machenschaften der Hamburger »Schwarzen Reichswehr« erneut von sich reden gemacht hatte. Schwer erträglich war ferner die Bedingung, daß der Senat das Protektorat über das Reichsbanner Schwarz-Rot-Gold niederlegen müsse. Diese republikanische Schutzorganisation war im Frühjahr 1924 als Reaktion auf die Umtriebe der nationalen und völkischen Wehrverbände gegründet worden. Sie konnte in Hamburg an sozialdemokratische Vorläufer anknüpfen, nämlich die nach dem Kapp-Putsch geschaffene »Organisation Vietz« und die »Vereinigung Republik«, erhielt hier aber auch von der Demokratischen Partei immer rückhaltlose Unterstützung. Die Gauführung bestand bis zum Ende des Weimarer Staates aus einem Sozialdemokraten als erstem und einem Demokraten als zweitem Vorsitzenden. Bürgermeister Petersen gelang es schließlich, eine Lösung für den Konflikt zu finden, durch die eine Desavouierung des Reichsbanners vermieden wurde. Der Senat gab sämtliche Schirmherrschaften, nicht nur die über die republikanische Schutzorganisation mit der Begründung auf, daß sie nach der Politisierung des öffentlichen Lebens nicht mehr in die Zeit paßten.[242] Die Solidarität mit dem

Reichsbanner brachte Petersen in den folgenden Jahren wiederholt durch Ansprachen bei seinen Veranstaltungen zum Ausdruck.

Nach einem Interregnum von fast einem halben Jahr konnte am 18. März 1925 der neue Koalitionssenat von SPD, DDP und DVP gewählt werden. Es gab auch weiterhin mehrmals schwere Spannungen zwischen den Regierungsparteien, unter anderem um das Reichsbanner. An der Koalition hielten sie aber fest, und ihre Senatoren arbeiteten, unbeeinflußt von diesen Reibungen, gut zusammen. Vering mußte 1929 auf Betreiben von Kreisen seiner eigenen Partei einem »Mittelstandsvertreter« weichen. Die politischen Bedenken gegen ihn erwiesen sich als unnötig. Er gehörte zu denen, die unter dem Eindruck der wirtschaftlichen und politischen Normalisierung seit 1924 ein positives Verhältnis zur Weimarer Republik entwickelten. In ihren letzten Jahren nutzte er seine Beziehungen, um sich der Abwanderung der Wehrverbände zur »nationalen Opposition« entgegenzustemmen und ihr auch den Zugang zu den Finanzquellen der ihm nahestehenden Bünde zu versperren.[243]

Bei der Regierungsarbeit legte die DVP vor allem Wert auf die Förderung der Wirtschaft und den Ausbau des Hafens, Aufgaben, denen auch die Koalitionspartner große Bedeutung beimaßen. Im übrigen waren SPD und DDP stark genug, um die soziale Zielsetzung der hamburgischen Politik zu bewahren. Dank der betont sozialen Orientierung der Demokratischen Partei in der Hansestadt hatte die Einbeziehung der DVP in die Regierungskoalition keine konservative Wende zur Folge. Bei einzelnen Entscheidungen machte sich der rechtsliberale Einfluß der Volkspartei bemerkbar, im wesentlichen blieb der politische Kurs des Senats aber unverändert.

Fortschrittlicher sozialer Wohnungsbau

Nachdem er durch die Koalitionserweiterung wieder ein sicheres Fundament erhalten hatte, konnte sich der Senat erstmals mit voller Energie den sozialen und kulturellen Aufgaben Hamburgs zuwenden. Die finanziellen Möglichkeiten waren nun berechenbar. Die Hilfsmittel des Staates mußten nicht mehr fast ausschließlich zur Abwendung akuter Notstände eingesetzt werden. Für eine längere Periode unterbrachen keine schweren politischen Unruhen die kontinuierliche Alltagsarbeit.

Am dringendsten war die Bekämpfung der Wohnungsnot. Bei dem herrschenden Mangel an Geldkapital war mit privaten Investitionen in diesem Bereich auf längere Sicht nicht zu rechnen. Es mußten in großem Maßstab öffentliche Mittel aufgebracht werden, um das Problem zu lösen. In Hamburg wurde deshalb seit 1920 eine Wohnungsbauabgabe erhoben, deren Erträge aber infolge der Geldentwertung völlig unzulänglich blieben. Erst 1924 wurde den Ländern durch die Einführung einer »Mietzinssteuer« eine ergiebige Finanzquelle erschlossen. Da durch diese Abgabe Gewinne, die Hypothekenschuldner während der Inflationszeit durch die Rückzahlung von Darlehen in wertloser Papiermark erzielt hatten, für den staatlichen Finanzbedarf und den Wohnungsbau herangezogen werden sollten, war sie je nach der Höhe der Vorkriegsverschuldung gestaffelt. Die maximalen Sätze stiegen sehr schnell von anfangs 12 % (seit 1. Januar 1925) auf schließlich 47 % (seit 1. Oktober 1927). Während der Weltwirtschaftskrise wurden sie am 1. April 1931 auf 46 %, ein Jahr später auf 37,6 % gesenkt. Bei größeren Aufwendungen für Reparaturen, Renovierungen oder Teilungen von Wohnungen gewährte die Finanzdeputation Steuerermäßigungen, um auch auf diese Weise zur Arbeits- und Wohnungsbeschaffung beizutragen. Die Erträge der Abgabe wurden in den ersten beiden Jahren vollständig, von 1926 bis 1930 zu mehr als der Hälfte für den Wohnungsbau verwandt. Seit 1927 flossen ihm alljährlich reichlich 50 Millionen RM aus dieser Quelle zu. Danach zwang die Finanzmisere des Staates, die Mittel bis auf 18,5 Millionen RM (1931) und endlich, 1932, sogar restlos für andere, noch dringendere Ausgaben zu verbrauchen.

Anders als bei den ersten großen Projekten nach dem Krieg führte der Staat die Bauten nicht mehr in eigener Regie durch. Er stellte die Mittel der »Hamburgischen Beleihungskasse für Hypotheken« zur Verfügung, einer staatlichen Gründung der Kriegszeit, die damals der Kreditversorgung der örtlichen Wirtschaft gedient und anschließend die Förderung des Wohnungsbaus als neue Aufgabe übernommen hatte. Sie gewährte unverzinsliche oder mit 1 % verzinste Darlehen, bei denen sie sich mit der schwachen hypothekarischen Sicherung an dritter Stelle hinter den Krediten privater Gläubiger begnügte. Außerdem konnte sie Zinszuschüsse und Ausfallbürgschaften bewilligen, um die Inanspruchnahme privaten Kapitals zu erleichtern. Solange der Kreditmarkt wenig hergab, stellte die Beleihungskasse bis zu 85 % der Bausumme bereit. Indem sie diese Darlehen allmählich auf maximal 45 % reduzierte, gelang es, erhebliche private Mittel für den Wohnungsbau heranzuziehen. Insgesamt förderte die Beleihungskasse zwischen 1923 und 1932 mit einem Aufwand von 340 Millionen RM den Bau von 58562 Wohnungen. Von 1927 bis 1930 wurden pro Jahr rund 10000 und damit fast so viele Wohnungen wie in der Vorkriegszeit neu geschaffen. 98 % entstanden mit staatlicher Unterstützung.[244]

Diese Subventionierung wurde zum wichtigsten Instrument städte- und wohnungsbaulicher Gestaltung. An die Vergabe der Darlehen knüpfte die

Beleihungskasse weitreichende Bedingungen: Sie sicherte sich ein Mitspracherecht bei der Festsetzung der Mieten, bestimmte, daß die Auswahl der Mieter ausschließlich nach sozialen Gesichtspunkten durch das Wohnungsamt erfolgen müsse, und verpflichtete die Bauherren, die planerischen und technischen Vorgaben des Hochbauamts zu beachten.

Die Überzeugung, daß der Staat in stärkerem Maß als früher lenkend und kontrollierend eingreifen müsse, um die Zusammenballung der Großstadtbewohner in übervölkerten, ungesunden Stadtteilen mit hohen, verschachtelten »Mietskasernen« zu verhindern, war nach dem Krieg weit verbreitet. Im Enthusiasmus des Neubeginns erlebten auch die Ideen der Bau- und Wohnungsreformer einen Aufschwung; die Siedlungs- und Heimstättenbewegung gewann in allen Bevölkerungskreisen viele Anhänger. Das Ziel war, jedem ein kleines Eigenheim mit einem Stück Garten zu ermöglichen. Dieses Ideal mußte im engen Raum Hamburgs zwar Utopie bleiben, doch kam das gewandelte Bewußtsein in verschiedenen Gesetzen, unter anderem in einem reformierten Baupflegegesetz (1921/1929), einem Bebauungsplangesetz (Oktober 1923) und einem Baumpflegegesetz (Mai 1921) zum Ausdruck. Mehrere Ämter waren an der Verwirklichung der neuen baupolitischen Konzeption beteiligt.

Zur beherrschenden Gestalt wurde der Leiter der Hochbauabteilung der Baubehörde, Professor Dr. Fritz Schumacher. Obwohl seine Kompetenzen formal begrenzt waren, gelang es diesem überragenden Architekten und Städtebauer durch seine Überzeugungskraft und seine gewinnende Persönlichkeit, auf alle betroffenen Dienststellen, aber auch die Privatarchitekten und Bauträger maßgeblichen Einfluß zu erlangen. Mit ungewöhnlicher Schaffenskraft leitete er nicht nur von 1909 bis 1933 seine Behörde und fertigte für die meisten Bauprojekte zumindest die Grundentwürfe selbst, sondern warb auch in unzähligen Vorträgen und Schriften in einer Sprache von beeindruckender Kraft und Anschaulichkeit für seine künstlerischen und wohnungsreformerischen Ideen.

Schumacher war von der Aufgabe durchdrungen, der breiten Bevölkerung »menschenwürdige«, das hieß für ihn: helle und luftige Wohnungen in architektonisch ansprechenden Häusern und Stadtteilen mit viel Grün in der Umgebung zu schaffen. Dabei spielte für ihn neben den verbreiteten sozialhygienischen Gesichtspunkten die Überzeugung eine große Rolle, daß das tägliche kulturelle Erlebnis einer gelungenen Architektur – im Wohnblock oder in der Schule – prägend auf den Menschen wirke. Nicht nur das einzelne Bauwerk, sondern auch der Stadtteil bedurfte nach seiner Auffassung der künstlerischen Gestaltung. Ganze Viertel wurden deshalb in der Baubehörde in kleinem Maßstab plastisch modelliert, um – mit einem Lieblingsausdruck Schumachers – den »Rhythmus« im Wechsel von

Höhen und Tiefen zu erkennen. Bei allem Engagement war er aber immer zu Kompromissen bereit und für Gegenvorschläge offen. Schumacher sah seine Aufgabe im behutsamen Lenken, da auf künstlerischem Gebiet nur die »Kraft des Überzeugens«, nicht des Diktats zum Erfolg führen könne. Schumacher selbst bejahte die nach dem Krieg zum Durchbruch gelangte »neue« Baukunst, die er als Ausdruck der bewegten, spannungsreichen Zeit begriff: »An die Stelle einer statisch beruhigten Bauweise, die in durchgehenden Hauptgesimsen und Dachfirsten ein Ziel sah, trat eine dynamisch bewegte Bauweise, die auf kubisch geformte Massen bedacht war und mit betonten Dominanten gegenüber ruhigen Begleitkörpern arbeitete.« Zugleich legte er Wert darauf, den neu gestalteten Stadtteilen »eine gewisse äußere Harmonie« zu sichern und schroffe Brüche mit der Tradition zu vermeiden. Aus diesem Grund bevorzugte er den Backstein als Baumaterial, dem er eine »ordnende innere Kraft« zuschrieb: »Er dämpft alle neuartigen Wirkungen durch einen leisen Einschlag von Überlieferung, der sich aus dem Wesen seiner Struktur ergibt.«[245]

Trotz des bewußten Strebens nach Ausgleich hatte Schumacher den Mut, zu umstrittenen Künstlern und ihren Werken zu stehen, wenn er von deren Bedeutung überzeugt war. Dies bewies er, als er 1931/32 trotz der heftigen Angriffe der politischen Rechten Hamburgs am Entwurf Ernst Barlachs für das Gefallenen-Ehrenmal festhielt. »Mutiges Zusammenraffen aus tiefem Leid«, so begriff er die Idee des Kunstwerks. Sie war im Bildnis »der ins Weite schauenden, leidgezeichneten Mutter« symbolisiert, »die mit zarter Gebärde ihr Kind tröstet, während ihr Blick mit gefaßter Zuversicht in der Zukunft weilt«. Die Rechten aber sahen in der Darstellung nichts als die Bestätigung ihres Vorurteils. Für sie war das Werk der Ausdruck eines »undeutschen«, »defätistischen« Geistes, eine Verhöhnung der Toten. Wahrscheinlich trug Schumachers Unnachgiebigkeit in dem Streit dazu bei, daß er 1933 in brüskierender Weise – durch einen vom Büroboten überbrachten Zettel – aus dem Amt entfernt wurde.[246]

Als ihn dieses Schicksal ereilte, konnte Schumacher auf große, international anerkannte Erfolge zurückblicken. Die meisten Bauten waren in wenigen Jahren, zwischen 1924 und 1929, geschaffen worden. Solche Leistungen waren möglich gewesen, weil er bei den entscheidenden politischen und gesellschaftlichen Kräften Hamburgs Unterstützung für seine Intentionen gefunden hatte.

Radikale Strukturveränderungen im Bereich des Bau- und Wohnungswesens forderte nur eine Minderheit in der SPD und den freien Gewerkschaften. Die Mehrheit sah in lenkenden und kontrollierenden Eingriffen des Staates zur Begrenzung der privaten Verfügungsgewalt den Weg zur Lösung der Wohnprobleme. Diese Sozialdemokraten trafen sich mit Schu-

macher in dem Willen, den öffentlichen Einfluß auf den Kleinwohnungs-
bau konsequent zu nutzen, um der »minderbemittelten« Bevölkerung
durch günstige architektonische und technische Lösungen zu »gesunden«,
funktionalen und schönen Unterkünften zu verhelfen. Das gleiche Konzept vertraten die gemeinnützigen Wohnungsgenossenschaften, von denen
viele der Arbeiterbewegung nahestanden. Ebenso wurde es von der DDP,
in deren Reihen sich zahlreiche Boden- und Wohnungsreformer befanden,
voll mitgetragen. Diese Gruppen teilten auch den Optimismus Schumachers, daß dem Fortschritt entgegenstehende sachliche Hindernisse nicht
unüberwindlich, sondern eine Herausforderung für den Geist des Menschen seien, Auswege zu finden.

Derartige Hemmnisse gab es genug. Da war zunächst der unglückliche
Zuschnitt des Hamburger Staatsgebiets, durch den trockenes, festes und
sturmflutfreies Bauland auf dem Geestrücken nur im Norden des Arbeits-
zentrums um den Hafen zur Verfügung stand. Diese Verhältnisse zwangen
dazu, der wachsenden Bevölkerung lange, teuere Wege zwischen Wohnung
und Arbeitsstätte zuzumuten oder die dichte Besiedlung der einigermaßen
günstig gelegenen Stadtteile in Kauf zu nehmen. Ein weiteres Hindernis
ergab sich daraus, daß vor dem Krieg für weite Gebiete Bebauungspläne
gesetzlich festgelegt worden waren. Was damals ein Fortschritt gewesen
war, erschwerte nun die Neugestaltung. Die Pläne kurzerhand im Sinne der
Reformer zu ändern, war ausgeschlossen, da eine Verminderung der Nut-
zungsmöglichkeiten den Wert der Grundstücke geschmälert und dem Staat
eine Fülle von Schadensersatzklagen eingetragen hätte. Die Städtebauer
mußten sich mit dem Zusammenwohnen vieler Menschen auf engstem
Raum abfinden und Formen entwickeln, um auf Grundstücken, deren Gestalt und Größe durch die Bebauungspläne vorgegeben waren, die Errichtung so vieler moderner Wohnungen zu ermöglichen, daß die Besitzer im
Vergleich zu früher keinen Nachteil erlitten.

Die Anforderungen, die nach Schumachers Überzeugung an zeitge-
rechte Kleinwohnungen gestellt werden mußten, wurden durch eine
Bekanntmachung des Senats vom 20. Dezember 1918 über die staatliche
Bauförderung zum offiziellen Maßstab: Danach sollten höchstens zwei
Wohnungen je Geschoß an einem Treppenhaus liegen (»Zweispänner«); bei
jeder mußte für eine gute Querlüftung gesorgt sein. Diese Bestimmungen
machten den für Hamburg früher typischen »Schlitzbauten« ein Ende: Auf
sehr tiefen Grundstücken waren an die parallel zur Straße verlaufenden
Hauptgebäude Hinterhäuser angebaut worden, deren verschachtelte Wohnungen von den engen Zwischenhöfen, den »Schlitzen«, nur wenig Licht
und Luft empfingen.

Als Alternative von vergleichbarer Wirtschaftlichkeit entwickelten

Schumacher und seine Mitarbeiter das Modell der »Randbebauung«.²⁴⁷ Anstatt eines tiefgestaffelten Hauses an einer einzigen Grundstücksfront wurden an sämtlichen Seiten langgestreckte, zusammenhängende Gebäudekomplexe errichtet, die nicht tiefer waren als eine Wohnung. Sie umschlossen geräumige Innenhöfe, die Platz für Spiel-, Sport- und andere Gemeinschaftsanlagen boten. Um Luft und Sonne noch besser den Weg zu bahnen, blieben die Höfe zum Teil an den Schmalseiten offen, so daß der Übergang zur »Streifenbebauung« fließend war. Da jede Wohnung von der Straßen- zur Hoffront reichte, war die Querlüftung gesichert. Der Typ des »Zweispänners« ergab sich bei dieser Anlage von selbst.

Ein Nachteil war, daß im Verhältnis zur Größe der Wohnungen, die meistens nur zwei oder drei Zimmer besaßen, viel Raum für Treppenhäuser benötigt wurde, was die Baukosten und in der Folge die Mieten in die Höhe trieb. Das Problem suchten verschiedene Architekten, voran die Brüder Paul A. R. und Hermann Frank, durch »Laubengänge« zu lösen: zumeist an den Hofseiten über die gesamte Länge des Blocks fortlaufende Balkone, an denen die Wohnungseingänge lagen. Die Franks verwirklichten damit zum erstenmal in Deutschland diese Reformidee.

In einem wichtigen Punkt mußten die Städteplaner Abstriche von ihren Idealvorstellungen machen. Sie konnten in den zentralen Wohngebieten die Mietshäuser nur teilweise und im allgemeinen nur um ein Stockwerk auf fünf Etagen erniedrigen. Allein in den Randzonen, wo der Boden billiger und die Nutzung oft noch nicht festgelegt war, gelang es, eine niedrigere Bebauung durchzusetzen. Immerhin wurde dadurch erreicht, daß die Stadt »harmonisch« in die ländliche Umgebung überging, für Schumacher ein bedeutsamer Erfolg.

Bei ihren Entwürfen für moderne Großwohnblocks setzten die Architekten zum Teil eine gewandelte Einstellung zur häuslichen Umgebung voraus. »Laubengänge«, die ständig viele Menschen an den Fenstern vorbeiführten, konnte niemand schätzen, der in der Wohnung vor allem die Möglichkeit zum Rückzug ins Private suchte. Die kleinen Wohnungen durch gemeinschaftliche Arbeitsräume und Freizeiteinrichtungen zu ergänzen, hatte nur für den Sinn, der auf Kommunikation und Zusammenarbeit eingestellt war.

Solche Experimente wurden dadurch erleichtert, daß gerade die großen Wohnanlagen überwiegend von gemeinnützigen Gesellschaften und Genossenschaften geschaffen wurden. Eine Reihe von ihnen stand den freien Gewerkschaften nahe, deren Spitzenverbände 1924 auf Reichsebene die »Dewog« (Deutsche Wohnungsfürsorge-Aktiengesellschaft für Arbeiter, Angestellte und Beamte) gründeten. Sie spielte mit ihrer Tochtergesellschaft »Selbsthilfe« in Altona als Bauträger eine große Rolle, in Hamburg wirkte sie als Revisionsverband für die verschiedenen gewerkschaftlichen Baugenossenschaften. Die älteste und traditionsreichste unter ihnen war die 1875 gegründete Allgemeine Deutsche Schiffszimmerergenossenschaft, die unter anderem 1928/29 den »Otto-Stolten-Hof« in der Jarrestadt errichtete. Daneben waren seit 1899 der Konsum-, Bau- und Sparverein der »Produktion«, seit 1922 die Baugenossenschaft freier Arbeiter (des ADGB) und – besonders seit der Währungsstabilisierung – die Gründungen verschiedener Einzelgewerkschaften auf dem Gebiet des Kleinwohnungsbaus tätig. Aber auch zahlreiche Beamten- und Angestelltenverbände, Mietervereine, Kriegsopferbünde, Zusammenschlüsse von kinderreichen Familien und andere Organisationen engagierten sich in diesem Bereich. In den meisten Fällen handelte es sich um Versuche, der Wohnungsnot der Nachkriegszeit durch Selbsthilfe zu begegnen. Auf ein langes und erfolgreiches gemeinnütziges Wirken konnte dagegen der »Bauverein zu Hamburg« zurückblicken, der seine Entstehung bürgerlichen Sozialreformern des 19. Jahrhunderts verdankte.

Charakteristisch für Hamburg war die Vielzahl der am Wohnungsbau beteiligten Genossenschaften und gemeinnützigen Gesellschaften, die – von den wenigen großen Organisationen abgesehen – im allgemeinen nur wenige Projekte realisieren konnten. Bei kleineren Bauvorhaben kamen außerdem nach wie vor in starkem Maß private Gesellschaften und Einzelunternehmer zum Zuge, so daß die Fördermittel der Beleihungskasse immer ungefähr je zur Hälfte an private und gemeinnützige Bauträger gingen.

Um den Einfluß der organisierten Arbeiterschaft noch stärker zur Geltung zu bringen, forderte die SPD 1926, daß der Staat wieder selbst Kleinwohnungen bauen solle. Die Zeit war jedoch nach der Aufnahme der pron.onciert privatwirtschaftlich orientierten DVP in die Regierungskoalition für einen solchen Kurswechsel nicht günstig. Zum Ersatz wurde ein neuer Typ dem Staat besonders eng verbundener gemeinnütziger Gesellschaften entwickelt. Die erste, die »Gemeinnützige Kleinwohnungsbau-Gesellschaft Groß-Hamburg«, hatte den ADGB zum Gründer, dessen Vorsitzender der Gruppe deshalb den – inoffiziellen – Namen gab: Ehrenteit-Gesellschaften. Sie erhielten vom Staat Bauland zur Erbpacht und wurden bei der Verteilung der Fördermittel bevorzugt. Als Gegenleistung räumten sie ihm drei Sitze in ihrem Aufsichtsrat ein und verpflichteten sich, die Grundstücke mit den darauf errichteten Gebäuden nach 100 Jahren schuldenfrei und unentgeltlich an den Staat zurückzugeben.

Insgesamt wurden sieben Gesellschaften nach diesem Modell gegründet, darunter eine von Kreisen, die der Deutschen Demokratischen Partei nahestanden, eine vom Deutschnationalen Handlungsgehilfen-Verband und eine von der Inneren Mission. Die ihnen zugedachten Darlehen konnten die Ehrenteit-Gesellschaften zwar nicht verbauen, doch schuf insbesondere die Kleinwohnungsbau-Gesellschaft des ADGB auf der Veddel, in der Jarrestadt und in Barmbek-Nord große Anlagen, die sich durch die bauliche Geschlossenheit oder durch eine gewisse kühne Architektur auszeichneten. Dazu gehörten das erwähnte erste Laubenganghaus Deutschlands der Brüder Frank und der von Karl Schneider entworfene Wohnblock an der Habichtstraße (Nr. 114–130): »mit seinen halbrund vorstehenden Balkonen und der Massengliederung, mit der Eleganz der Verhältnisse und dem Rhythmus der erker- oder risalartigen Fassadenvorsprünge« ein »glänzender Beitrag« zum Neuen Bauen.[248]

Der Trend zur Errichtung großer Mietwohnungskomplexe, die Genossenschaften, Gesellschaften oder private Firmengemeinschaften jeweils von einem Architekten oder Architektenteam als Ganzes gestalten ließen, kam der Einheitlichkeit der Neubaugebiete zugute. Solche relativ geschlossenen Anlagen entstanden in den zwanziger Jahren am Dulsberg in Süd-Barmbek, wo der Staat von 1919 bis 1923 zunächst in eigener Regie Miethäuser nach dem neuen Konzept der Randbebauung errichtete, später unkonventionelle Vorschläge freier Architekten bewußt förderte; ferner in Nord-Barmbek, auf der Veddel, in Hamm und – last not least – im Gebiet südlich des Stadtparks zwischen Wiesendamm und Jarrestraße. Hier wurde der Bebauungsplan durch einen Architektenwettbewerb gefunden, dessen zehn Preisträger unter Leitung des Siegers, Karl Schneider, zu einer Arbeitsgemeinschaft zusammengeschlossen und mit der Ausführung des Gesamtkonzepts betraut wurden. Obwohl ihnen bei der Gestaltung der Einzelgebäude viel Freiheit blieb, schufen sie einen Wohnbezirk von so einheitlicher Wirkung, daß er als in sich geschlossene »Jarrestadt« empfunden und berühmt wurde.

Städtebauliche Leistungen

Eigenheimsiedlungen »im Grünen« wurden nur als Ausnahmen geschaffen, so 1919/20 in staatlicher Regie die Reihenhaussiedlung Langenhorn. Obwohl Schumacher viel Sorgfalt auf ihre Planung und den Entwurf der kleinen Häuser verwandte, entstand sie als Notbehelf in einer Zeit, in der für große Projekte die Baustoffe fehlten. Auch in Langenhorn mußten die Ingenieure in starkem Maß auf Ersatzmaterialien ausweichen, die sich schlecht bewährten und nach kurzer Zeit Reparaturen erforderlich machten. Die Arbeiter- und Angestelltenfamilien, die hierher zogen, führten das

Leben von Pionieren: Immer wieder mußten sie improvisieren, um die schlimmsten Baumängel notdürftig zu beheben. Rund zehn Jahre dauerte es, bis sie Sielanschlüsse erhielten. Die Verkehrsverbindungen waren unzulänglich, die Arbeitswege weit. Trotzdem waren die Siedler stolz auf das Erreichte und entwickelten ein besonderes Selbstbewußtsein. Die SPD besaß in Langenhorn immer einen starken Rückhalt. Selbst 1931, als sie ihr schlechtestes Wahlergebnis in der Weimarer Republik hinnehmen mußte, gewann sie hier 46,4 % der Stimmen – gegen 27,8 % im Hamburger Staat –, und noch im März 1933 war sie mit 42,2 % der Stimmen die weitaus stärkste Partei. Die Resultate der KPD lagen dagegen stets eindeutig, zeitweise um 6 % bis 8 %, unter dem Durchschnitt.[249]

Für die Großstadt war aber nach Schumachers Überzeugung nicht die Randsiedlung die Lösung, um der breiten Bevölkerung bessere Lebensbedingungen zu ermöglichen, sondern die Schaffung von ausgedehnten Grünzügen, Parks, Spiel- und Sportflächen in der Nähe der dichtbewohnten Bezirke. 1912 hatte er dieses Konzept durch die Anlage des Stadtparks für das neue Arbeiterwohngebiet Barmbek verwirklichen können. Einzelprojekte dieser Größenordnung wurden in der Weimarer Republik nicht in Angriff genommen; aber es gelang – in glücklicher Zusammenarbeit mit der Gartenverwaltung, deren Leiter, Otto Linne, von dem gleichen sozialreformerischen Elan erfüllt war wie Schumacher –, die Grün- und Sportflächen bedeutend zu vermehren, und zwar bewußt mit Vorrang in den früher benachteiligten Stadtteilen. Eingesprengte Privatparks wurden vom Staat gekauft und der Öffentlichkeit zugänglich gemacht, selbst kleine bei der Bebauung freigebliebene Restgrundstücke für Spielplätze und gegen Lärm und Verkehr abgeschirmte »Altleutegärten« genutzt.

Im Zusammenspiel von Architektur und Grünanlagen wurde allmählich an den verschiedenen Stellen Hamburgs das neue städtebauliche Wollen sichtbar. Dazu trugen auch die zahlreichen öffentlichen Gebäude bei, die in den zwanziger Jahren errichtet wurden. Zum Teil, bei Schulen, Feuerwachen, Polizeistationen, ergab sich die Notwendigkeit unmittelbar aus der Entwicklung der neuen Massenwohnquartiere; zum Teil diente die forcierte staatliche Bautätigkeit auch der Unterbringung der vielen Ämter und Einrichtungen, die zur Erfüllung der sozialen Aufgaben geschaffen wurden. Schumacher, der die meisten Gebäude selbst entwarf, nutzte die Chance, um durch eindrucksvolle architektonische Gestaltungen Akzente zu setzen, die städtebaulichen Strukturen zu betonen und zugleich soziale und kulturelle Zentren zu schaffen.

Die Bauten lassen die politischen Prioritäten im neuen Staat, das Engagement für die früher benachteiligten Bevölkerungsschichten, gut erkennen: Rund zwanzig Volksschulen wurden in Hamburg in der Weimarer Republik errichtet und im Sinne der Reformpädagogik mit Musik-, Zeichen-, Naturkunde-, Gymnastik- und Festsälen weit besser als früher ausgestattet. Dazu kamen eine Reformoberschule, acht Realschulen und Lyzeen, sechs Fortbildungsschulen und zwei »Hilfsschulen«. Sozialpolitischen Aufgaben im engen Sinn dienten die Neubauten der Wohlfahrtsstellen in Rothenburgsort und St. Pauli, das staatliche Altenwohnheim in Groß-Borstel und das Landheim des Jugendamts in Ochsenzoll. Von dem Bemühen, die medizinische Versorgung der Bevölkerung zu verbessern, zeugten der Erweiterungsbau für das Kinderkrankenhaus Rothenburgsort, das neue Staatskrankenhaus Cuxhaven, die gemeinsam mit Lübeck errichtete »Irrenanstalt« Strecknitz und besonders das Gesundheitsamt am Besenbinderhof, das zu den wenigen bedeutenden Staatsbauten gehörte, die nicht Schumacher, sondern ein Privatarchitekt schuf, in diesem Fall Hermann Höger.

Gesundheitspolitische Gesichtspunkte waren auch beim Bau mehrerer Sporthäuser und bei der Anlage der Flußbadeanstalten Lattenkamp und Ohlsdorf mitentscheidend. Hamburg erhielt mit der letzteren 1927 das erste Familienbad mit einem gemeinsamen Schwimmbecken für Männer und Frauen. Zu erwähnen sind schließlich die Anstrengungen, die Versorgung der großstädtischen Bevölkerung mit billigem Fleisch und Fisch sicherzustellen, die zum Bau des Heringskühlhauses am Hübenerkai (1928) und des Seegrenzschlachthofs in Moorfleth (1928/29) zur Verarbeitung importierten Viehs führten. Von den eigentlichen Verwaltungsgebäuden Schumachers muß vor allem die Finanzbehörde am Gänsemarkt genannt werden, die nach ihrer Fertigstellung 1926 sofort viel Anerkennung fand.

Durch solche Staatsbauten wirkten die modernen architektonischen Bestrebungen auch in der Innenstadt prägend. Verstärkt wurde der Eindruck durch eine Reihe bedeutender Kontorhausbauten, darunter das schon 1924 vollendete Chilehaus von Fritz Höger, das durch seine an einen schlanken Schiffsrumpf erinnernde Gestalt gleichsam zu einem neuen Wahrzeichen Hamburgs wurde. Auch große Arbeitnehmerverbände brachten nur wenige Jahre nach der Vernichtung ihrer Vermögen in der Inflation die wiedergewonnene Stärke in anspruchsvollen Bauprojekten zum Ausdruck, so der Deutschnationale Handlungsgehilfen-Verband in einem monumentalen Verwaltungsgebäude am Karl-Muck-Platz (1929/31, heute DAG-Hochhaus) und der ADGB in zwei wichtigen sozialen Einrichtungen am Nagelsweg: in der »Heimstätte«, einem Hotel für wandernde Kollegen (1926), und in einem Wohnheim für alleinstehende Frauen und Mädchen (1927/28), denen nach den Richtlinien des Wohnungsamts woanders grundsätzlich keine selbständige Wohnung zustand.

Insgesamt wurden im Zusammenwirken von staatlichen Stellen, privaten

Architekten, Unternehmern, Gewerkschaften und Genossenschaften in den zwanziger Jahren Leistungen vollbracht, die diese kurze Zeitspanne als Epoche in der Baugeschichte Hamburgs erscheinen lassen. In keiner anderen deutschen Stadt wurden in so großem Stil Bauprogramme von gleicher Einheitlichkeit verwirklicht.[250] Hamburger Architekten, allen voran Schumacher, genossen im In- und Ausland hohes Ansehen. Freilich blieb in ihrer Stadt selbst auch Kritik nicht aus: an ungewohnten Bauformen, noch mehr aber am angeblich übertriebenen sozialen Aufwand, zum Beispiel bei den Volksschulbauten.

Raumplanung, Hafenausbau und Groß-Hamburg-Frage

Ein Problem vermochten die Städteplaner nicht zu lösen: Die hohen Grundstückspreise, die rege Bautätigkeit, die Art der Finanzierung und die Anforderungen an Wohnhygiene und -komfort trieben die Herstellungskosten und damit die Mieten in die Höhe. Neubauwohnungen waren zwei- bis dreimal so teuer wie gleich große Altbauwohnungen und infolgedessen für einen Teil der Bevölkerung unerschwinglich. Die Menschen, die in die neuen Kleinwohnungen einzogen – Lehrer, Beamte, Angestellte, qualifizierte, gut bezahlte Arbeiter und Familien mit mehreren Erwerbstätigen – waren zwar im allgemeinen auch nicht mit Glücksgütern gesegnet. Insofern war der staatlich geförderte Mietwohnungsbau kein sozialpolitischer Fehlschlag. Dennoch war es für alle Beteiligten schwer erträglich, daß schlechter verdienende Arbeiter- und Angestelltengruppen als Bewerber um die Wohnungen von vornherein ausschieden und viele Mieter schon bei einer relativ geringfügigen Verminderung ihrer Einkünfte in Not zu geraten drohten. Für dieses Dilemma sahen Schumacher und mit ihm weite Bevölkerungskreise nur eine Lösung: Hamburg mußte seine räumliche Enge überwinden.

Seit dem Beginn der Weimarer Republik trat Schumacher unermüdlich in Wort und Schrift für seine Auffassung ein, daß eine vernünftige Weiterentwicklung Hamburgs in dem von historischen Zufälligkeiten bestimmten, zerrissenen und zu klein gewordenen Staatsgebiet nicht mehr möglich sei. Um der Zukunft gerecht zu werden, mußte nach seiner Überzeugung die Stadtplanung durch Raumplanung für das gesamte Unterelbegebiet ergänzt werden. Diese Raumplanung sollte sich auf den Ausbau des Hafens, die Ansiedlung von Gewerbebetrieben, die Anlage der Wohnbezirke in natürlicher Nähe zum Arbeitszentrum, die Verkehrsverbindungen, die Wasser-

und Energieversorgung, aber auch den Natur- und Denkmalschutz erstrecken. Damit war die Groß-Hamburg-Frage aufgeworfen.

In dem Wunsch, die Wirtschaftsregion zu einem einheitlichen, durch keine administrativen und politischen Grenzlinien zerteilten Gebiet zusammenzuschließen, waren sich in Hamburg alle gesellschaftlichen Gruppen einig; denn in diesem Bereich stimmten ihre Interessen überein. Nur bei einem Aufschwung von Handel, Schiffahrt und Industrie konnten die Arbeitnehmer mit höheren Einkommen und sicheren Arbeitsplätzen rechnen; nur bei mäßigen Mieten und Fahrkosten konnten die Arbeitgeber die Lohnhöhe auf den Reichsdurchschnitt beschränken. Im Bewußtsein der wirtschaftlichen Einheit des Raums Groß-Hamburg bildeten sowohl die Gewerkschaften als auch die Arbeitgeberverbände jeweils Gesamtorganisationen für diese Region. In der gleichen Weise wurde 1928 beim Aufbau der Reichsarbeitsverwaltung und der Einteilung der Arbeitsamtsbezirke verfahren.

Ebenso war es zehn Jahre früher für den Arbeiter- und Soldatenrat selbstverständlich gewesen, sich für »Hamburg, Altona und Umgegend« zu konstituieren. In der Zeit des politischen Umbruchs, in der auch die territoriale Gliederung des Reichs zur Disposition zu stehen schien, entfaltete er rege Aktivität, um den Zusammenschluß und die Abrundung Groß-Hamburgs zu erreichen.²⁵¹ Er konkurrierte dabei mit dem Senat, der 1915 im Zusammenhang mit der allgemeinen Kriegszieldebatte den Wunsch nach einer Erweiterung des hamburgischen Territoriums gegenüber dem Reichskanzler bereits zur Sprache gebracht hatte und nun ebenfalls den Augenblick für gekommen hielt, seine Anstrengungen zu verstärken.

Das Ziel war nach einem Beschluß von Ende Januar 1919 die Eingliederung von Harburg, Wilhelmsburg, Altona und Wandsbek mit ihrem Umland. Zumindest in den beiden zuletzt genannten Städten und einigen kleineren Gemeinden Schleswig-Holsteins gab es entsprechende Bestrebungen, der wirtschaftlichen Schwierigkeiten und Finanzkalamitäten durch eine Verbindung mit Hamburg Herr zu werden. Trotz dieser breiten Unterstützung und trotz einer sehr geschickten Propaganda des Senats für seinen Neuordnungsvorschlag führten die Verhandlungen mit Preußen zu keinem Ergebnis. Die hamburgische Regierung bestand auf der territorialen Bereinigung, die preußische wollte allenfalls eine gemeinsame Verwaltung des Städtegebiets an der Unterelbe zugestehen. Sie nutzte die Stärke des Landes, um durch den Ausbau des Fischereihafens in Altona und der Industriehäfen in Harburg und Wilhelmsburg Hamburg in den folgenden Jahren unter Druck zu setzen. Unter diesen Umständen wurde es hier überwiegend als bedeutender Fortschritt begrüßt, als die rivalisierenden, ungleichen Nachbarn am 5. Dezember 1928 ein Abkommen über die gemeinsame Entwicklung des Wirtschaftsgebiets an der unteren Elbe schlossen. Sie erklärten darin ihre Bereitwilligkeit, alle erforderlichen Maßnahmen »so zu treffen, als ob Landesgrenzen nicht vorhanden wären«. Bei den Verhandlungen über den Vertrag erwarb sich erstmals der damalige persönliche Referent des preußischen Ministerpräsidenten, Otto Braun, den Respekt und den Dank der Hamburger: ihr späterer Bürgermeister Herbert Weichmann.

Die Zusammenarbeit sollte sich mit Vorrang auf drei Gebiete erstrecken: die Häfen im Raum Groß-Hamburg, die Landesplanung und die Verkehrsgestaltung. Um unwirtschaftliche Konkurrenz künftig auszuschalten, wurde vor allem die Angleichung der Gebühren- und Hafenordnungen nach dem Muster des Hamburger Hafens, eine entsprechende Kooperation der Fischereihäfen und die Bildung eines Hafenbeirats beschlossen, der für die einheitliche Verwaltung und Betriebsführung Sorge tragen sollte.

Für den Ausbau und Betrieb *neuer* Hafenanlagen im Gebiet zwischen dem Reiherstieg und dem Köhlbrand (Kattwyk-Hoheschaar-Neuhof) und für eine eventuelle spätere Erweiterung auf beiden Ufern der Süderelbe gründeten Hamburg und Preußen eine Hafengemeinschaft in der Form einer G.m.b.H., in die Preußen im wesentlichen die Grundstücke und bereits bestehenden Gebäude und Anlagen, Hamburg Geldkapital in entsprechender Höhe, jedoch bis Ende 1933 nicht mehr als 25 Millionen RM, einzubringen hatte. Dieses Geld war für den raschen Ausbau des Hafens der Gemeinschaft bestimmt. Die Weltwirtschaftskrise machte die Planungen jedoch hinfällig. Hamburg konnte seinen finanziellen Verpflichtungen nicht mehr nachkommen und mußte um Aufschub bitten. Erweiterungsbauten waren angesichts der Schrumpfung des Welthandels und Schiffsverkehrs nicht sinnvoll. Ob der Senat voreilig die Finanzierung einstweilen nicht nötiger Hafenanlagen zugesagt hatte, wie manche Kritiker meinten, läßt sich nicht entscheiden. Die wenig später einsetzende schwere Wirtschaftsdepression, danach die außenhandelsfeindliche Politik der Nationalsozialisten und schließlich nach dem 2. Weltkrieg die Abtrennung des mitteldeutschen und tschechischen Einzugsgebiets führten dazu, daß sich die Wachstumsbedingungen für den Schiffsverkehr im Hamburger Hafen entscheidend verschlechterten.

Die Bereitschaft, große Summen in die Hafengemeinschaft zu investieren, zeigt aber, welche Bedeutung die Politiker der Hansestadt der Aufgabe beimaßen, die Leistungs- und Konkurrenzfähigkeit ihres Wirtschaftszentrums zu sichern. Viele Millionen wurden seit der Währungsstabilisierung für den Bau neuer Hafenbecken (Waltershofer, Griesenwärder Hafen), Kaistrecken und -schuppen, Lager- und Kühlhäuser, Kräne, Straßen, Brücken und Gleisanlagen im Hafengebiet ausgegeben und ähnliche Beträge für die Verbesserung der bestehenden Anlagen aufgewandt. Hier lag neben der Sozialpolitik im weiten Sinn eindeutig der zweite Schwerpunkt der hamburgischen Politik. Die andere wichtige Folge des Abkommens vom 5. Dezember 1928 war die Bildung eines »Hamburgisch-Preußischen Landesplanungsausschusses«. Die an ihm beteiligten technischen Experten erarbeiteten in etwa drei Jahren die Grundlagen für alle weiteren Gemeinschaftsprojekte: zahlreiche Statistiken und Karten über den gegenwärtigen Zustand sowie Pläne für die gesamte künftige Gestaltung des Gebiets, der Wohn-, Gewerbe- und Hafenbezirke, der Verkehrswege, Freiflächen usw. Planen, »als ob es keine Grenzen gäbe«, war jedoch relativ leicht, wie der Vorsitzende der Arbeitsgruppe, Schumacher, anmerkte. Die Frage blieb, ob die alten Konflikte nicht wieder aufbrechen würden, sobald es an die Verwirklichung und besonders ans Bezahlen ginge. Sie wurde in der Weimarer Republik nicht mehr beantwortet. Erst 1937 wurde das »Groß-Hamburg-Problem« ohne weitere Debatten auf Anordnung der nationalsozialistischen Machthaber gelöst.

Modernisierung des Verkehrswesens und der Versorgungsbetriebe

Wegen der weiten Entfernungen im langgestreckten Hamburger Stadtgebiet kam der Verkehrserschließung besondere Bedeutung zu. Seit dem Beginn des Jahrhunderts hatten Senat und Bürgerschaft große Anstrengungen in diesem Bereich unternommen. Unter anderem war von 1906 bis 1914 mit der Ringbahn von der Altstadt über St. Georg, Hohenfelde, Barmbek, Eppendorf, Rotherbaum und St. Pauli sowie den Zweiglinien nach Eimsbüttel, Rothenburgsort und Ohlsdorf das Kernstück der Hochbahn geschaffen, ferner mit dem Bau der Walddörfer- und der Langenhorner Bahn begonnen worden. Bei vielen Projekten hatte der Krieg zum Abbruch der Arbeiten gezwungen. Während der Inflationszeit war eine Fortsetzung unmöglich gewesen; selbst für Reparaturen und die ordnungsgemäße Erhaltung der Verkehrsanlagen hatten die Mittel gefehlt. 1924 war der Zustand der Straßen, Schienenstränge, Abwassersiele und der Straßenbeleuchtung erheblich schlechter als 1914. Es dauerte bis 1927, um sie wieder auf »Friedensniveau« zu bringen. Erst in diesen Jahren konnten wichtige Vorhaben aus der Vorkriegszeit vollendet werden, darunter die Alsterkanalisation und die zweistöckige Freihafen-Elbbrücke (1926). Bei der Walddörfer- und der Langenhorner Bahn sowie den noch nicht modernisierten Strecken der Hochbahn A.G. – zu der sich im Juli 1918 unter Mitwirkung des Staates alle innerstädtischen Bahnbetriebe zusammengeschlossen hatten – wurde die Elektrifizierung nachgeholt. Neu hinzu kam die U-Bahn-Linie von der Kellinghusenstraße zum Jungfernstieg. Außerdem baute die Reichsbahn die zur Entlastung Hamburgs wichtige Güterumgehungsbahn mit den Rangierbahnhöfen Eidelstedt und Billwärder.

Besondere Leistungen erforderte der Straßenbau, weil der Siegeslauf des Automobils in Deutschland erst in der Weimarer Republik begann. In Hamburg waren 1919 wenig mehr als 1000 Kraftfahrzeuge zugelassen, 1927 dagegen über 16000. Zählungen an stark befahrenen Straßen ergaben, daß der Autoverkehr zwischen 1924 und 1928 zum Beispiel auf der Lombardsbrücke auf das Achtfache, in der Mönckebergstraße auf das Sechzehnfache angewachsen war.[252] Die Straßen mußten verbreitert, häufig umgestaltet und mit besseren Belägen versehen werden, um die Verkehrssicherheit zu gewährleisten und die anliegenden Häuser vor zerstörerischen Erschütterungen zu bewahren.

Der Verbesserung des Straßenbildes und darüber hinaus der Gesundheit der Bevölkerung diente auch die Reorganisation der Müllentsorgung. Bis 1925 wurde der Unrat in offenen Behältern an die Straße gestellt und mit offenen Pferdefuhrwerken abtransportiert. Erst in den folgenden Jahren führte die zuständige Behörde nach und nach in allen Stadtteilen genormte, eiserne Mülltonnen ein, die in die bis heute in der Grundkonstruktion unveränderten, ringsum geschlossenen, motorisierten Müllwagen entleert wurden.

Ähnliche Bedeutung für den Alltag der Bevölkerung hatte die Umstellung der Wasserversorgung. Bis 1927 mußten vier Fünftel des Trinkwassers aus der Elbe gewonnen werden, so daß es zwar keimfrei war, aber doch häufig schlecht roch und schmeckte. Dies änderte sich sehr spürbar, als es nach der Fertigstellung des Werks bei Curslack (1928) zu 75 % aus Grundwasserbrunnen geschöpft werden konnte.

Gesundheitspolitik und Sozialhygiene

Bei vielen Maßnahmen spielten sozialhygienische Gesichtspunkte eine Rolle. Die Gesundheitspolitik gehörte zu den Bereichen, denen das besondere Interesse der SPD galt. Sie beanspruchte dieses Ressort deshalb immer für einen ihrer Senatoren. Bei ihren Bemühungen um die bessere medizinische Versorgung der Bevölkerung konnte sie nicht nur auf die Unterstützung der Demokratischen Partei und zahlreicher sozial engagierter Vereine und Persönlichkeiten rechnen, sondern auch an beeindruckende Leistungen der Vorkriegszeit anknüpfen.

Seit der Cholera-Katastrophe von 1892 hatten die führenden politischen Kräfte des alten Systems große Mittel für den Ausbau des Gesundheitswesens bewilligt. In der kurzen Zeitspanne von der Jahrhundertwende bis zum Ausbruch des Krieges waren zu den bestehenden zwei Allgemeinen Krankenhäusern in St. Georg und Eppendorf und den beiden staatlichen Anstalten für Geistesschwache und -kranke, Friedrichsberg und Langenhorn, sechs neue Kliniken hinzugekommen: das Hafenkrankenhaus (1900), das Institut für Schiffs- und Tropenkrankheiten (1900), die Krankenhäuser in Cuxhaven (1902) und Bergedorf (1912), das Allgemeine Krankenhaus Barmbek (1914) und das Institut für Geburtshilfe (1914). Durch die Einrichtung des schulärztlichen Dienstes an den Volksschulen (1907) und den Aufbau von Schulzahnkliniken (1911) hatte Hamburg vorbildlich gewirkt.[253]

Der Wille, die Reformen energisch voranzutreiben, kam nach der Revolution vor allem in zwei organisatorischen Neuerungen zum Ausdruck: Zum einen wurden im März 1920 die verschiedenen mit medizinischen und sozialhygienischen Aufgaben betrauten Dienststellen in der Gesundheitsbehörde, der ersten Großbehörde Hamburgs, zusammengefaßt. Zum anderen gelang es unter tatkräftiger Mitwirkung staatlicher Instanzen – und des Gewerkschaftskartells –, alle 19 in Hamburg ansässigen, nach Berufen gegliederten Ortskrankenkassen bis zum Oktober 1919 zur Allgemeinen Ortskrankenkasse zusammenzuschließen, die dann auch viele Innungskassen in sich aufnahm.

Auf Bauprojekte in der Größenordnung der Vorkriegszeit mußten die Politiker der Weimarer Republik freilich verzichten. Während der Inflation reichten die Mittel kaum für die dringendsten medizinischen Aufgaben. Nach der Währungsstabilisierung hatten Modernisierungen, Um- und Erweiterungsbauten Vorrang. Der 1913 begonnene Neubau des Pathologischen Instituts in Eppendorf wurde nun, 1926, beendet. Die Geburtshilfeklinik und das Krankenhaus in Cuxhaven erhielten zusätzlichen Raum für jeweils hundert Patienten, in der psychiatrischen Klinik in Strecknitz bei Lübeck konnten nach der Fertigstellung 400 kranke Hamburger Aufnahme finden. Dem privaten Kinderkrankenhaus Rothenburgsort wurde durch einen staatlichen Zuschuß ein dringend benötigter Erweiterungsbau ermöglicht.

Trotzdem blieb die Überfüllung der Hamburger Krankenhäuser in der Weimarer Republik ein gravierendes Problem. Von den beiden Zielen, in den Krankenhäusern eine optimale medizinische Betreuung zu ermöglichen und den Aufenthalt weniger belastend zu gestalten, konnte infolgedessen nur das erste voll erreicht werden. Immerhin brachte das Bemühen, übergroße Säle zu verkleinern, für Schwerkranke Ein- und Zweibettzim-

mer einzurichten, die Verpflegung zu verbessern und – unter anderem durch
die Installation von Empfangsanlagen für das damals noch junge Medium
Rundfunk – für Unterhaltung zu sorgen, für die Patienten doch manchen
Fortschritt. In diesen Zusammenhang gehört auch, daß Hamburg als erstes
deutsches Land für das gesamte, auch das altgediente Pflegepersonal die
zweijährige, durch Gesetz einheitlich geregelte Ausbildung zur Pflicht
machte.

Da die Mittel fehlten, um alle gesundheitspolitischen Aufgaben in staatliche Regie zu übernehmen, entschloß sich die Bürgerschaftsmehrheit – die
SPD oft gegen starke prinzipielle Bedenken –, die kirchlichen und weltanschaulichen Gemeinschaften, Stiftungen und gemeinnützigen Vereine
finanziell zu unterstützen, die in Hamburg als Krankenhausträger und auf
anderen gesundheitsfürsorgerischen Gebieten traditionell eine bedeutende
Rolle spielten. Infolge der Vermögensvernichtungen während des Krieges
und der Inflation waren viele nicht mehr in der Lage, allein aus eigener
Kraft die Arbeit fortzusetzen. Der Staat übernahm deshalb die bisher privaten Kinderkliniken Borgfelde und Wyk auf Föhr sowie das Kindererho-
lungsheim Sülzhayn im Harz. Er gewährte verschiedenen Privatkranken-
häusern regelmäßige Zuschüsse unter der Bedingung, daß sie eine Anzahl
von »Kassenpatienten« aufnahmen. Ebenso mußte er die Erfüllung zahlreicher spezieller Aufgaben durch Beihilfen ermöglichen, so die Ferienfür-
sorge für erholungsbedürftige Kinder und die Schulspeisung, die Mütter-
beratung und die Schwangerenfürsorge.

Neu war, daß neben den seit langem in diesem Bereich tätigen bürgerlichen karitativen Organisationen nun auch die der Arbeiterbewegung in
starkem Maß und gleichberechtigt mitwirkten. Die »Produktion« ermöglichte z. B. den Kindern der Genossenschafter kostenlose Ferienaufent-
halte in ihrem Heim in Haffkrug, die Arbeiterwohlfahrt bot täglich 2400
Kindern Gelegenheit zu Spiel und Sport in ihrer Tagesferienkolonie auf
dem Köhlbrand. Charakteristisch für die hamburgische Gesundheitspolitik war, daß vorhandene Ansätze weiterentwickelt wurden, um den sozial
Schwachen zu helfen, daß es aber keine Versuche gab, den Aufbau des Ge-
sundheitssystems grundlegend zu verändern.

Mehr Recht und Sicherheit für Arbeitnehmer

Ebenso wichtig wie die medizinische Versorgung und Vorsorge war für die
Masse der Bevölkerung die Sozialpolitik im engeren Sinn. Auch für diesen
Bereich trugen immer sozialdemokratische Senatoren die Verantwortung.

Nachdem die SPD Stück für Stück auf ihre Sozialisierungsforderungen verzichtet hatte, verfolgte sie das Konzept, die Unzufriedenheit ihrer Anhänger durch sozialpolitische Erfolge zu dämpfen. Die Mitbestimmung der Betriebsräte über Arbeitsbedingungen und Arbeiterentlassungen, die Verbesserung des Arbeitsschutzes, den Ausbau der Sozialversicherung und deren Ergänzung durch eine Arbeitslosenversicherung – alle diese Ziele bezeichnete das Hamburger Echo im März 1919 als »wirksame Sozialisierungsmaßnahmen«.

Einen ersten Schritt hatte noch die alte Bürgerschaft am Tag der Revolution, am 6. November 1918, mit dem Beschluß zur Errichtung eines Arbeitsamts getan. Bereits am 2. Dezember 1918 nahmen 14 staatliche Arbeitsnachweise ihre Tätigkeit auf. Die Arbeitgeber verloren ihren Einfluß auf die Stellenvermittlung und damit eine Möglichkeit »unbotmäßige« Arbeitnehmer unter Druck zu setzen. Der Arbeiterrat erhielt in Hamburg dieselben Rechte wie die drei Wirtschaftskammern. Um die Interessen der Verbraucher noch stärker zur Geltung zu bringen, wurde ihnen 1920 die Konsumentenkammer zur Seite gestellt, über die nun vor allem die Genossenschaften politischen Einfluß ausüben konnten.

Nachdem die Übergangsperiode mit dem Zusammentritt der Nationalversammlung ihr Ende gefunden hatte, fielen die meisten sozialpolitischen Entscheidungen in die Kompetenz des Reichs.[254] Einige im Verlauf des Krieges oder der Revolution errungene Fortschritte waren im Dezember 1918 bereits durch Verordnungen des Rates der Volksbeauftragten sanktioniert worden, so die Beschränkung der normalen Arbeitszeit auf acht Stunden am Tag, die Mitbestimmungsrechte der Arbeiter- und Angestelltenausschüsse, die Regelung der Arbeitsbedingungen durch Tarifverträge und die schlichtende Mitwirkung des Staates bei diesen Vereinbarungen.

Ein bedeutender Erfolg war das Betriebsrätegesetz vom 4. Februar 1920, auch wenn es den Arbeitnehmern zunächst nicht so erschien. Ihre Forderung nach Einfluß auf die Betriebsführung blieb unerfüllt. Ihre Vertretungen erhielten aber ein Mitspracherecht bei den Arbeitsordnungen, bei Entlassungen, bei Überstunden und Unfallverhütungsmaßnahmen, kurz: bei allen Entscheidungen, die sich auf die Situation der Arbeitnehmer im Betrieb auswirkten. In den Aufsichtsräten der Aktiengesellschaften waren die Beauftragten der Betriebsräte formal gleichberechtigt. Um ihnen Unabhängigkeit bei der Wahrnehmung ihrer Aufgaben zu ermöglichen, wurden Betriebsratsmitglieder gegen Entlassungen weitgehend geschützt.

Andere richtungweisende sozialpolitische Ansätze konnten in der Inflationszeit nicht weiterverfolgt werden. Auch auf diesem Gebiet schuf erst die Währungsstabilisierung die Voraussetzungen, um durch eine systematische Reformpolitik Neues aufzubauen. Inzwischen hatten sich jedoch die

Machtverhältnisse wesentlich verändert: Die SPD war an den Regierungskoalitionen im Reich seit November 1923 nicht mehr beteiligt. Die Gewerkschaften waren, wie gezeigt wurde, nach der Inflation geschwächt und den Unternehmerverbänden unterlegen. Daß die bürgerlichen Reichsregierungen dennoch dem Drängen von Teilen des Arbeitgeberlagers, das »freie Spiel der Kräfte« wiederherzustellen, nicht nachgaben, war vor allem dem Zentrum zu verdanken, das auf einen starken Arbeitnehmerflügel Rücksicht nehmen mußte. Im Sinne dieser parteipolitischen Notwendigkeit, aber auch unter dem Einfluß der katholischen Sozialethik, trug Arbeitsminister Heinrich Brauns – der während der gesamten Periode von 1920 bis 1928 amtierte – dafür Sorge, daß die kollektiven Arbeitsverträge, das Recht des Staates zur ausgleichenden Schlichtung wie überhaupt der Schutz des einzelnen durch die Solidargemeinschaft bewahrt wurden. Die Gewerkschaften konnten infolgedessen ihre Position wieder festigen. Der Konjunkturaufschwung im Winter 1926 tat ein übriges, um ihren Einfluß zu verstärken.

Ausgerechnet in der Zeit der »Bürgerblockkabinette« wurde der Ausbau zum Sozialstaat entscheidend gefördert. Zu den Reformen, die bis heute in den Grundzügen Bestand haben, gehörte die Schaffung besonderer Arbeitsgerichte (23. Dezember 1926), die bei allen auf das Beschäftigungsverhältnis bezogenen Streitigkeiten unter starker Mitwirkung von Arbeitnehmer- und Arbeitgebervertretern zu entscheiden hatten. Dazu gehörte ferner die Gründung der Arbeitslosenversicherung durch das Gesetz vom 1. Oktober 1927. Ein längerer Prozeß des Übergangs von der Erwerbslosenfürsorge zur -versicherung kam damit zum Abschluß.

Bestrebungen, die Sozialversicherung durch eine gesetzliche Arbeitslosenversicherung zu ergänzen, gab es seit den Tagen der Revolution. Durch die Verordnung vom 15. Oktober 1923, durch die die Reichsregierung Arbeitnehmer und Arbeitgeber zur paritätischen Finanzierung der Erwerbslosenfürsorge verpflichtete, erhielten diese Tendenzen starken Auftrieb. Da alle Beschäftigten Beiträge leisten mußten, verlangten sie, im Fall der Arbeitslosigkeit auch Leistungen zu empfangen, unabhängig von ihrer »Bedürftigkeit« und in Relation zu den eingezahlten Summen. Diese Forderung wurde durch das »Gesetz über Arbeitsvermittlung und Arbeitslosenversicherung« erfüllt. Die »Bedürftigkeitsprüfung« wurde abgeschafft und die Höhe der Bezüge außer nach den familiären Verhältnissen nach den früheren Arbeitseinkünften gestaffelt. Zur Durchführung wurde eine einheitliche und umfassende Reichsarbeitsverwaltung aufgebaut, deren Organisationsstruktur heute noch existiert. Der Nürnberger »Reichsanstalt für Arbeitsvermittlung und Arbeitslosenversicherung« an der Spitze unterstanden 13 Landesarbeitsämter, deren Bezirke sich nicht nach den politischen Grenzen richteten, sondern möglichst geschlossene, große Wirtschaftsgebiete umfaßten. Ihnen waren die 363 regionalen Arbeitsämter untergeordnet, denen die Arbeits- und Lehrstellenvermittlung, die Berufsberatung, die Unterstützung der Erwerbslosen und ihre eventuelle Fortbildung und Umschulung oblagen.

Die meisten Entscheidungen blieben der paritätischen Selbstverwaltung der Arbeitnehmer und Arbeitgeber überlassen. Der Reichstag setzte lediglich die Beitragshöhe und den generellen Leistungsumfang fest. Wenn die laufenden Einkünfte und die Reserven der Versicherung nicht ausreichten, war das Reich verpflichtet, mit Zuschüssen und Darlehen zu helfen. Das rasche Anwachsen der Arbeitslosigkeit im Verlauf der Weltwirtschaftskrise führte dazu, daß die Versicherung schon 1929 in Bedrängnis geriet und ihre »Sanierung« seither ein politisch brisantes Dauerthema bildete. Ihre Gegner fühlten sich durch die Entwicklung bestätigt. Trotzdem war mit dem Gesetz vom 1. Oktober 1927 eine Einrichtung geschaffen worden, die in der Zukunft nicht mehr wegzudenken war.

Hinzu kamen weitere Maßnahmen zugunsten der Arbeitslosen, die ebenfalls die Weimarer Republik überdauerten. Erwähnenswert ist an erster Stelle die Krisenfürsorge (1926), durch die – ähnlich wie bei der heutigen Arbeitslosenhilfe – bedürftige Erwerbslose nach der Erschöpfung der Versicherungsansprüche noch eine Zeitlang aus staatlichen Mitteln unterstützt wurden. Richtungweisend war ferner die »produktive« oder »wertschaffende« Erwerbslosenfürsorge (1925), bei der es darum ging, einem Teil der aus dem Produktionsprozeß herausgedrängten Menschen nicht bloß Geld, sondern neue Beschäftigung bei öffentlich finanzierten »Notstandsarbeiten« zu geben. Für die Betroffenen stellte schließlich auch die 1926 eingeführte Kurzarbeiterunterstützung eine Verbesserung dar. Die schlechte Beschäftigungslage blieb während der Weimarer Republik für die Arbeitnehmer immer ein belastendes Problem. Das intensive Bemühen, die Folgen zu mildern, kennzeichnete aber doch den Einstellungswandel gegenüber der Vorkriegszeit und konnte insofern als Fortschritt empfunden werden.

Wohlfahrtspflege und Jugendfürsorge

Ihre Sorge um die Erwerbslosen brachten die Hamburger politischen Gremien durch die Bewilligung umfangreicher Arbeitsbeschaffungsprojekte zum Ausdruck. Im übrigen konnten sie auf diesen Teil der Sozialgesetzgebung nur durch Vorschläge, Appelle und Mahnungen einwirken. Dagegen hatten sie im Bereich des Wohlfahrtswesens, das traditionell zur Zuständigkeit der Gemeinden gehörte, uneingeschränkt die Chance, ihren Reformwillen unter Beweis zu stellen.

Die »Wohltätigkeit« bezog sich ursprünglich auf die »Armen«, durch Krankheit, Alter oder individuelles Mißgeschick in Not geratene Menschen. Seit Beginn des Krieges mußten aber ganze Bevölkerungsgruppen öffentliche Hilfe in Anspruch nehmen: Familien, deren Ernährer zum Heeresdienst eingezogen, gefallen oder verstümmelt waren; Angehörige des »Mittelstandes«, die durch die Geldentwertung ihre Rücklagen für Notzeiten verloren hatten. Diese Entwicklung zwang dazu, mit den Anschauungen und Methoden der »Armenfürsorge« zu brechen. Vor allem trat nun für jeden deutlich zutage, wie ungerecht und diskriminierend der Brauch war, den Hilfesuchenden die staatsbürgerlichen Rechte abzuerkennen. Den Opfern des Krieges gegenüber erschien es nicht mehr als ausreichend, ihnen nur das biologische Existenzminimum zu sichern, sondern das Ziel war, auch ihren sozialen Abstieg zu verhindern. Dieser Aufgabe war die »Armenfürsorge« nicht gewachsen. »Jedem neuen Massennotstand suchte man durch neue Gesetze, neue Methoden, neue Fürsorgeeinrichtungen zu begegnen, und vermehrte so die weitgehende Zersplitterung fürsorgerischer Arbeit.«[255] Erst durch die Zusammenfassung aller dieser Stellen in einem Wohlfahrtsamt, das im September 1921 seine Arbeit aufnahm, wurde die Grundlage für eine effektive Hilfe geschaffen.

In der Zusammensetzung des Stamms an ehrenamtlichen Wohlfahrtspflegern, die sich vor Ort um die Hilfsbedürftigen kümmerten, kam der politische Wandel zum Ausdruck. Während diese Tätigkeit früher die Domäne der selbständigen Handwerker und Gewerbetreibenden des Bezirks gewesen war, engagierten sich nun auch viele Arbeiter, Angestellte und Staatsbeamte, in erster Linie Sozialdemokraten, bei dieser Aufgabe. Daß sie auch neue Ideen mitbrachten, zeigten die Schwierigkeiten, die sich zunächst bei der Zusammenarbeit mit den aus der »Armenfürsorge« übernommenen Pflegern ergaben.[256] Ebenso wichtig war das Bestreben, die Organisationen der Hilfsbedürftigen zur Beratung und Begutachtung heranzuziehen. Unterstützung, so wurde dadurch signalisiert, sollte mit patriarchalischer Bevormundung nichts mehr zu tun haben. Das Ziel war, nicht erst im Augenblick der völligen Verarmung einzugreifen, sondern vorher durch rechtzeitige vorbeugende Maßnahmen dieses Schicksal abzuwenden. Wie schon wiederholt in anderen Bereichen beobachtet, machte die Inflation aber auch dieses Bemühen einstweilen zunichte.

Eine Chance, der Verwirklichung der neuen Ideale näherzukommen, gab es erst nach der Währungsstabilisierung. Durch die »Verordnung über die Fürsorgepflicht« vom Februar 1924 und die »Reichsgrundsätze über Voraussetzung, Art und Maß der öffentlichen Fürsorge« vom Dezember

1924 erhielt die Wohlfahrtspflege einen einheitlichen Orientierungsrahmen. Die Fülle der Aufgaben wirkte jedoch weiterhin als Handicap. Die in Hamburg traditionell bedeutende private Wohltätigkeit war nach den Kriegs- und Inflationsverlusten in ihrem Kern getroffen. 1914 hatten hier rund 1000 Stiftungen mit einem Vermögen von 134 Millionen Goldmark ohne die Grundstücke bestanden. 1924 war davon so gut wie nichts mehr übrig; selbst die stärksten konnten ihre Zwecke aus eigener Kraft nicht mehr erfüllen. Die Stadt mußte ihre Arbeit zum größten Teil weiterführen. Zwischen 40000 und 50000 Menschen waren in dem relativ guten Jahrfünft nach der Einführung der Reichsmark auf die ständige Unterstützung des Wohlfahrtsamts angewiesen. Kriegsbeschädigte und -hinterbliebene, Sozial- und Kleinrentner, die ihre Versicherungsansprüche oder Altersrücklagen verloren hatten, Erwerbslose, Alte, Kranke und Behinderte gehörten zu diesem Kreis. Durch die Höhe der Richtsätze für die Unterstützungen – seit Oktober 1925 immer unverändert 9,– RM in der Woche für den ledigen Erwachsenen, 14,– RM für ein Ehepaar und 3,– RM für jedes Kind – stand Hamburg bis zum Ende der zwanziger Jahre an der Spitze der deutschen Städte. Dazu kamen verschiedene Sachleistungen wie die Lieferung von Kleidung und Brennmaterialien, die verbilligte Abgabe von Lebensmitteln und die kostenlose medizinische Versorgung. Etwa 3000 unselbständige Hilfsbedürftige wurden im Staatlichen Versorgungsheim betreut.

Diese Aufgaben beanspruchten so große Finanzmittel, daß daneben für eine umfassende vorbeugende Fürsorge kein Raum blieb. Nur in wenigen Sonderbereichen wurde sie verwirklicht. Zu nennen sind hier hauptsächlich die recht erfolgreiche »Trinkerfürsorge«, die »Krüppelfürsorge« und vor allem die Beschäftigung von körperlich Schwerbehinderten in den Hamburger Werkstätten für Erwerbsbeschränkte. Die Maßnahmen zugunsten der Schwerbeschädigten – wozu auch die bevorzugte Einstellung in den Staatsdienst und die freie Benutzung der öffentlichen Verkehrsmittel gehörten – erschienen anderen Städten als nacheifernswert.

Am stärksten kam das Prinzip der vorbeugenden Hilfe in der Jugendfürsorge zur Geltung. Für fast 40000 Kinder trug das Jugendamt unmittelbar oder als Vormund die Verantwortung. Bei seiner Arbeit ließ es sich von dem Gedanken leiten, den Gefährdeten durch geeignete Erziehungsmaßnahmen den Weg zur Eingliederung in die Gesellschaft zu bahnen. Möglichst viele Zöglinge wurden deshalb in Pflegefamilien untergebracht. Ebenso wurde bei den rund 2500 schwer milieugeschädigten oder behinderten Kindern, die in den Heimen des Jugendamts aufwuchsen, Wert darauf gelegt, ihre Selbständigkeit zu fördern, sie in Kontakt mit der Umwelt zu bringen – wobei die Jugendbünde oft wertvolle Hilfe leisteten –, ihnen eine Berufsausbildung zu sichern und sie bei der Stellensuche zu unterstützen.

Einen weiteren Fortschritt im Sinne der in der Jugendarbeit engagierten Reformer brachte das Jugendgerichtsgesetz vom 16. Februar 1923. Es schrieb die Ernennung besonderer Jugendrichter vor und gab ihnen die Möglichkeit, statt Strafen Erziehungs- und Sühnemaßnahmen zu verhängen. Die Jugendgerichtshilfe, die in Hamburg schon seit 1909 existierte, wurde reichsgesetzlich etabliert.

Wie die Stadt hier den Vorreiter gespielt hatte, so wirkte sie auch bei der Liberalisierung des Jugendstrafvollzugs bahnbrechend. Auf der Elbinsel Hahnöfersand wurde ein Jugendgefängnis »ohne Mauern und Gitter« errichtet. Unter Leitung des Psychologen Dr. Curt Bondy, der der Arbeiterjugendbewegung nahestand, fand seit 1921 der erste Versuch mit einem »Strafvollzug in Stufen« statt, bei dem es nicht primär um Vergeltung, sondern um die Resozialisierung des Rechtsbrechers ging. Durch ein wohlabgewogenes System von wachsenden Vergünstigungen sollte sein Besserungswille gestärkt und er in der letzten Phase auf ein selbstverantwortliches Leben in Freiheit vorbereitet werden. Nicht alle Aufseher konnten sich auf die neuen Ziele einstellen. Es gab Konflikte und Rückschläge, und 1923 zog es Bondy vor, an die Universität Göttingen zu wechseln. Das pädagogisch orientierte »Progressivsystem« wurde aber 1922/23 auf die übrigen Hamburger Strafanstalten übertragen, im Sommer 1923 in einer Vereinbarung der Länder als erstrebenswert anerkannt und am 1. November 1924 durch eine neue »Dienst- und Vollzugsordnung« für die Hansestadt endgültig sanktioniert.

Neuerungen im Bereich der Schule

Das Bestreben, der Jugend bessere Zukunftschancen zu eröffnen, war auch das Leitmotiv der Schulpolitik. Führende Politiker der SPD und der DDP bzw. der Vereinigten Liberalen hatten gerade auf diesem Gebiet schon vor dem Krieg eng zusammengearbeitet und nicht zuletzt dadurch allmählich ein enges Vertrauensverhältnis gewonnen, das ihnen die gemeinsame Regierungsbildung nach der Revolution erleichterte. Die beiden Parteien waren sich über die zentralen Aufgaben der Schulpolitik einig: Zum einen sollten alle Kinder, unabhängig von ihrer sozialen Herkunft, der finanziellen Situation der Familie oder anderen zufälligen Faktoren wie zum Beispiel dem Geschlecht, die gleichen, ausschließlich von der Begabung bestimmten Bildungs- und Aufstiegsmöglichkeiten erhalten. Zum anderen ging es darum, die jungen Menschen von den Werten und Normen des demokratischen Staates zu überzeugen, um ihm Zustimmung und Rückhalt zu sichern. Dabei konnten die Politiker der Mehrheitsparteien an die Ideen der Reformpädagogik anknüpfen, die in Hamburg schon vor der Jahrhundertwende hervorragende Vertreter und seither immer mehr Anhänger unter den Volksschullehrern gefunden hatte.[257]

Auch sonst gab es einige günstige Voraussetzungen für eine fortschrittliche Bildungspolitik: Eine geistliche Schulaufsicht war in Hamburg unbekannt. Seit 1890 konnten Eltern, die nicht der evangelischen Kirche angehörten, ihre Kinder vom Religionsunterricht befreien lassen. Die Volksschulen für Knaben waren besser als in den meisten deutschen Ländern, ihre Lehrpläne entsprachen etwa denen der preußischen Mittelschulen. In Gestalt der Schulsynode, der die Rektoren und festangestellten Lehrer der öffentlichen Schulen und die Vorsteher der Privatschulen angehörten, existierte bereits ein Selbstverwaltungsgremium.

Die höheren Schulen waren allerdings wie überall von den »allgemeinen« Schulen kastenmäßig abgeschlossen. Die Höhe des Schulgeldes sicherte ihre soziale Exklusivität. Wenige Freistellen eröffneten nur in Ausnahmefällen überragend begabten Kindern aus unbemittelten Familien den Zugang zur höheren Bildung. Die Mehrzahl der Oberlehrer zeichnete sich im politischen und im pädagogischen Bereich durch eine autoritär-konservative Haltung aus. Sie bejahte und förderte durch entsprechende Erziehung das Großmachtstreben der Führungsschichten im Wilhelminischen Deutschland. Um das Bildungsmonopol des Bürgertums abzuschirmen, waren den Oberschulen sogenannte »Vorschulen« angegliedert, die die Schulanfänger von vornherein auf die künftige Karriere vorbereiteten und sie vor allem vor dem Kontakt mit den Kindern der »unteren Volksklassen« »bewahrten«.

Ausgesprochen rückständig war in Hamburg zur Zeit der Revolution das staatliche Mädchenschulwesen. Eine höhere Bildung ermöglichten nur vier Lyzeen (zwei seit 1910, zwei seit 1916), außerdem einige Privatschulen, von denen die meisten aber ebenfalls nicht weiter als bis zur mittleren Reife führten. Eine Fortbildungsschulpflicht wie in vielen Städten und mehreren großen Bundesstaaten gab es in Hamburg weder für Mädchen noch für Jungen. Ihre Einführung war bis zum Ende des 1. Weltkrieges am zähen Widerstand der Handelskammer gescheitert.

Über die dringendsten schulpolitischen Reformen herrschte 1918 Einigkeit zwischen den fortschrittlichen Lehrervereinen und Parteien. Dem Staat wurde grundsätzlich die Aufgabe gestellt, kostenlose Ausbildungsstätten für alle vom Kindergarten bis zur Universität zu schaffen. Als erstes sollte er den Besuch einer vierjährigen gemeinsamen Eingangsschule für sämtliche Kinder zur Pflicht machen. An sie sollte die »Einheitsschule« unmittelbar anschließen, bei der sich die Verteilung auf die verschiedenen Ausbildungszüge allein nach der Begabung richtete. Als nächste konkrete Maßnahme wurden die Abschaffung des Schulgeldes und die Auflösung der Vorschulen gefordert. Nur einen Tag nach der Konstituierung des Arbeiter- und Soldatenrats faßte eine Versammlung von etwa 2300 Hamburger Lehrern am 12. November 1918 ihre Bestrebungen – gegen geringen Widerspruch – in vier Punkten zusammen: Regelung der Rahmenbedingungen durch ein Reichsschulgesetz, Einheitsschule, Selbstverwaltung der Schule unter Beteiligung der Eltern, Glaubens- und Gewissensfreiheit für Lehrer und Schüler.

Ein »Lehrerrat«, in den außer den bekanntesten Vorkämpfern der Reformpädagogik auch einige Vertreter der Behörde und der Oberlehrer gewählt wurden, bemühte sich um die Verwirklichung des Programms, stieß aber beim Arbeiter- und Soldatenrat auf relativ wenig Interesse. Dieser traf nur zwei punktuelle Entscheidungen, die darauf hindeuten, daß er sich der vollen Tragweite der Schulpolitik nicht bewußt war. Zum einen beschloß er – in Parallele zu seiner Politik gegenüber den Offizieren –, daß die Schulleiter nicht mehr ernannt, sondern von den Lehrerkollegien gewählt werden sollten. Zum anderen ordnete er die Abschaffung des Religionsunterrichts an. Die Ressentiments von Teilen der Arbeiterschaft gegen die Kirche, die sich in der Vergangenheit immer bereitwillig in den Dienst des autoritären politischen Regimes gestellt hatte, kamen darin zum Ausdruck. Auch in der SPD verfügte die Freidenkerbewegung, die den Religionsunterricht durch Lebenskunde und die Konfirmation durch die Jugendweihe ersetzen wollte, damals über einen beträchtlichen Anhang. Die Verordnung war mit der Weimarer Verfassung unvereinbar und mußte nach deren Verabschiedung aufgehoben werden.

Wichtiger als die Entscheidung selbst waren deshalb die ungewollten politischen Folgen: Sie bot den Gegnern der revolutionären Umwälzung die Handhabe, um politisch gleichgültige, aber der christlichen Tradition verbundene Menschen aufzubieten und den rechten antirepublikanischen Parteien, besonders der DNVP, zuzuführen. In der evangelischen Kirche wurden die orthodoxen Kräfte gegen die zu Beginn der Republik noch vorherrschende liberale Richtung gestärkt und damit die Ansätze zu einer Annäherung an den demokratischen Staat zerstört. In den neuen Selbstverwaltungsgremien der Schule kam es zur Polarisierung zwischen den Anhängern und den Gegnern der Reform. Die Befürworter einer fortschrittlichen Politik mußten sich gegen den Verdacht der Religionsfeindlichkeit und des »Kulturbolschewismus« wehren.

Die umfassende Neuordnung des Schulwesens nahm erst die sozialde-

mokratisch-linksliberale Mehrheit der Bürgerschaft in Angriff. Der langjährige schulpolitische Sprecher der SPD, Emil Krause, trug als Senator
zunächst für die Volks- und Berufsschulen, dann von 1921 bis 1933 für
sämtliche allgemeinbildenden Schulen die Verantwortung. Führende Reformpädagogen gelangten in einflußreiche Positionen. Allerdings wurde
der Handlungsspielraum jetzt durch die Reichsgesetzgebung, die notwendige Abstimmung mit den übrigen Ländern, in denen – ebenso wie im
Reich – oft die bürgerlich-konservativen Mehrheiten den Ausschlag gaben,
und nicht zuletzt durch die bedrängte Finanzlage Hamburgs eingeengt.

Vor diesem Hintergrund ist das Ausmaß der vor allem in den Jahren 1919
und 1920 durchgesetzten Neuerungen bemerkenswert. Durch das Gesetz
über die Einheitsschule vom 14. Mai 1919 wurde die vierklassige, für alle
Kinder obligatorische Grundschule eingeführt, an den Volksschulen das
Schulgeld abgeschafft und der jahrgangsweise Abbau der staatlichen Vorschulen vorgeschrieben. An den höheren Schulen wurde – vor allem auf
Betreiben der SPD – weiterhin Schulgeld erhoben. Doch sollte ein System
von prozentualen Ermäßigungen, Befreiungen und Beihilfen gewährleisten, daß auch geringer verdienende Eltern ihren Kindern diesen Bildungs-
weg ermöglichen konnten. Um begabten Schülern aus sozial benachteiligten Familien einen weiteren Zugang zur höheren Bildung zu öffnen, schuf
Hamburg 1920 als erstes Land sogenannte Aufbauschulen: Reformober-
schulen, die im Anschluß an die 7. Klasse der Volksschule in sechs Jahren
zum Abitur führten. Daneben gab es seit der Mitte der zwanziger Jahre
Abiturkurse für Erwerbstätige, deren Absolventen anschließend ein Stu-
dienstipendium erhielten.

Möglichst vielen den Weg zur Universität zu ebnen, war jedoch keineswegs das Hauptziel der Reformer. In der zunehmenden Betonung der
theoretischen Bildung wie überhaupt in dem Wettstreit um die »Berechtigungsscheine« sahen sie eine höchst problematische Entwicklung. In
Übereinstimmung mit diesen Bedenken legte deshalb besonders die SPD
mehr Wert darauf, die Volksschulen durch die Angliederung einer Oberstufe auszubauen. Überdurchschnittlich begabte Schüler erhielten dadurch
Gelegenheit, nach einem dreijährigen weiterführenden Unterricht im Anschluß an die 7. Klasse das Zeugnis der mittleren Reife zu erwerben.

Für die übrigen, die nach der regulären achtjährigen Volksschulzeit in
eine Lehrstelle oder ins Arbeitsleben überwechselten, wurde der Besuch
der Berufsschulen zur Pflicht erklärt. Die Durchführung dieses Gesetzes
erforderte vom Staat große finanzielle und organisatorische Anstrengungen: Es mußten rund 40 Schulen neu aufgebaut, die nötigen Räumlichkei-
ten geschaffen, Lehrer für diesen speziellen Unterricht ausgebildet und eingestellt, Lehrpläne erarbeitet werden.

Gleichzeitig sämtliche privaten Schulen, an denen 1919 immerhin 13 % der Kinder unterrichtet wurden, durch staatliche zu ersetzen, überstieg die Kräfte. Auch aus diesem Grund hüteten sich die maßgebenden Hamburger Politiker, ihnen durch Schulgeldfreiheit an den staatlichen höheren Schulen Konkurrenz zu machen und sie in den Ruin zu treiben. Auf dem Höhepunkt der Inflation entschlossen sie sich sogar, den privaten Instituten durch finanzielle Beihilfen die Existenz zu sichern, obwohl viele als Reservate für die Kinder des besser situierten Bürgertums in die politische Landschaft nicht mehr paßten. Auch die besonders umstrittenen, mit ihnen verbundenen privaten Vorschulen blieben auf diese Weise erhalten. Als die Hamburger Oberschulbehörde 1927 endlich ihren Abbau anordnete, wurde die Verwirklichung durch ein eilig erlassenes Reichsgesetz verhindert. Nicht politische Entscheidungen der Hamburger Mehrheitsparteien, sondern wirtschaftliche Nöte führten in der Depression zu Beginn der dreißiger Jahre dazu, daß die Privatschulen allmählich ihre Bedeutung verloren.

Für ein anderes Vorgehen entschieden sich die Verantwortlichen bei den höheren Mädchenschulen. Hier nutzten sie die Folgen der Inflation, um 1923 durch Verstaatlichung des einzigen Mädchenrealgymnasiums, der Klosterschule, und des größten Mädchenlyzeums, der Emilie-Wüstenfeld-Schule, den öffentlichen Einfluß zu verstärken. Letztere erhielt eine zum Abitur führende Oberstufe mit dem Lehrplan der »Deutschen Oberschule«. Damit unterhielt der Staat ein Realgymnasium und zwei Deutsche Oberschulen für Mädchen; außerdem standen ihnen die gemeinschaftlich erziehende Lichtwark-Schule und eine Aufbauschule offen. Im Vergleich zur Zahl der höheren Bildungsanstalten für Jungen war das Angebot noch immer unbefriedigend. Da es nur an den staatlichen Instituten einen Anspruch auf Schulgeldermäßigung oder -befreiung gab, wurde die ohnehin bestehende Tendenz verstärkt, in wirtschaftlich schwierigen Zeiten allein den Jungen eine weiterführende Bildung zu ermöglichen. Doch ist das Bemühen nicht zu verkennen, den Ausbau des Mädchenschulwesens mit besonderem Nachdruck zu fördern.

Vervollständigt wurden diese Anstrengungen, ein umfassendes Bildungssystem zu schaffen, durch die Gründung der Universität und der Volkshochschule im Jahr 1919.

Zu den bemerkenswerten neuen Entwicklungen im Bereich des Schulwesens gehörte die Ausweitung der Selbstverwaltung. Die Bürgerschaft bestätigte im April 1919 die Anordnung des Arbeiter- und Soldatenrats über die Wahl der Schulleiter. Diese waren fortan nicht mehr Vorgesetzte der Lehrer, sondern an die Beschlüsse des Kollegiums und des Elternrats gebunden.

Dieses Gremium, dem neun Elternvertreter und drei Lehrer angehörten, erhielt ein Mitbestimmungsrecht in allen Schulangelegenheiten. In der Praxis machten die Elternräte davon allerdings kaum Gebrauch, sondern konzentrierten sich auf soziale Aufgaben im Umkreis der Schule und auf die Pflege des Gemeinschaftslebens. Die Funktion der demokratischen Kontrolle, die ihnen ebenfalls zugedacht war, erfüllten sie nur zum Teil. An den höheren Schulen teilten und unterstützten sie, da die Eltern überwiegend derselben sozialen Schicht wie die Oberlehrer angehörten, im allgemeinen deren konservative bis nationale, der Demokratie wenig günstige Gesinnung.

Noch weniger bewährte sich der Schulbeirat, das Selbstverwaltungsgremium auf der Ebene der Oberschulbehörde. Es bestand aus einer Lehrer- und einer Elternkammer, die über Listen gewählt wurden. Da die Stimmberechtigten die Kandidaten selten kannten, gewannen politische Parteien maßgebenden Einfluß auf die Listenbildung. Der Schulbeirat war ein Parlament ohne Entscheidungsbefugnis mit der Folge, daß sich die Fraktionen in prinzipiellen Deklamationen erschöpften, die extremen Gruppierungen gestärkt wurden und einander in unversöhnlicher Feindschaft gegenüberstanden.

Im Alltag der Schüler machte sich am stärksten die innere Reform des Erziehungswesens bemerkbar. Das Ziel des Unterrichts war, die Produktivität und Kreativität der Kinder zu fördern. Sie sollten nicht mehr nur passiv Wissen aufnehmen, sondern durch eigenes Tun in Gemeinschaft mit anderen ihre Fähigkeiten entwickeln und die Umwelt begreifen. Der Orientierungsmaßstab war die »Arbeitsschule« der Reformpädagogen, im Gegensatz zur »Lernschule«, bei der vor allem Wissen gepaukt wurde. Die musischen Fächer und der Sport erhielten im Rahmen dieser Konzeption einen besonderen Stellenwert. Die regelmäßigen wöchentlichen Spielnachmittage und monatlichen Wandertage sollten vor allem das Gemeinschaftsgefühl in den Klassen stärken. Der Selbständigkeit, Selbstorganisation und -kontrolle der Schüler wurde große Bedeutung beigemessen. Nicht mehr der Lehrstoff als solcher, sondern die Persönlichkeit des Schülers stand im Mittelpunkt des Interesses. Um seinen individuellen Bedürfnissen möglichst gerecht werden zu können, wurden die Klassen verkleinert, von einem Durchschnitt von 36 Schülern je Klasse 1915 auf 28 im Jahr 1925.

Das Programm war nur mit gut ausgebildeten, engagierten Lehrern zum Erfolg zu führen. 1926 schrieb Hamburg ein dreijähriges Universitätsstudium für Volksschullehrer vor, das sonst nur in Sachsen gefordert wurde. Seit 1925 bot das neugegründete Institut für Lehrerfortbildung die Chance, sich mit den Gedanken und Methoden der »Arbeitsschule« vertraut zu machen. Daß ihr Programm von vielen bejaht wurde, zeigte der starke Besuch der Kurse.

Vor allem an den Volksschulen und – in anderer Weise – an den Berufsschulen kam die neue Konzeption zum Durchbruch. Mehrere Volksschulen und eine Oberschule, die Lichtwarkschule, wurden völlig zu Versuchsschulen nach den Prinzipien der Reformpädagogik ausgestaltet. Im übrigen schlugen sich diese Ideen bei den Oberschulen hauptsächlich in den Lehrplänen nieder, auf die die Neuerer in der Schulverwaltung Einfluß ausüben konnten. Es kam zur Auflockerung des traditionellen Fächerkanons und zur stärkeren Differenzierung der Ausbildungsgänge. Bei der neuen Form der »Deutschen Oberschule« lag der Schwerpunkt auf der deutschen Sprache, Geschichte und Kultur, daneben mußte nur eine Fremdsprache erlernt werden. Der Typus konnte, wie sich bei der Lichtwarkschule einerseits und dem Wilhelm-Gymnasium andererseits zeigte, sowohl der demokratischen Erziehung als auch der nationalistischen Indoktrination dienen.

Im Unterricht selbst herrschten an den Oberschulen die gewohnten autoritären, in erster Linie auf Wissensvermittlung gerichteten Methoden vor. Die Schüler wurden überwiegend im alten Geist der angeblich »unpolitischen«, auf die Ordnung des Kaiserreichs bezogenen Staatsverehrung und des Nationalismus erzogen. Selbst wenn sich die Oberlehrer um Loyalität gegenüber der Weimarer Republik bemühten – was keineswegs immer der Fall war –, vermochten viele ihren Schülern die Werte der Demokratie und der Völkerverständigung nicht zu vermitteln.

Die Kluft zwischen Volks- und Oberschule blieb erhalten. Die große Mehrheit der Volksschullehrer unterstützte den demokratischen Staat, dem sie die Förderung ihrer pädagogischen Ziele, die Steigerung ihres sozialen Ansehens, die Verbesserung ihrer wirtschaftlichen Situation, kurz: ihren sozialen Aufstieg verdankten. Sehr klar traten die Unterschiede in der politischen Einstellung beim Kapp-Putsch zutage, als sich die Volksschullehrer im Gegensatz zu ihren Kollegen an den höheren Schulen am Generalstreik beteiligten.

Diese Diskrepanzen sind vor dem Hintergrund der Tatsache zu sehen, daß die höheren Schulen die Domäne der bürgerlichen Mittel- und Oberschichten blieben. Zwar wurde der Übergang von der Volks- zur Oberschule durch die Abschaffung oder Entschärfung der Aufnahmeprüfungen erleichtert und auch erreicht, daß mehr Kinder aus »minderbemittelten« Familien als früher in die Sexten eintraten; doch mußten viele von ihnen nach dem ersten Probejahr wieder ausscheiden. Es zeigte sich, daß sie durch die Aufgabe überfordert waren, sich in so kurzer Zeit nicht nur auf neue Lerninhalte, sondern auch auf eine völlig veränderte soziale

Umgebung und einen von Grund auf andersartigen Unterrichtsstil einzustellen.

Die Zahl der Oberschüler, die teilweise oder vollständige Schulgeldbefreiung genossen, stieg nach dem Ende der Inflation und besonders während der Weltwirtschaftskrise rasch an. 1932 entrichteten nur 17 % der Eltern den vollen Satz.[258] Aber dies war kein Zeichen für den verstärkten Zustrom von Kindern aus früher unterprivilegierten Familien zu den höheren Schulen, wie die zuständige Behörde allzu optimistisch meinte, sondern in dieser Entwicklung spiegelte sich die Verarmung des Mittelstandes wider. Die Staffelung des Schulgeldes nach den Einkommensverhältnissen kam zum größten Teil nicht Menschen zugute, die sozial aufstiegen und dem demokratischen Staat diesen Erfolg dankten. Die Familien, die statt dessen um die Vergünstigung bitten mußten, empfanden es meistens als Schande, nicht mehr selbst für die Erziehung der Kinder aufkommen zu können, sträubten sich gegen die Offenbarung ihrer schlechten Finanzverhältnisse und reagierten oftmals mit Ressentiments gegen die politische Ordnung und die Politiker der Republik, die sie, wie sie glaubten, in diese Lage gebracht hatten.

Realistischer als die Verwaltung stellte die SPD 1924 fest: »Auch in Zukunft werden Proletarierkinder nur in Ausnahmefällen die Universität erreichen.«[259] Aber vor diesem Ziel hatten andere schulpolitische Aufgaben für sie Vorrang. Zunächst ging es darum, der Masse der Volksschüler eine bessere Ausbildung zu ermöglichen, und dies gelang. Ihr Schulalltag war mit dem ihrer Eltern und Großeltern nicht mehr zu vergleichen. Durch die Ausweitung des Lehrprogramms an den Volksschulen, die Angliederung der Oberstufe und die Berufsschulpflicht konnten sie an den allgemeinen Schulen ein weit größeres Wissen erwerben als früher. Diese Fortschritte sind nicht zu unterschätzen, auch wenn die weitergehenden Bestrebungen, allen die gleichen Bildungschancen zu sichern und der Demokratie eine überzeugte Anhängerschaft in der heranwachsenden Generation zu gewinnen, nur zum Teil verwirklicht wurden.

Universität und Volkshochschule

Universität und Volkshochschule sollten nach dem Willen der SPD die »Krönung« des einheitlich aufgebauten, demokratisierten Bildungssystems werden. Nachdem die Sozialdemokraten bei den Bürgerschaftswahlen 1919 die absolute Mehrheit gewonnen hatten, waren sie überzeugt, dieses Gesamtkonzept durchsetzen zu können. Am 28. März 1919 brachten sie ein »Notgesetz« über die Gründung der beiden Einrichtungen ein, das mit überwältigender Mehrheit angenommen wurde. Ein jahrzehntelanges Ringen fand damit seinen Abschluß.[260]

Zweimal hatte die alte Bürgerschaft zuvor das ungewohnte Schauspiel geboten, daß sie einem Senatsantrag, die bestehenden wissenschaftlichen Institute zu einer Universität zusammenzufassen, die Zustimmung verweigerte. Zum Kreis der Gegner gehörten vor allem etablierte Akademiker und Großkaufleute. Die einen trieb die Sorge, daß die kleine Schar der akademisch Gebildeten zuviel Konkurrenz erhalten und dadurch an sozialem Ansehen verlieren würde. Die anderen schreckte der Gedanke, die Hansestadt werde vielleicht nicht mehr alle Kraft auf die Förderung des Handels und der Schiffahrt konzentrieren, sie fürchteten die Kosten und am stärksten den »Geist des Umsturzes«, der von den Universitäten ausgehe. »Kathedersozialisten« wollten sie in Hamburg nicht haben.

Um diese Widerstände zu umgehen, hatten die Vorkämpfer der Universität, an ihrer Spitze der zuständige Senator und Bürgermeister, Werner von Melle, ihr Ziel auf mehreren Umwegen zu erreichen versucht, bis zum Zusammenbruch des alten Regimes freilich vergeblich. Von Melle hatte zum einen den Ausbau des »Allgemeinen Vorlesungswesens« vorangetrieben und 1907 die Bewilligung der ersten staatlich dotierten Professur für Nationalökonomie erreicht, zum zweiten im selben Jahr die Hamburgische Wissenschaftliche Stiftung ins Leben gerufen, zum dritten 1908 mit Unterstützung des Reichskolonialamts die Gründung des Kolonialinstituts bewirkt und zum vierten für die bereits bestehenden staatlichen Forschungsinstitute bedeutende Mittel freigemacht. Aus einem Fonds von mehr als 5 Millionen Goldmark, von denen 2 Millionen allein von dem Londoner »Diamantenkönig« Alfred Beit, einem gebürtigen Hamburger, stammten, finanzierte die Wissenschaftliche Stiftung einen Lehrstuhl für Geschichte für den Bismarck-Forscher Erich Marcks, Gastprofessuren und -vorträge, ferner – als Ersatz für die fehlenden Kolleggeldeinnahmen – Zuschüsse zu den staatlichen Professorengehältern. Es gelang auf diese Weise, bedeutende Gelehrte nach Hamburg zu holen.

Im Wintersemester 1913/14 nahmen beispielsweise im Rahmen des Allgemeinen Vorlesungswesens siebzehneinhalb Tausend Hörer an 301 Veranstaltungen von 236 Dozenten teil.[261] Seit 1911 stand dafür ein repräsentatives Vorlesungsgebäude zur Verfügung, das Edmund Siemers gestiftet hatte. Insgesamt bestanden 1910 am Kolonialinstitut, an den Forschungsanstalten und beim Allgemeinen Vorlesungswesen bereits 19 Professuren für Fächer der philosophischen, der juristischen und der naturwissenschaftlichen Fakultät. Wesentliche Einrichtungen einer Universität waren bei Kriegsausbruch geschaffen.

Der Anstoß, die eigentliche Gründung ausgerechnet unter den schwierigen Bedingungen der Nachkriegszeit zu wagen, ergab sich aus ebendieser besonderen Notsituation. Um den aus dem Feld heimkehrenden Studenten und Abiturienten weitere Zeitverluste zu ersparen, entschlossen sich die Professoren auf Initiative des Fachvertreters für Psychologie, William Stern, vom 6. Januar 1919 an »Notkurse« für sie abzuhalten, die jedoch von dem wichtigsten Universitätsland, Preußen, nur ausnahmsweise als Hochschulsemester anerkannt wurden. Auch die Vertretung der Studenten drängte deshalb, durch Gründung einer regulären Universität die Unsicherheit zu beenden. Der Vorsitzende des Arbeiterrats, Laufenberg, ließ sein wohlwollendes Interesse erkennen. Innerhalb kürzester Frist wurde nun, 14 Tage vor Beginn des neuen Semesters, mit dem »Vorläufigen Gesetz über eine Hamburgische Universität und Volkshochschule« vom 31. März 1919 die rechtliche Basis für diese Einrichtungen geschaffen.

Für den Ausbau der Universität stellte die Bürgerschaft in den folgenden Jahren beachtliche Mittel zur Verfügung. Die Zahl der Professoren und Privatdozenten wuchs – jeweils im Sommersemester – zwischen 1919 und 1923 von 97 (ordentliche Professoren: 39) auf 189 (51), dann bis 1925 auf 206 (62) und bis 1931 auf 269 (75). Die Zahl der Studenten schwankte zwischen knapp 2000 und über 4500. Der Andrang zur Universität war nach Kriegsende, als mehrere Jahrgänge gleichzeitig das Studium begannen, bis zum Höhepunkt der Inflation 1923 zunächst sehr groß. Er ging dann als Folge der allgemeinen Verarmung nach der Währungsstabilisierung zurück, weil viele Eltern die Kosten nicht mehr bestreiten konnten und die Stiftungen ihre Stipendienmittel verloren hatten. Seit dem konjunkturellen Aufschwung von 1927 entschlossen sich von Jahr zu Jahr wieder mehr junge Menschen zum Studium. Dieser Trend hielt auch in der Weltwirtschaftskrise an.[262]

Gegenüber anderen Hochschulen zeichnete sich die Universität Hamburg dadurch aus, daß hier, insbesondere seit der Einführung der akademischen Ausbildung für Volksschullehrer, ungewöhnlich viele Frauen studierten. In den letzten Jahren der Weimarer Republik stellten sie 25 % bis 26 % der Studenten, in der Philosophischen Fakultät bis nahezu 40 %, aber auch bei den Medizinern immerhin mehr als 20 %. Das Bemühen, das starre System der »Berechtigungsscheine« aufzubrechen, zeigte sich in der relativ großen Zahl von Studenten, die kein Reifezeugnis aufzuweisen hatten: 1925 immerhin mehr als 20 %, die meisten von ihnen Lehrer, bei denen der erfolgreiche Abschluß der Seminarausbildung als Äquivalent galt.

Im übrigen gelang es kaum, neuen sozialen Schichten den Weg zur Universität zu öffnen, wie die familiäre Herkunft der Studenten zeigte: Die größte Gruppe bildeten mit 35 % die Söhne und Töchter von selbständigen

Gewerbetreibenden, Kaufleuten und Bauern. Es folgten mit 25 % die Akademikerkinder und mit 16% die Sprößlinge von mittleren Beamten und Büroangestellten. Arbeiter oder kaufmännische Angestellte zu Vätern hatten jeweils rund 8 % der Studenten. Durch eine nebenher ausgeübte Erwerbstätigkeit mußte sich 1925 etwa ein Viertel den Lebensunterhalt verdienen.[263] Für rund 125 besonders begabte, unbemittelte Studenten stellte der Hamburger Senat Stipendien zur Verfügung.

Eine Enttäuschung für die Universitätsgründer war die relativ geringe Zahl von Ausländern, die Hamburg als Studienort wählten. Durch die besondere Pflege der Wissenschaften, die sich mit der Sprache, Kultur, Geschichte, den Sitten, Gebräuchen und Rechtsnormen fremder Länder befaßten, sollte die Universität, der traditionellen Weltverbundenheit der Stadt entsprechend, ihr unverwechselbares Gepräge erhalten und bei der Wiederanbahnung der internationalen Beziehungen zwischen den Hochschulen eine hervorragende Rolle spielen. In Hamburg gab es seit der Zeit des Allgemeinen Vorlesungswesens ordentliche Professuren für die Sprache und Kultur des Vorderen Orients, Chinas, Afrikas, Indiens und Japans. In der Weimarer Republik kamen Lehrstühle für Iranistik (1919) und Kolonial- und Überseegeschichte (1926) hinzu. Ein Ibero-amerikanisches Institut, das 1917 auf Betreiben interessierter Kaufleute entstanden war, der Ordinarius für Romanistik und seit 1924 außerdem der Inhaber eines speziellen Lehrstuhls für Ibero-Amerikanistik widmeten sich der umfassenden Erforschung der vergangenen und gegenwärtigen Verhältnisse auf dem lateinamerikanischen Kontinent. Unterstützt wurden diese Bemühungen, das Interesse an Lateinamerika zu fördern, dadurch, daß Hamburger Oberschüler Spanisch statt Französisch als zweite moderne Fremdsprache wählen konnten.

An der juristischen Fakultät kam das Bestreben, der jungen Universität durch den Schwerpunkt »Auslandskunde« ein besonderes Profil gegenüber den altetablierten Hochschulen zu geben, vor allem in der Errichtung des ersten deutschen Lehrstuhls für Internationales Privatrecht und Auslandsrecht (1920) zum Ausdruck. Auch ein Ordinariat für Handels- und Schiffahrtsrecht gab es nur an wenigen deutschen Hochschulen. Der Inhaber der zuerst genannten Professur, Albrecht Mendelssohn-Bartholdy, wurde 1924 zugleich Leiter des neuen Instituts für auswärtige Politik, das durch die Erforschung der Entscheidungsprozesse und Triebkräfte, die in der Außenpolitik der Völker zum Tragen kamen, einen Beitrag der Wissenschaft zur Verhinderung künftiger Kriege leisten sollte.[264] Die Gründung war charakteristisch für den optimistischen Glauben an die Macht der Vernunft, der viele Demokraten in der Weimarer Republik auszeichnete.

In einer anderen, älteren Tradition stand das Hamburgische Weltwirtschaftsarchiv, das sich aber in hervorragender Weise in die Bemühungen einfügte, die Hafenstadt zu einem Zentrum des Wissens über fremde Völker und Länder zu machen. Es war 1919 aus der Zentralstelle des Kolonialinstituts hervorgegangen und entwickelte sich zu einer angesehenen Institution, die aufgrund einer systematischen Sammlung und Auswertung der internationalen Presse und Fachzeitschriften dokumentarisches Material, Informationen und Analysen über die Tendenzen der Weltwirtschaft lieferte.

Neben dem Schwerpunkt: Auslandskunde erhielt eine Reihe von damals noch jungen Fächern in Hamburg besonders günstige Entwicklungsbedingungen: Moritz Liepmann wirkte bahnbrechend durch seine Arbeiten auf dem Gebiet der Kriminalsoziologie und durch seinen Einsatz für einen pädagogisch wirkenden, auf Resozialisierung bedachten Strafvollzug. Auf die Neuordnung des Hamburger Gefängniswesens hatte er großen Einfluß. William Stern erarbeitete neuartige Methoden der experimentellen Kinder- und Jugendpsychologie. Er entwarf Begabungs-, Eignungs- und Intelligenztests, die zum Beispiel in der Berufsberatung des Arbeitsamts Anwendung fanden. Die medizinische Fakultät begründete in der Weimarer Republik durch richtungweisende Forschungen und durch die Entdeckung neuer Operations- und Heilverfahren ihren internationalen Ruf. An erster Stelle sind hier die Chirurgen Hermann Kümmell, Ludolf Brauer und Paul Sudeck, der Neurologe Max Nonne, der Dermatologe Paul Unna und der Tropenmediziner Bernhard Nocht zu nennen.

Zur Zeit der Gründung der Universität Hamburg wurde das deutsche Hochschulwesen von vielen als verstaubt, erstarrt und dringend reformbedürftig kritisiert. In der weltzugewandten Hafenstadt ohne akademische Tradition, so rechneten diese Unzufriedenen und mit ihnen die demokratischen Mehrheitsparteien der Stadt, werde es gelingen, mit überholten Formen, Strukturen und Einstellungen zu brechen. Diese Hoffnung trog. Zwar bekannte sich eine Reihe herausragender Professoren zur SPD oder zur DDP. Insgesamt herrschten im Lehrkörper aber doch Zunftgeist, Traditionalismus und konservative Gesinnung vor.

Den Studenten wurde erstmals eine Beteiligung an der Selbstverwaltung der Universität zugestanden. Fachschaften, Studentenausschüsse und -parlamente, die Vertretung der Lernenden im Universitätskonzil: alle diese Einrichtungen stammen aus der Weimarer Republik. Trotzdem war eine antidemokratische, nationalistische und oft antisemitische Einstellung für die Mehrzahl der Studenten charakteristisch. Farbentragende und schlagende Korporationen, die der SPD als Inbegriff der Rückständigkeit und des Standesdünkels galten, tauchten zu ihrem Ärger sofort an der jungen

Universität und im hamburgischen Stadtbild auf. Früher als an anderen Hochschulen errang hier der Nationalsozialistische Deutsche Studentenbund bereits im Sommersemester 1931 bei den AStA-Wahlen die absolute Mehrheit.

Angesichts solcher Entwicklungen waren die Erfolge der Volkshochschule für die SPD besonders wichtig. Unter der Leitung sozialdemokratischer Pädagogen verfolgte sie das Ziel, »Menschen aus allen Schichten der Bevölkerung die Wege zur Kultur zu öffnen«. Anders als beim Allgemeinen Vorlesungswesen wurde nur Volksschulbildung vorausgesetzt. Einen besonderen Schwerpunkt bildete die Schulung von Betriebsratsmitgliedern im Arbeitsrecht, in der Bilanzlehre, Betriebsorganisation und in ähnlichen Fächern. Die Zahl der Kursusteilnehmer wuchs ständig: von 1844 im Wintersemester 1919 über 4127 (1923) und 6400 (1928) auf mehr als 10000 im Winter 1930/31. Mehr als 5000 Interessenten mußten jetzt abgewiesen werden. An speziellen Fortbildungskursen für Erwerbslose nahmen rund 8000 Menschen teil. Bevor diese Sondergruppe das Bild veränderte, waren die männlichen Hörer zu etwa einem Drittel Arbeiter und Handwerker, zu gut der Hälfte kaufmännische Angestellte und Beamte. Bei den Frauen waren Arbeiterinnen dagegen mit ca. 10% nur schwach vertreten.[265] Immerhin zeigte der Andrang zur Volkshochschule, daß diese Bildungseinrichtung dem Bedürfnis vieler Menschen entsprach.

Kulturelles Leben

Um einen vollen Eindruck von der geistigen Lebendigkeit der Zeit zu gewinnen, ist abschließend wenigstens ein kurzer Blick auf die kulturelle Entwicklung nötig. Sie vor allem machte es möglich, das Jahrzehnt zwischen Revolution und Weltwirtschaftskrise als die »goldenen zwanziger Jahre« zu bezeichnen. Die Fülle der Ereignisse kann hier freilich nur angedeutet werden.

Der Protest gegen die starren Konventionen und die selbstgerechte Zufriedenheit der bürgerlichen Gesellschaft hatte sich in der letzten Phase des Kaiserreichs bereits abgezeichnet. Vor allem in der bildenden Kunst und in der Literatur entwickelte sich als Gegenbewegung gegen die möglichst wirklichkeitsgetreue Abbildung der sozialen Verhältnisse und Mißstände im Naturalismus und die bloße Wiedergabe äußerer Eindrücke im Impressionismus die neue Strömung des Expressionismus. Ihm ging es darum, durch den Ausdruck der inneren Erregung aufzurütteln und einen Weg in eine sinnvollere Zukunft jenseits der eingefahrenen Gleise zu bahnen. Die

Erschütterung über die Greuel des Weltkriegs verstärkte diesen Drang nach geistiger und vor allem moralischer Erneuerung. Die Revolution und die Einführung einer demokratischen Verfassung versetzten viele in eine hoffnungsfrohe Aufbruchstimmung, so daß solche Bestrebungen starken Auftrieb erhielten. Das Grundrecht der Geistesfreiheit spiegelte sich in der Vielfalt der künstlerischen Tendenzen und einer ausgeprägten Experimentierfreude wider.

Diese Suche nach neuen Themen und Ausdrucksformen fand nun bei einem aufgeschlossenen, diskussionsbereiten Publikum die nötige Resonanz, auch wenn die Mehrheit nicht so rasch von den traditionellen Kunstanschauungen Abschied nahm. Insbesondere der kulturell interessierte Teil der jüngeren Generation engagierte sich oft leidenschaftlich für die Moderne. Die Jugendbewegung, die in der Weimarer Republik einen zweiten Aufschwung erlebte, war vom gleichen Ethos wie sie erfüllt. Auch ihr ging es darum, durch die Hinwendung zum »einfachen Leben« – zur Natur, zur ländlichen Bevölkerung und zum Proletariat, zur innerlich wahren Kunst – die Denkschablonen der Erwachsenen zu überwinden. In Hamburg spielte die Jugendbewegung, und zwar sowohl der bürgerlich-bündische Zweig als auch der sozialistische, eine bedeutende Rolle.[266]

Daneben gab es allerdings auch eine starke entgegengesetzte Strömung, und auch sie fand in der jüngeren und mittleren Generation viele Anhänger. Auf die Erschütterung der Leitbilder und Wertvorstellungen durch den Krieg, die Revolution und den raschen technischen Fortschritt reagierten diese Menschen, indem sie die modernen Entwicklungen als »undeutsch«, als Ausdruck einer westlich-dekadenten »Zivilisation« verwarfen und statt dessen die vorindustrielle, ständisch organisierte Gesellschaft nostalgisch verklärten. Durch die »Hanseatische Verlagsanstalt« des DHV fand diese »Konservative Revolution« ebenfalls in Hamburg ein Zentrum.[267]

Vor dem Krieg hatten private Sammler, Mäzene und Liebhaber den Künstlern durch den Kauf ihrer Werke, durch die Veranstaltung von Konzert-, Vortrags- und Diskussionsabenden materiellen Rückhalt und ein geistiges Forum geboten. Nach dem Untergang der Wilhelminischen Ordnung und der Inflation waren sie dazu im allgemeinen nur noch in engen Grenzen in der Lage. Eine bedeutende Ausnahme bildete die »Kulturhistorische Bibliothek Warburg«. Ihr Schöpfer, Aby M. Warburg, trug nicht nur eine umfassende und erlesene Spezialsammlung von Büchern und Quellen zusammen, sondern machte sie auch zum Zentrum für einen Kreis bedeutender Kulturhistoriker und -philosophen. Genannt seien neben dem Leiter der Bibliothek, Fritz Saxl, nur der Kunsthistoriker Erwin Panofski und der Philosoph Ernst Cassirer von der Universität Hamburg. Gemeinsam mit seinen Schülern und Anhängern ebnete Warburg einer neuartigen, auf die Gesamtbedeutung eines Werkes oder einer Epoche zielenden Kulturbetrachtung den Weg.[268]

Eine solche Leistung stand jedoch einzigartig da. Charakteristisch für die Weimarer Zeit war, daß der Staat auch die Aufgabe der Kunstförderung weitgehend übernehmen mußte. Der Verein Hamburgischer Musikfreunde (später umbenannt in Philharmonische Gesellschaft) benötigte seit 1921 hohe Zuschüsse, um den Musikern des Philharmonischen Orchesters die tarifvertraglich vereinbarten Gehälter bezahlen zu können. Ebenso erging es dem »Stadttheater«, der heutigen Staatsoper, das vor dem Krieg als rein privatwirtschaftliches Unternehmen betrieben worden war, aber in dieser Form sein künstlerisches Niveau nicht mehr hätte halten können. Der Staat finanzierte auch den Umbau des veralteten Hauses, nach dessen Abschluß im Jahr 1926 Hamburg dann über eine der technisch modernsten Opernbühnen Europas verfügte. Dem Kunstverein ermöglichte er, seine Ausstellungen seit 1927 in einem eigenen Haus zu veranstalten.

Eine besondere Kunstpflegekommission des Senats bemühte sich seit 1920, die materielle Not unter den freischaffenden Schriftstellern, Komponisten, Malern und Bildhauern zu lindern. Dies geschah durch Preise und Stipendien, vor allem aber dadurch, daß die Kommission Kunstwerke kaufte oder in Auftrag gab, seien es große Wandgemälde für Schulen, Plastiken für Parks und öffentliche Gebäude oder Entwürfe für Ehrengaben des Staates: Urkunden, Medaillen und Pokale. 1932 erhielten 17 erwerbslose Künstler in der Villa Ohlendorff Wohnung und Arbeitsstätten.

Obwohl der Staat auf diese Weise weit größeren Einfluß auf das kulturelle Leben ausüben konnte als früher, wurde die Vielfalt nicht beeinträchtigt, sondern eher gefördert. Die maßgebenden Beamten, Fritz Schumacher, die Direktoren der Kunsthalle und des Museums für Kunst und Gewerbe, Gustav Pauli und Max Sauerlandt, sowie der Leiter der Staatlichen Pressestelle, der Schriftsteller Alexander Zinn, sahen ihre Aufgabe darin, allen wesentlichen künstlerischen Strömungen ihrer Zeit die Chance zur Entfaltung zu schaffen. Sauerlandt und mehrere Mitarbeiter Schumachers waren begeisterte Anhänger des Expressionismus. Die Offenheit des zuständigen Senators, Emil Krause, für die zeitgenössische Kunst wurde von vielen Seiten anerkannt.

Die Vorkämpfer der neuen Bestrebungen unter den bildenden Künstlern schlossen sich 1919 zur »Hamburgischen Sezession« zusammen. Sie vertraten kein einheitliches stilistisches Programm, sondern proklamierten im Gegenteil »Duldsamkeit gegen jede Richtung«. Ihr Ziel war, jedem in seinem Werk um Wahrhaftigkeit ringenden Künstler das unentbehrliche geistige Milieu zu schaffen; ihre Kampfansage galt dem »leichtfertigen Schlendrian«, dem »geistlos herabgeleierten Handwerk«, dem »gewissenlosen Sichgehenlassen«.[269] Der Einfluß der Jugendbewegung auf die Konzeption war unverkennbar.

Die Sezession entwickelte sich zur beherrschenden Künstlervereinigung Hamburgs. In regelmäßigen Ausstellungen in der Kunsthalle gab sie einen Überblick über das Schaffen der zeitgenössischen Maler und Bildhauer der Stadt. Wie generell in der Kunst jener Jahre dominierten die Expressionisten. Schockierende Werke waren selten darunter, ja, in der liberalen Vossischen Zeitung wurden in der späteren Zeit gar die »Ängstlichkeit und Nachahmungssucht« der »Sezession« kritisiert.[270] Durch ihren Eliteanspruch forderte die Vereinigung solche harschen Urteile heraus. Zu den Hamburger staatlichen Stellen bestanden gute Kontakte. An öffentlichen Aufträgen wurden Mitglieder der »Sezession« oft beteiligt. Ihr bedeutendster Bildhauer, Friedrich Wield, erhielt in der Kunsthalle ein Staatsatelier. Als Vorsitzender wirkte seit 1928 der Leiter der Städtebauabteilung der Baubehörde, der expressionistische Maler Emil Maetzel. 1933 wurde er aus dem Staatsdienst entlassen, die 12. Ausstellung der »Sezession« wegen Förderung des »Kulturbolschewismus« verboten.

Neben der »Sezession« und einigen anderen privaten Enthusiasten bemühten sich der Kunstverein und Sauerlandt mit seinem Museum, der zeitgenössischen Malerei, insbesondere den Expressionisten, zum Durchbruch zu verhelfen. Auch Pauli setzte sich für sie ein, legte daneben freilich Wert darauf, Lücken in den übrigen Sammlungen der Kunsthalle zu schließen.

Das expressionistische Theater erhielt in den Kammerspielen unter Erich Ziegel ein Zentrum. Das kurz vor Kriegsende, im Sommer 1918, gegründete Privattheater erwarb sich durch seine hervorragenden Aufführungen der Dramen der Gegenwart in ganz Deutschland einen Ruf als mutige, avantgardistische Bühne. Fast alle wichtigen Stücke des Expressionismus wurden hier gespielt: u. a. Walter Hasenclevers »Der Sohn«, Georg Kaisers »Gas«, Ernst Tollers »Wandlung«, Reinhard Goerings »Die Seeschlacht«, Bert Brechts »Trommeln in der Nacht«, Ernst Barlachs »Der arme Vetter« und »Die echten Sedemunds«. Aber auch die Aufführung von Arthur Schnitzlers »Reigen« und Frank Wedekinds »Büchse der Pandora« war damals noch ein Wagnis. Später bekannte Schauspieler wie Ernst Fritz Fürbringer, Albrecht Schoenhals und Gustaf Gründgens errangen an den Kammerspielen ihre ersten Erfolge. Durch neue Darstellungsformen gelang es dem Regisseur Erich Engels zu verhindern, daß das Pathos und die Ekstase des expressionistischen Dramas ins Lächerliche umschlugen. Rhythmisch skandierende, im genauen Takt sich bewegende Sprechchöre brachten die Gebundenheit der »Masse Mensch« (Toller) im Maschinenzeitalter zum Ausdruck.

Die beiden großen Hamburger Bühnen, das Schauspielhaus und das Thalia-Theater, die sich ebenfalls weitgehend selbst tragen mußten, brachten demgegenüber ein konventionelleres Repertoire. Aber auch sie wagten sich gelegentlich an aufsehenerregende neue Stücke, so das Schauspielhaus 1927 an die Aufführung des Dramas »Medea« des bedeutendsten Hamburger Dichters der Zeit, Hans Henny Jahnn. Die Premiere der »Verbrecher« von Ferdinand Bruckner am 27. November 1928 diente den Nationalsozialisten als willkommener Vorwand, um durch Radau und Stinkbomben auf sich aufmerksam zu machen.

Durch die Einbeziehung von Chor und Pantomime, lyrischen Monolog, Musik und Tanz tendierte das expressionistische Theater zum Gesamtkunstwerk. Ernst Barlach wirkte als Bildhauer, Graphiker und Theaterdichter. Hans Henny Jahnn hatte sich, bevor er als Schriftsteller bekannt wurde, als Orgelbauer und Musikwissenschaftler einen Namen gemacht. Die »Sezession« bot Autoren ein Forum, die Kammerspiele zeigten in ihrem Foyer Graphikausstellungen. Diesem Streben nach Einheit aller künstlerischen Äußerungen entsprach es, daß sich zur Zeit des Expressionismus die neue Form des Ausdruckstanzes entwickelte. Durch Mary Wigman und Rudolf von Laban gelangte er in Hamburg zur höchsten Vollendung, fand einige Jahre lang viel Anklang und breitete sich von hier über ganz Deutschland aus.

Im eigentlichen Musikleben kamen die modernen Strömungen dagegen relativ wenig zum Tragen. Unter ihren international begehrten Dirigenten Karl Muck bzw. Egon Pollak und Karl Böhm (seit 1931) boten das Philharmonische und das Opern-Orchester interessante und vielseitige Programme; zeitgenössische Komponisten spielten in ihrem Repertoire aber eine verhältnismäßig geringe Rolle.

Streit gab es in der Weimarer Republik über die Frage, ob die beiden Orchester nicht zusammengefaßt werden sollten, um einen Teil der Staatszuschüsse zu ersparen. Der Senat widersetzte sich immer dieser hauptsächlich von den Rechtsparteien vertretenen Forderung, ja, er bewilligte 1932 die Mittel für das Stadttheater per Notverordnung, weil die Bürgerschaft die Zustimmung verweigerte. Das Hauptmotiv war der Wunsch, die »Volkskonzerte« zu erhalten, die die Philharmoniker dreimal in der Woche gaben und die als eine solche ständige Einrichtung einzigartig in Deutschland waren. Die geringen Eintrittspreise machten es möglich, daß sogar während der Weltwirtschaftskrise z. B. im Winter 1930/31 165 000 Menschen diese Konzerte besuchten. Von 170 Veranstaltungen standen – vor allem durch erschwingliche Preise – 145 in diesem Jahr im Dienst der »sozialen Kultur«, wie es in einer Denkschrift der Philharmonischen Gesellschaft hieß; vierzig Konzerte fanden unentgeltlich statt.[271] Auch die Oper

arrangierte billige Sondervorstellungen für verschiedene Besucherorgani-
sationen, Arbeiterbildungsvereine und Gewerkschaften. Alle diese Aktivitäten waren charakteristisch für das Bestreben, die Musik wie die gesamte
Kultur Bevölkerungskreisen zugänglich zu machen, denen sie früher ver-
schlossen gewesen war.

Unterstützt wurden diese Bemühungen durch zahlreiche private Ver-
einigungen, an erster Stelle die Einrichtungen der Arbeiterbewegung mit
den gleichen Zielen: Zu nennen sind hier insbesondere die »Volksbühne«,
die für einen geringen Monatsbeitrag den Besuch guter Aufführungen in
den verschiedenen Hamburger Theatern ermöglichte; die »Büchergilde
Gutenberg«, die ihre Mitglieder mit lesenswerter Literatur versorgte, und
die »Griffelkunst-Vereinigung«, die Gelegenheit bot, für kleine monatliche
Zahlungen Originalgraphiken zu erwerben. Sie wurde 1925 auf Initiative
des Volksschullehrers Johannes Böse, eines Lichtwark-Schülers, in der
Staatssiedlung Langenhorn gegründet und fand bald in ganz Hamburg und
auch in anderen Städten Deutschlands Freunde.[272]

Soweit es sich um Musik und Literatur handelte, trug freilich am stärksten das neue Medium Rundfunk dazu bei, daß breite Bevölkerungsschichten an den kulturellen Ereignissen unmittelbar teilnehmen konnten. Die
Norddeutsche Rundfunk A.G. (Norag) begann 1924 mit ihren Sendungen.
Die Qualität verbesserte sich rasch, so daß bald auch die Musikwiedergabe
durchaus akzeptabel war. Einen entscheidenden Fortschritt in dieser Hinsicht brachte die Fertigstellung des Funkhauses an der Rothenbaumchaus-
see 1931, in dem nun schallschluckende Räume und eine hochmoderne
Aufnahmetechnik zur Verfügung standen. Seit demselben Jahr spielte das
Philharmonische Orchester für die Norag, die dafür 300000,– RM an die
Gesellschaft erstattete und ihr auf diese Weise einen wesentlichen Teil ihrer
Finanzsorgen nahm. Neben Berichten, Reportagen und Unterhaltungs-
sendungen brachte die Norag ein umfangreiches Bildungsprogramm. Dazu
gehörten eine Art Rundfunk-Volkshochschule, die »Hans-Bredow-Schule
für Volkswissenschaft«, ferner eine Schule der Musik, eine Schule für die
Frau und Fortbildungskurse für verschiedene Berufsgruppen. Durch ihre
anspruchsvollen Hörspiele sicherte sich die Norag viel Anerkennung. Die
Entstehung von Radioclubs und Arbeiter-Radiobünden zeigte die lebhafte
Anteilnahme an diesem Medium.

Politische Konsolidierung

In diesem Fall war es der technischen Entwicklung zu danken, daß weiten Bevölkerungskreisen der Zugang zu früher verschlossenen Bildungserlebnissen ermöglicht wurde. In allen übrigen Bereichen waren die skizzierten Fortschritte für die »minderbemittelten« Schichten Ausdruck des veränderten politischen Wollens. Ob es sich um gesündere, ausreichende Wohnungen, größere soziale Sicherheit oder bessere Bildungsmöglichkeiten für Kinder und Erwachsene handelte, waren diese Erfolge tatsächlich »Errungenschaften der Revolution«, wie es damals stolz oder polemisch hieß. Selbst wo die demokratischen Politiker an bereits eingeleitete Entwicklungen anknüpfen konnten, trieben sie sie energischer und konzentrierter voran, als es ohne den politischen Umbruch geschehen wäre.

Sicher blieb vieles zu wünschen übrig. Dem Ziel, allen, unabhängig vom Einkommen und von der sozialen Stellung, die gleichen Chancen zu sichern, konnten die Demokraten in den wenigen relativ ruhigen Jahren der Weimarer Republik angesichts der starken Widerstände, die zu überwinden waren, nur näherkommen. Trotzdem waren die Fortschritte und prinzipiellen Neuorientierungen im Vergleich zur Vorkriegszeit, die allgemein als Maßstab galt, doch unübersehbar. In den Bevölkerungskreisen, die den Hauptvorteil von dieser Entwicklung hatten, unter Arbeitern, Angestellten, Volksschullehrern, unteren und mittleren Beamten, erkannten viele die Zusammenhänge und standen aus Überzeugung zu dem neuen Staat – trotz seiner Schwächen. Ein damals junger Reichsbanner-Mann beschrieb rückblickend die Erfahrungen: »Die Errungenschaften seit 1918 und in Hamburg der gewaltige soziale Wohnungsbau und die neuen Bildungsmöglichkeiten ließen hoffen, daß eine Demokratie den weiteren Fortschritt sichert. ... Es wird viel über die Weimarer Zeit gemosert; wir als Jugend haben in der Zeit Möglichkeiten gehabt, vorwärts zu kommen, die unsere Väter vor 1918 nicht hatten, und deshalb bedeutet uns die Weimarer Zeit viel.«[273]

Daß diese Einstellung von vielen geteilt wurde, zeigte unter anderem das Engagement von Tausenden von Sozialdemokraten und Demokraten im Reichsbanner Schwarz-Rot-Gold. Sie opferten nicht nur einen erheblichen Teil ihrer Freizeit, sondern nahmen oft auch im Verhältnis zu den schmalen Einkommen sehr spürbare finanzielle Lasten auf sich, um in großen Demonstrationen, Kundgebungen und Umzügen für den Erhalt der demokratischen Republik einzutreten.

Nicht zufällig erhoben die Freien Gewerkschaften gerade im September 1928 bei ihrem Bundeskongreß in Hamburg das Konzept der »Wirtschaftsdemokratie« nach jahrelangen Erörterungen zum offiziellen Programm. Es sah vor, die »Demokratisierung der Wirtschaft« als Etappe auf dem Weg zum Fernziel »Sozialismus« hauptsächlich über die Parlamente zu erreichen. Sie sollten der »Unternehmerautokratie« durch Erweiterung der gewerkschaftlichen Mitbestimmungsrechte im Betrieb, durch zunehmende Beeinflussung und Lenkung des Wirtschaftsgeschehens, schließlich durch Ausbau der öffentlichen und gemeinnützigen Betriebe immer engere Grenzen setzen. Der Optimismus, der sich aufgrund der sozialpolitischen Erfolge seit dem Ende der Inflation entwickelt hatte, daß die demokratisch gewählten Staatsorgane im Interesse der Arbeitnehmer und der übrigen wirtschaftlich schwächeren Bevölkerungsgruppen wirken würden, kam in dieser Konzeption zum Ausdruck.

Auch die Parlamentswahlen des Jahres 1928 bestätigten, daß viele Stimmberechtigte die Leistungen der SPD und der DDP in der Hamburger Regierungskoalition anerkannten und honorierten. Die Wahlbeteiligung war bei den Bürgerschaftswahlen erheblich größer als vier Jahre zuvor und erreichte fast wieder den Umfang von 1919. Hauptgewinner war die SPD, die ihr Ergebnis von 1924 um rund 73 000 Stimmen oder 3,5 % verbesserte. Die DDP gewann ebenfalls fast 17 000 Stimmen hinzu, blieb prozentual allerdings ein wenig hinter dem früheren Resultat zurück. Ihr Erfolg war eindeutig eine Vertrauenskundgebung für den Spitzenkandidaten, Bürgermeister Carl Petersen, denn als er vier Monate vorher bei einer für ungültig erklärten Wahl noch nicht die Liste angeführt hatte, waren der DDP im Vergleich zum jetzigen Erfolg 22 000 Stimmen entgangen. Die meisten dieser Wähler hatten damals Stimmenthaltung geübt. Die Zustimmung zur Politik des Senats kam gerade in diesem Bürgermeistervotum zum Ausdruck. SPD und DDP erhielten fast die Hälfte, nämlich 48,7 %, der Stimmen.

Die DVP als die konservative Flügelpartei der Koalition errang ebenfalls 11 000 Stimmen mehr als 1924, aber damit nur 12,5 % statt vordem 14 %. Immerhin machte der Stimmenzuwachs deutlich, daß auch im »nationalen« Bürgertum viele bereit waren, trotz der zweifellos weiterbestehenden Vorliebe für den alten Staat die Arbeit des Senats zu akzeptieren, wenn auch mit dem Ziel, die konservative Komponente zu stärken. Die rechtsradikalen Parteien, DNVP und NSDAP, konnten nur ihren festen Stamm ideologisch fixierter Wähler – rund 94 000 bzw. 14 000 – halten; die erhöhte Wahlbeteiligung kam ihnen nicht zugute, so daß ihr Stimmenanteil ganz erheblich zurückging, bei der DNVP von 17 % auf 13,7 %, bei der NSDAP von 2,5 % auf 2,2 %. Der Linkstrend, der sich in allen diesen Zahlen widerspiegelte, wurde durch den Erfolg der KPD noch unterstrichen. Im Gegensatz zur rechten Opposition konnte sie 35 000 Wähler oder 2 % der Stimmen hinzugewinnen.

Für das früher wohlsituierte führende und mittelständische Bürgertum stellten sich die sozial- und kulturpolitischen Entscheidungen in der Zeit seit dem Ende der Inflation anders dar als für die benachteiligten Schichten. Ihm wurden nicht zuvor unzugängliche Bereiche und Möglichkeiten erschlossen, sondern es mußte nun Privilegien und Chancen teilen. Soziale Absicherungen und Vergünstigungen beim Zugang zu den Bildungseinrichtungen und kulturellen Veranstaltungen benötigte es, wenn überhaupt, erst seit Krieg und Inflation seine wirtschaftliche Position, finanzielle Leistungsfähigkeit und individuelle Vorsorge zerstört hatten; und dafür machte es zum Teil die demokratischen Politiker verantwortlich.

Die sozialpolitische Gesetzgebung engte in vielen Fällen die Handlungsfreiheit dieser Menschen als Arbeitgeber, Produzenten oder Kaufleute ein. Die Beteiligung neuer Bevölkerungsschichten am Bildungs- und Kulturangebot bedeutete für sie Einbuße der sozialen Exklusivität, Verminderung des gesellschaftlichen Abstands, Statusverlust. In den Reformen vermochten sie häufig nicht das Streben nach größerer sozialer Gerechtigkeit, sondern nur die Sucht zur »Gleichmacherei« und Nivellierung der gesellschaftlichen Unterschiede zu erkennen. Die herausgehobene soziale Stellung erschien in einem weiteren Punkt bedroht, nachdem die Revolution die politischen Vorrechte vernichtet und die ins Extrem gesteigerte Inflation einen Großteil des ererbten Besitzes liquidiert hatte.

Als sich die Lebensbedingungen nach dem Ende des Währungswirrwarrs allmählich besserten und Aussicht zu bestehen schien, sich wieder emporzuarbeiten, war eine beachtliche Zahl, nämlich im wesentlichen die Wählerschaft der DVP und der rein ökonomisch interessierten Wirtschaftspartei, trotzdem bereit, sich mit dem neuen Staat abzufinden. Diese halbherzige Zustimmung erwies sich aber als weniger belastbar als die Unterstützung der vor dem Krieg minderprivilegierten Schichten, die bei Rückschlägen in einer Krise doch immer die Fortschritte im Vergleich zu damals vor Augen hatten. Ihre Loyalität geriet erst, und auch nur bei einem Teil, ins Wanken, als die Existenz bedroht war.

Das vormals gutetablierte, durch Krieg, Revolution und Inflation verunsicherte Bürgertum als Gruppe erlebte dagegen Verschlechterungen als weitere Etappen in einem anhaltenden Prozeß des Niedergangs, der nur für kurze Frist durch eine günstigere Entwicklung unterbrochen worden war. Viele wandten sich in solchen Krisensituationen von der Ordnung der Weimarer Republik wieder ab, kultivierten antidemokratische Ideologien, sahen in der Wiederherstellung des Obrigkeitsstaates das Ideal oder suchten nach neuen politischen Modellen. Vor allem auf junge, dem Kaiserreich emotional nicht mehr verbundene Menschen wirkten unerprobte Staatsutopien attraktiv. Wie sehr die Zustimmung, die der Arbeit der Senatskoalition bei den Wahlen von 1928 zuteil wurde, an den Erfolg gebunden war, wurde in der bald einsetzenden Weltwirtschaftskrise deutlich.

10. Weltwirtschaftskrise

Entwicklung der Wirtschaftsdepression

Während die Strukturschwächen der deutschen Wirtschaft allgemein schon 1928 zur Stagnation und in manchen Bereichen zur Rezession führten, war Hamburg infolge der andauernden günstigen Entwicklung des Außenhandels noch eine Schonfrist vergönnt.[274] Erst als die Weltwirtschaftskrise die negativen Tendenzen dramatisch verstärkte, bekam es seit Ende 1929 den Konjunktureinbruch im vollen Ausmaß zu spüren, ja, es wurde nun besonders schwer und nachhaltig getroffen.

Die Hauptursache für die Depression lag in den Verschiebungen, die der Krieg in der Weltwirtschaft ausgelöst hatte. An die wichtigsten Faktoren ist deshalb noch einmal zu erinnern: an die Entstehung großer regionaler Überkapazitäten in der Rohstoff- und Industrieproduktion, im Handel und in der Schiffahrt, an die Schwächung der europäischen Industrienationen, die Zerstörung einheitlicher Märkte, die Auflösung des bewährten internationalen Geld- und Kreditgefüges und als Resultat aus alledem an den harten, oft ruinösen Kampf um die verbliebenen Absatzchancen. Die Krise begann mit dem Verfall der Rohstoffpreise, der die betroffen, auf den Export dieser Naturprodukte angewiesenen Länder in schwere Not stürzte und sie zwang, den Kauf industrieller Güter weitgehend einzustellen. Dadurch verloren die Industrienationen einen Teil ihrer Absatzmöglichkeiten und schränkten die Produktion und den Rohstoffbezug ein, wodurch die Situation ihrer wirtschaftlich weniger entwickelten Handelspartner noch schwieriger wurde. Der Weltmarkt schrumpfte immer stärker und war um so heftiger umkämpft.

Nach und nach versuchten alle Staaten, sich durch hohe Zollmauern, administrative Behinderungen, Einfuhrkontingente und restriktive Devisenbestimmungen gegen fremde Waren abzuschließen, den eigenen Export aber durch Subventionen der verschiedensten Art zu forcieren. Diese Bemühungen, die eigene Wirtschaft auf Kosten der übrigen Welt zu retten, waren zum Scheitern verurteilt, weil sie die gegenseitige Abhängigkeit von Im- und Export ignorierten. Sie trugen dazu bei, die Verwirrung in der Weltwirtschaft zu steigern und die Krise zu verschärfen.

Durch den Zusammenbruch des internationalen Kredit- und Währungssystems wurden die Schwierigkeiten zusätzlich vergrößert. Vor allem amerikanische Geldgeber, die sich an ihre neue Rolle als Hauptgläubiger der Welt erst langsam gewöhnten, hatten ihre Kredite überwiegend kurzfristig ausgeliehen und forderten sie nun, durch die alarmierenden Wirtschaftsnachrichten beunruhigt oder durch eigene Verluste gezwungen, oft überstürzt zurück. Der Bankerott vieler Banken und Firmen zunächst in Übersee, später auch in Europa und entsprechende Einbußen der Handelspartner bei den Außenständen waren die Folge. Die Währungen wirtschaftlich schwächerer Staaten brachen als erste unter diesen Belastungen zusammen.

Plötzliche Abwertungen machten die Kalkulationen des Kaufmanns illusorisch und vernichteten für den Ausländer nicht selten von einem Tag zum anderen alle Wettbewerbschancen. Am 21. September 1931 wurde gar für eine der wichtigsten internationalen Leitwährungen, das englische Pfund Sterling, die Goldeinlösungspflicht aufgehoben und damit der Weg zu einer rund zwanzigprozentigen Abwertung freigegeben. 17 weitere Länder, darunter die Mitglieder des Commonwealth, die skandinavischen Staaten und Japan, schlossen sich in den folgenden Monaten dem Schritt an. Die »Goldwährungsländer« wie Deutschland hatten seither kaum noch Aussichten, in diese Staaten zu exportieren, und auf den übrigen Märkten konnten sich ihre Waren nur schwer gegen die billigeren des »Abwertungsblocks« durchsetzen.

Neben allen diesen wirtschaftlichen Erschwernissen sah sich der internationale Handel erhöhten politischen Risiken gegenüber, denn die ökonomische Katastrophe führte in zahlreichen Staaten der Welt zu Unruhen, Militärrevolten, Revolutionen und Kriegen mit dem Ziel, der Aufruhrstimmung im Innern durch Siege gegen einen äußeren Feind Herr zu werden.

Angesichts der schwierigen Bedingungen für den Export kam der Pflege des Binnenmarktes besondere Bedeutung zu. Die Wirtschafts- und Finanzpolitik der deutschen Regierungen aber wirkte in die entgegengesetzte Richtung. Das 1928 gebildete Kabinett der Großen Koalition unter dem sozialdemokratischen Reichskanzler Hermann Müller war nach weniger als zwei Jahren am 27. März 1930 an den finanzpolitischen Problemen gescheitert. Unter dem Druck der Wirtschaftskrise erwiesen sich die prinzipiellen Gegensätze zwischen der unternehmerabhängigen DVP und der um die Verteidigung der sozialen Errungenschaften bemühten SPD als unüberwindbar. In dem Bestreben, zum einen die Steuerlast, den Forderungen der DVP entsprechend, möglichst abzubauen, zum anderen die sozialen Leistungen, den Wünschen der SPD entsprechend, aufrechtzuerhalten, hatte die Koalition während ihrer gesamten Regierungszeit eine ungelöste Finanzkrise mit sich geschleppt, die mehrere Male in eine akute Kassenkrise eingemündet war. Das bürgerliche Minderheitskabinett unter dem Zentrums-Kanzler Heinrich Brüning, das seit dem 30. März 1930 zunächst mit wechselnden Mehrheiten und dann mit Hilfe des Notstandsrechts des Reichspräsidenten regierte, konnte daher lange Zeit auf eine breite Zustimmung rechnen, wenn es der Finanzsanierung absoluten Vorrang vor anderen Zielen einräumte. Diese Entscheidung hatte aber prekäre Folgen, da eine solche ausschließlich auf den Haushaltsausgleich gerichtete Politik prozyklisch wirkt: im Konjunkturaufschwung wirtschaftsbelebend und im Abschwung krisenverschärfend. Zudem nutzte das Kabinett Brüning die zunehmende Abhängigkeit der Länder und Gemeinden von Finanzhilfen des Reichs, um ihnen die gleiche, die Depression verschärfende Politik aufzuzwingen.

Überall wurde versucht, die krisenbedingten Steuer-, Zoll-, Gebühren- und sonstigen Einnahmeausfälle durch Einsparungen bei den Sach- und Personalausgaben auszugleichen. Als Abnehmer von Gütern und Diensten fiel der Staat weitgehend aus. Die Kürzungen bei den Beamten- und Angestelltengehältern, den Staatsarbeiterlöhnen, Pensionen, Renten, Arbeitslosen- und Kriegsopferunterstützungen nötigten die Betroffenen, ihre Einkäufe ebenfalls einzuschränken. In die gleiche Richtung wirkten die zahlreichen Steuererhöhungen und Einführungen neuer Abgaben, die wegen der steigenden Sozialausgaben, vor allem der Kosten für die Versorgung der Arbeitslosen, trotz der rigorosen Sparmaßnahmen zur Beseitigung der immer wieder entstehenden Haushaltsdefizite erforderlich waren. Die Verringerung der staatlichen und privaten Nachfrage führte zu Einkommensverlusten, entsprechenden Ausgabendrosselungen der betroffenen Firmen und weiteren Einkommensminderungen an anderer Stelle. Produktion und Beschäftigung gingen ständig zurück. Durch die Entlassung von Arbeitskräften wurde abermals Kaufkraft vernichtet. Es entstand ein Zerstörungsprozeß, der sich aus sich selbst heraus verstärkte.

Um trotz des Nachfragemangels im harten Kampf mit der Konkurrenz die Umsätze zu halten, eventuell im Ausland neue Märkte zu finden, setzten die meisten Unternehmer ihre Preise herab und bemühten sich, auch die Kosten entsprechend zu reduzieren. Am besten gelang ihnen das bei den Löhnen und Gehältern. Die rasch wachsende Arbeitslosigkeit hatte die Widerstandskraft der Gewerkschaften von neuem gelähmt. Diesmal fanden sie bei den staatlichen Schlichtungsinstanzen jedoch keinen Beistand gegen den Lohndruck der Unternehmer, denn die Tendenz zur Sekung des inländischen Preis-/Kostenniveaus entsprach der Konzeption der Reichsregierung. Nach mehreren Teilregelungen machte sie mit der Notverordnung vom 8. Dezember 1931 den systematischen Versuch, alle gebundenen Warenpreise, Zinsen, Mieten, Tariflöhne und -gehälter im richtigen Verhältnis zueinander zu reduzieren. Das Ziel war, durch eine solche bewußte »Deflationspolitik« die Wettbewerbsfähigkeit der deutschen Wirtschaft gegenüber dem Ausland zu verbessern, um über die Belebung des Exports den Anstoß zur Überwindung der Depression zu geben. Die protektionistische Abschließung der Staaten und die Währungsabwertungen machten diese Rechnung aber illusorisch. Als Folge der Deflationspolitik entstanden zusätzliche schwere Störungen auf dem Binnenmarkt, da es unmöglich war, alle Kostenfaktoren genau im gleichen Maß zu vermindern.

Der anhaltende Preisverfall führte dazu, daß Maschinen, Gebäude, Vorräte, Rohstoffe, Aktien entwertet wurden. Forderungen der Gläubiger, zusätzliche Sicherheiten für Kredite zu bieten, konnten oft nicht erfüllt werden. Selbst wenn Unternehmen keine Vermögenswerte veräußerten und relativ gut beschäftigt waren, konnte allein aufgrund dieser Verschiebungen ein solches Mißverhältnis zwischen Fremd- und Eigenkapital in den Bilanzen entstehen, daß die Existenz gefährdet wurde. In der Deflationskrise wurden infolge der Steigerung des Geldwerts die »bestraft«, die mit Hilfe von Krediten investiert hatten. Da die Produktionsstätten schlecht ausgelastet waren oder teilweise stillagen, wurde der Zinsen- und Tilgungsdienst zu einer schweren Bürde. Er trieb die festen Kosten pro Stück so in die Höhe, daß nicht einmal extreme, auch von Unternehmervertretern als indiskutabel bezeichnete Lohnkürzungen zum Ausgleich gereicht und die Rentabilität der Betriebe gerettet hätten.

Die Gläubiger versuchten, ihre gefährdeten Gelder zurückzubekommen. Die Unfähigkeit vieler Schuldner, Kredite termingerecht zurückzuzahlen, bedrohte auch sie. Zusammenbrüche von Sparkassen, Banken und Versicherungen machten dies deutlich. Als am 13. Juli 1931 eine der großen Aktienbanken, die renommierte Darmstädter und Nationalbank, ihre Zahlungen einstellte, mußte die Reichsregierung durch die Anordnung von Bankfeiertagen, Beschränkungen des Zahlungsverkehrs, Stützungsaktionen und organisatorische Regelungen eingreifen, um andere Geldinstitute vor einer ähnlichen Katastrophe zu bewahren. Dabei war es unvermeidlich, daß die Reglementierungen die übrige Wirtschaft schwer behinderten, was insbesondere im Verkehr mit dem Ausland zu großen Verlusten führte. Weitere Probleme entstanden durch den massierten Abzug kurzfristiger ausländischer Kredite. Er traf Deutschland besonders hart, weil wegen des Geldmangels nach der Inflation zum Wiederaufbau der Wirtschaft viel internationales Kapital herangezogen worden war. Außerdem wurde nun die währungspolitische Problematik der Reparationsregelung deutlich: Die Rückleitung der in die USA fließenden Reparations-Devisen über Anleihen nach Deutschland wurde unterbrochen.

Im Hinblick auf den Wirtschaftsverfall, die Zerrüttung der öffentlichen Finanzen und die Gefährdung der politischen Stabilität in Deutschland weigerten sich die internationalen Geldgeber seit dem Frühjahr 1931 generell, fällige Darlehen zu verlängern oder durch neue zu ersetzen. Die Devisenverluste – verstärkt durch eine bedeutende Kapitalflucht aus Deutschland – zwangen die Reichsbankleitung zu Gegenmaßnahmen, da sie nicht nur die Bezahlung lebenswichtiger Importe, sondern auch die gesetzlich vorgeschriebene vierzigprozentige Deckung der ausgegebenen Banknoten in Gold und guten fremden Zahlungsmitteln sicherstellen mußte. Durch Verteuerung und Verknappung der Kredite versuchte sie, dem Kapitalexport entgegenzuwirken. Im August 1931 stieg der Reichsbankdiskont zeitweise bis auf 15 %. Die Zinsen folgten dem Preisrückgang nicht, sondern erreichten im Gegenteil vorher nicht geahnte Höhen. Dadurch wurden Umschuldungen erschwert, wirtschaftliche Aktivitäten zusätzlich behindert, Unternehmen in den Ruin getrieben. Der erstrebte Erfolg blieb dagegen aus: Am 15. Juli 1931 mußte die Reichsregierung, um die Zahlungsfähigkeit gegenüber dem Ausland zu sichern, die Devisenbewirtschaftung anordnen. Für die Hamburger Schiffahrts- und Außenhandelsunternehmen brachte sie zahlreiche neue Nachteile.

Ebenso hart traf die Hamburger Wirtschaft der forcierte Agrarprotektionismus. Seit April 1930 wurden die Zölle für landwirtschaftliche Einfuhren in immer kürzeren Zeitabständen zum Teil extrem erhöht, außerdem durch zahlreiche gesetzliche oder administrative Vorschriften die Verbraucher gezwungen, einheimische Erzeugnisse anstelle billigerer oder qualitativ geeigneterer ausländischer Produkte zu verwenden. Bereits 1930 erreichte der Zoll für Roggen und Weizen die Höhe des Weltmarktpreises, im Mai 1931 war er für die verschiedenen Getreidesorten vier- bis vierzehnmal so hoch wie vor dem Krieg. Der großstädtischen Bevölkerung wurde durch diese Politik die Ernährung verteuert, dem Einzelhandel die Verdienstspanne geschmälert, dem auf Agrarprodukte spezialisierten Hamburger

Importhandel und seinen Hilfsgewerben das Geschäft zerschlagen. Der Landwirtschaft brachten die Opfer aber nur wenig Nutzen, weil es unmöglich war, einen Produktionssektor aus der übrigen Volkswirtschaft herauszulösen und vor dem allgemeinen Schrumpfungsprozeß zu bewahren.

Die Regierung Papen, die das Kabinett Brüning am 1. Juni 1932 ablöste, verschärfte diesen für Hamburg besonders verhängnisvollen Kurs, da die deutschnationalen Agrarvertreter zu den wenigen Abgeordneten gehörten, die die neue Führung des Reichs unterstützten. Im übrigen brach sie mit der in erster Linie fiskalisch orientierten Finanzpolitik ihrer Vorgänger und versuchte, durch Kreditschöpfung und Anreize für die private Unternehmerinitiative die Konjunkturbelebung einzuleiten. Ihre Bemühungen um eine antizyklische Politik blieben aber nicht nur zu zaghaft, sondern wurden auch durch gegenläufige Maßnahmen durchkreuzt, die die Konsumkraft der Bevölkerung weiter schwächten.

Löhne und Gehälter wurden in der Ära Papen noch einmal drastisch reduziert, Unterstützungen abgebaut, Leistungen an Erwerbslose nach Ablauf von sechs Wochen nur bei Bedürftigkeit gezahlt, schließlich den Arbeitgebern einseitige Abweichungen von den Tarifverträgen ermöglicht. Die Bevölkerung Hamburgs bekam vor allem die negativen Wirkungen dieser Abbaupolitik zu spüren. Die wenigen positiven Impulse, die Statistiker in einzelnen Industriezweigen zu erkennen meinten, kamen hier nicht zum Tragen. Solche Ansätze wurden durch die Folgen des extremen Agrarprotektionismus zunichte gemacht.

Wirkungen auf die Hamburger Wirtschaft

Die Weltdepression und die verfehlten Reaktionen der Regierungen im In- und Ausland führten in der Hamburger Wirtschaft zu verheerenden Verlusten. Der gesamte Außenhandel Deutschlands schrumpfte zwischen 1928 und 1932 der Menge nach auf 60%, dem Wert nach – wegen des starken Preisverfalls – sogar auf 38%. Die seewärtige Wareneinfuhr über den Hafen Hamburg sank der Menge nach auf 65%, die Ausfuhr auf 69%, der gesamte Warenaustausch über See auf 67%. Entsprechend litten die Hamburger Außenhandelsfirmen, das Hafengewerbe und die Schiffahrtsunternehmen. Viele hatten sich seit der Währungsstabilisierung noch nicht genügend konsolidieren können, um solche Rückschläge neben den geschilderten sonstigen Erschwernissen zu verkraften.

Wie prekär die Lage war, zeigte im Juni 1931 der Zusammenbruch eines der angesehensten Hamburger Überseehäuser, der Firma Schlubach, Thiemer und Co., die mit allen Teilen der Welt, insbesondere mit Mittelamerika, Handel trieb, dort und in Afrika große Plantagen und Niederlassungen besaß und bei ersten englischen und amerikanischen Banken Kredit genoß. Eine nicht weniger bedeutende Ostasienfirma mit Niederlassungen in mehreren europäischen Ländern, Argentinien und Südafrika mußte 1933 von der Reichsregierung finanzielle Unterstützung erbitten. Als Folge der Währungszerrüttung in den Ländern ihrer Haupthandelspartner, der Entwertung ihres Effekten-, Grundstück- und Plantagenbesitzes, der enormen Zinserhöhung in Deutschland und der Kündigung von zwei Dritteln ihrer Auslandskredite hatte sie so große Verluste erlitten, daß das krasse Mißverhältnis von Schulden und Eigenkapital den Fortbestand des Unternehmens gefährdete. Dies waren keine Einzelfälle. Andere alteingesessene Überseefirmen gingen 1932 in Konkurs oder wurden 1933 nur durch Reichshilfe vor diesem Schicksal bewahrt.

Um die verbleibenden wenigen Beförderungsaufträge mußten die deutschen Reedereien mit häufig hoch subventionierten Unternehmen fremder Staaten hart kämpfen. 1931 waren die Laderäume der Seeschiffe, die deutsche Häfen anliefen, zu mehr als 50 % leer. Die Frachtpreise fielen gegenüber dem Stand von 1913 auf 84 %, 1932 nach der Pfundabwertung gar auf 69 %, obwohl die Betriebskosten noch immer erheblich höher waren als vor dem Krieg. Auch der überseeische Personenverkehr ging bis 1932 um etwa 30 % zurück. Am stärksten fiel dabei ins Gewicht, daß die USA, Kanada und auch viele lateinamerikanische Staaten die Einwanderung aus Europa seit 1931 sehr erschwerten. Auf der Atlantikroute blieben die Transportkapazitäten der Passagierschiffe nun zu zwei Dritteln ungenutzt. Viele Reedereien sahen sich gezwungen, ihre überflüssigen Schiffe aufzulegen. Der Waltershofer und der Griesenwärder Hafen, die als Erweiterungsgebiete für den Fall stärkeren Verkehrsaufkommens gedacht waren, erlangten statt dessen in diesen Jahren als »Schiffsfriedhöfe« traurige Berühmtheit.

Als erste gerieten die in der freien Fahrt tätigen Tramp- und Küstenschiffer in Bedrängnis. Aber auch die straff organisierten, durch internationale Absprachen abgesicherten großen Linienreedereien waren den Belastungen in der Weltwirtschaftskrise nicht gewachsen. 1931 reichten die laufenden Einnahmen nicht mehr, um die Betriebs- und Darlehenskosten abzudecken. Die Verschuldung wurde immer bedrohlicher, weil die Gesellschaften teure kurzfristige Kredite aufnahmen, um den Zinsen- und Tilgungsdienst für ihre langfristigen Anleihen zu erfüllen. Die Aktien der Hamburg-Amerika-Linie wurden nur noch zu einem Kurs von 10 % des Nennwerts gehandelt. Ende 1931 drohte der Bankrott, weil sich in- und ausländische Banken weigerten, weitere Kredite zu gewähren. Er wurde schließlich mit öffentlicher Hilfe abgewendet, da der Kollaps der Großreedereien den wirtschaftlichen und finanziellen Zusammenbruch der gesamten Küstenregion nach sich gezogen hätte. Auf energisches Drängen der Senate von Hamburg und Bremen und der preußischen Staatsregierung bewilligte das Reichskabinett schließlich am 29. März 1932 eine Ausfallbürgschaft in Höhe von 77 Millionen RM, woraufhin die Banken ihre fälligen Kredite verlängerten und neue zur Verfügung stellten.

Die Krise des Handels und der Schiffahrt war im Hafen unübersehbar. Die durchschnittliche werktägliche Beschäftigung ging im Vergleich zu 1928 schon 1930 auf 75 %, im folgenden Jahr auf 64 % und 1932 auf 49 % zurück. In entsprechendem Maß fehlte es den Werften an Arbeit. Neubauaufträge fielen fast völlig aus, und auch das Reparaturgeschäft schrumpfte, da weniger Schiffe den Hamburger Hafen anliefen. Schon 1930 waren auf den Flußschiffswerften 60 bis 70 % der Arbeitnehmer erwerbslos. Das größte Hamburger Schiffbauunternehmen, Blohm & Voß, verringerte seinen Personalbestand von 10 700 im Durchschnitt des Jahres 1929 bis Ende 1930 auf 4879, bis Ende 1931 auf 2639 und bis Ende 1932 auf 2449 Beschäftigte.

Auch alle übrigen Industrie-, Handwerks- und Handelsbetriebe erlitten schwere Einbußen. Relativ am besten konnten sich Wirtschaftszweige behaupten, die der Versorgung der Bevölkerung mit unentbehrlichen Bedarfsgütern dienten. In den anderen Branchen waren Umsatzrückgänge und Beschäftigungsausfälle von 60 und mehr Prozent keine Seltenheit. Das Baugewerbe lag beinahe still, da es sowohl den privaten Interessenten als auch den staatlichen Stellen an den nötigen Finanzmitteln fehlte.

Insgesamt verminderte sich der Umsatz im Hamburger Staat von 1928 bis 1932 auf etwa die Hälfte, er sank damit stärker als im Reichsdurchschnitt. Die Konkursverluste waren 1930 und 1931 jeweils mehr als doppelt so groß wie 1928. 1932 gingen sie zurück, weil nun die Devisenbewirtschaftung und internationale Stillhalteabkommen viele Hamburger Firmen vor den Kreditrückforderungen der ausländischen Gläubiger schützten. Die Beschäftigung der Hamburger Wirtschaft sank, gemessen an den Arbeitnehmerzahlen der Groß-, Mittel- und überwachten Kleinbetriebe, bis 1932 auf 60 %. In wichtigen Produktionsbereichen schrumpfte sie sogar stärker, in der Metallindustrie auf weniger als 50 %, im Schiffbau auf rund 40 % und im Baugewerbe auf 23 %. Im Handels- und Verkehrsgewerbe wurden generell weniger Beschäftigte »abgebaut«, doch war der Außenhandel mit einem Verlust von 40 % der Arbeitsplätze hart betroffen.

Erwerbslose, Arbeitnehmer und Gewerkschaften

Die Erwerbslosigkeit wurde infolgedessen zu einem immer drückenderen menschlichen, gesellschaftlichen und politischen Problem. Die Zahl der Arbeitsuchenden wuchs in der Stadt Hamburg von rund 50 000 Ende 1928 auf knapp 100 000 Ende 1930 und fast 165 000 zwei Jahre später. Zur Veranschaulichung sei auch hier die Tabelle eingefügt:

Arbeitsuchende in der Stadt Hamburg am Monatsende (in Tausenden): [275]

	1928	1929	1930	1931	1932
Januar	46 000	57 000	67 000	100 000	148 000
Februar	44 000	59 000	70 000	101 000	151 000
März	44 000	51 000	69 000	101 000	152 000
April	40 000	46 000	68 000	102 000	152 000
Mai	38 000	44 000	66 000	100 000	152 000
Juni	40 000	43 000	68 000	104 000	153 000
Juli	39 000	45 000	73 000	108 000	155 000
August	40 000	46 000	76 000	115 000	158 000
September	39 000	47 000	79 000	120 000	156 000
Oktober	40 000	52 000	84 000	130 000	159 000
November	46 000	54 000	90 000	134 000	161 000
Dezember	50 000	60 000	93 000	140 000	164 000

Bei der Betriebszählung am 16. Juni 1933 wurden 176 417 Erwerbslose ermittelt. 38 % der Arbeitnehmer, und zwar 27 % der Angestellten und 46 % der Arbeiter, hatten keine Stelle. Besondere Sorge bereitete die Arbeitslosigkeit junger Menschen, von denen viele ein geregeltes Erwerbsleben gar nicht erst kennengelernt hatten. Im Juli 1932 erfaßte das Arbeitsamt Hamburg 34 000 Arbeitslose im Alter von unter 25 Jahren. Die tatsächliche Zahl war größer, weil sich von den Eltern unterstützte Jugendliche wegen der geringen Erfolgsaussichten oft nicht zur Arbeitsvermittlung meldeten.

Obwohl mit der Einführung der Arbeitslosenversicherung zum 1. Oktober 1927 ein wichtiger sozialpolitischer Fortschritt gelungen war, bedeutete der Verlust des Arbeitsplatzes für die Betroffenen und ihre Familien oftmals noch immer Hunger. Die Reserven der gerade erst geschaffenen Versicherung langten nicht, um ausreichende Leistungen zu gewähren. Außerdem war sie nur ein halbes Jahr lang zuständig. Danach konnten Erwerbslose für ein weiteres Dreivierteljahr Krisenfürsorge beziehen, vorausgesetzt, daß sie ihre Bedürftigkeit nachwiesen. Anschließend blieb nur noch die Wohlfahrtsfürsorge der Gemeinden übrig, die für alle Menschen zu sorgen hatte, die ihr Existenzminimum nicht aus eigener Kraft erwerben konnten.

Von der Versicherung erhielten Arbeitslose der höheren Lohngruppen, zu denen in Hamburg die überwiegende Mehrheit der Männer gehörte, als Alleinstehende etwa 37 % des früheren Einkommens, mit Frau und mehreren Kindern bis zu 60 %. Konkret bedeutete dies: Statt 36 bis 60 RM in der Woche vor der Entlassung bezogen Ledige nun 15 bis 22 RM, Familienväter mit zwei Kindern 20 bis 31 RM. Von den erwerbslosen ledigen Frauen mußten mehr als zwei Drittel mit 10 bis 13 RM in der Woche auskommen. Diese knappen Sätze wurden im Verlauf der Krise wiederholt gekürzt, so daß Erwerbslose schließlich nur noch 20 bis 30 % des ehemaligen Arbeitseinkommens als Versicherungszahlungen empfingen. Seit Juni 1932 wurden in der Versicherung und der Krisenfürsorge dieselben niedrigen Sätze gezahlt und Versicherungsleistungen ohne Bedürftigkeitsprüfung nur noch sechs Wochen lang gewährt.

Für diejenigen, die nach längerer Arbeitslosigkeit schließlich die Hilfe der Gemeindewohlfahrt in Anspruch nehmen mußten, galten in Hamburg die seit 1925 unveränderten Richtsätze von 9 RM in der Woche plus 5 RM für die Frau und 3 RM für jedes Kind. Sie konnten allerdings je nach der Lage des individuellen Falls ohne besondere Genehmigung um die Hälfte überschritten werden. Anders als in vielen anderen Städten wurden diese Richtsätze in Hamburg nicht gekürzt, die tatsächlich gezahlten Unterstützungen durch verschärfte Anwendung der Bestimmungen 1931/32 aber doch um 10 bis 20 % gesenkt. Die Bezüge reichten nach einer Aufstellung der Wohlfahrtsbehörde nun kaum mehr für das Notwendigste. Nach dem Kauf von einigen Kilogramm Brot und Kartoffeln, einem Pfund Margarine, einem Pfund Fleisch, Wurst oder Fisch, 250 g Zucker, 250 g Kaffee-Ersatz und einem Liter Milch für einen Erwachsenen in der Woche waren sie erschöpft. Die Menschen, die mit diesen schmalen Zuwendungen auskommen mußten, waren froh, wenn sie dreimal in der Woche in einer der Notstandsküchen für 10 Pfg. ein warmes Mittagessen erhielten. Für Reparatur oder Ersatz schadhafter Bekleidung, Schuhe oder Haushaltsartikel reichte die Unterstützung nicht.

Noch schwerer waren freilich die psychischen Belastungen zu ertragen: Je länger die Arbeitslosigkeit währte, desto geringer wurden die Chancen, wieder eine Stelle zu finden. Von der Wohlfahrtsbehörde unterstützte Erwerbslose fühlten sich oft diskriminiert und waren tatsächlich zahlreichen Vorurteilen ausgesetzt, weil viele die kommunale Fürsorge noch immer mit der »Armenfürsorge« der Vorkriegszeit identifizierten, deren Inanspruchnahme als ehrenrührig gegolten hatte.

Diejenigen, die noch einen Arbeitsplatz besaßen, mußten ebenfalls schwere materielle Einbußen hinnehmen. Die Tariflöhne der Arbeiter sanken von Anfang 1930, als sie ihren höchsten Stand in der Weimarer Republik erreichten, bis 1932 nominell um 20–30 %, die Tarifgehälter der Angestellten um etwa ein Drittel. Die tatsächlichen Verluste waren größer, als es in der Statistik zum Ausdruck kommt, weil die Mehreinnahmen durch Überstundenvergütungen, Akkordzuschläge, Leistungsprämien und Gratifikationen zur Zeit guter Beschäftigung ebensowenig erfaßt wurden wie die Verdienstausfälle durch Kurzarbeit und Feierschichten während der Wirtschaftskrise. Der Kaufkraftschwund war daher trotz des gleichzeitigen Preisverfalls sehr spürbar. Für die Angestellten war die Situation in Hamburg schlimmer als in anderen Regionen des deutschen Reichs, da sie sich schon vor dem Beginn der Depression mit besonders niedrigen Bezügen hatten begnügen müssen und nun zudem überdurchschnittliche Kürzungen erlitten.

Auf allen Arbeitnehmern lastete die Furcht vor der Entlassung, die sie in das Millionenheer der Arbeitslosen stoßen und zwingen würde, selbst den Weg von der Versicherung über die Krisenfürsorge zur kommunalen Wohlfahrtspflege anzutreten. Darüber hinaus verschlechterten sich die Arbeitsbedingungen, denn angesichts der gewaltigen »Reservearmee« von Arbeitslosen gab es kaum eine Chance, unzumutbare Forderungen zurückzuweisen. Bei der harten Konkurrenz um jeden Auftrag setzten die Arbeitgeber alles daran, die Arbeitskraft des einzelnen so effektiv und billig wie möglich auszunutzen.

Nachdem die Gewerkschaften in der Zeit des konjunkturellen Aufschwungs ihre Position hatten festigen und ausbauen können, befanden sie sich jetzt wieder in einer Lage, in der sie die Arbeitnehmer nur ungenügend schützen konnten. Vor allem die hohe Erwerbslosigkeit stellte die Gewerkschaften nicht nur vor schwere politische, sondern auch organisatorische Probleme. Beim ADGB hatten im Bezirk Nordmark, zu dem Hamburg gehörte, 1931 rund 30 % und im ersten Halbjahr 1932 41 % der Kollegen keine Stelle. In verschiedenen Einzelverbänden war die Situation noch schlimmer. Beim Metallarbeiterverband betrug die Erwerbslosenquote beispielsweise in Hamburg 1931 38 % und 1932 61 %.[276] Für die Gewerkschaften ergaben sich daraus gravierende finanzielle Belastungen, da die erwerbslosen Mitglieder zum einen nur sehr niedrige oder gar keine Beiträge entrichteten, zum anderen für eine bestimmte Zeit aus den Verbandskassen unterstützt wurden. An die Finanzierung längerer Streiks war deshalb immer weniger zu denken. Angesichts der katastrophalen Lebensbedingungen der Erwerbslosen bestand außerdem die Gefahr, daß sich in der großen Masse eine genügende Anzahl bereit finden werde, die verlassenen Arbeitsplätze der Streikenden einzunehmen. Immerhin gehörten mindestens 40 % der Hamburger Arbeiter keiner freien Gewerkschaft an, und damit waren die Organisationsverhältnisse sogar weit besser als im Reichsdurchschnitt.

Je mehr sich die Handlungsmöglichkeiten der Gewerkschaften verringerten, desto schwerer wurde es, der Unzufriedenheit in den eigenen Reihen zu steuern. Viele lasteten die andauernde Verschlechterung ihrer Lage nicht nur dem kapitalistischen Wirtschaftssystem an, sondern in zunehmendem Maß auch den Gewerkschaftsführungen, die in seinem Rahmen operierten und in jeder Krise ihre Ohnmacht bekennen mußten. Die Mitgliedschaft schien keine Vorteile mehr zu bieten. Der Hamburger ADGB verlor bis 1931 etwa 13 % der Kollegen, der Metallarbeiterverband bis 1932 rund 20 %. Andere Einzelgewerkschaften wie zum Beispiel der Baugewerksbund und der Fabrikarbeiterverband erlitten noch schwerere Rückschläge. Dadurch wurde die Kraft der Gewerkschaften weiter geschwächt.

Ein Ausweg aus diesem circulus vitiosus war nur im politischen Bereich zu finden: durch eine neue, der Krise entgegenwirkende Finanz- und Wirtschaftspolitik. Experten beim Bundesvorstand des ADGB erarbeiteten im Lauf des Sommers 1931 ein solches Konzept und setzten es in den maßgebenden Gremien durch. Ein außerordentlicher »Krisenkongreß« erklärte diesen WTB-Plan – so benannt nach seinen Autoren: Wladimir Woytinsky, Fritz Tarnow und Fritz Baade – am 15. April 1932 zum offiziellen Programm des ADGB. Die Arbeitsbeschaffungsmaßnahmen, die der Plan vorsah, waren an sich nicht ungewöhnlich: Bodenmeliorationen, Straßen-, Kanal- und Deichbauten, Elektrifizierungsprojekte; aufsehenerregend neu waren dagegen die Finanzierungsvorschläge: Der Staat sollte sein Ausgabenvolumen ausweiten und die Mittel durch Kreditschöpfung aufbringen.[277] Die Größenordnung, die genannt wurde, war für eine anhaltende Konjunkturbelebung noch zu gering, Rücksicht auf die verbreitete Inflationsfurcht zwang die »Reformer«, in dieser Hinsicht übervorsichtig zu taktieren. Doch wurde ein Weg in die richtige Richtung, zu einer bewußt antideflatorischen Politik, gewiesen.

Dadurch sollte die Arbeiterbewegung zugleich die Chance erhalten, von der bloßen Abwehr des »Abbauwahns« der Regierung zur Offensive für eine positive Bekämpfung der Wirtschaftskrise überzugehen. Die Befürworter des WTB-Plans konnten sich auf Vorarbeiten verschiedener in- und ausländischer Nationalökonomen, an erster Stelle des englischen Wissenschaftlers John Maynard Keynes, stützen. Trotzdem war die Propagierung dieser Ideen zu einer Zeit, in der die Methoden der aktiven Konjunkturpolitik erst entwickelt wurden und noch unerprobt waren, ein Wagnis. Die SPD versagte ihre Unterstützung. Nach der Meinung ihrer maßgebenden Theoretiker war ein Versuch, die Konjunktur mittels der Geldpolitik zu beeinflussen, mit der »sozialistischen« Lehre von der gesetzmäßigen Entwicklung der Krisen im Kapitalismus unvereinbar. Es fehlte den freien

Gewerkschaften daher der Partner, um ihr Programm auf der parlamentarisch-politischen Ebene zur Geltung zu bringen.

Dies trug zur Verschärfung der Spannungen bei, die sich seit dem Bruch der Großen Koalition im März 1930 aus Differenzen über den politischen Kurs allmählich zwischen der SPD und dem ADGB entwickelt hatten. In Hamburg führten sie dazu, daß sich die beiden Organisationen besonders deutlich voneinander distanzierten. Das Bestreben der Partei, dynamische, jüngere Kandidaten herauszustellen, brachte vor den Bürgerschaftswahlen am 27. September 1931 acht führende Gewerkschaftsvertreter um ihre sicheren Listenplätze und in der Folge um ihre Mandate. Vor der Reichstagswahl am 6. November 1932 wurde der stellvertretende Bundesvorsitzende des ADGB, Peter Graßmann, nach acht Jahren als Spitzenkandidat der SPD im Wahlkreis Hamburg abgelöst, und auch der Gauleiter des Nahrungsmittel- und Getränkearbeiterverbandes, Paul Bergmann, der die Stadt seit 1928 im Reichstag vertreten hatte, verlor nun diese Funktion. Auch wenn die SPD und die freien Gewerkschaften ihr Bündnis nie in Frage stellten, wurde die Arbeiterbewegung durch die Spannungen, die in diesen personellen Entscheidungen zum Ausdruck kamen, zusätzlich geschwächt.

Allgemeine Not

Wegen der Sicherheit ihres Arbeitsplatzes wurden die Beamten von vielen beneidet. Doch galt dieses Privileg nicht unbeschränkt. Ältere Beamte wurden vorzeitig mit 63 Jahren in den Ruhestand versetzt, um Personaleinsparungen zu ermöglichen, und »Doppelverdiener«, meistens die Frauen, zur Aufgabe des Berufs gedrängt.

Durch vier rasch aufeinanderfolgende Gehaltskürzungen verloren die Beamten zwischen 1930 und 1932 nominell 19 bis 27% ihrer früheren Bezüge. Auch wenn die Einbuße an Kaufkraft weniger stark ins Gewicht fiel, gerieten viele doch in finanzielle Bedrängnis, zumal die Gehälter seit dem Sommer 1931 plötzlich in drei oder vier Monatsraten ausbezahlt, außerdem Überstunden- und sonstige Sondervergütungen weitgehend gestrichen und die Notstandsbeihilfen stark reduziert wurden. Erschwerend kam dabei hinzu, daß die Mehrzahl der Beamten selbst nach der Besoldungsreform vom Oktober/Dezember 1927 real nur 60 bis 80% des Vorkriegseinkommens bezogen hatte. Im Sommer 1932 äußerte der Senat deshalb in einer Denkschrift Zweifel, ob die Beamtenschaft nach den Belastungen der letzten drei Jahre der Forderung nach »einer geordneten Lebensführung in wirtschaftlicher Beziehung« noch gerecht werden könne. Weitere Entbehrungen seien ihr nicht zuzumuten, »wenn Verwaltung und Justiz sauber« bleiben sollten.[278]

Wie auf dem Höhepunkt der Hyperinflation führte das Gefühl, wehrlos den Gehaltsdiktaten der Regierung ausgeliefert zu sein, zu einer Vertrauenskrise zwischen ihr und den Beamten. Aber diesmal gelang es nicht, sie durch Zusammenarbeit mit den Repräsentanten der Verbände zu überwinden. Im Gegenteil: Die Praxis des Kabinetts Brüning, über bevorstehende Kürzungen nicht mit den Organisationen zu verhandeln, sondern sie nach beruhigenden Dementis überraschend per Notverordnung zu dekretieren, wirkte besonders verbitternd. »In hellen Scharen«, so warnten kompetente Beobachter, würden die Beamten durch dieses Verfahren den Nationalsozialisten in die Arme getrieben. »Es ist fast so, als wenn in der Nähe der Reichsregierung ... bereits ein Propagandachef Hitlers säße!«[279]

Dieses Urteil des Staatssekretärs im preußischen Innenministerium, Wilhelm Abegg, über die Behandlung der Beamten wurde in zahlreichen Versammlungen in Hamburg seit dem Sommer 1931 eindrucksvoll bestätigt. In heftigen Diskussionsbeiträgen und scharfen Resolutionen kam die Erregung zum Ausdruck. Die gemäßigten, den Senatsparteien nahestehenden Verbandsführungen konnten die Radikalisierung schließlich nicht mehr eindämmen. Sie mußten sich der Bewegung an der »Basis« anpassen oder um ihre Wiederwahl fürchten. Die Ablösung des mehrheitlich sozialdemokratischen Vorstands durch eine »unpolitische«, der Rechten genehmere Leitung beim Landesverband der Polizeibeamten Groß-Hamburgs 1932 war für diese Entwicklung symptomatisch.

Die Verarmung weiter Bevölkerungskreise war in den Geschäften und Werkstätten des gewerblichen Mittelstands deutlich zu bemerken. Er verlor seine Kunden. Mit Ausnahme der Branchen, auf deren Erzeugnisse oder Dienstleistungen auch in äußerster finanzieller Bedrängnis niemand verzichten konnte, waren Umsatzschrumpfungen von 50 und mehr Prozent die Regel. Da ungefähr 90 % der selbständigen Handwerker und mindestens ebenso viele Einzelhändler schon vor dem Beginn der Wirtschaftskrise weniger als 3000 RM im Jahr verdient hatten, also kaum besser gestellt waren als Facharbeiter, bedeuteten Einbußen dieser Größenordnung, daß sie den zum Lebensunterhalt notwendigen Erwerb verloren. Außerdem mußten sie um die Bezahlung fälliger Rechnungen oft lange kämpfen. Selbst der Hamburger Staat ließ sie, durch die eigene Finanzmisere gezwungen, monatelang warten. Diese Erfahrung verstärkte die Ressentiments vieler Gewerbetreibenden, die sich seit der Revolution von den demokratischen Staatsorganen ständig benachteiligt und bedrückt fühlten und deshalb leicht geneigt waren, an eine bewußte Aktion zur Vernichtung des Mittelstands zu glauben.

Seit dem Sommer 1931 verzeichnete die Wohlfahrtsbehörde eine deutliche Zunahme der Unterstützungsanträge aus dem Kreis der selbständigen Handwerker, Detaillisten und Flußschiffer, und nach der Pfundabwertung kamen sogar »Großkaufleute« hinzu. Im Februar 1933 nahmen rund 8000 ehemalige Gewerbetreibende Wohlfahrtshilfe in Anspruch. Meistens hatten sie sich zuvor so hoffnungslos verschuldet, daß die endgültige Verarmung nicht mehr abzuwenden war. Die Scheu vor öffentlicher Unterstützung war bei diesen Menschen besonders ausgeprägt. Das Eingeständnis, die Not aus eigener Kraft nicht meistern zu können, erschien ihnen als persönliche Katastrophe, als nicht wiedergutzumachendes Urteil über ein verfehltes Berufsleben. So lange wie möglich versuchten sie deshalb, den Schein der Selbständigkeit zu bewahren.

Am klarsten trat die allgemeine Verelendung bei den regelmäßigen Reihenuntersuchungen an den Hamburger Schulen zutage: Die Ärzte stellten fest, daß der Gesundheitszustand der Kinder wieder ebenso schlecht war wie nach den Hungerjahren des Ersten Weltkriegs. Dieses Ergebnis läßt die Sorgen ahnen, die auf den Eltern lasteten. Immer mehr Schulabgänger fanden keinen Ausbildungsplatz, und von den jungen Menschen, die ihre Lehre abschlossen, konnten im Frühjahr 1932 nur 10 % in eine Arbeitsstelle überwechseln.

Obwohl sich staatliche Stellen, Gewerkschaften und wohltätige Vereine bemühten, den Jugendlichen eine sinnvolle Beschäftigung anstelle der fehlenden Arbeit zu ermöglichen, breiteten sich Mutlosigkeit, Lethargie und Verzweiflung unter ihnen aus, die manchmal in ein plötzliches Aufbegehren umschlugen. Einer dieser jungen Arbeitslosen beschrieb ihre psychische Verfassung: »Allen steht die Not im Gesicht geschrieben. Elend und verhungert sehen die meisten von uns aus. Wüßte man aber auch, wie es im Innern … aussieht, dann würde man erschrecken. In jedem Gesicht steht die Rebellion. Die vielen, die fünf Mark von der Wohlfahrt bekommen oder auch elf Mark – wovon glaubt der Staat werden sie satt? Wenn wir gegen dieses Leben rebellieren, sind wir nicht schuld daran, schuld seid Ihr!«[280]

Diese Stimmung bot den radikalen Parteien gute Ansatzmöglichkeiten für ihre Agitation. Sie gaben den nach Orientierung suchenden jungen Menschen den Halt in einer Gemeinschaft von gleichgesinnten Freunden und darüber hinaus durch die Einbeziehung in den Kampf für einen anderen Staat, eine neue Wirtschaftsordnung, einen Wandel der Politik wieder ein positives Ziel.

Der Hamburger Staat vor dem finanziellen Zusammenbruch

Unlösbare Finanzprobleme machten dem Hamburger Staat umfassende Maßnahmen gegen die Massennotstände unmöglich.[281] Er konnte nur hier und dort in besonders dringenden Fällen mit unzureichenden Mitteln eingreifen. Die bedeutenden Überschüsse der ersten beiden Haushaltsperioden nach der Währungsstabilisierung waren in den folgenden Jahren durch die Reformpolitik und die Verbesserung der Besoldungen aufgezehrt worden. Seither bereitete die Ausarbeitung eines ausgeglichenen Etatentwurfs ständig Schwierigkeiten. Nur dank der guten Konjunktur zeigten die Abrechnungen über die Etatjahre 1927/28 und 1928/29 am Ende keine Defizite.

Nach dem Einbruch der Wirtschaftskrise wurde die Situation bald prekär. Die Schere zwischen den sinkenden Einnahmen und den wachsenden zwangsläufigen Ausgaben öffnete sich immer bedrohlicher. Außerdem wurde die, absolut gesehen, zwar nicht übermäßig hohe, aber überwiegend kurzfristige Auslandsverschuldung Hamburgs nun zu einer Gefahr, da sich die Gläubiger seit dem Frühjahr 1931 zunehmend gegen die Verlängerung der Kredite sträubten. Seit dem Juni 1931 stand Hamburg ständig am Rande des Staatsbankrotts. Im August erschien die Hansestadt auf der Protestliste, weil sie eine Schatzanweisung über 400 000 Dollar bei Fälligkeit nicht hatte einlösen können. Ende September fehlte das Geld, um den 35 000 Wohlfahrtserwerbslosen in der nächsten Woche die Unterstützungen zu bezahlen. Nur mit Hilfe von Überbrückungskrediten des Reichs konnte Hamburg diesen und anderen vordringlichen Zahlungsverpflichtungen schließlich doch nachkommen.

Es gab daher keine andere Wahl, als dem Haushaltsausgleich uneingeschränkte Priorität einzuräumen. Obwohl Steuern und Gebühren bis an die Grenze des Möglichen erhöht wurden, gingen die ordentlichen Staatseinnahmen zwischen 1929 und 1932 von 437 auf 317 Millionen RM zurück. Gleichzeitig wurden die Ausgaben von 447 auf 355 Millionen RM gekürzt. Daß die Defizite trotz des rigorosen Sparwillens nicht beseitigt werden konnten, hatte vor allem in der Steigerung der Wohlfahrtsausgaben von 54 auf 113 Millionen RM seine Ursache.

Der Sparpolitik fielen seit dem Sommer 1931 viele Errungenschaften der vorangegangenen Periode zum Opfer: Durch die Streichung von Ausbildungsbeihilfen und Stipendien, die Wiedereinführung oder Erhöhung von Schul- und Studiengebühren, die Aufhebung der kostenfreien Armenrechtsklage und die Verteuerung der Prozesse vor dem Arbeitsgericht verschlechterten sich die Chancen der sozial benachteiligten Bevölkerungs-

schichten. Die Erhöhung der Klassenfrequenzen, die stärkere Unterrichts-
belastung der Lehrer, die unzulängliche finanzielle Ausstattung der Schulen machten manche pädagogischen Reformansätze zunichte. Die Arbeits-
fürsorge und die vorbeugende Gesundheitsfürsorge kamen zum Erliegen.
Die Förderung des Wohnungsbaus wurde eingestellt. Parks und Grünanlagen verwilderten; Spielplätze und Altleutegärten wurden geschlossen, um
das Aufsichtspersonal einzusparen. Als Auftraggeber fiel der Hamburger
Staat weitgehend aus, da nur noch die dringendsten Reparaturen und An-
schaffungen bewilligt wurden. Wie sehr die Reduzierung dieser Ausgaben
um 90 % die örtliche Wirtschaft schädigte, liegt auf der Hand.

Von den Hamburger Regierungsparteien bejahte nur die DVP den extremen Sparkurs vorbehaltlos. Wie das Kabinett Brüning und die hinter ihm
stehenden Kreise hoffte sie, durch Steuerabbau, Kostenentlastung, Preis-
senkung und Exportsteigerung die Konjunkturbelebung herbeiführen zu
können.

SPD und Staatspartei, zu der sich die DDP im August 1930 umgebildet
hatte, erkannten dagegen sehr wohl, daß die Finanzpolitik der Reichsregierung und des Senats die Wirtschaftskrise verschärfte und daß dadurch auch
neue Etatprobleme entstehen würden. Die »Notverordnung zur Sicherung
von Wirtschaft und Finanzen« vom 5. Juni 1931, so erklärte der Sozialdemokrat Gustav Dahrendorf in der Bürgerschaft, zeige keinen Ausweg,
sondern sei »ein außerordentlich schlechter Abweg«; denn sie werde zu
weiterer Drosselung des Konsums und damit der Produktion, zur Vergrö-
ßerung der Arbeitslosigkeit und schließlich zu wachsender politischer Verbitterung und Radikalisierung führen. Sein staatsparteilicher Kollege
Heinrich Landahl pflichtete ihm bei: Die Notverordnung müsse »alle Kraft
in Produktion und Konsum lähmen«, dabei sei die einzige Methode zur
Überwindung der Finanzmisere, »die Wirtschaft wieder lebendiger zu gestalten, verstärkte Arbeitsmöglichkeit zu schaffen«.[282]

Mit ähnlichen Argumenten distanzierten sich Sprecher der beiden Parteien von dem Sparprogramm, das der Senat zur Abwendung des Staatsbankrotts Mitte August 1931 verabschiedete. Doch gebe es wegen der ein-
geschränkten Finanzhoheit Hamburgs keine Alternative. Am klarsten formulierte der sozialdemokratische Bürgermeister Rudolf Roß für den Senat
das Dilemma, vor das sich die verantwortlichen Politiker gestellt sahen:
»Augenblicklich erleben wir den merkwürdigen Vorgang einer sich selbst
herunterstufenden Wirtschaft, immer weitere Einschränkungen, die sich
wechselseitig bedingen. Diese Schrumpfung, dieses Absteigen kann man
eine Zeitlang fortsetzen, aber schließlich ist man am Ende der Treppe, es
heißt ›halt‹ oder man stürzt in den Abgrund.« Durch die Sparmaßnahmen
werde diese Entwicklung nicht aufgehalten, sondern beschleunigt, da zum

einen die Staatsnachfrage fast ganz ausfalle, zum anderen wieder private Kaufkraft vernichtet werde.[283]

Der Weg führte ins Verderben, wie Roß mit aller Deutlichkeit zeigte, aber eine Umkehr oder auch nur eine Unterbrechung oder Verlangsamung der Talfahrt schienen unmöglich. Durch diese Rat- und Hilflosigkeit angesichts der Wirtschaftskrise gerieten die demokratischen Politiker sowohl den rechten und linken Gegnern des Weimarer Staates als auch den eigenen Anhängern gegenüber in eine immer schwierigere Defensive. Da sie Gegenkonzepte gegen die restriktive Finanzpolitik der Reichsregierung schuldig blieben, reichten ihre Proteste nicht, um sie von der Mitverantwortung zu entlasten.

Die Staatspartei war durch ihren Vorsitzenden, den Reichsfinanzminister und Vizekanzler Hermann Dietrich, maßgeblich an den Entscheidungen des Kabinetts Brüning beteiligt. Die SPD tolerierte es seit der Reichstagswahl am 14. September 1930, weil sie nach dem gewaltigen Aufschwung der Nationalsozialisten die gemäßigt konservative Regierung für das »kleinere Übel« hielt. Damit akzeptierte sie jedoch eine Wirtschaftspolitik, die nicht nur ihre Anhänger am härtesten traf, sondern auch die Radikalisierung unter den Wählern förderte, wie ihre Sprecher oft betonten. Diese Erfahrung, gegen besseres Wissen eine krisenverschärfende Politik hinnehmen und in Hamburg betreiben zu müssen, um den Staatsbankrott abzuwenden, wirkte auf die Führungen der demokratischen Parteien selbst demoralisierend, beeinträchtigte ihr Selbstbewußtsein und lähmte ihre Entschlußkraft. Sie wurden »zunächst psychologisch, immer mehr aber auch politisch, in die Rolle einer mühsam und schwer zu führenden Verteidigung gedrängt«.[284]

Wachsendes Verlangen nach einer antizyklischen Wirtschaftspolitik

Seit dem Sommer 1931 herrschten nicht nur weitverbreitet Zweifel an der Finanzpolitik des Kabinetts Brüning, sondern es wurden auch in wachsender Zahl konkrete Vorschläge für eine neuartige wirtschaftspolitische Strategie formuliert, die nach unserer heutigen Kenntnis der Krise hätte entgegenwirken können. Trotz erheblicher Unterschiede im Detail liefen alle Pläne darauf hinaus, durch eine bewußt antideflatorische Politik den verhängnisvollen Preisverfall zu beenden, wobei der Staat durch die Geld- und Kreditschöpfung von Reichsregierung und Reichsbank zugleich die Finanzmittel erhalten sollte, um durch große Aufträge den Anstoß zur Wiederbelebung der Konjunktur zu geben.

Hohe Ministerialbeamte, Wirtschaftswissenschaftler, -journalisten und -praktiker bemühten sich – meistens unter Berufung auf Keynes –, die Vorteile dieser wirtschaftspolitischen Alternative und vor allem ihre Ungefährlichkeit für die Währung nachzuweisen. Große Arbeitnehmerverbände setzten sich für die neuen Ideen ein. Auf den WTB-Plan des ADGB wurde bereits hingewiesen. Aber er war nicht der einzige. Wegen ihrer Bedeutung für Hamburg sind aus der Zahl der Befürworter einer antizyklischen und antideflatorischen Wirtschaftspolitik insbesondere der liberale Gewerkschaftsbund der Angestellten, die größte Angestelltenorganisation der Stadt, und der Deutschnationale Handlungsgehilfen-Verband zu nennen. Auch die liberalen Hirsch-Dunckerschen Gewerkvereine und mehrere Beamtenverbände gehörten zu den Anhängern der »Reformer«, wie die Vorkämpfer des wirtschaftspolitischen Kurswechsels pauschal genannt wurden.

Sogar in Unternehmerkreisen fand das Kabinett Brüning nicht mehr dieselbe rückhaltlose Unterstützung für seine Wirtschaftspolitik wie zu Beginn seiner Tätigkeit. Die Mehrheit verkannte zwar die Aussichtslosigkeit des Spar- und Abbaukonzepts und forderte die Verschärfung dieses Kurses. Eine wachsende Minderheit mit bedeutenden Persönlichkeiten begann sich aber für eine Bekämpfung der Deflation mit den Mitteln der Geld- und Kreditpolitik einzusetzen. Im Sommer 1931 gingen die beiden wichtigsten Unternehmerorganisationen, der Reichsverband der Deutschen Industrie und der Deutsche Industrie- und Handelstag, immerhin soweit, eine Kreditausweitung zu verlangen. Sie für staatliche Arbeitsbeschaffungsprojekte zu nutzen, lehnten sie allerdings nach wie vor ab.

In Hamburg herrschten unter den Unternehmern noch stärker als anderswo die traditionellen Anschauungen über Kostensenkung und Exportsteigerung als den einzigen Weg zur Überwindung der Wirtschaftskrise vor. In der Handelskammer wie in den meisten Verbänden hatten abweichende Überlegungen keine Chance. Aber auch hier entwickelten bedeutende Unternehmer seit dem Herbst 1931 Alternativen zu dem offensichtlich versagenden offiziellen Konzept. Max M. Warburg und der Zweite Vorsitzende des Reichsverbands des Deutschen Groß- und Übersehandels in Hamburg, Otto A. Ernst, suchten nach Methoden für eine antideflatorische Geld-, Kredit- und Währungspolitik. Ein anderes Handelskammermitglied, der spätere nationalsozialistische Bürgermeister Carl Vincent Krogmann, propagierte ein neues Exportförderungssystem. Häufiger kam der Wunsch zur Sprache, den Wechselkurs der Reichsmark der Abwertung des englischen Pfundes anzupassen. Für das DVP-Mitglied Ernst wie für Krogmann, der bis dahin keine politischen Ambitionen gezeigt hatte, war die positive Aufnahme, die ihre Ideen bei den Nationalsozialisten fanden, der Anlaß, sich für diese Partei zu interessieren.

Die NSDAP war die einzige politische Gruppierung von einiger Bedeutung, die sich für das Experiment einer Antideflationspolitik aufgeschlossen zeigte. Die übrigen Parteien blieben ablehnend oder reserviert. Soweit sie der Regierung nahestanden, hatten sie es schwerer, sich für einen unerprobten, bislang nur theoretisch durchdachten Kurs zu entscheiden, der in vieler Beziehung so sehr an die Inflation erinnerte; denn sie benötigten ja nicht nur eine attraktive Parole für die Agitation, sondern mußten die Folgen des Wagnisses verantworten. Außerdem hätte die Übernahme dieser Ideen eine Regierungskrise mit unübersehbaren Konsequenzen ausgelöst, da Reichskanzler Brüning eine Abkehr von der Deflationspolitik strikt ablehnte. Indem die demokratischen Parteien darauf verzichteten, die Reformvorschläge der ihnen nahestehenden Verbände – des ADGB oder der liberalen Arbeiter- und Angestelltengewerkschaften – zu übernehmen, verpaßten sie jedoch die Chance, von der Defensive zu einer offensiven Politik überzugehen. Viele Wähler wandten sich von ihnen ab, weil sie das dringendste Verlangen, einen Ausweg aus dem Wirtschaftselend zu sehen, nicht erfüllen konnten.

Die vielen, die bei den Wahlen ihrem Protest gegen die Not Ausdruck gaben, durchschauten die wirtschaftlichen Zusammenhänge und Abläufe nur selten klar genug, um der herrschenden Deflationspolitik ein durchdachtes, in sich geschlossenes Alternativprogramm entgegensetzen zu können. Selbst unter den Experten war dazu bloß eine Minderheit imstande. Aber die meisten Menschen hatten doch ein sicheres Gefühl dafür, daß die Politik des Kabinetts Brüning die Krise verschärfte und ihre Lage verschlimmerte. Die Furcht vor unbekannten Risiken schwand, weil ein Großteil der Bevölkerung meinte, nichts mehr verlieren zu können. Selbst die Schrecken der Inflation verblaßten angesichts der aktuellen Nöte der Deflation. »So kann es nicht weitergehen« oder: »Schlimmer kann es nicht werden«, waren oft gebrauchte Sätze, in denen diese Einstellung zum Ausdruck kam. Seit dem Sommer 1931 griff der Wunsch nach einem wirtschaftspolitischen Kurswechsel rasch um sich; am Ende der Regierungszeit Brünings dominierte er fast allgemein. Die Politik des Zentrums-Kanzlers – und der Parteien, die ihn stützten – widersprach nicht nur den Interessen, sondern inzwischen auch den Erwartungen der Bevölkerungsmehrheit. Die Nachfolger im Reichskanzleramt, Papen und Schleicher, zogen daraus die Konsequenz, indem sie neue Methoden der Wirtschaftsbelebung versuchten.

11. Staatskrise

Erschütterung des politischen Systems

Die Ratlosigkeit der verantwortlichen Politiker und Parteien angesichts der schweren Wirtschaftsdepression, ihre Weigerung, durch einen wirtschaftspolitischen Kurswechsel dem Willen der Bevölkerungsmehrheit zu entsprechen, trugen entscheidend dazu bei, die Krise des gesellschaftlichen und politischen Systems zu verschärfen.[285] 80 % des deutschen Volkes – das Gros der Arbeiterschaft, aber auch viele Angestellte, Beamte, freiberufliche Akademiker und mittelständische Gewerbetreibende – lehnten 1931 den Kapitalismus ab, wie einer der wenigen noch verbliebenen Verteidiger schätzte.[286] Unter den Arbeitern wuchs die Zahl derer, die nur vom kompromißlosen Kampf gegen die bestehende Wirtschafts- und Staatsordnung Rettung erwarteten. Die Strategie der SPD, in einem allmählichen Umbildungsprozeß die sozialistische Zukunft vorzubereiten, die in der Phase der Reformen und sozialpolitischen Fortschritte viele Anhänger gefunden hatte, schien immer weniger überzeugend.

Im Bürgertum wurden angesichts des Versagens der Regierungen in der Wirtschaftspolitik latente Vorbehalte gegen den Parlamentarismus und die Herrschaft der Parteien neu belebt. Zu unpopulären, sachgerechten und raschen Entscheidungen waren nur von ihnen unabhängige Beamtenkabinette fähig, so glaubte man wieder. Brünings Fehlschläge und sein häufiges

Zögern wurden – zu Unrecht – mit Rücksichten auf die Parteien, insbesondere auf das Zentrum und die SPD, erklärt.

Dazu kam ein weiteres Motiv, die Zurückdrängung der Parteien zu begrüßen: Unter dem Druck der Not verschärften sich die Spannungen und Interessengegensätze zwischen den gesellschaftlichen Gruppen. Arbeiter, Angestellte und Gewerbetreibende beneideten die Beamten um die Sicherheit ihres Einkommens und Arbeitsplatzes. Der gesellschaftliche Nutzen ihrer Tätigkeit wurde bestritten. Mittelständische Kreise waren eifersüchtig auf die Möglichkeit der Arbeitnehmer, ihren Problemen in Massenaktionen Ausdruck zu verleihen. Unter diesen wiederum wurden häufig Stimmen laut, die die Leistungen und die Daseinsberechtigung des kleinen Einzelhandels und Handwerks bezweifelten. Selbst die Erwerbslosen schienen manchen im Vorteil zu sein, weil der Staat für sie sorgte. Die eigenen Probleme waren so belastend, daß die anderer Gruppen übersehen wurden. Da die Existenz bedroht erschien, fiel es schwer, zu akzeptieren, daß Regierungen, Parlamente und Behörden widersprechenden Interessen Rechnung tragen und infolgedessen auch Interessen verletzen mußten. Zeitgenössische Beobachter beklagten die Zerstörung jeden Gemeinschaftssinns und glaubten den »Bürgerkrieg« nahe. Kompromisse in und zwischen den Parteien wurden unter diesen Bedingungen unmöglich.

Die Parteien selbst konnten es daher als Entlastung empfinden, daß sie aus den Entscheidungsprozessen weitgehend ausgeschaltet wurden und sich nur noch über die Billigung oder Ablehnung fertiger Notverordnungen einigen mußten. Ihnen fernerstehende bürgerliche Wähler, die angesichts der Wirtschaftsmisere auf nichts so warteten wie auf energisches staatliches Handeln, fanden den Gedanken, langwierige innerparteiliche und parlamentarische Diskussionen durch Anordnungen einer unabhängigen »Obrigkeit« oder durch »Führerbefehle« zu ersetzen, oft erst recht verlockend.

Erfolge und Schwächen der KPD

Diese in der Arbeiterschaft wie im Bügertum wachsenden Zweifel an der Fähigkeit der parlamentarischen Demokratie, außer der formalen politischen und sozialen Gleichberechtigung auch die materielle Existenz zu sichern, boten den radikalen Parteien gute Chancen. Die KPD versuchte, die Unzufriedenheit in der SPD und in den freien Gewerkschaften über die Tolerierung bzw. die Unterstützung der für die Arbeitnehmer so belastenden Spar- und Abbaupolitik zu nutzen, um die »Massen« gegen den Weimarer Staat und die ihn tragende Sozialdemokratie zu mobilisieren.

Auf dem 6. Weltkongreß im Juli / August 1928 hatte die Kommunistische Internationale für alle angeschlossenen Parteien verbindlich beschlossen, wieder zu einer scharfen »Linkspolitik« überzugehen. In der beginnenden »dritten Periode« seit der russischen Oktoberrevolution werde die Zerrüttung des kapitalistischen Wirtschafts- und Gesellschaftssystems neue revolutionäre Möglichkeiten erzeugen, auf die sich die Kommunisten durch Steigerung ihres Kampfes einstellen sollten. Der Angriff richtetete sich wie in der Vergangenheit gegen alle anderen Parteien und die gesamte Staatsordnung; an erster Stelle aber ging es um die Zerschlagung der sozialdemokratischen Organisationen. Jedes Mitglied der KPD müsse erkennen, so hieß es 1928 in einem Arbeitsplan der Bezirksleitung Wasserkante, daß die »Gewinnung der Mehrheit der Arbeiterklasse für die Ziele der KPD die Aushöhlung und Vernichtung der SPD zur Voraussetzung hat«.[287]

Diese Zielsetzung bestimmte die Stellungnahmen zur Wirtschaftskrise. Vorschläge zur Abschwächung oder gar Überwindung des Zerstörungsprozesses zu entwickeln, rechnete die KPD nicht zu ihren Aufgaben. Sie hielt die Depression für die Endkrise des Kapitalismus und konzentrierte ihre Anstrengungen darauf, durch die Auslösung von »Massenaktionen« und die Steigerung des Chaos den Zusammenbruch zu beschleunigen. Das kapitalistische Zeitalter sei »vollkommen überlebt«, meinte einer der führenden Hamburger Kommunisten, Friedrich Dettmann, im Sommer 1931, so daß es »nur noch einen Fußtritt aller ehrlichen und anständigen Menschen« verdiene.[288] Wirtschaftspolitische Erklärungen waren Teil der Agitation. Sie dienten dem Zweck, die Ängste in der Bevölkerung zu steigern und die Staatsorgane durch unerfüllbare Forderungen unter Druck zu setzen. Die Streichung der Wohlfahrtsunterstützungen in vier oder fünf Monaten sei bereits geplant, behauptete die KPD im Februar 1931 über den Hamburger Haushaltsentwurf, obwohl es dafür keinen Anhaltspunkt gab und die Regierungsparteien nie einen Zweifel gelassen hatten, daß sie dieser Ausgabe oberste Priorität einräumten. In der Bürgerschaft wurde die KPD nicht müde, große zusätzliche Leistungen des Staates zur Versorgung der Erwerbslosen und außerdem riesige Arbeitsbeschaffungsmaßnahmen zu verlangen, ohne jedoch über die Finanzierung etwas Brauchbares zu sagen.

Damit verbunden waren stets heftige, auch persönlich diffamierende Angriffe gegen die maßgebenden Politiker der SPD. Die Gesamtverantwortung für die belastenden Folgen der Wirtschaftspolitik sollte ihnen aufgebürdet werden. Noch vor dem Beginn des Tolerierungskurses, als die SPD in scharfer Opposition zum Kabinett Brüning stand und durch die Forderung nach Aufhebung der Notverordnung die Reichstagsauflösung herbeigeführt hatte, verbreitete die Hamburger KPD im September 1930 eine Wahlzeitung mit der Hauptschlagzeile:»Der Koalitionssenat (8 SPD) für die Hungerdiktatur der Brüning-Regierung!« Den Wählern wurde vorgetäuscht, sie hätten die Notverordnung einer »sozialdemokratisch-bürgerlichen Einheitsfront« zu verdanken. Darauf folgte eine »Liste des gemeinen Arbeiterverrats der SPD-Bürgerschaftsfraktion«.[289]

Ein weiteres Konfliktfeld ergab sich aus der Verantwortung der Hamburger SPD für die Polizeibehörde. Ihr Chef, Senator Adolph Schönfelder, gehörte neben dem Wohlfahrtssenator Paul Neumann zu den Sozialdemokraten, die in der KPD am meisten gehaßt wurden. Da sie die bürgerliche Demokratie ablehnte und den Parlamenten nur als Agitationsforum Bedeutung beimaß, waren für sie die außerparlamentarischen Aktivitäten in den Betrieben, an den Stempelstellen der Arbeitsämter und auf den Straßen die wichtigsten. Die KPD bot ihre Anhänger auf, um die unter der Wirtschaftskrise leidenden »Massen« zu Streiks, »spontanen« Demonstrationen, »Hungerunruhen« und Erwerbslosenversammlungen aufzureizen, unter Umständen trotz entgegenstehender Verbote. Häufige Zusammenstöße mit der Polizei waren die Folge.

Viele Kommunisten erlebten Haussuchungen und Razzien in ihren Wohngebieten. Ihre Presse geriet durch mehrwöchige Verbote in Finanznot. Die Partei wurde durch längere Demonstrations- und Versammlungsverbote behindert. Alle diese Erfahrungen verstärkten den Haß gegen die Polizei, der sich oft auch gewaltsam entlud. Der Rote Frontkämpferbund spielte hierbei eine führende Rolle. Er war zwar seit den blutigen Straßen- und Barrikadenkämpfen der ersten Maitage 1929 in Berlin im gesamten Reichsgebiet verboten, bestand aber illegal weiter und stellte seine Existenz immer wieder unter Beweis, bis der Hamburger Polizei im August 1932 durch die Entdeckung seines Gaubüros ein entscheidender Schlag gegen ihn gelang. Bis dahin kam es einige Male zu regelrechten Gefechten zwischen ihm und der Polizei. Aber auch einzelne Schutzleute waren trotz »wiederholter scharfer« Erklärungen der KPD-Führung gegen den individuellen Terror Opfer kommunistischer Angriffe: Sie wurden während des Streifendienstes überfallen und schwer verwundet oder ermordet. Ebenso kam es häufig zu gewalttätigen Auseinandersetzungen mit Mitgliedern des Reichsbanners Schwarz-Rot-Gold. Wenigstens drei Polizisten, vier Kommunisten und zwei Reichsbanner-Arbeiter fanden in Hamburg zwischen Anfang 1928 und Ende Februar 1933 bei solchen Konflikten den Tod.

Hinter den Auseinandersetzungen mit der SPD trat der Kampf gegen die NSDAP lange Zeit zurück. In der Agitation und in den Wahlkämpfen der Jahre 1930 und 1931 wurde diese Partei wenig beachtet. Die KPD-Führung täuschte sich über den Charakter, die Rolle und Bedeutung der nationalsozialistischen Bewegung. Für Heinz Neumann und seine Anhänger war sie nur die Schlägertruppe der herrschenden Klasse, die nicht durch politische Argumentation, sondern allein durch physische Gewalt beim »Kampf um die Straße« zu überwinden sei. Unter der Parole: »Schlagt die Faschisten, wo ihr sie trefft«, kam es seit dem Herbst 1929 überall, auch in Hamburg, zu schweren Zusammenstößen mit Nationalsozialisten. Daran änderte sich auch nach Neumanns »Kaltstellung« nichts. Die Rechtsextremisten praktizierten die gleichen Methoden, und mit noch größerer Brutalität. 15 Todesopfer forderten die Saal- und Straßenschlachten zwischen den beiden verfeindeten Parteien und vor allem die Angriffe auf einzelne Gegner bis Ende Februar 1933 in Hamburg. Daß die NSDAP durch diese Art der Auseinandersetzung Gelegenheit erhielt, sich dem Bürgertum als einzige wirksame Gegenkraft gegen die kommunistische Bedrohung zu empfehlen, und die Autorität des Weimarer Staates durch die dauernden politischen Unruhen untergraben wurde, löste bei der KPD-Führung geringe Sorge aus; denn diesen Staat wollte sie ja ohnehin beseitigen.

Über die spektakulären Wahlerfolge der NSDAP trösteten sich die Kommunisten mit Illusionen hinweg. Obwohl die eigenen Gewinne von denen der Nationalsozialisten bei weitem übertroffen wurden, stellte das Zentralkomitee die Situation umgekehrt dar, und die Hamburger Führung meinte gar, die NSDAP habe nicht mehr erreichen können, »als auf den Trümmern der bankrotten alten bürgerlichen Parteien die Haufen der Versprengten, Enttäuschten und Verzweifelten zu sammeln«. Sobald die nationalsozialistischen Wähler zu der Erkenntnis gelängen, daß sie mit antikapitalistischen, scheinsozialistischen Parolen »betrogen« würden, werde die NSDAP »in nichts zerfallen; dann werden aus denen, die heute im Faschismus die Rettung zu sehen glauben, Kämpfer der Revolution, Kämpfer für Sowjetdeutschland«.[290]

Um diesen Prozeß zu beschleunigen, verstärkte die KPD ihre Werbung um die notleidenden »Mittelschichten«. Dabei wählte sie eine gewagte Taktik: Sie machte sich nicht nur zum Anwalt der ökonomischen Forderungen dieser Menschen, sondern betonte wieder wie in den ersten Jahren der Weimarer Republik bis 1923 nationale Klischees. Im »Programm zur nationalen und sozialen Befreiung des deutschen Volkes« vom August 1930 klagte sie die Weimarer Regierungen und die Sozialdemokratie des »fortgesetzten Hoch- und Landesverrats an den Lebensinteressen der arbeitenden Massen Deutschlands« an, verurteilte die »territoriale Zerreißung und die Ausplünderung Deutschlands« und versprach, im Falle ihrer »Machtergreifung« sofort den »räuberischen Versailler ›Friedensvertrag‹ und den Young-Plan, der Deutschland knechtet, [zu] annullieren«.[291] Mit großem Eifer bemühten sich die Hamburger Kommunisten in den folgenden Wahlkämpfen, die neue Parole, die bis zum Ende der Partei in Geltung blieb, in ihrer Propaganda herauszustellen. Auch der Führerkult um Thälmann, den die KPD nun immer stärker pflegte, ähnelte in vielem den Riten der Nationalsozialisten. Indem die Parteiführung auf diese Weise die Grenze zur NSDAP teilweise verwischte, verwirrte sie manche Anhänger in der Arbeiterschaft, ohne die »Mittelschichten« zu überzeugen.

Trotz solcher Schwächen errang die Hamburger KPD bei den Bürgerschaftswahlen am 27. September 1931 ihr bestes Wahlergebnis in der Weimarer Republik. Mit 21,9 % der gültigen Stimmen lag sie nur noch um 6 % hinter der führenden SPD, allerdings auch um 4,4 % hinter der NSDAP. Diesen Erfolg hatte sie vor allem dem Bedürfnis vieler Wähler zu verdanken, gegen die Not, die übermäßige Belastung der Arbeitnehmer und sozial schwachen Bevölkerungsgruppen sowie die Hinnahme dieser Politik durch die SPD zu protestieren. Es gelang der KPD jedoch nicht, die neuen Wähler dauernd an sich zu binden.

Bei den verschiedenen Wahlen im Frühjahr 1932 erlitt die KPD einen schweren Rückschlag. In Hamburg fiel sie mit einem Stimmenanteil von 16 % hinter den Stand von 1927/28 zurück. Die meisten, die sich von der KPD abwandten, vergrößerten die Zahl der Nichtwähler. Andere wechselten zur NSDAP über. Durch die ständige lautstarke Ankündigung, die Konsequenzen aus der »Verschärfung der revolutionären Situation« ziehen zu wollen, hatte die KPD bei vielen ungeduldige und übertriebene Erwartungen geweckt. Da aber bald deutlich wurde, daß sie der Errichtung »Sowjetdeutschlands« nicht näher kam und auch ihre übrigen Versprechungen nicht erfüllen konnte, stellten sich Enttäuschung und Resignation ein, oder der Wille zur Veränderung der unerträglichen Gegenwart äußerte sich bei der nächsten Wahl in der Entscheidung für die Nationalsozialisten. Manchmal spielte dabei nach der Einschätzung der kommunistischen Führung die »abenteuerliche« Vorstellung eine Rolle, »durch die Wahl Hitlers den Zusammenbruch der kapitalistischen Klassenherrschaft beschleunigen ...und die revolutionäre Krise künstlich auslösen zu können«.[292] Solche Stimmungen machten sich auch in Hamburg bemerkbar, beispielsweise als im April 1932 die Ergebnisse der Bürgerschaftswahl bekanntgegeben wurden.

Als Konsequenz aus der Niederlage betonte die KPD in der Folgezeit stärker den Kampf gegen die NSDAP, ohne freilich die Angriffe gegen die Sozialdemokratie aufzugeben. Bei den Reichstagswahlen am 31. Juli 1932 erzielte sie wieder ein besseres und am 6. November 1932 ein sehr gutes Ergebnis. Es gelang ihr aber nicht, ihre organisatorische Schwäche zu überwinden. Bei den noch beschäftigten Betriebsarbeitern und in den Gewerkschaften blieben ihr Erfolge weiterhin versagt. Trotz der Mitgliederverluste der im ADGB zusammengeschlossenen Verbände und der wachsenden

Unzufriedenheit in ihren Reihen konnten weder die internen Oppositions-
gruppen noch die konkurrierenden »roten« Einheitsverbände eine nennenswerte Rolle spielen. Bei den Betriebsrätewahlen errang die Revolutionäre Gewerkschaftsopposition im Frühjahr 1931 in Hamburg nicht mehr
als 82 Mandate gegen 4446 des ADGB.

Während der Weltwirtschaftskrise wurde die KPD in ganz Deutschland
in zunehmendem Maß eine Partei der Erwerbslosen. Nur noch 14% ihrer
Mitglieder im Bezirk Wasserkante standen im September 1932 als Arbeiter
im Betrieb. Obwohl sie sich mit besonderem Nachdruck um die aus dem
Arbeitsprozeß gestoßenen Menschen bemühte, erlitt sie aber auch bei ihnen Rückschläge, als die SPD und die Gewerkschaften sich 1932 intensiver
um diese Gruppe zu kümmern begannen. Die meiste Sorge bereitete der
kommunistischen Führung freilich nach wie vor die Fluktuation unter den
Mitgliedern und Funktionären, die sich mit dem Vordringen der Erwerbslosen in der Partei noch verstärkte und ihre Arbeit oft schwer behinderte.

In der politischen Konzeption der KPD hatten Streiks eine zentrale Bedeutung. Von wirtschaftlichen Teilkämpfen wollte sie über große überre-
gionale Ausstände zu politischen Massenstreiks und schließlich zum Generalstreik vorstoßen, der die Voraussetzung für den bewaffneten Aufstand
und die Errichtung der Diktatur des Proletariats darstellte. Wegen ihrer
Schwäche in den Betrieben erlebte die KPD bei ihren Versuchen, ohne die
Gewerkschaften Arbeitskämpfe auszulösen, jedoch einen Fehlschlag nach
dem anderen. Sogar die »Herbststreiks« des Jahres 1932, meistens Ab-
wehraktionen gegen außertarifliche Lohnkürzungen in kleinen und mittleren Betrieben, die die Parteileitung als Beweise für den Kampfeswillen der
Arbeiterschaft propagandistisch stark herausstrich, wurden, wie sie intern
zugab, in Hamburg überwiegend vom ADGB geführt.

Den wiederholten Aufrufen zum Generalstreik – nach Papens verfas-
sungswidriger Absetzung der preußischen Regierung am 20. Juli 1932,
nach Hitlers Ernennung zum Reichskanzler am 30. Januar 1933 und nach
Thälmanns Verhaftung im März 1933 – folgten immer nur wenige Anhänger der KPD. Die Bildung einer gemeinsamen Abwehrfront mit der SPD
hätte vorausgesetzt, auf die Hetze gegen den bisherigen »Hauptfeind« zu
verzichten, und das bedeutete: mit der Generallinie der Internationale zu
brechen. Dazu aber war die KPD nicht einmal nach dem Beginn der massiven Verfolgung im März 1933 bereit. Durch ihre extrem linke Politik der
»dritten Periode« hatte sie sich von der Arbeiterschaft isoliert und den Weg
zur Zusammenarbeit mit der SPD verbaut, so daß sie dem Sieg der Nationalsozialisten trotz der Kampf- und Opferbereitschaft der aktiven Genossen am Ende machtlos gegenüberstand.

Der Aufstieg der NSDAP

Die NSDAP konnte aus der politischen Radikalisierung während der Weltwirtschaftskrise den größten Nutzen ziehen. Ihre Ideologie entsprach den
wiedererwachten Vorurteilen gegen die Parteien und Parlamente, der verbreiteten Geringschätzung für den politischen Liberalismus, den mittelständischen Ressentiments gegen den Kapitalismus und den Marxismus.
Früher belächelte Schlagworte wie die Forderung nach »Brechung der
Zinsknechtschaft« erhielten unter den Bedingungen der Deflation, die Kreditkosten für viele zu einer unerträglichen Belastung werden ließ, plötzlich
eine neue Bedeutung. Ebenso erschien der Kampf gegen die »Erfüllungs-
politik«, nämlich gegen die Einhaltung des Versailler Vertrags, im Nach-
hinein als berechtigt, da nun auch die Reichsregierung erklärte, eine wirtschaftliche Erholung Deutschlands sei vor der Streichung der Reparations-
zahlungen nicht möglich.

Das pauschale Versprechen der nationalsozialistischen Führung, mit der
bisherigen Wirtschaftspolitik zu brechen und die Arbeitslosigkeit zu beseitigen, reichte, um Hoffnung zu wecken. Die eindrucksvolle Einsatzbereitschaft der Parteimitglieder, die Begeisterung in den Massenversammlungen
und die Entschlossenheit zur gewaltsamen Auseinandersetzung mit den
Gegnern suggerierten auch Fernerstehenden den Glauben an die Kraft der
NSDAP, aller Schwierigkeiten Herr zu werden. Gerade weil die demokratischen Parteien den Vorwurf, sie erschöpften sich bei notdürftigen Hilfen
für den Augenblick, nicht entkräften konnten und auch selbst am raschen
Erfolg ihrer Politik zweifelten, wirkte die Siegeszuversicht der Nationalsozialisten mitreißend. Inhaltlicher Konkretisierung der Absichten bedurfte
es da nicht. Da die NSDAP die Jugend unvergleichlich stärker anzuspre-
chen verstand als die etablierten Parteien und selbst die KPD, waren viele
bürgerliche Wähler überzeugt, daß ihr die Zukunft gehöre.

Die nicht abreißende Serie von Wahlerfolgen seit 1930 bestätigte diese
Erwartung. Von einer unbeachteten Splittergruppe wuchs die NSDAP bei
der Reichstagswahl am 14. September 1930 zur zweitstärksten Partei des
Hauses, in das sie mit 107 statt 12 Abgeordneten zurückkehrte. In Hamburg konnte sie sogar einen überdurchschnittlichen Stimmenzuwachs verbuchen. Während sie 1928 mit 2,6 % genau das Reichsergebnis erzielt
hatte, lag sie jetzt mit 19,2 % gegen 18,3 % darüber. Bei den folgenden
Wahlen setzte sich der positive Trend fort, auch wenn die Zugewinne nun
ein wenig hinter denen im Reich zurückblieben. Mit 26,3 % der Stimmen
lag die NSDAP bei der Bürgerschaftswahl am 27. September 1931 nur noch
um 1,5 % hinter der SPD, und bei der Neuwahl am 24. April 1932 war sie
mit 31,2 % um 1 % stärker als die sozialdemokratische Konkurrenz.

Ihren Aufschwung hatte sie vor allem dem Zerfall der beiden »schwarz-weiß-roten« Rechtsparteien, der Deutschnationalen und der Deutschen Volkspartei, zu verdanken, außerdem konnte sie stärker als die anderen Parteien von der erhöhten Wahlbeteiligung profitieren. Bei der Bürgerschaftswahl 1932 kam ein beachtlicher Wählerwechsel von der KPD zur NSDAP hinzu.

Obwohl sich die Entwicklung seit 1929 abzeichnete, wurden die meisten Zeitgenossen durch das Vordringen der NSDAP bei der Reichstagswahl 1930 überrascht. Nur wenige hatten den Strukturwandel in dieser Partei bemerkt, der es ihr ermöglichte, in der zersplitterten völkischen Bewegung die Oberhand zu gewinnen, den Kern der Aktivisten an sich zu ziehen und zusammen mit neuen Kräften zum Kampf gegen die Weimarer Republik zu mobilisieren.[293]

Nach der Neugründung im März 1925 entwickelte sich die Hamburger NSDAP zunächst nur langsam. Heftige innere Fehden behinderten den Aufstieg. In ihnen setzte sich eine neue Generation von zumeist sehr jungen, wirtschaftlich unselbständigen Männern gegen die Veteranen aus den judenfeindlichen Verbänden der Vorkriegszeit durch. Symptomatisch für den Wechsel war die Ablösung des ersten Gauleiters, Josef Klant, durch den 30 Jahre später, 1899, geborenen promovierten Germanisten und wissenschaftlichen Angestellten des Deutschnationalen Handlungsgehilfen-Verbandes, Albert Krebs. Während Klant und seine Freunde in den Juden die Urheber aller unverstandenen modernen Entwicklungen bekämpften und zu den vorrevolutionären oder gar vorkapitalistischen Verhältnissen zurückkehren wollten, beurteilten die Jungen die Vergangenheit kaum weniger negativ als die Gegenwart. Für die Ansichten und Methoden der Älteren hatten sie nur Spott übrig. Durch unermüdlichen Einsatz ermöglichten sie ihrer Partei, dauernd mit großen und kleinen Veranstaltungen, Aufmärschen und Werbekampagnen in der Öffentlichkeit präsent zu sein.

Der Zuwachs von einigen hundert Mitgliedern war auch unter Krebs' Führung von November 1926 bis September 1928 noch bescheiden, doch gelang es, die jungen Aktivisten aus den Freikorps und Wehrverbänden für die NSDAP zu gewinnen. Hitler ging es in der Phase darum, auf ihn eingeschworene, durch keine gesellschaftlichen Bindungen behinderte fanatische Kämpfer zu einer Kaderpartei zusammenzuschließen, mit der er jede taktische Wendung vollziehen konnte. Dieses Ziel wurde in Hamburg wie überall erreicht.

Krebs konnte sich in den innerparteilichen Kämpfen nicht behaupten. Anfang September 1928 trat er von seinem Amt als Gauleiter zurück. Nach einer Zwischenphase, in der die Hamburger Parteiorganisation kommissarisch von Schleswig-Holstein aus mitgeleitet wurde, ernannte Hitler zum

Staatskrise

15. April 1929 Karl Kaufmann zum Nachfolger. Er war ein Exponent jener jungen, ihrem »Führer« bedingungslos ergebenen Aktivisten. Nach Fronteinsatz als Freiwilliger im 1. Weltkrieg und Betätigung in verschiedenen Freikorps war er 1921 zur NSDAP gestoßen und, ohne einen Beruf zu erlernen, als Vierundzwanzigjähriger 1925 zum Gauleiter von Rheinland-Nord aufgestiegen. Ihm gelang nach seiner Versetzung nach Hamburg bald die Konsolidierung der dortigen Parteiorganisation.

Bisher hatte sich ihre Führung darauf konzentriert, durch Betonung der »sozialistischen« Ziele der NSDAP die Arbeitnehmerschaft zu gewinnen. Sie faßte sogar eine zeitweilige Zusammenarbeit mit der KPD zur Zerschlagung der Regierungsparteien ins Auge. Nun, in der Ära Kaufmann, konnte die Gauleitung vorsichtig dazu übergehen, das Bürgertum zu umwerben. Hitlers Entscheidung, die Macht »legal« über die Gewinnung von Mehrheiten in den Parlamenten zu erobern, setzte die Zustimmung einer großen Zahl bürgerlicher Wähler voraus. Zu diesem Zweck war es von Vorteil, vorübergehend ein Bündnis mit republikfeindlichen nationalen und konservativen Kreisen einzugehen, um ihre finanziellen und publizistischen Möglichkeiten sowie ihr Prestige für sich zu nutzen. Dadurch, daß die DNVP und der ihr nahestehende Wehrverband »Stahlhelm« im Herbst 1929 die NSDAP als gleichberechtigten Partner in den »Volksausschuß« zum Kampf gegen den Young-Plan einbezogen, werteten sie die damals noch unbedeutende Partei auf. 1931 hatten sich die Verhältnisse umgekehrt. Beim Volksbegehren zur Auflösung des preußischen Landtags und bei anderen gemeinsamen Aktionen brachte die NSDAP die stärksten Kräfte in die »nationale Front«. In Verwirklichung der neuen Taktik sprach Hitler am 1. Dezember 1930 zum zweiten Mal im exklusiven »Hamburger Nationalklub von 1919«. Sein erstes Auftreten in diesem Kreis 1926 hatte ihm das Interesse der antidemokratischen Honoratioren gesichert.[294] Daran anknüpfend, konnten er und Goebbels sich bei weiteren Vorträgen im Nationalklub um das Vertrauen der »Wirtschaftsführer« bemühen. Die Gauleitung veranstaltete zum gleichen Zweck besondere Ausspracheabende.

Gleichzeitig umwarben Krebs und seine Freunde weiterhin die Arbeitnehmer. Bis zur Bürgerschaftswahl 1931 hütete sich die Führung der Hamburger NSDAP, sie zu sehr als »bürgerliche« Partei darzustellen, und nominierte nur wenige Vertreter mittelständischer Verbände. Bei den Arbeitern blieben die Erfolge der Nationalsozialisten jedoch gering. Mehr Unterstützung fanden sie dagegen bei Angestellten, insbesondere bei denen, die in nationalen Berufsverbänden entsprechend vorgeprägt worden oder überhaupt nicht organisiert waren, ferner bei erwerbslosen Handwerkersöhnen und anderen sehr jungen Menschen, die nach dem Abschluß der

Schulzeit oder einer Lehre keine Stelle gefunden und ein Arbeitsleben infolgedessen gar nicht erst kennengelernt hatten.

Nur in wenigen Unternehmen gelang es, nationalsozialistische Betriebszellen aufzubauen. Statt dessen entstand eine wachsende Zahl von »Fachgruppen« aus Arbeitnehmern, Erwerbslosen, kleinen und mittleren Arbeitgebern. Darin zeigte sich die zunehmende Attraktivität der NSDAP für die ökonomisch bedrohten selbständigen Gewerbetreibenden. Bei der Bürgerschaftswahl 1932 zog sie daraus die Konsequenz. Auf ihrer Kandidatenliste hatten nun neben anderen Mittelstandsvertretern der Vorsitzende des Verbandes Hamburgischer Gewerbevereine, Christian Bartholatus, und der Obermeister der Schmiedeinnung, Otto Bischof, sichere Plätze inne. Weil Krebs sich dem Werben um das konservative Bürgertum und die Reichswehrführung widersetzte, das er als Annäherung an die »großkapitalistische« DNVP mißverstand, wurde er am 20. Mai 1932 von Hitler persönlich aus der Partei ausgeschlossen. Mit einem polemischen Artikel in der Parteizeitung »Hamburger Tageblatt« hatte er den Befehl des Parteivorsitzenden mißachtet und dessen Taktik gestört.

Der Legalitätskurs zwang die nationalsozialistische Führung, ihren Anhängern Waffengebrauch zu verbieten und sich von Gewalttaten zu distanzieren. Trotzdem ging der »Kampf um die Straße« weiter. Hitler war überzeugt, daß der Arbeiterschaft nur der rücksichtslose Gebrauch der Macht imponiere, daß die Vorherrschaft der »Marxisten« in bestimmten Stadtteilen und Straßen sichtbar gebrochen werden müsse. Sein Leitsatz: »Terror gegen Terror« blieb in Geltung, wobei auf Seiten der Gegner jede Form der Gegenwehr unter diesen Begriff fiel. Danach handelte die SA. In immer neuen Massenversammlungen und Kundgebungen, bei großen Werbekampagnen, Demonstrationen, Umzügen und Aufmärschen trugen die Nationalsozialisten ihre Stärke und Kampfentschlossenheit zur Schau. Sie suchten die physische Auseinandersetzung mit politischen Gegnern in Saal- und Straßenschlachten oder attackierten sie, wenn sie Flugblätter verteilten, Plakate klebten oder ihnen auch nur zufällig begegneten.

Gewalt wurde für viele alltäglich. Am 13. März 1931 richtete ein Polizeibeamter seine Dienstpistole gegen seinen Vorgesetzten, Oswald Lassally, und verwundete ihn schwer, weil er sich von dem Juden nicht über seine Tätigkeit für die NSDAP verhören lassen wollte. Anderthalb Tage später lauerten drei SA-Männer dem kommunistischen Bürgerschaftsabgeordneten Ernst Henning nach einer Versammlung auf und ermordeten ihn auf der Heimfahrt im Autobus, wobei sie auch mehrere Unbeteiligte verletzten. Hitler verurteilte zwar das Verbrechen und bestätigte den Parteiausschluß der Täter, wie es das Bekenntnis zur Legalität verlangte, lastete aber zugleich den »Systemparteien« die eigentliche Verantwortung für solche

»Verirrungen« an. Er vermied es, der Brutalität seiner Aktivisten prinzipiell entgegenzutreten. Die physische Bedrohung und Vernichtung Andersdenkender gehörte zu seinem Programm.

Wie Krebs fiel es auch anderen »Parteigenossen« oft schwer, die taktischen Rücksichten zu akzeptieren, die auf dem »legalen« Weg zur Macht über die Parlamente notwendig waren. Vor allem in der SA, der SS, der Hitlerjugend und dem Nationalsozialistischen Deutschen Studentenbund kam es in Hamburg zu Unruhe, Austritten und Ausschlüssen. Viele SA-Männer protestierten dagegen, daß sie der Partei durch ihren Einsatz die Parlamentssitze erobern sollten, bei der Verteilung der Mandate nach einem Beschluß Hitlers vom August 1930 aber nicht berücksichtigt wurden. Der große Aufwand der führenden Nationalsozialisten für repräsentative Zwecke wirkte abstoßend, da sie selbst von ihren Erwerbslosenunterstützungen oder geringen Einkommen noch die Spesen für ihren »Dienst«, zum Beispiel die Kosten für Fahrten in die Umgebung oder für Reparaturen an Stiefeln und Uniformen, abzweigen mußten. Zu diesem »Bonzentum« schien die Anbiederung bei den Wirtschaftsgrößen zu passen. Die taktische Wende war für die Oppositionellen ein »Verrat« an den »sozialistischen« Zielen der NSDAP, an die sie geglaubt hatten.

Andere begannen, je länger der Partei trotz ihrer gewaltigen Wahlerfolge die Beteiligung an der Regierungsgewalt verweigert wurde, am Legalitätskurs zu zweifeln. Sie wollten angesichts der Not nicht länger auf den Umsturz warten und verstanden nicht, warum Hitler die Stärke seiner Bewegung nicht nutze, um sich sofort in den Besitz der Macht zu bringen. 110 von rund 600 SA-Männern sollen in Hamburg bis zum Frühsommer 1931 die NSDAP verlassen haben, um sich der betont »sozialistisch« eingestellten Gruppe um Otto Straßer anzuschließen. Die Schlagkraft der Partei wurde dadurch jedoch kaum beeinträchtigt.

Gefährlicher waren die ständigen Finanzsorgen. Zeitweise spitzte sich die Lage so zu, daß die Drucker des »Hamburger Tageblatts« in den Streik zu treten drohten, um die Bezahlung der rückständigen Löhne und Versicherungsbeiträge zu erzwingen. Außenstehenden blieben die Probleme meistens verborgen. Sie wurden durch den Propagandaaufwand und die Wahlerfolge der NSDAP überdeckt.

Die Partei verfolgte seit Hitlers Entscheidung für die scheinbar verfassungsgemäße Machteroberung eine doppelte Strategie und zeigte ein doppeltes Gesicht. Sie umwarb das Bürgertum und verachtete es; sie versprach Wahrung der Legalität und übte und provozierte Gewalt. Entsprechend schwankte das Urteil über sie. Die internen Konflikte, die Widersprüche zwischen den Äußerungen verschiedener nationalsozialistischer Politiker, die häufige Unvereinbarkeit von Worten und Taten verleiteten viele Beobachter zu falschen Schlüssen. Sie sahen darin Zeichen für eine grundsätzliche Auseinandersetzung zwischen einem radikalen, sozialistisch-revolutionären Flügel und einem gemäßigten um Hitler, ja, sie hofften gar, diesen durch ihre Unterstützung stärken zu können.

Für andere war die zwiespältige Erscheinung der NSDAP überhaupt unwichtig. Sie wünschten nur eines: die Not der Gegenwart zu überwinden, und das versprach diese Partei. Die demokratischen Politiker wurden nicht müde, vor der drohenden politischen Entrechtung zu warnen. Die Nationalsozialisten würden ein »Regiment des Terrors« begründen, wie ihre täglichen Gewalttaten bewiesen.[295] Aber selbst diese Beschwörungen verfehlten bei vielen ihre Wirkung. Dringender als die Sorge vor einer künftigen Gefährdung des demokratischen Rechtsstaats war für sie der Wunsch, der augenblicklichen Angst vor der Zerstörung der wirtschaftlichen Existenzmöglichkeiten zu entgehen.

Die Erfolge der NSDAP erreichten im Sommer 1932, zwischen den Bürgerschaftswahlen am 24. April und den Reichstagswahlen am 31. Juli, ihren Höhepunkt. Etwa ein Drittel der Wähler, in Hamburg rund eine Viertelmillion Menschen, entschied sich für sie. Nachdem ihr viele Angestellte, Beamte und mittelständische Gewerbetreibende schon seit dem Vorjahr die Stimme gegeben hatten, gelang es der NSDAP nun, ihren Einfluß in den Verbänden dieser Bevölkerungsgruppen zu verstärken. Viele gerieten dadurch in eine schwere Krise. Im Deutschnationalen Handlungsgehilfen-Verband führten die Versuche der Leitung, Brüning zu stützen, zum Aufstand der zahlreichen nationalsozialistischen Mitglieder und brachten die Organisation an den Rand des Zerfalls. In einer Reihe von Innungen und Einzelhandelsverbänden sahen sich die langjährigen Vorstände wegen ihrer Bereitschaft zur Zusammenarbeit mit den Behörden ebenfalls heftigen Angriffen ausgesetzt, in einigen wurden sie durch Mitglieder der nationalsozialistischen Opposition abgelöst. Wo dies nicht gelang, versuchten die Rechtsradikalen, Gegenorganisationen zu gründen oder über die Eroberung geeigneter Zweigvereine in die Leitung des Hauptvereins einzudringen. Von innen und außen sollten die Vorstände unter Druck geraten, um die »Gleichschaltung« zu erzwingen.

In den meisten Organisationen hatten die Bemühungen erst nach der »Machtergreifung« im Staat Erfolg. Doch schon vorher ließen neue Kampfmethoden erkennen, wie nationalsozialistische Auffassungen im gewerblichen Mittelstand an Boden gewannen. Gesetzeswidrige Gegenwehr gegen Maßnahmen des Staates rückte in den Bereich des Möglichen. 1932 wurde die Steuerverweigerung, die zuerst Bauern im weiteren Umland Hamburgs praktiziert hatten, auch in Organisationen des städtischen Gewerbes diskutiert und in einigen propagiert. Aufsehen erregten im Februar/März ein »Lichtstreik« der Hamburger Einzelhändler und ein »Bierstreik« des Gastwirtsgewerbes, weil hiermit mittelständische Gruppen Kampfformen der Arbeiterbewegung nachzuahmen versuchten. Die Kaufleute reduzierten die Beleuchtung ihrer Läden und Schaufenster auf ein Minimum, um gegen die Höhe der Strompreise zu protestieren; die Wirte stellten für mehr als drei Wochen den Bierausschank ein, um sowohl die »großkapitalistischen« Brauereien als auch den »geldgierigen« Fiskus zu treffen. Die Initiative war von den Nationalsozialisten ausgegangen und hatte trotz des Widerstands der Verbandsführungen bei einer Versammlung, an der mehr als die Hälfte aller Hamburger Gastwirte teilnahm, Zustimmung gefunden. Die Wirkung des Streiks war beachtlich: Die Brauereien in der Umgebung Hamburgs mußten mehrere hundert Arbeiter entlassen, dem Hamburger Staat entgingen erhebliche Steuereinnahmen. In Berlin und anderen Städten kam es zu gleichen Aktionen, die Reichsregierung fand sich schließlich zur Senkung der Steuersätze bereit. Wichtiger aber war, daß sich in einem Gewerbe die Mehrheit – fast zweieinhalbtausend Gastwirte – gegen ihre gewählten Vertreter entschied und den Nationalsozialisten folgte.

Auch bei Großunternehmern fanden sie nun einige Unterstützung. Insbesondere traten verschiedene jüngere Mitglieder angesehener Hamburger Kaufmannsfamilien in Verbindung zur NSDAP. Am wirtschaftspolitischen Beraterkreis Hitlers, der Ende April 1932 von einem süddeutschen Industriellen, Wilhelm Keppler, gegründet wurde, waren vier erfolgreiche Hamburger Überseekaufleute beteiligt: Emil Helfferich vom Straits- und Sunda-Syndikat, Carl Vincent Krogmann, damals Mitinhaber einer großen Im- und Exportfirma, Kurt Woermann, Mitinhaber eines auf den Afrikahandel spezialisierten Unternehmens, und Franz Heinrich Witthoefft, Seniorchef einer bedeutenden Ostasienfirma, in zahlreichen wirtschaftlichen Ehrenämtern tätig und bis 1931 als Vertreter der DVP im Senat. Zum Teil war Sympathie für die NSDAP der Beweggrund für das Engagement. Zum Teil war aber auch der Wunsch maßgebend, Einfluß auf die stärkste Partei zu gewinnen, um mit ihr einer neuen antizyklischen Wirtschaftspolitik zum Durchbruch zu verhelfen und zugleich für Hamburg gefährliche autarkistische Experimente zu verhindern. Aus diesem Kreis kam die Initiative zu der Eingabe, durch die führende Wirtschaftler im November 1932 den Reichspräsidenten von Hindenburg aufforderten, Hitler zum Kanzler zu ernennen.[296] Die große Mehrheit der Hamburger Unternehmer stand der NSDAP freilich weiterhin reserviert gegenüber.

Generell begeisterten sich nach wie vor junge Menschen am stärksten für die NSDAP. Unter den Studenten der Hamburger Universität verfügten die Nationalsozialisten zusammen mit dem »Widerstandsblock« der Korporationen und den nichtfarbentragenden Verbindungen der »Finken«, die meistens mit ihnen zusammenarbeiteten, über eine Zweidrittelmehrheit. Bereits seit dem Sommersemester 1931 stellten sie den Vorsitzenden und den Schriftführer des ASTA, und im Sommersemester 1932 übernahmen sie auch die Schriftleitung der Hamburger Universitäts-Zeitung.

Mit den Erfolgen wuchs die Aggressivität der NSDAP. Der Anspruch auf Beteiligung an der Macht sollte unterstrichen und die Unfähigkeit der regierenden demokratischen Politiker aufgedeckt werden, die öffentliche Ruhe und Ordnung zu sichern. Zugeständnisse des neuen Reichskanzlers Franz von Papen, der am 1. Juni 1932 Brünings Nachfolge antrat, begünstigten die gewalttätige Selbstdarstellung der Nationalsozialisten. Um sie zur Tolerierung seiner Minderheitsregierung zu bewegen, veranlaßte er den Reichspräsidenten zur Auflösung des Reichstags und Ausschreibung von Neuwahlen für den 31. Juli 1932, hob zum 16. Juni das Verbot der SA und SS vom 13. April 1932 sowie das Verbot der Parteiuniformen auf und annullierte schließlich auch Demonstrations- und Uniformverbote der Länder. Die NSDAP nutzte die Freiheiten, um ihre Stärke provokativ zur Schau zu stellen. Mit Vorliebe leitete sie die Umzüge der SA durch Arbeiterwohngebiete, insbesondere durch Hochburgen der KPD. 99 Menschen fanden in Deutschland in den sechs Wochen zwischen der Aufhebung des SA-Verbots und dem Ende des Wahlkampfs bei Zusammenstößen der politischen Extremisten den Tod.

Eine der schlimmsten dieser Straßenschlachten fand am 17. Juli 1932 in Hamburgs preußischer Nachbarstadt Altona statt. Die NSDAP hatte ca. 7000 SA-Männer aus Schleswig-Holstein für einen Marsch durch dieses Zentrum der »Roten« aufgeboten. Die KPD-Führung war entschlossen, der Herausforderung um jeden Preis zu trotzen. Sie verlangte, den Umzug zu verbieten, sonst werde sie zur »Selbsthilfe« greifen und verhindern, daß er die Wohnbezirke ihrer Anhänger berühre. Hamburger Genossen wurden zur Unterstützung herangeholt. Die Leitung der Altonaer Polizei unterschätzte offenbar die Gefahr. Der Polizeipräsident, sein Vertreter und der Kommandeur der Schutzpolizei waren auf Wahlkampfreise oder in Urlaub. Durch die generelle Aufhebung des Demonstrationsverbots zusätzlich verunsichert, glaubten die an ihrer Stelle mit der Verantwortung betrauten, weniger erfahrenen Beamten, den Werbemarsch und auch die vorgesehene Route genehmigen zu müssen. In der Schauenburger Straße wurde der Zug aus den Häusern heraus und von den Dächern beschossen. Die begleitenden Polizisten versuchten daraufhin, sich und die Demonstranten durch ein wildes Sperrfeuer zu schützen. Zwei SA-Männer, drei Kommunisten und 13 Unbeteiligte wurden getötet, 61 Menschen zum Teil schwer verletzt.

Obwohl die NSDAP nach der Wahl auch im Reichstag die bei weitem stärkste Fraktion stellte, wies Hindenburg Hitlers Anspruch auf das Reichskanzleramt zurück. Die Nationalsozialisten forcierten daraufhin ihren Terror und betonten wieder stärker die antibürgerliche Komponente ihrer Ideologie. Auch in Hamburg kam es noch häufiger als bisher zu Zusammenstößen mit der Polizei und politisch Andersdenkenden, zu antisemitischen Exzessen und Friedhofsschändungen.

Die Quittung erhielt die NSDAP bei der Reichtstagswahl am 6. November 1932. Viele bürgerliche Wähler wandten sich nun doch erschreckt von ihr ab und kehrten zur DNVP oder zur DVP zurück. Außerdem mußte sie Wechselwähler an die KPD zurückgeben, da sie die Hoffnung enttäuscht hatte, sie werde schneller als diese Partei die revolutionäre Veränderung der Verhältnisse erreichen. In Deutschland ging der Stimmenanteil der NSDAP von 37,4 % auf 33,1 %, in Hamburg von 33,7 % auf 27,2 % zurück. Ob sich damit eine Tendenzwende abzeichnete, läßt sich nicht entscheiden. Nach Hitlers Ernennung zum Reichskanzler fanden die nächsten Wahlen am 5. März 1933 unter nicht mehr vergleichbaren, außergewöhnlichen Bedingungen statt.

Die Regierungsparteien in der Krise

Die Regierungsparteien standen in den letzten Jahren der Weimarer Republik vor zwei zentralen, eng miteinander verbundenen Aufgaben: der Bekämpfung der Wirtschaftskrise und der Abwehr der radikalen Angriffe auf die politische Ordnung von rechts und links. Ihre Verantwortung für die staatlichen Entscheidungen mußten alle mit Rückschlägen bezahlen. Doch waren das Ausmaß der Verluste und vor allem die Folgen für die innere Stabilität und damit für die Handlungsfähigkeit der Parteien verschieden.

Die SPD erlebte ihr Tief in der Gunst der Wähler bei den Bürgerschaftswahlen 1931, als sie mit 27,8 % der Stimmen um 8 % hinter dem Ergebnis von 1928 zurückblieb.[297] In ihren Reihen herrschte viel Unzufriedenheit mit der Konzeption der »Tolerierungspolitik«, die Abwarten unter harten Entbehrungen verlangte, um die demokratischen Institutionen, die Organisationen der Arbeiterbewegung und wenigstens einen Teil der sozialen Errungenschaften der Weimarer Republik durch die Krise hindurchzuretten. Insbesondere jüngere Genossen folgten diesem Kurs nur widerwillig.

Trotzdem führten die Konflikte zu keiner ernsthaften Erschütterung der SPD. Es gelang dem Vorstand in Hamburg immer, seine Beschlüsse durchzusetzen und die Zustimmung der Parteitagsdelegierten zu gewinnen. Die Sozialistische Arbeiterpartei Deutschlands (SAP), zu deren Gründung sich die linke Opposition im Oktober 1931 entschloß, blieb hier ohne Bedeutung. Von den prominenten »Linken« aus der USPD schloß sich ihr niemand an. Bei den Bürgerschaftswahlen im April 1932 erhielt die SAP gerade 0,3 %, bei den Reichstagswahlen im Juli und November 0,1 % der Stimmen, und zu einem guten Teil stammten diese von ehemaligen KPD-Anhängern, die über die KP-Opposition (KPO) zu ihr stießen. Ihre Mitgliederzahl konnte die Hamburger SPD trotz aller Schwierigkeiten 1930 um mehr als 2000 und 1931 noch einmal um über 3500 steigern. Vermutlich entschlossen sich aus dem Kreis der Sympathisanten jetzt manche zu einer festen organisatorischen Bindung an die SPD, um angesichts der Bedrohung des demokratischen Staates seine Verteidiger zu stärken.

In zahlreichen eindrucksvollen Massenkundgebungen demonstrierte die Partei ihren Willen, den demokratischen Rechtsstaat als ihren Staat gegen die Angriffe von rechts und links zu schützen. Darüber hinaus unterstützte sie in Hamburg von Anbeginn an energisch die »Eiserne Front«, zu der sich im Dezember 1931 die SPD, die freien Gewerkschaften, die Arbeiter-Sportverbände und das Reichsbanner Schwarz-Rot-Gold auf dessen Initiative zusammenschlossen. Durch eine permanente Werbekampagne mit modernen Methoden, insbesondere durch die massenweise Verbreitung des neuen Symbols der drei Pfeile und einen speziellen Erkennungsgruß, versuchte diese Organisation, den Nationalsozialisten mit gleichartigen Propagandapraktiken entgegenzutreten und außerdem den Mitgliedern das Gefühl zu geben, in den ständigen Kampf gegen den Faschismus einbezogen zu sein. Bei allen Veranstaltungen der SPD und der Eisernen Front betonten die Redner, daß die sozialdemokratische Arbeiterbewegung ihre Unterdrückung und Ausschaltung nicht kampflos hinnehmen, sondern sich solange wie möglich mit legalen Mitteln, im Falle des Verfassungsbruchs notfalls aber auch mit Streiks, Boykotts und Waffengewalt zur Wehr setzen werde. Sie erweckten damit Erwartungen, die sie, als der Ernstfall eintrat, nicht erfüllen konnten.

Die Deutsche Demokratische Partei erlebte ihre Krise schon, bevor sich die wirtschaftlichen und politischen Verhältnisse dramatisch zuspitzten. Durch den anhaltenden Niedergang der DDP im Reich demoralisiert – bei den Wahlen von 1928 war sie unter die Fünf-Prozent-Marke gesunken –, bemühte sich ihr Vorsitzender, Erich Koch-Weser, die Vereinigung der liberalen Parteien und sonstigen gemäßigten politischen Gruppen zu einer großen Partei der Mitte zu erreichen. Ein erster Schritt zu diesem Ziel sollte der Zusammenschluß mit dem Jungdeutschen Orden zur Deutschen Staatspartei sein, den er vor der Reichstagswahl 1930 am 27. Juli überraschend verkündete.

In der Hamburger DDP stimmten allein Carl Petersen und seine Anhänger rückhaltlos zu, während die linksliberale Mehrheit der Parteiorganisation die Verbindung mit dem romantisch-konservativen, bündisch aufgebauten Orden, der nicht einmal den »Arierparagraphen« aus seinen Satzungen strich, nur widerwillig akzeptierte, um sich nicht durch eine lautstarke Auseinandersetzung um jede Wahlchance zu bringen. Diese Demokraten waren entschlossen, unter dem neuen Namen die bisherige fortschrittlich-liberale Politik fortzusetzen. Als Zeichen dafür wählten sie einen Auswärtigen zu ihrem Spitzenkandidaten für den Reichstag: den bekannten jüdischen Wirtschaftspublizisten Gustav Stolper, der die Gründung der Staatspartei ebenso skeptisch wie sie beurteilte und innenpolitisch vor allem für die Verteidigung der Verfassung an der Seite der SPD eintrat.

Trotzdem verlor die DDP beim Übergang zur Staatspartei auch in Hamburg einen erheblichen Teil ihrer Mitglieder, insbesondere viele Juden, und bei der Entscheidung über die Zusammensetzung des Reichstags ein Fünftel ihrer Wähler. Ihr Stimmenanteil sank von 11,6 % auf 8,5 %. Die rund 300 Jungdeutschen, die in Hamburg zur Staatspartei stießen, waren demgegenüber ohne Bedeutung, aber zum Nutzen der politischen Zielklarheit der Partei auch ohne Einfluß.

In unermüdlicher Arbeit gelang es den ehemaligen Demokraten, bis zum Frühsommer 1931 wieder eine intakte Organisation aufzubauen. Die Partei gewann jetzt größere Geschlossenheit als zuvor. Über die Notwendigkeit der Zusammenarbeit mit der Sozialdemokratie und in der Gegnerschaft gegen den Rechtsradikalismus waren sich alle Gruppen in ihr einig. Sogar auf dem Höhepunkt des Bürgerschaftswahlkampfes 1931 nahm Carl Petersen die SPD gegen die »Mode der antimarxistischen Hetze« in Schutz. Er erinnerte an die Verdienste, die sich die Partei um Deutschland wie um ihre Heimatstadt erworben habe, und bekannte sich nachdrücklich zu den sozialen Leistungen Hamburgs, die jetzt von so vielen angegriffen und der angeblichen »Verschwendungssucht« der SPD angelastet wurden.[298]

Anders als im übrigen Deutschland unterstützte die Staatspartei in Hamburg die Eiserne Front ebenso energisch wie von Anfang an das Reichsbanner Schwarz-Rot-Gold. In mehreren Veranstaltungsserien wandte sie sich gegen die Tendenzen im Bürgertum, mit den Nationalsozialisten zu paktieren. Den jüdischen Mitbürgern versicherte sie ihre Solidarität im Kampf gegen den Antisemitismus und damit, wie Petersen betonte, im Kampf gegen »Ungeistigkeit und Ungerechtigkeit« in Deutschland.[299]

Daß ein Teil der Wähler den Einsatz für den demokratischen Staat und die Werte, auf denen er aufbaute, noch immer anerkannte, zeigten die Bürgerschaftswahlen im April 1932: Sowohl die SPD als auch die Staatspartei konnten beachtliche Stimmengewinne erzielen. Die Staatspartei erreichte fast wieder die Wählerzahl und den Stimmenanteil der DDP von 1928. Dieser Erfolg stand in deutlichem Kontrast zu ihrem Zerfall im Reich, wo sie eine weniger klare Politik betrieb.

Die Deutsche Volkspartei wurde in den letzten Jahren der Weimarer Republik fast aufgerieben. Sie mußte nicht nur die Abwanderung vieler Mitglieder und Wähler hinnehmen, sondern verlor ihr eigenständiges politisches Profil. Nach dem Tod des Parteivorsitzenden und Reichsaußenministers, Gustav Stresemann, am 3. Oktober 1929 gewannen in der DVP die Kreise die Oberhand, die in ihr nicht mehr als die politische Vertretung des Unternehmertums sahen. Äußerste Sparsamkeit im gesamten öffentlichen Bereich, Steuerentlastung, Abbau der Sozialleistungen, Lohn- und Gehaltsreduktion, das waren für sie genau wie für die Wirtschaftsverbände die zentralen Forderungen.

Bei der Einseitigkeit, mit der die DVP dieses Konzept vertrat, gab es für Arbeitnehmer und Beamte keinen Platz mehr in ihren Reihen. Nach vielen Jahren intensiver Arbeit für die DVP im Reichstag kehrten ihr 1932 die Vorstandsmitglieder des Deutschnationalen Handlungsgehilfen-Verbands, Hans Bechly und Otto Thiel, den Rücken; die führenden Hamburger Funktionäre des Deutschen Beamtenbundes, Regierungsrat Carl Grevsmühl, und des Reichsbundes höherer Beamter, Polizeipräsident Hugo Campe, traten im selben Jahr zur Staatspartei über. Die Abwendung prominenter Verbandsvertreter war symptomatisch. Die DVP verlor nicht nur das Gros der jungen Mitglieder und Wähler an die NSDAP, sondern auch einen großen Teil der ihr nahestehenden Arbeitnehmer. Seit 1930 mußte sie in den bevorzugten Wohnvierteln der Beamten und Angestellten besonders hohe Wählerverluste hinnehmen.

Im Versuch, diese innere Krise zu überwinden, ging die DVP zunehmend auf »Rechtskurs«. Sie suchte kompromißlos die Konfrontation mit der SPD, brachte seit dem Frühjahr 1931 immer offener ihre Unzufriedenheit mit der Politik Brünings zum Ausdruck und verwischte auch durch die Betonung »nationaler« Ziele die Grenze zur NSDAP. Dabei verkannten die maßgebenden volksparteilichen Politiker, daß sie die eigenen Chancen durch diese Annäherung an die »nationale Opposition« gerade schmälerten, da sie mit deren Radikalität aufgrund ihrer Traditionen und gesellschaftlichen Bindungen nicht konkurrieren konnten.

Im Hamburger Landesverband der DVP führte diese Entwicklung zu schweren Differenzen. Die volksparteilichen Senatoren arbeiteten mit ihren sozialdemokratischen Kollegen gut zusammen. Insbesondere Paul de Chapeaurouge beobachtete – trotz seiner konservativen Grundeinstellung – den einseitigen Kampf gegen die SPD voll Sorge. Für ihn gab es keinen Zweifel an der Demagogie und Staatsfeindlichkeit der Nationalsozialisten; das Drängen der DVP-Führung, sie an der Regierung zu beteiligen, hielt er für einen verhängnisvollen Fehler.[300] Unterstützung fand Chapeaurouge hauptsächlich bei den Arbeitnehmern in seiner Partei und einer Gruppe jüngerer Volksparteiler, die erkannt hatten, daß sich die DVP nur bei einer Wiederbesinnung auf ihre liberalen Ideale und entschiedener Abgrenzung gegenüber den Nationalsozialisten behaupten könne. Die Mehrheit sowohl in den Gremien als auch unter den Mitgliedern der Hamburger DVP begrüßte und förderte dagegen den Rechtskurs ihrer Reichspartei: Schritte zur Verschärfung dieser Politik verkündete der Vorsitzende, Eduard Dingeldey, deshalb wiederholt in Hamburg. Bei der Abwehr des Nationalsozialismus wurde die DVP ein unsicherer Partner.

Abwehr des Nationalsozialismus

Bis zum 14. September hatten die Hamburger Regierungsparteien die Nationalsozialisten ebenso unterschätzt, wie es die Kommunisten taten. Alle drei registrierten vorwiegend ihre »Rüpeleien und Clownerien«, die »Primitivität« ihrer Argumentation. Die Rechtsextremisten appellierten, so meinte der staatsparteiliche Spitzenkandidat Gustav Stolper, »allein an die Minderwertigkeitsinstinkte haltloser Massen«. In einer Wahlzeitung der Staatspartei wurde die NSDAP beschrieben: Sie sei »keineswegs eine politische Partei, sondern ein Haufen gewissen- und gesinnungsloser Landsknechte, die auf Kosten des deutschen Bürgers Beute machen« wollten.[301]

Der ungeahnte Wahlerfolg der NSDAP zwang die Regierungsparteien, sie als politische Bewegung ernst zu nehmen. Sozialdemokratische und demokratische Politiker machten sich jetzt zum Vorwurf, daß sie den Nationalsozialisten nicht schon früher energischer entgegengetreten waren. Zu lange habe die SPD darauf vertraut, so schrieb Theodor Haubach, »daß die besseren Gründe und die größere sachliche Wahrheit« bei ihr lägen; sie habe es deshalb versäumt, mit modernen Propagandamethoden permanent um die Wähler zu kämpfen. Der Hamburger SPD-Vorsitzende, Karl Meitmann, warnte vor der Illusion, daß sich die NSDAP in der Regierung verbrauchen werde. Hitler werde sich nur an einem Kabinett beteiligen, wenn er genügend Garantien erhalte, daß ihn keine Wahl wieder aus ihm vertreiben könne; denn ihm gehe es nicht wie den traditionellen Parteien um Agrar- oder Finanzpolitik, er wolle die »Macht, die ganze Macht«, die er notfalls »durch Ströme von Blut« sichern werde. Mit gesetzlichen Vorschriften zur Lohnsenkung, wie Brüning sie erstrebe, werde sich der Führer der

NSDAP nicht begnügen, sondern »die Gewerkschaften zerstören, um zur Diktatur durchzustoßen«.[302]

Sein staatsparteilicher Parlamentskollege Max Eichholz – wie Haubach später ein Opfer des nationalsozialistischen Gewaltregimes – bekannte: »Es ist ein Grundfehler von uns gewesen, mit denen, die nur die Diktatur anerkennen, über Demokratie zu streiten.« Ihnen gegenüber gebe es nur eines: die Machtmittel des Staates zu gebrauchen, um sich durchzusetzen.[303] In gleicher Weise äußerten sich Bürgermeister Carl Petersen (Staatspartei) und Polizeiherr Adolph Schönfelder (SPD): Die gewählten Politiker müßten den unbedingten Willen haben, der illegalen Gewalt die legale entgegenzusetzen. Wer die Freiheit der Verfassung und die Gesetze der Demokratie nicht achte, habe kein Recht, sich auf sie zu berufen.[304]

Der Senat nutzte seine Kompetenzen, um den Aktionsradius der NSDAP ebenso einzuschränken wie den der KPD. Flugblätter und Zeitungsnummern der beiden Parteien wurden wiederholt wegen verhetzender Artikel beschlagnahmt, Zeitungen für mehrere Tage verboten, Demonstrationen und Umzüge untersagt oder auf bestimmte Straßen beschränkt. Verbote richteten sich gegen das Tragen von Parteiuniformen, Umzüge auf Lastkraftwagen, politische Agitation in den Schulen, jegliche Unterstützung der NSDAP, KPD und ihrer Nebenorganisationen sowie den Gebrauch von Parteiabzeichen durch Schüler. Alle Staatsbediensteten warnte der Senat am 3. November 1930 vor einer Betätigung für die extremen Parteien, die Behörden leiteten verschiedene Disziplinarverfahren wegen nationalsozialistischer Aktivitäten ein.

Bei der Strafverfolgung der politischen Extremisten rächte sich allerdings, daß die Demokratisierung der Justiz über bescheidene Ansätze nicht hinausgelangt war. Staatsanwälte und Richter begnügten sich bei Gesetzesbrüchen von Nationalsozialisten häufig mit sehr viel geringeren Strafen als bei ähnlichen Delikten von Kommunisten. Die Wirkung der polizeilichen Gegenwehr gegen die Rechtsradikalen wurde dadurch teilweise wieder zunichte gemacht. Außerdem konnte niemand die zentrale Frage beantworten, wie lange Unterdrückungsmaßnahmen ausreichen würden, wenn es nicht gelang, die Ursachen für die Radikalisierung breiter Bevölkerungsschichten zu beseitigen.

Führende Politiker der Senatskoalition fanden sich vor den Bürgerschaftswahlen 1931 zu einer gemeinsamen Warnung vor dem Nationalsozialismus zusammen. Unter der Parole: »Haltet das Tor offen!« appellierten sie in einer in hoher Auflage verteilten Broschüre an die Wähler: »Mit Schlagworten wird kein Hunger gestillt und keine Arbeit geschaffen. Nationalsozialismus heißt: radikalste Revolution, ebenso umwälzend wie eine kommunistische. Nationalsozialismus heißt: das Abriegeln und das Abgeriegeltwerden von der Welt. Nationalsozialismus heißt: früher oder später Krieg, sei es nach innen oder nach außen.«[305]

Die Senatoren der DVP trugen die Beschlüsse zur Eindämmung der nationalsozialistischen Agitation aus Überzeugung mit. Ihre Partei aber ging oftmals eigene Wege – auf die NSDAP zu. Die Fraktion kritisierte den »Radikalenerlaß« des Senats, weil er sich nicht nur gegen die KPD, sondern auch gegen die NSDAP richtete. Im März 1931 beteiligte sich die DVP in Hamburg erstmals gemeinsam mit der »nationalen Opposition« an einer »überparteilichen« Kundgebung »des Bürgertums gegen den Marxismus«, im Juni unterstützte sie deren Volksbegehren zur Auflösung des preußischen Landtags. Zu engeren Beziehungen kam es vorläufig jedoch nicht, da die Gewalttätigkeiten der Nationalsozialisten – auch lautstarke und zuweilen handgreifliche Attacken gegen Redner der DVP – immer wieder abschreckend wirkten. Erst der Schock über die katastrophale Niederlage bei den Bürgerschaftswahlen 1931 veranlaßte die Volkspartei, die Regierungsbeteiligung der DNVP und dann auch der NSDAP zu fordern. Dabei gab sie sich der Illusion hin, durch den Zwang zur Mitverantwortung für unpopuläre Maßnahmen könnten der Nimbus und die Attraktivität der Nationalsozialisten zerstört werden.

Regierung ohne Mehrheit

Seit der Wahl am 27. September 1931 verfügte die bisherige Senatskoalition nur noch über 69 der 160 Bürgerschaftssitze. Ihr Stimmenanteil war auf 41,7 % geschrumpft. Davon hatte die SPD 27,8 %, die Staatspartei 8,7 %, die Volkspartei 4,8 % und das Zentrum den Rest von 0,4 % erhalten. Zu einer Erneuerung der Koalition war die DVP, die mit einem Verlust von fast 60 000 Stimmen oder 9 % im Vergleich zur Bürgerschaftswahl 1928 das schlimmste Debakel erlitten hatte, nicht mehr bereit. Aber auch für andere Gruppierungen war wegen der Stärke der KPD keine Mehrheit zu finden.

Der Senat erklärte deshalb am 3. Oktober 1931 seinen Rücktritt und amtierte gemäß der Verfassung als geschäftsführendes Gremium weiter. Auch die volksparteilichen Senatoren setzten ihre Arbeit fort. Es war von nun an nicht mehr möglich, den Gesamtsenat oder einzelne Mitglieder durch Mißtrauensvoten zu stürzen. Eine Reichsnotverordnung sicherte dem Senat die nötige Unabhängigkeit, um ohne oder gegen die Bürgerschaft zu entscheiden. Seit August 1931 waren die Landesregierungen ermächtigt, alle zur Sicherung der Staatsfinanzen erforderlichen Maßnahmen per Verordnung zu treffen. Diese Regelung konnte auf nahezu sämtliche Beschlüsse angewandt werden, da sie unter den Bedingungen der Krise so gut wie immer für die Finanz- und Kassenlage von Bedeutung waren.

Unmittelbar nach Bekanntgabe der Wahlergebnisse war abzusehen, daß es bald zu einer neuen Abstimmung kommen werde. Um eine Mehrheit zu bilden, hätten sich nicht nur alle Parteien von der NSDAP bis zur Staatspartei auf ein gemeinsames Programm einigen, sondern auch noch einen Teil der SPD einbeziehen müssen. Die Verhandlungen über die Neuwahl des Senats führten die Parteien deshalb weniger mit dem Ziel, einen Kompromiß zu finden, als in der Absicht, die Ausgangsposition für den bevorstehenden Wahlkampf zu verbessern. In einem Katalog von »19 Mindestforderungen« verlangte die NSDAP als Preis für ihre Regierungsbeteiligung unter anderem die Mehrheit im Senat, das Amt des Ersten Bürgermeisters, die Leitung der Polizeibehörde, der Schulbehörde und der Landherrenschaft, also, wie Meitmann vorausgesagt hatte, die Gewähr, daß niemand sie wieder von der Macht vertreiben könne.

Das einzige, worauf sich die Parteien nach längerem Ringen um den günstigsten Termin schließlich einigen konnten, war, für den 24. April 1932 Neuwahlen auszuschreiben. Sie brachten tatsächlich eine wesentliche Veränderung: Die NSDAP wurde nicht nur die stärkste Partei, sondern infolge der schweren Verluste der KPD war rein zahlenmäßig auch erstmals die Bildung einer »bürgerlichen« Mehrheitsregierung, gestützt auf eine Koalition von der Staatspartei bis zur NSDAP, möglich. Bereits sechs Tage nach der Wahl plädierte ein führender Politiker der DVP, der ehemalige Bürgerschaftsabgeordnete Richard Behn, öffentlich für eine solche Lösung. Die Entscheidung lag bei der Staatspartei. Sie lehnte es jedoch ab, in Abkehr von allen ihren politischen Traditionen und Wertvorstellungen das Bündnis mit der SPD gegen eine Gemeinschaft mit der NSDAP einzutauschen. Spekulationen über ihre Beteiligung an einer Rechtskoalition beendete sie durch die unzweideutige Aufforderung an den Senat, seine Geschäftsführung »mit gleicher Entschlossenheit und in gleichem sozialen Geist wie bisher fortzusetzen«.[306] Dies geschah. Bis zum Ende der Weimarer Republik blieb der Senat in der bisherigen Zusammensetzung geschäftsführend im Amt.

Seinen politischen Kurs unverändert fortzusetzen, wurde dem Senat allerdings durch den Wechsel der Reichsregierung erschwert. Gegenüber dem Kabinett Brüning gab es hauptsächlich im Bereich der Finanz- und Wirtschaftspolitik Differenzen. Bei der Abwehr der Radikalen konnte er dagegen auf Unterstützung rechnen. Dies war nach der Ernennung Papens zum Reichskanzler nicht mehr der Fall. Im Gegenteil: Im Bestreben, die Gunst der »nationalen Opposition« zu erringen, schreckte das »Kabinett der Barone« sogar vor einem Verfassungsbruch nicht zurück: Am 20. Juli

1932 wurde in Preußen die Regierung des Sozialdemokraten Otto Braun für abgesetzt erklärt und der Kanzler selbst zum Reichskommisar für das Land bestellt. Zahlreiche Anhänger der SPD, des Zentrums und der Staatspartei in der Verwaltung mußten »rechtsstehenden Persönlichkeiten« Platz machen. Genau wie in Hamburg hatte auch in Preußen die legitime Regierung keine parlamentarische Mehrheit mehr besessen, sondern interimistisch die Geschäfte geführt. Trotzdem verstieß ihre Amtsenthebung, wie ihr das Reichsgericht später bescheinigte, gegen die Verfassung. Als Begründung für den Coup mußte die angebliche Gefährdung der öffentlichen Sicherheit in Preußen und als Beweis dafür der »Altonaer Blutsonntag« herhalten.

Der Staatsstreich und dessen Rechtfertigung lösten in allen Ländern mit geschäftsführenden Regierungen Sorge aus; denn Straßenkämpfe zwischen den Extremisten waren nirgendwo mehr völlig zu verhindern. Es war deutlich, daß das Kabinett Papen die Geschäfte der rechten Parteien und Verbände betrieb. Auch in Hamburg forderten sie unmittelbar nach der Aktion in Preußen die Einsetzung eines Reichskommissars. Durch groß-aufgemachte Berichte in ihrer Presse über Zusammenstöße zwischen politischen Gegnern und angebliche Provokationen der »Marxisten« versuchten sie, den Eindruck zu erwecken, als sei der Senat weder willens noch fähig, diese Gewalttätigkeiten zu unterbinden. Eine Flut von Eingaben und Telegrammen sollte die Reichsregierung überzeugen, daß sie dringend eingreifen müsse. Um ihr keinen Anlaß zu bieten, wurde der Senat vorsichtig und unsicher bei der Abwehr der Rechtsextremisten. Am 3. August 1932 hob er seinen »Radikalenerlaß« für die NSDAP auf. Anhänger der politischen Rechten konnten gegenüber ihren republikanischen Kollegen nun stärker auftrumpfen.

Außerdem wirkte es insbesondere auf viele Mitglieder der SPD und der »Eisernen Front« tief entmutigend, daß ihre Führungen das demokratische »Bollwerk Preußen« kampflos preisgaben. Angesichts der Massenarbeitslosigkeit und der Stärke der rechten Wehrverbände sprachen zahlreiche Gründe dafür, den Generalstreik und eventuell den Bürgerkrieg nicht zu wagen. Dennoch rief die Diskrepanz zwischen der wortgewaltigen Androhung des Widerstands gegen Verfassungsverletzungen und der tatsächlichen Passivität, als der Fall eintrat, an der Basis oft Enttäuschung, Resignation und Verbitterung hervor.

Neubildung des Senats unter Führung der NSDAP

Die Sorge vor der Ablösung des demokratischen Senats durch einen »rechtsgerichteten« Reichskommissar erfüllte sich zunächst nicht. Da die Nationalsozialisten seit Mitte August 1932 wieder zu harter Opposition gegen die Reichsregierung übergegangen waren, hatte Papen keine Veranlassung mehr, ihnen zu Diensten zu sein. Erst nach der Ernennung Hitlers zum Reichskanzler wurde das in Preußen erprobte Verfahren benutzt, um die maßgebliche Beteiligung der »nationalen Opposition« am Senat zu erzwingen.

Freie Verhandlungen zwischen den »bürgerlichen« Parteien über die Bildung einer Rechtskoalition scheiterten abermals, weil sich die Staatspartei nach wie vor den Forderungen der NSDAP widersetzte. Am 14. Februar 1933 teilte sie den Gesprächspartnern mit, daß sie sich weigere, das Amt des Ersten Bürgermeisters einer »in der hamburgischen Politik und Verwaltung« unerfahrenen Persönlichkeit anzuvertrauen und vor allem »das eigentliche Machtinstrument des hamburgischen Staates, die Polizei, ... der äußersten Flügelpartei« auszuliefern.[307] Nach diesem Mißerfolg begannen die Nationalsozialisten, den demokratischen Senat mit Hilfe ihres Parteifreundes an der Spitze des Reichsinnenministeriums, Wilhelm Frick, unter Druck zu setzen.

Die Verordnung »zum Schutz von Volk und Staat« vom 28. Februar 1933 legalisierte nicht nur die massive Verfolgung der Kommunisten, denen die Verantwortung für den Reichstagsbrand angelastet wurde, sondern bot auch eine hervorragende Handhabe, um gegen widerspenstige Landesregierungen vorzugehen. Um keinen Vorwand zu liefern, führte der Senat deshalb alle geforderten Maßnahmen gegen die KPD gewissenhaft durch. Die Ermordung eines Polizeibeamten durch einen Kommunisten am 28. Februar wurde zum Anlaß, um am folgenden Tag 75 KPD-Funktionäre zu verhaften, sämtliche Flugblätter, Plakate und Periodika der Partei zu beschlagnahmen und ihr jede Art von Versammlungen zu verbieten. Trotzdem sandte die NSDAP eine falsche Alarmmeldung nach der anderen nach Berlin: Der Senat dulde kommunistische Konspirationen und Hetzkampagnen, die Polizeibeamten hätten zu ihren sozialdemokratischen Vorgesetzten kein Vertrauen mehr. Der Reichsinnenminister solle durch Einsetzung eines kommissarischen Polizeiherrn für Ordnung sorgen.

Zugeständnisse der SPD waren vergeblich, denn es ging ja in Wahrheit nicht mehr um ihre Handlungen oder Unterlassungen, sondern ausschließlich um einen Vorwand, um in Hamburg einzugreifen. Wegen eines Kommentars zum Reichstagsbrand: »Was steckt dahinter?« verlangte Frick, das Hamburger Echo für 14 Tage zu verbieten. Da die sozialdemokratischen

Senatoren die Verantwortung für diese Aktion gegen die eigene Parteizeitung nicht mittragen, aber auch nicht den Anlaß für Sanktionen gegen ihre Heimatstadt liefern wollten, traten sie am 3. März 1933 von ihrem Amt zurück.

Bürgermeister Carl Petersen folgte ihnen am nächsten Tag. Er war seit längerer Zeit schwer krank und hatte nur auf Drängen der Kollegen auf seinem Posten ausgeharrt in der Hoffnung, durch sein Ansehen Maßnahmen gegen Hamburg verhindern zu können. Der Termin des Rücktritts – einen Tag vor der Reichstagswahl am 5. März – und die Art der Begründung machten ihn zu einer politischen Demonstration. Petersen wies darauf hin, daß er seine »Lebensaufgabe in einer Versöhnung von Arbeiterschaft und Bürgertum gesehen« und für seine »höchste Pflicht gehalten habe, die Freiheit und Selbständigkeit Hamburgs« bis zur Verwirklichung einer Reichsreform zu bewahren, die den »berechtigten Sonderinteressen« der Hansestadt Rechnung trage.[308] Diese beiden zentralen Ziele, so klang es an, waren als Folge der Gewaltpolitik der Nationalsozialisten unerreichbar geworden. An der Wahl des »Rechtssenats« beteiligte sich Petersen nicht. Wiederum einen Tag vor der entscheidenden Bürgerschaftssitzung legte er am 7. März auch sein Abgeordnetenmandat nieder.

Der neue Polizeiherr, Paul de Chapeaurouge, ersetzte den sozialdemokratischen Chef der Ordnungspolizei durch einen konservativen Offizier und beurlaubte einige der SPD angehörende Oberbeamte. Der Politisierung der Polizei durch die Nationalsozialisten Vorschub zu leisten, lehnte er ab. Einem Ersuchen des Reichsinnenministers vom Morgen des 5. März, dem SA-Standartenführer Alfred Richter die oberste Polizeigewalt zu übertragen, kam der Senat nicht nach. Vor Zwang scheute die Reichsregierung aus taktischen Gründen noch zurück. Vor dem Abschluß der Wahl wollte sie das Odium vermeiden, daß sie die Hoheitsrechte der Länder mißachte. Solche Rücksichten waren am Abend des 5. März nicht mehr nötig. Das Ersuchen wurde durch eine Anordnung ersetzt, der sich der Senat fügen mußte. Zum Zeichen des Protests schied Chapeaurouge am folgenden Tag aus der geschäftsführenden hamburgischen Regierung aus.

Die Nationalsozialisten feierten die Ernennung Richters zum Reichskommissar für die Polizei als entscheidenden Sieg. Bei den Wahlen hatten sie in Hamburg mehr als 100 000 Stimmen hinzugewonnen. 38,8 % der Wähler standen jetzt hinter ihnen. Von den alten Senatsparteien hatte sich trotz vielfältiger Behinderungen allein die SPD gut behauptet. Die Staatspartei war fast ebensosehr zur Splitterpartei abgesunken wie die DVP.

Unter diesen Umständen kam es nun rasch zu einer Einigung über die Senatsbildung. Nach ihren Verlusten waren DVP und Staatspartei froh, überhaupt noch mit je einem Senator an der Regierung beteiligt zu werden.

Da sich das wichtigste Machtinstrument des Staates, die Polizei, ohnehin in der Gewalt der NSDAP befand, hofften sie, auf diese Weise wenigstens einen gewissen mäßigenden Einfluß ausüben zu können. An diese Illusion klammerten sich damals viele, sogar manche Sozialdemokraten.

An der Basis der Staatspartei gab es aber auch andere Reaktionen. Ihr plötzlicher Frontwechsel erschien den Kritikern wie ein »Verrat«, nachdem sie gerade noch bei der Reichstagswahl mit Hilfe einer Listenverbindung mit der SPD in Hamburg ein Mandat errungen hatten. Männer wie Petersen und Chapeaurouge wußten, daß ein Arrangement mit der NSDAP den Bruch mit allen ihren Wertvorstellungen voraussetzte. Sie zogen daraus die Konsequenzen. Rechtsanwalt Friedrich Ablaß beschwor die Führung der Staatspartei, ihre Grundsätze nicht preiszugeben: »Meines Erachtens kann die vielleicht sogar geschichtliche Mission unserer Partei nur die sein, gegenüber den jetzt herrschenden faschistischen Gedanken die Grundrechte des Deutschen Volkes so, wie wir sie aus unserer klaren liberalen und demokratischen Einstellung her kennen, ohne irgendwelche Einschränkung und Konzession, zu vertreten.« Daraus ergebe sich »die Notwendigkeit eindeutiger Opposition«.[309] Ähnliche Einwände gab es, wenn auch seltener, in der DVP. Erfolg hatten sie nicht mehr.

Am 8. März 1933 wählte die Hamburger Bürgerschaft einen neuen Senat, in dem die Nationalsozialisten die Mehrheit besaßen und den Ersten Bürgermeister stellten. Die Form der Regierungsbildung entsprach den Vorschriften der Verfassung, auch wenn die nötige Stimmenzahl nur zustande kam, weil die Abgeordneten der ausschlaggebenden Deutschen Staatspartei zuvor massiv unter Druck gesetzt worden waren. Das traditionelle Wahlzeremoniell schien die Kontinuität zu unterstreichen. Die vielen tausend Anhänger der NSDAP, die sich inzwischen auf dem Rathausmarkt versammelten, wußten jedoch, daß eine neue Epoche anbrach. Die Weimarer Republik fand am 8. März 1933 in Hamburg ihr Ende. Der Weg war frei für die Gleichschaltung, Auflösung oder Zerschlagung der politischen Institutionen der Demokratie, der Parteien, Gewerkschaften und Verbände. Der Übergang zur Diktatur begann.

Schluß

Die neuen Machthaber hatten für den untergegangenen Staat nur Hohn
und Verachtung übrig. Die »Systemzeit« war in ihren Augen eine Phase der
Schwäche und Erniedrigung in der deutschen Geschichte. Den Meinungs-
pluralismus in der Demokratie diffamierten sie als Gesinnungslosigkeit.
Gerade im Haß der Nationalsozialisten wurde jedoch etwas vom Wert des
geschmähten Staates sichtbar: Seine Begründer und Anhänger waren noch
erfüllt von der Fortschrittsgewißheit des 19. Jahrhunderts. Sie glaubten an
die ordnende Kraft der Vernunft und vertrauten auf die moralische Überlegenheit ihrer Ziele. Deshalb sicherten sie sich zu wenig gegen die Angriffe
skrupelloser Gegner. Ein Staat, der Gerechtigkeit für alle erstrebte, mußte
nach ihrer Überzeugung die Zustimmung seiner Bürger finden.

In den ersten wenigen Monaten nach der Revolution schien sich dieser
Optimismus als berechtigt zu erweisen. Die übergroße Mehrheit der Hamburger wie der deutschen Bevölkerung begrüßte die Chance zum politischen Neubeginn. Die staatliche und gesellschaftliche Ordnung des Kaiserreichs, deren Reform viele seit langem gefordert hatten, war nach dem De-
saster des Krieges diskreditiert. Allgemein und frei gewählte Parlamente
sollten die politischen und sozialen Verhältnisse neu gestalten, auch darüber waren sich die meisten einig. Nur die kleine Minderheit der »Linksradikalen« lehnte die parlamentarische Demokratie ab und erstrebte statt dessen die politische Herrschaft der Arbeiterräte.

Die übrige Bevölkerung akzeptierte die Räte im allgemeinen für die Übergangszeit bis zum Zusammentritt der verfassunggebenden Versammlungen, zum Teil wollte sie ihnen über diesen Termin hinaus unterschiedlich definierte, aber immer begrenzte Sonderaufgaben zuweisen. Auch das Bürgertum stellte sich auf die neue Form der politischen Organisation ein, arrangierte sich mit den Räten der Arbeiterschaft und bildete eigene zur Durchsetzung seiner Ziele. In den ersten Wochen nach dem Sturz des alten Regimes konnte der Hamburger Arbeiter- und Soldatenrat aufgrund dieser allgemeinen Anerkennung wesentlich zur Beruhigung der inneren Verhältnisse und zur Wiederherstellung und Sicherung der öffentlichen Ordnung beitragen. Sobald es um Grundsatzfragen der künftigen politischen Gestaltung ging, machten die Gegensätze zwischen den Arbeiterparteien eine Einigung und Entscheidung aber unmöglich. Auch bei der Kontrolle der Verwaltung scheiterte der Rat, weil es ihm an Experten fehlte. Diese Erfahrung zeigte, daß der Gedanke, die Räte zur Demokratisierung der Verwaltung und der Wirtschaft einzusetzen, allenfalls auf sehr lange Sicht zu verwirklichen war.

Wie es dem Willen weiter Bevölkerungskreise entsprach, mußten die Gremien der parlamentarischen Demokratie, die allgemein gewählte Bürgerschaft und der von ihrem Vertrauen getragene Senat, über die künftige Verfassung von Staat und Gesellschaft entscheiden, insbesondere das Maß der Änderungen bestimmen. Der Glaube an die Vernunft bewährte sich im Bündnis zwischen der Sozialdemokratie, dem fortschrittlichen Bürgertum und kooperationsbereiten Politikern der vorrevolutionären Zeit. Er gab die Zuversicht, trotz abweichender politischer Konzeptionen und Ziele gemeinsame Lösungen finden zu können. Die Regierungskoalition verfügte infolgedessen über eine solide Zweidrittelmehrheit in der Bürgerschaft, dem konservativen Bürgertum wurde die Integration in den neuen Staat erleichtert. Die politische Stabilität Hamburgs in der Periode der Weimarer Republik spricht für die These, daß der Verzicht auf einen allzu schroffen Bruch mit der Vergangenheit der Konsolidierung der Demokratie zugute kam, da sie die Zustimmung und Mitarbeit des Bürgertums brauchte.

Die Politiker der Regierungsparteien standen vor der schwiergen Aufgabe, das Ausmaß der notwendigen Strukturveränderungen zu bestimmen, Formen der demokratischen Neuorganisation zu finden und die Weite ihres Handlungsspielraums einzuschätzen. Trotz ihrer eindrucksvollen Mehrheit gingen sie hierbei sehr vorsichtig zu Werke. Es wäre jedoch falsch, den Grund allein in hemmenden Einflüssen der bürgerlichen Partner zu suchen. Auch im Bürgertum waren weite Kreise anfangs bereit, erhebliche strukturelle Eingriffe zu akzeptieren; sogar die Sozialisierung war kein Tabu mehr, wie die Haltung des Hamburger Handelskammerpräses

1919 zeigte. Die Demokratische Partei wollte in verschiedenen Bereichen einschneidendere Wandlungen durchsetzen als die SPD. Entscheidend für die Zurückhaltung der Regierungsparteien war die Sorge um die Funktionsfähigkeit des Staatsapparats. In der Nachkriegssituation, in der gewaltige Umstellungsprobleme zu lösen waren, eine schwere Hungersnot drohte, die Energie- und Rohstoffbelieferung der Betriebe dauernd in Frage stand, konnte jede Störung der eingefahrenen Verwaltungs- und Wirtschaftsorganisation zur Katastrophe führen. Der Zusammenbruch der Versorgung aber hätte den jungen Staat um alle Zustimmung in der Bevölkerung gebracht, darüber waren sich die Politiker bis zur äußersten Linken einig.

Die Politik der Bürgerschaftsmehrheit blieb zweifellos hinter den Erwartungen ihrer Wähler zurück. Unter den Anhängern der SPD waren viele insbesondere über das Ausbleiben energischer Maßnahmen zur Sozialisierung der Wirtschaft enttäuscht; zum Teil wandten sie sich deshalb von der Sozialdemokratischen Partei ab. Vergleichbare Reaktionen, wenn auch aus andersgearteten, schwerer zu erkennenden Gründen gab es offensichtlich in der DDP.

Zur Radikalisierung bestimmter Gruppen der Arbeiterschaft trug die Mißstimmung über strukturpolitische Versäumnisse der SPD wahrscheinlich verstärkend bei; doch war die Bewegung bereits im Gange, bevor die demokratische Bürgerschaft zusammentrat und irgendwelche Entscheidungen über den Umbau des Staates, der Gesellschaft und der Wirtschaft treffen konnte. Verbitterung über die fortdauernde Alltagsmisere mag bei der Forderung nach Wiederaufnahme des revolutionären Kampfes zur Durchsetzung der Rätediktatur ebenfalls eine Rolle gespielt haben. Den Ausschlag gab aber ein soziologischer Faktor: In den Großbetrieben, in denen die radikalen Bestrebungen hauptsächlich Rückhalt fanden, hatte sich die Zusammensetzung der Belegschaften grundlegend verändert. Einen hohen Anteil stellten junge, erst während des Krieges ins Erwerbsleben eingetretene Arbeiter, denen die traditionellen Organisations- und Kampfformen der Arbeiterbewegung wenig bedeuteten. Sie waren politisch kaum geschult und glaubten, das sozialistische Fernziel unabhängig von den ökonomischen und gesellschaftlichen Bedingungen in einer einzigen energischen Aktion erreichen zu können. Schon Ende Dezember 1918 wies Laufenberg warnend auf das Vordringen »anarchistisch-individualistisch veranlagter« Elemente in der Arbeiterschaft hin, die zu »terroristischen« Umsturzversuchen übergehen wollten.

Als Folge dieser Entwicklung an der Basis wurden die Demokraten in der USPD seit Anfang 1919 zunehmend in die Isolierung, ins Abseits und schließlich aus der Partei gedrängt. Chancen, eine konsequente demokratische und sozialistische Reformpolitik durch die Unterstützung einer breiten Bevölkerungsmehrheit, nämlich der Anhänger der SPD, der DDP und der USPD, abzusichern, gingen dadurch verloren. Aus einer wesentlich geschwächten Position mußten SPD und DDP ihre sozialen Ziele zu verwirklichen versuchen. Seit 1921 konnten sie nur noch auf eine knappe Mehrheit und seit 1924 sogar lediglich auf eine Minderheit der Wähler rechnen. Insbesondere die Sozialdemokratie war zudem ständig gezwungen, ihre Politik – und einige Male auch den Staat – gegen die Angriffe von links zu verteidigen.

Die Aktionen der Linksradikalen waren zwar nicht der Grund, aber häufig doch der Anlaß oder Vorwand für die extreme Rechte, sich zu formieren und zu Anschlägen auf die Repräsentanten, die Symbole und die gesamte politische Ordnung der Demokratie überzugehen. Die Anhänger der Weimarer Republik mußten den Abwehrkampf nach zwei Seiten hin gleichzeitig führen. Gefährlich wurde die Bedrohung, als die Hyperinflation die Wirtschafts-, Staats- und Gesellschaftsordnung aufzulösen begann. Auf dem Höhepunkt der Wirren, im Herbst 1923, war die Staatsautorität ähnlich stark erschüttert wie zur Zeit des Zusammenbruchs des Kaiserreichs; bis in die Reihen der sozialdemokratischen Arbeitnehmer hinein reichten die Zweifel am Wert der parlamentarischen Demokratie. Die politischen Folgen der Wirtschaftsmisere glichen denen, die in der Schlußphase der Weimarer Republik durch die Deflationsnöte ausgelöst wurden. Während jetzt aber binnen weniger Monate die Voraussetzungen für die Rückkehr zur Normalität und für den wirtschaftlichen Wiederaufstieg geschaffen wurden, war die Bevölkerung in der Weltwirtschaftskrise jahrelangen Entbehrungen ohne Aussicht auf Besserung ausgesetzt und damit überfordert.

Die Erfolge der demokratischen Parteien bei den Wahlen 1927/28 zeigten, daß nur etwa ein Drittel der Bevölkerung die politische Ordnung des Weimarer Staates grundsätzlich ablehnte. Das Urteil der übrigen Wähler wurde stark von den konkreten, alltäglichen Erfahrungen bestimmt. Ihrer Auffassung getreu, daß Strukturveränderungen nicht in einer Ausnahmesituation, sondern eher in Zeiten ruhiger wirtschaftlicher und politischer Entwicklung zu wagen seien, setzten SPD und DDP ihre in der Inflation abgebrochenen Reformbestrebungen nach der Währungsstabilisierung mit gesteigerter Energie fort. Sie erzielten in der kurzen Spanne von fünf Jahren bis zum Einbruch der Weltwirtschaftskrise in vielen Bereichen bemerkenswerte Fortschritte, so daß Aussicht bestand, den Staat und die Gesellschaft durch Reformen allmählich strukturell und qualitativ zu verändern. Die Republik schien eine gute Chance zu haben, die Zustimmung der großen Mehrheit ihrer Bürger zurückzugewinnen und sich zu konsolidieren.

Die Weltwirtschaftskrise machte diese positive Entwicklung zunichte. Zahlreiche Reformen fielen den Sparmaßnahmen zum Opfer; ein wachsender Teil der Bevölkerung verlor das Vertrauen, daß das parlamentarische System zur Bewältigung außergewöhnlicher Schwierigkeiten tauge, und war bereit, es preiszugeben. Warnungen vor der Entrechtung, dem Terror und der Zerstörung der geistigen Freiheit in der nationalsozialistischen Diktatur der Zukunft schienen vielen leicht zu wiegen angesichts der unerträglichen Bedrängnisse der Gegenwart.

Die Ergebnisse der Revolution und die Leistungen der Weimarer Demokratie stellten sich für die einzelnen Bevölkerungsgruppen recht unterschiedlich dar. Dies erklärt – neben der andersartigen politischen Tradition und ideologischen Prägung – das abweichende politische Verhalten. Obwohl manche Erwartungen unerfüllt blieben, zogen die Arbeitnehmer den größten Vorteil aus der Entwicklung. Sie errangen die politische Gleichberechtigung, ihre gesellschaftliche Position wurde gestärkt. Die materielle Lage und die Arbeitsbedingungen besserten sich; der Unterstützungsanspruch im Fall der Erwerbslosigkeit wurde gesetzlich verankert. Die »Unternehmerautokratie« im Betrieb wurde eingeschränkt. Die Arbeitnehmer erhielten das Recht, kollektiv, durch ihre Organisationen, oder einzeln, mit Hilfe neuer Gerichte, für ihre Interessen zu kämpfen. Die Republik bot ihnen größere Bildungschancen und öffnete ihnen den Zugang zu früher verschlossenen kulturellen Erlebnissen. Die große Mehrheit der Arbeiter identifizierte sich daher mit dem Staat von Weimar. Für sie war er tatsächlich »ihr« Staat, wie führende Politiker der SPD oft formulierten.

Zwiespältiger war die Einstellung unter den Angestellten. Die positiven Erfahrungen wurden für viele durch die Enttäuschung über die Schmälerung ihrer beruflichen und gesellschaftlichen Chancen überdeckt, die der Strukturwandel der Wirtschaft mit sich brachte. Insbesondere die im DHV organisierten Angestellten reagierten darauf, indem sie ihr »mittelständisches« Bewußtsein und ihre nationalistischen und antidemokratischen Ressentiments kultivierten. Von den übrigen – und das wird häufig übersehen – hielten speziell die Mitglieder der liberalen und freigewerkschaftlichen Verbände, die in Hamburg dominierten, bis zum Ende an der Demokratie fest.

Die gravierendsten Verluste brachte die Republik für den »alten« gewerblichen Mittelstand. Wie die bürgerliche Oberschicht, die Notabeln, büßte er in der Revolution seine politischen Privilegien ein, besaß aber nicht den gesellschaftlichen Einfluß, um seine Stellung auch ohne diese Sonderrechte zu bewahren, ja, er mußte nun unter den Bedingungen des allgemeinen, gleichen Wahlrechts mit der zahlenmäßig weit überlegenen Arbeitnehmerschaft konkurrieren, ohne anfangs mehr als die Rudimente der nötigen politischen Organisationen zu besitzen. Die Maßnahmen der demokratischen Parlamente und Regierungen zum Schutz der sozial schwächeren Bevölkerungsgruppen beschränkten die Handlungsfreiheit und die Verfügungsgewalt der Gewerbetreibenden über ihr Eigentum. In der Inflation kam die Mietpreisbindung einer Enteignung der Hausbesitzer gleich. Ersparnisse und Geldvermögen fielen der Währungskatastrophe zum Opfer. Während der »Mittelstand« im kaiserlichen Deutschland umworben und gehegt worden war, sah er sich jetzt wegen seines angeblichen »Wuchers« diffamiert. Seine gesellschaftliche Funktion wurde in der Weimarer Republik in den verschiedenen Wirtschaftskrisen immer wieder in Frage gestellt, und die Staatsführung leistete dem durch manche Gesetze Vorschub. Die SPD hielt die mittelständischen Gewerbetreibenden für eine Schicht, die im historischen Prozeß zum Untergang verurteilt sei; die DDP trat zwar energisch für sie ein, gab aber bei Interessenkonflikten doch immer wieder der Sorge um die sozial Schwächeren den Vorrang. Die Gruppe hatte infolgedessen manchen Grund, dem neuen Staat wenig Sympathie entgegenzubringen. In der Mehrheit unterstützte sie die »Rechtsparteien«, DVP und DNVP, und in besonders belastenden Phasen auch die extreme Rechte.

Diese Überlegungen sollen nicht bedeuten, daß die mittelständischen Gewerbetreibenden die Hauptverantwortung für den Aufstieg des Nationalsozialismus traf. Allein mit ihrer Unterstützung wäre die NSDAP nie zur militanten Massenpartei geworden. Ihren Erfolg verdankte sie dem Zulauf der Unzufriedenen und Verzweifelten aus allen Bevölkerungsschichten, nur die Arbeiterschaft blieb in ihren Reihen unterrepräsentiert. Einig waren sich diese Menschen weniger in den positiven Zielen als im Protest gegen die unerträgliche Gegenwart.

Durch die Ohnmacht, die der Weimarer Staat in der letzten schweren Krise bis zum Untergang zeigte, war er am Ende weithin diskreditiert. Auch seine Anhänger standen lange unter dem Eindruck dieses Erlebnisses und versuchten, immer wieder Antworten auf die quälende Frage zu finden, wie es zur Zerstörung der Demokratie kommen konnte. Die »Fehler von Weimar« zu vermeiden, war ein Leitgedanke, als sie sich dreizehn Jahre später an den politischen Wiederaufbau wagten. Die Formel enthielt jedoch mehr als bloß den negativen Bezug. Die Schwächen der ersten deutschen Demokratie sollten der zweiten erspart bleiben; als Modell für die Gestaltung des neuen Staates aber fand die Weimarer Republik grundsätzlich und weitverbreitet Anerkennung. Viele der in den zwanziger Jahren eingeleiteten sozialen Reformen kamen wieder zur Geltung und wurden erst jetzt voll verwirklicht. Die ideelle Zielsetzung der Staatsgründer von Weimar erwies sich über den Zusammenbruch der Republik und des nationalsozialistischen Regimes hinaus als mächtig. Die Demokraten, die 1945 ins politische Leben zurückkehrten, zogen daraus die Kraft, um sich von neuem der schweren Aufgabe zu stellen, der politischen und sozialen Gerechtigkeit den Weg zu bahnen.

Ergebnisse der Parlamentswahlen in Hamburg 1907–1933

	Wahl-beteili-gung %	gültige Stimmen	NSDAP Völk. Block	DNVP	DVP National-liberale	Wirt-schafts-partei	DDP DStp Fort-schrittsp.	SPD	USPD	KPD	NS	DN	DVP	WP	DDP	SPD	USPD	KPD
											\% der gültigen Stimmen							
R 1907	85,3	186 241	—	—	29 159	—	41 897	112 930	—	—	—	—	15,7	—	22,5	60,6	—	—
R 1912	86,9	225 839	—	—	26 823	—	57 106	138 360	—	—	—	—	11,9	—	25,3	61,3	—	—
N 1919	90,4	593 389	—	15 992	69 219	—	156 054	304 535	40 017	—	—	2,7	11,7	—	26,3	51,3	6,7	—
B 1919	80,6	531 100	—	15 181	45 691	—	108 740	267 975	42 852	—	—	2,9	8,6	—	20,5	50,5	8,1	—
R 1920	74,5	561 454	—	69 860	84 472	—	97 859	215 293	84 518	2 929	—	12,4	15,1	—	17,4	38,4	15,1	0,5
R 1921	70,9	536 133	—	60 446	74 517	—	75 576	217 774	7 686	59 179	—	11,3	13,9	—	14,1	40,6	1,4	11,0
B 1924	78,4	626 284	37 757	122 004	76 482	—	81 514	173 587	3 206	114 365	6,0	19,5	12,2	—	13,0	27,7	0,5	18,3
R 1924	66,1	534 326	13 495	90 626	74 834	—	70 622	173 358	1 588	78 522	2,5	17,0	14,0	—	13,2	32,4	0,3	14,7
B 1924	76,2	631 663	14 479	136 510	83 059	—	78 923	203 431	1 567	90 250	2,3	21,6	13,2	—	12,5	32,2	0,3	14,3
B 1927	75,2	648 705	9 754	98 817	72 432	27 163	65 295	247 469	—	110 239	1,5	15,2	11,2	4,2	10,1	38,2	—	17,0
B 1928	79,0	686 330	14 760	94 048	85 507	20 136	87 553	246 685	706	114 257	2,2	13,7	12,5	2,9	12,8	35,9	0,1	16,7
R 1928	79,4	692 745	17 761	88 921	95 715	16 375	80 344	255 133	—	116 140	2,6	12,8	13,8	2,4	11,6	36,8	—	16,8
R 1930	83,1	751 925	144 684	31 376	69 145	16 910	64 129	240 984	—	135 279	19,2	4,2	9,2	2,2	8,5	32,0	—	18,0
B 1931	83,8	771 482	202 506	43 278	36 927	11 375	67 105	214 553	484	168 674	26,3	5,6	4,8	1,5	8,7	27,8	0,1	21,9
B 1932	80,5	748 438	233 750	32 356	23 807	4 880	84 146	226 242	—	119 481	31,2	4,3	3,2	0,7	11,3	30,2	—	16,0
R 1932	81,6	756 391	254 983	39 651	14 833	3 258	45 706	239 428	—	133 713	33,7	5,2	2,0	0,4	6,0	31,7	—	17,7
B 1932	83,0	761 663	207 057	71 067	25 199	—	41 136	218 078	—	166 748	27,2	9,3	3,3	—	5,4	28,6	—	21,9
R 1933	88,5	820 516	318 747	65 540	19 725	—	28 470	220 748	—	144 333	38,8	8,0	2,4	—	3,5	26,9	—	17,6

Sitzverteilung in der Hamburger Bürgerschaft

	NSDAP Völk. Block	DNVP	DVP National-liberale	Wirt-schafts-partei	DDP DStp Fort-schrittsp.	SPD	USPD	KPD
B 1919	—	4	13	—	33	82	13	—
B 1921	—	18	23	—	23	67	2	17
B 1924	4	28	23	—	21	53	—	24
B 1928	3	22	20	4	21	60	—	27
B 1931	43	9	7	2	14	46	—	35
B 1932	51	7	5	1	18	49	—	26

R = Reichstagswahl   B = Bürgerschaftswahl   N = Wahl zur Nationalversammlung

Ressortverteilung des Senats 1919–1932

	1919	1920	23. 3. 1921	1922	1923	1924	1925	18. 3. 25	1926	1927	1. 5. 1928	28. 6. 1929	1930	16. 9. 1931	1932
1. Bürgermeister	Vorkriegssenat (1919 Melle, 1920 Sthamer, 1921 Diestel)					DDP (Petersen)									Staatsp. (Petersen)
2. Bürgermeister	SPD (Stolten)								DVP (Schramm)		SPD (Roß)		Staatsp. (Petersen)		SPD (Roß)
Auswärtiges	Vorkriegssenat (Sthamer)	SPD (Stolten)							DDP (Petersen)				SPD (Roß)		
Finanzen	Vorkriegssenat (Diestel)						DDP/Staatsp. (Cohn, 28. 6. 1929 Matthaei)								
Handel usw.	Vorkriegssenat (1920 Sthamer, 1921 Strandes)			DDP (Stubmann)				DVP (Burchard-Motz)							
Arbeit	–	VS	SPD			DDP/Staatsp. (Matthaei, 28. 6. 1929 Platen)									
Wohlfahrt	SPD (Hoffmann, 18. 3. 1925 Neumann)														
Jugend	SPD (Hoffmann, 1921 Krause, 1922 Grosse, 1925 Eisenbarth)														
Gesundheit	SPD (Gruenwaldt, 1928 Eisenbarth)														
Polizei	DDP (Petersen)	SPD (Hense, 1925 Schumann, 28. 3. 1925 Stubbe, 1926 Schönfelder)													
Justiz	VS	DDP/Staatsp. (Nöldeke, 1931 Petersen)													
Hochschule	VS (Melle)	DDP (Petersen)							DVP (Chapeaurouge)						
Schule	VS (Melle)	SPD (Krause)													
Berufsschule	SPD (Krause, 1920 Schumann)								DDP (Matthaei)		SPD (Roß, 1930 Krause)				
Bauwesen	VS (Berenberg-Goßler, Schramm)						DVP (Schramm, 1928 Hirsch)								
Landherrenschaft	DDP	SPD (Stubbe, 1931 Roß)													

Quelle: Amtsblatt der Freien und Hansestadt Hamburg

VS = Vorkriegssenat

Anmerkungen, Abkürzungen, Literaturauswahl

Anmerkungen

1 Kolb, Weimarer Republik, S. 143; Stürmer, Weimarer Republik, S. 13.
2 Gay, Republik der Außenseiter, S. 36.
3 Die folgende Darstellung basiert insbesondere auf: Comfort, Revolutionary Hamburg; Ullrich, Hamburger Arbeiterbewegung; ders., Weltkrieg und Novemberrevolution; Stehling, Hamburger Arbeiter- und Soldatenrat; Paul Neumann, Hamburg unter der Regierung des Arbeiter- und Soldatenrats. Tätigkeitsbericht, erstattet im Auftrage der Exekutive des Arbeiterrats Groß-Hamburg. Hamburg 1919; Walther Lamp'l, Die Revolution in Groß-Hamburg. Hamburg 1921; Heinrich Laufenberg, Die Hamburger Revolution. Hamburg o. J.; Sozialdemokratischer Verein für das hamburgische Staatsgebiet, Jahresbericht der Landesorganisation für die Geschäftsjahre 1914–1919. Hamburg 1920, S. 10–34.
4 Abgedruckt in: Jahresbericht SPD-Hamburg 1914/19 (wie Anm. 3), S. 10.
5 Otto Stolten beim Würzburger Parteitag der SPD 1917, Protokoll. Berlin 1917, S. 377.
6 Zitiert nach Ullrich, Weltkrieg und Novemberrevolution, S. 200.
7 Der undatierte Aufruf wurde am 7. 11. im Hamburger Echo veröffentlicht, aber schon am 6. 11. als Flugblatt verteilt, vgl. P. Neumann (wie Anm. 3), S. 7–8. Der Kieler Aufruf ist abgedruckt bei: Ritter/Miller, S. 47.
8 Stenographische Berichte über die Sitzungen der Bürgerschaft zu Hamburg im Jahre 1918, S. 656.
9 P. Neumann (wie Anm. 3), S. 24.

[10] Aus Hamburgs Verwaltung und Wirtschaft 1927, S. 292–294; Statistische Mitteilungen über den hamburgischen Staat Nr. 18, S. 16 f.

[11] Rundschreiben des Vereins »Weihnachtsspende für Kriegerwaisen Hamburg«, 17.3.1920, Staatsarchiv Hamburg: Volkszeitung Nr. 2.

[12] Statistische Mitteilungen über den hamburgischen Staat Nr. 18, S. 11–18 und Nr. 5, S. 66.

[13] Statistisches Jahrbuch für die Freie und Hansestadt Hamburg 1925, S. 275.

[14] Statistisches Jahrbuch Hamburg 1920, S. 215; 1925, S. 246.

[15] Statistisches Jahrbuch Hamburg 1925, S. 246.

[16] Vgl. Büttner, Staats- und Wirtschaftskrise, S. 83–95.

[17] Handelskammer Hamburg, Bericht über das Jahr 1919.

[18] Hamburger Volkszeitung Nr. 68 v. 21.3.1919; Hamburger Echo Nr. 135 v. 22.3.1919.

[19] Schiele in der 9. Bürgerschaftssitzung am 7.5.1919, Stenographische Berichte, S. 262.

[20] Eindrucksvoll geschildert werden die Probleme von Lippmann, Leben und amtliche Tätigkeit, S. 222–252; vgl. auch die Ausführungen von Senator Petersen in der 29. Bürgerschaftssitzung am 4.12.1918, Stenographische Berichte, S. 683–685.

[21] Statistische Mitteilungen über den hamburgischen Staat Nr. 6, S. 15; Aus Hamburgs Verwaltung und Wirtschaft 1927, S. 10; vgl. Hipp, Wohnungen für Arbeiter?

[22] Statistisches Jahrbuch Hamburg 1925, S. 272; Hüffmeier in der Vollversmlg. des Arbeiter- und Soldatenrats am 11.2.1919, Protokoll, S. 14 (Staatsarchiv Hamburg: AuSR, Nr. 5); Stenographische Berichte über die Sitzungen der Bürgerschaft 1919, S. 24; Die Sozialdemokratie in der verfassunggebenden Bürgerschaft. Tätigkeitsbericht der Fraktion 1919/21. Hamburg 1921, S. 45.

[23] 9. Sitzung des Arbeiter- und Soldatenrats am 15.11.1918, abgedruckt bei: Lamp'l, Revolution (wie Anm. 3), S. 111.

[24] 28. Bürgerschaftssitzung am 27.11.1918, Stenographische Berichte, S. 666.

[25] Z. B. Mitteilung des Kriegsversorgungsamts, in: Die Rote Fahne (Hamburg, vgl. Anm. 35) Nr. 30 vom 11.12.1918.

[26] Vgl. Walther Lamp'l, Das groß-hamburgische Revolutionsrecht. Hamburg 1921.

[27] Hamburger Echo Nr. 269, 16.11.1918.

[28] Bericht über die Sitzung der Justizkommission des A.- und S.-Rats Hamburg-Altona am 22.11.1918, Staatsarchiv Hamburg: Landesjustizverwaltung, I Eb14d2, Vol. 12.

[29] Niederschrift über die kombinierte Vollversammlung des A.- und S.-Rats am 11.2.1919, Staatsarchiv Hamburg: AuSR, Nr. 5.

[30] »Klarheit!«, Hamburger Volkszeitung Nr. 69, 22.3.1919.

[31] Hamburger Echo vom 14.11.1918; Gruenwaldt, Hense und Schädlich in der 14. Sitzung des Arbeiterrats am 22.11.1918, Staatsarchiv Hamburg: AuSR, Nr. 1, Bd. 1.

[32] Leonhardt in der kombinierten Vollversammlung des A.- und S.-Rats am 11.2.1919, Staatsarchiv Hamburg: AuSR, Nr. 5.

[33] Stellungnahme der Unabhängigen Sozialdemokratie zur Nationalversammlung, Hamburgischer Correspondent Nr. 607, 29.11.1918; Dittmann und Herz in der 11. bzw. 14. Sitzung des Arbeiterrats am 18. und 22.11.1918, Staatsarchiv Hamburg: AuSR, Nr. 1, Bd. 1.

[34] Aufruf der USPD-Parteileitung vom 8.2.1919, Hamburger Volkszeitung Nr. 35, 11.2.1919.

35 Die Rote Fahne. Amtliches Organ des Hamburger Arbeiter- und Soldaten-rats, Nr. 20, 29. 11. 1918. Die Zeitung war maßgeblich von den Linksradikalen beeinflußt, was im Rat wiederholt zu heftigen Auseinandersetzungen führte.

36 14. und 15. Sitzung des Arbeiterrats am 22. und 23. 11. 1918, Staatsarchiv Hamburg: AuSR, Nr. 1, Bd. 1; Die Lage und die Politik des Arbeiter- und Soldatenrats, Rede Laufenbergs in der Vollversammlung des Großen Arbeiterrats am 30. 11. 1918, Hamburg (Auer) 1918.

37 22. Bericht des Gewerkschaftskartells Hamburg-Altona und Umgegend für das Geschäftsjahr 1918, S. 18.

38 Laufenberg, Hamburger Revolution (wie Anm. 3); außerordentl. Sitzung des A. u. S.-Rats am 9. 1. sowie 42. Sitzung am 10. 1. 1919, Staatsarchiv Hamburg: AuSR, Nr. 1, Bd. 1; Hamburger Echo, Nr. 17 und 18 vom 11. 1. 1919; Deutscher Metallarbeiter-Verband, Verwaltungsstelle Hamburg, Geschäftsbericht über das Jahr 1919, S. 4.

39 Neumann, Hamburg unter der Regierung des Arbeiter- und Soldatenrats (wie Anm. 3), S. 55.

40 Hamburger Echo Nr. 17 und 18 vom 11. 1. 1919.

41 Herz in der 42. Sitzung des A.- und S.-Rats am 10. 1. 1919, Staatsarchiv Hamburg: AuSR, Nr. 1, Bd. 1.

42 Ullrich, Hamburger Arbeiterbewegung (wie Anm. 3), S. 674.

43 Statistisches Jahrbuch Hamburg 1920, S. 484.

44 Hamburger Echo Nr. 293 vom 10. 12. 1918.

45 Hamburger Echo Nr. 29 vom 19. 1. 1919.

46 Hamburger Echo Nr. 281 vom 28. 11. 1918.

47 Ritter/Miller, Revolution (wie Anm. 7), S. 155 f.

48 Vgl. ebda., S. 200–203.

49 Vgl.: Der Zentralrat der Deutschen Sozialistischen Republik. Bearb. v. Eberhard Kolb unter Mitwirkung v. Reinhard Rürup. Leiden 1968, S. 467; Hamburger Echo Nr. 45 vom 29. 1. 1919.

50 Hamburger Echo Nr. 56 vom 4. 2. 1919.

51 Hamburger Echo Nr. 50 vom 31. 1. 1919.

52 Ebda. Zu den Vorgängen in Bremen vgl. Peter Kuckuck, Bremer Linksradikale bzw. Kommunisten von der Militärrevolte im November 1918 bis zum Kapp-Putsch im März 1920. Phil. Diss. Hamburg 1970, S. 97–147.

53 Neumann, Hamburg unter der Regierung des Arbeiter- und Soldatenrats (wie Anm. 3), S. 92, 96–97; Hamburger Echo Nr. 55 vom 4. 2. 1919.

54 Vgl. Hamburger Echo Nr. 64 vom 8. 2. 1919.

55 Hamburger Echo Nr. 53 vom 2. 2. 1919.

56 Hamburger Echo Nr. 59 und 61 vom 6. und 7. 2. 1919.

57 Rote Fahne Nr. 19 vom 28. 11. 1918.

58 Vgl. zu diesem Unterkapitel: Witt, Sozialdemokratie, S. 11–62; Büttner, Staatskrise, S. 25–29, 50–52.

59 Vgl. Büttner, Staatskrise, S. 47–48.

60 Vgl. später. S. 84–88, 104.

61 Vgl. Büttner, Politik der Hamburger SPD.

62 Vgl. Büttner, Vereinigte Liberale.

63 Vgl. Wolfgang Benz, Eine liberale Wiederstandsgruppe und ihre Ziele. Hans Robinsohns Denkschrift aus dem Jahre 1939, in: Vierteljahrshefte für Zeitgeschichte 29 (1981), S. 437–471.

64 Vgl. Jörg Berlin, Die ersten Jahrzehnte der gewählten Bürgerschaft (1859–1914), in: Asendorf u. a. (Hrsg.), Geschichte Bürgerschaft, S. 68–69.

65 Sitzung des Geschäftsf. Ausschusses am 19./20.6.1920, Forschungsstelle, Fasc. 412. Zu diesem ganzen Abschnitt vgl. (insbesondere für genaue Belege): Büttner, Staatskrise, S. 52–59, 519–521.

66 Geheimprotokoll des Senats vom 5.5.1926 u. a. Dokumente im Staatsarchiv Hamburg: Familienarchiv Chapeaurouge, U 198. Hamburger Anzeiger vom 8.5.1926.

67 Walther Dauch in der 38. Bürgerschaftssitzung am 3.11.1926, Stenographische Berichte, S. 1049; ebenso in zahlreichen Wahlreden.

68 Wahlrede Dauchs in Hamburger Nachrichten Nr. 64 vom 7.2.1928.

69 Firmenarchiv A. O. Meyer: Nachlaß Witthoefft, Schreiben an F. Bloh, 18.1.1919; Warburg, 26.5.1919; Riesser, 6.6.1919; Stresemann, 10.11.1920, 12.10.1922.

70 Vgl. zu diesem Abschnitt: Behrens, Die Deutschnationalen; Büttner, Staatskrise, S. 65–70, 404–408.

71 Vgl. Jochmann, Stoecker, S. 165–167.

72 Otto Stolten 1924, zitiert nach Lippmann, S. 292.

73 Aufzeichnung Chapeaurouge und Schlußprotokoll über die Verhandlungen vom 5.3.1925, Staatsarchiv Hamburg: Familienarchiv Ch., U 181.

74 Hamburger Echo Nr. 287 vom 17.10.1927.

75 Stenographische Berichte 1919, S. 1.

76 Vgl. die Einleitung zu: Max Mittelstein, Die Verfassung der Freien und Hansestadt Hamburg. Hamburg 1924.

77 57. Bürgerschaftssitzung, Stenographische Berichte 1920, S. 1695.

78 48. Bürgerschaftssitzung, ebda., S. 1407.

79 Lamp'l in der 48. Bürgerschaftssitzung, ebda., S. 1409–1410.

80 Hamburger Echo Nr. 105 vom 5.3.1919.

81 Lamp'l in der 48. Bürgerschaftssitzung am 20.10.1920, Stenographische Berichte, S. 1409.

82 Hamburger Echo Nr. 287 vom 4.12.1918.

83 Hamburger Echo Nr. 33 vom 22.1.1919.

84 Hamburger Echo Nr. 149 vom 30.3.1919.

85 Hamburger Volkszeitung vom 22.3. und 23.4.1919; Hamburger Echo Nr. 236 vom 24.5.1919.

86 Unabhängige Sozialdemokratische Partei Deutschlands, Protokoll über die Verhandlungen des außerordentlichen Parteitags vom 2. bis 6.März 1919. Berlin 1919, S. 184.

87 12./14./16. Bürgerschaftssitzung am 16., 23. und 30.5.1919, Stenographische Berichte, S. 352–355, 406–409, 445–446.

88 Protokoll USPD-Parteitag 2./6.3.1919 (wie Anm. 86), S. 185; ebenso in zahlreichen Artikeln, insbes. in Hamburger Volkszeitung Nr. 80 vom 4.4.1919 (»Am Scheidewege«). Bergmann vertrat beim Parteitag im März 1919 die gleiche Auffassung.

89 Tätigkeitsbericht SPD-Fraktion 1919/21 (wie Anm. 22), S. 24.

90 Walther Lamp'l im Hamburger Echo Nr. 454 vom 29.9.1920.

91 Theodor Blinckmann in der 52. Bürgerschaftssitzung am 10.11.1920, Stenographische Berichte, S. 1567.

92 Paul Hoffmann im Bürgerschaftsausschuß zur Beratung eines neuen Handelskammergesetzes am 28.1.1919, Staatsarchiv Hamburg: Bürgerschaft I, C 1113.

93 Perner in der 29. Bürgerschaftssitzung am 24. 9. 1924, Stenographische Berichte, S. 476.
94 Meuthen, DDP, in der 2. Bürgerschaftssitzung am 7. 3. 1928; Knack, SPD, in der 21. Bürgerschaftssitzung am 15. 8. 1928, Stenographische Berichte, S. 42 und 768.
95 Büll in der 63. Bürgerschaftssitzung am 29. 12. 1920, Stenographische Berichte, S. 1875.
96 Brinckmann in der 53. Bürgerschaftssitzung am 20. 11. 1920, Stenographische Berichte, S. 1572.
97 Protokoll über die Verhandlungen des Parteitages der Sozialdemokratischen Partei Deutschlands, abgehalten in Kassel vom 10. bis 16. Oktober 1920. Berlin 1920, S. 76.
98 So äußerte sich Theodor Haubach am 20. 6. 1928 in der Bürgerschaft mit Bezug auf die Polizei, die Feststellung galt aber allgemein. Stenographische Berichte, S. 596.
99 Vgl. Büttner, Staatskrise, S. 384–392.
100 Dies zeigen u. a. die Debatten in der 10., 16., 29., 31., 34., 38. Sitzung am 11./ 26. 11., 18./21./28. 12. 1918, 6. 1. 1919, Staatsarchiv Hamburg: AuSR, Nr. 1.
101 Vfg. des Reichswehrministers vom 28. 2. 1919, Staatsarchiv Hamburg: Nachlaß Lamp'l, Nr. 8 a.
102 Hamburger Echo Nr. 84 vom 20. 2. 1919.
103 Diese und die folgende Darstellung nach: Bericht des Bürgerschaftsausschusses zur Untersuchung der Unruhen am 24./25. 6. 1919 mit Anlagen, Ausschußberichte 1920, Nr. 78; Bericht Lamp'ls für den Reichswehrminister vom 11. 12. 1919, Staatsarchiv Hamburg: Nachlaß Lamp'l, Nr. 8 a; vgl. Kluge, Soldatenräte, S. 182–183, 330–334.
104 Hamburger Echo, Nr. 317 vom 10. 7. 1920.
105 Denkschrift Lamp'l, Weihnachten 1919, Staatsarchiv Hamburg: Nachlaß L., Nr. 10; Bürgerschaftsausschuß Bericht Nr. 78 (wie Anm. 103); Bürgerschaftsdebatte am 25. 4. 1919, Stenogr. Berichte, S. 191–198.
106 Hamburger Echo Nr. 287 vom 25. 6. 1919. – Bericht Generalkdo. I vom 7. 7. 1919, Landesarchiv Schleswig-Holstein: Rep. 301, Nr. 2443.
107 Heinz Dähnhardt, Die Bahrenfelder. Geschichte des Zeitfreiwilligenkorps Groß-Hamburg in den Jahren 1919/20. Hamburg 1925; Percy Ernst Schramm, Neun Generationen. Dreihundert Jahre deutscher »Kulturgeschichte« im Lichte der Schicksale einer Hamburger Bürgerfamilie. Bd. 2. Göttingen 1964, S. 505; Bericht Bürgerschaftsausschuß Nr. 78 (wie Anm. 103); Hamburger Echo Nr. 136 vom 22. 3. 1919.
108 Hamburgischer Correspondent Nr. 97, 194 vom 22. 2., 15. 4. 1919.
109 Hamburger Echo Nr. 256 vom 6. 6. 1919.
110 Anlage 6 zum Ausschußbericht Nr. 78 der Bürgerschaft (wie Anm. 103), S. 30.
111 Bericht Bürgerschaftsausschuß Nr. 78 (wie Anm. 103); Bürgerschaftsdebatte am 2./4. 7. 1919, Stenogr. Berichte, S. 592, 609–626; Danner, S. 12–23.
112 Mitteilungen in der 24., 25., 28. Bürgerschaftssitzung am 4., 9., 18. 7. 1919, Stenogr. Berichte, S. 614, 638, 734, 755–757; Hamburger Echo Nr. 292 vom 28. 6. 1919.
113 Korps-Tagesbefehl vom 16. 7. 1919, Staatsarchiv Hamburg: SKRAA, V 27 b.
114 Olfers in der 28. Bürgerschaftssitzung am 18. 7. 1919, Stenogr. Berichte, S. 764–765; Lamp'l in Hamburger Echo Nr. 317 vom 10. 7. 1920.
115 Vgl. Danner, S. 23–30.

116 Jahresbericht SPD-Hamburg (wie Anm. 3) 1919/21, S. 22. Vgl. Loose, Abwehr und Resonanz; Danner, S. 31–45.

117 14. Bürgerschaftssitzung am 13.3.1920, Stenogr. Berichte, S. 387.

118 Ebda, S. 388.

119 Ebda, S. 389.

120 Bericht der SPD-Fraktion 1919/21 (wie Anm. 22), S. 83, 86; Bericht der Polizeibehörde Hamburg vom 2.3.1920, Staatsarchiv Hamburg: SKRAA, VI B1, Fasc. 2.

121 Vgl. Berlin, Lynchjustiz.

122 24. Bericht des Ortsausschusses des Allgemeinen Deutschen Gewerkschaftsbunds von Hamburg-Altona und Umgebung für das Geschäftsjahr 1920, S. 9.

123 Archiv der Handelskammer Hamburg: 42 B 10 b 4, Bd. 2; Hamburger Volkszeitung vom 5.5.1924 und 14.8.1928 (Abdruck von Rundschreiben).

124 Berichte von Kuesfeldt, Zentralpolizeistelle Hbg., an Polizeidirektion Bremen, 21.7., 2./27.8.1920, Staatsarchiv Bremen: 4,65-IV 4 e, Bd. 1.

125 Die stark abweichenden Angaben bewegen sich zwischen 20000 im Januar 1919, 21000 bis 48000 im März 1920, 24000 im Mai des Jahres und 25000 bis 42000 im Oktober 1920. Die Zahl von 25000 Mitgliedern im Oktober 1920 ist am besten abgesichert, weil für diese Beiträge an die Zentrale abgeführt wurden.

126 Hamburger Volkszeitung Nr. 80 vom 4.4.1919.

127 Ebenda.

128 Hamburger Volkszeitung Nr. 40 vom 17.2.1919.

129 Protokoll USPD-Parteitag 2./6.3.1919 (wie Anm. 86), S. 18, 23, 167–169, 183–187.

130 Hamburger Echo Nr. 161 vom 6.4.1919.

131 Hamburger Echo Nr. 236 vom 24.5.1919.

132 Unabhängige Sozialdemokratische Partei Deutschlands, Protokoll über die Verhandlungen des außerordentlichen Parteitages in Leipzig vom 30. November bis 6. Dezember 1919. Berlin o. J., S. 46–47.

133 Erklärung vom 26.1.1920, Staatsarchiv Hamburg: Hamburger Volkszeitung Nr. 2, Handakte Bergmann.

134 Unabhängige Sozialdemokratische Partei, Protokoll über die Verhandlungen des außerordentlichen Parteitages in Halle vom 12. bis 17. Oktober 1920. Berlin o. J., S. 50, 58, 60.

135 Polizeilicher Überwachungsbericht vom 17.3.1920, Staatsarchiv Bremen: 4,65-IV 4 e, Bd. 1. Hortschansky u. a. schweigen über den Kurswechsel Thälmanns, lassen ihn indirekt aber erkennen, indem sie als Belege für die konsequente »linke«, antiparlamentarische Haltung des Parteivorsitzenden nur Erklärungen aus der Zeit seit dem 17.3.1920 bringen. Die zwischen dem 13. und 16.3.1920 abgegebenen Stellungnahmen bleiben unerwähnt (S. 86–88).

136 Berliner Tageblatt vom 25.3.1920; Polizeiberichte vom 13./21.4.1920, Staatsarchiv Bremen: 4,65-IV 4 e, Bd. 1; Staatsarchiv Hamburg: Hamburger Volksztg., Nr. 2: Handakte Bergmann.

137 Unabhängige Sozialdemokratische Partei Deutschlands, Protokoll der Reichskonferenz vom 1. bis 3. September 1920 zu Berlin. Berlin o. J., S. 31; Protokoll ao. Parteitag Halle (wie Anm. 134), S. 239, 242; Schreiben des ZK der USPD vom 1.10.1920, abgedr. in: Hamburger Echo Nr. 464 vom 5.10.1920.

138 Anlage zu Polizeibericht vom 18.10.1920, Staatsarchiv Bremen: 4,65-IV 4 e, Bd. 1. Zur Spaltung der USPD generell Krause, USPD; Wheeler, USPD und Internationale.

139 Witt, Sozialdemokratie, S. 112.
140 Aufgrund der Angaben in KPD-Versammlungen rechnete die Polizei im Juni 1919 mit 12000 zahlenden Mitgliedern in Hamburg, in einem persönlichen Gespräch gab Laufenberg aber nur 6000 Mitglieder an. Im Januar 1920 hatte die KPD noch ca. 4000 Mitglieder, die KAPD – vor dem Ausschluß der »Nationalbolschewisten« im August 1920 – im Bezirk Nord (mit dem Schwerpunkt in Hamburg) 3000 Mitglieder. Die Allgemeine Arbeiter-Union hatte 1919 ca. 12000, 1920 15000 bis 16000, im März 1921 noch ca. 10000 Mitglieder in Hamburg. Polizeiberichte vom 16. und 19.6.1919, 28.1. und 6.12.1920, 12.3.1921, Staatsarchiv Bremen: 4,65-IV 4 d, Bd. 1 bzw. 4 e, Bd. 1–2; Bericht der Mandatsprüfungskommission beim KAPD-Parteitag am 1./4.8.1920 (wie Anm. 145). Durch Spitzel war die Polizei über die Vorgänge in den linken Parteien hervorragend informiert, so daß ihre Berichte bei vorsichtiger Auswertung als Quelle unentbehrlich sind, auch für die folgenden Abschnitte.
141 Vgl. Angress, S. 67–69; Flechtheim, S. 143–146; Bock, S. 139–152 und 360–363 (Levis »Leitsätze«).
142 Anlage 2 zu einem Hamburger Polizeibericht vom 27. Oktober 1919, Staatsarchiv Hamburg: Film S 10976.
143 Polizeiberichte vom 2., 3. und 11.3.1920, Staatsarchiv Bremen: 4,65-IV 4 e, Bd. 1.
144 Heinrich Laufenberg und Fritz Wolffheim, Revolutionärer Volkskrieg oder Konterrevolutionärer Bürgerkrieg? Erste kommunistische Adresse an das deutsche Proletariat. Hamburg 1920 (1. Ausgabe als Beilage zur kommunistischen Arbeiterzeitung vom 3. November 1919).
145 Vgl. insbes. Laufenbergs Referat beim Parteitag der KAPD vom 1. bis 4. August 1920 in Berlin, Protokoll, hrsg. von Clemens Klockner, Darmstadt 1981, S. 23–53.
146 Polizeiberichte vom 15.12.1919, 7., 13. und 29.7.1920 (über die Bezirkskonferenz), 18.9.1920, Staatsarchiv Bremen: 4,65-IV 4 e, Bd. 1.
147 Polizeibericht vom 12.3.1921, Staatsarchiv Bremen: 4,65-IV 4 e, Bd. 2.
148 Zur »Märzaktion« und ihrer Vorgeschichte vgl. Angress, S. 140–203; Flechtheim, S. 159–164; Jahresbericht des DMV-Hamburg (wie Anm. 38) 1921, S. 3–10; Stenographische Berichte über die Bürgerschaftssitzungen am 30.3. und 6.4.1921; Polizeibericht vom 22.4.1921, Staatsarchiv Bremen: 4,65-IV 4 e, Bd. 2.
149 Polizeiberichte vom 25.4.1922 (über Geschäftsbericht Urbahns'), 9.5., 26.5. und 1.6.1922 (betr. Ausführungen Thälmanns), Staatsarchiv Hamburg: Polizeibehörde, Abl. 45, Liste 2, Nr. 61.
150 Polizeibericht vom 3.9.1921 über eine Funktionärssitzung der KPD, in der Vorstand über den Parteitag in Jena vom 22. bis 26. August informierte. Staatsarchiv Bremen: 4,65-IV 4 e, Bd. 2, über den Kongreß selbst: Angress, S. 235–243.
151 Abschrift der Leitsätze in einem Polizeibericht vom 17.4.1921, Staatsarchiv Bremen: 4,65-IV 4 e, Bd. 2.
152 Hierzu: Voß, Hamburger Aufstand.
153 Zur Geschichte der Hbger KPD seit 1923: Büttner, KPD Hamburg.
154 So der Gewerkschaftssekretär Max Maddalena, zitiert nach Adolph Schönfelder in der 4. Bürgerschaftssitzung am 5.2.1930, Stenographische Berichte, S. 150.
155 Vgl. Hamel, S. 25–52, 99–109; Behrens, S. 8–18.
156 Vgl. Hamel; für die folgenden Ausführungen außer dieser Arbeit Jochmann, Stoecker; ders., Ausbreitung; Lohalm, S. 56–66.

157 Dieser Abschnitt beruht weitgehend auf der Arbeit von Lohalm.
158 Walther Hoffmann an Gustav Pott, 12. 8. 1919, abgedr. bei Jochmann, Nationalsozialismus und Revolution, S. 33–34; Lohalm, S. 217.
159 Vgl. Krüger, Brigade Ehrhardt.
160 Bericht der Hamburger Polizei vom 24. 6. 1922, Staatsarchiv Hamburg: Polizeibehörde, Abl. 45, Liste 2, Nr. 61.
161 Stenogr. Berichte über die 29. Bürgerschaftssitzung am 1. 6. 1921, S. 920.
162 Polizeibericht vom 24. 6. 1922 (wie Anm. 160); Warburg, Aufzeichnungen,
S. 108–109.
163 Schreiben an Bernhard v. Rechenberg, 17. 7. 1922, Privatbesitz.
164 Nachlaß Max Warburg, Privatbesitz.
165 Vgl. Jochmann, Ausgewählte Dokumente, Kommentar, S. 17–18; Striesow,
S. 424; das Abkommen vom 24. 10. 1923 (Ergänzung zu einem früheren) befin-
det sich im Bundesarchiv Koblenz: NS 26/1508.
166 Karl Teichelmann an Gustav Seifert, 30. 7. 1922, Bundesarchiv Koblenz: NS 26/
141; zum folgenden: Jochmann, Kampf, S. 23–25; Krebs, S. 40–54. Die Arbeit
von Th. Krause (a. a. O.) ist leider sehr oberflächlich.
167 Vgl. Jochmann, Nationalsozialismus und Revolution, S. 36–37.
168 Schreiben des Hbger Senats an den Reichskanzler, 14. 6. 1923, abgedr. bei Jochmann, Nationalsozialismus und Revolution, S. 38–46; außerdem hierzu: Entwurf einer Senatsantwort an die Bürgerschaft, 25. 6. 1923, Staatsarchiv Hamburg, Cl I Lit 1 No. 9, Vol. 57, Fasc. 13.
169 Ebenda.
170 Vgl. Jochmann, Nationalsozialismus und Revolution, S. 51–60.
171 Holtfrerich, Inflation, S. 148; außerdem zu diesem Abschnitt Wolfram Fischer,
Wirtschaftspolitik, S. 12–14.
172 Umrechnungskurse für Papiermarkbeträge in den Jahren 1919 bis 1923, in:
Hamburger Statistische Monatsberichte 1925, S. 24 (berechnet nach dem amtli-
chen Dollarkurs im Monatsdurchschnitt).
173 Holtfrerich, Inflation, S. 293.
174 Hamburger Übersee-Jahrbuch. Hrsg. v. Friedrich Stichert. Hamburg 1922 und
1924; Handelskammer Hamburg, Bericht über das Jahr 1919ff. Diese Quellen
auch für die folgenden Abschnitte.
175 Rudolf Krohne, Der Zusammenbruch und der Wiederaufbau der deutschen See-
schiffahrt, in: Bernhard Harms (Hrsg.), Strukturwandlungen der Deutschen
Volkswirtschaft. Berlin 1928, Bd. 2, S. 222–224.
176 Walter Greiling, Die Hamburger Schiffahrtsfusion, in: Wirtschaftsdienst 1926,
S. 1553–1555. Generell zu dem Abschnitt: Hans E. Priester, Der Wiederaufbau
der deutschen Handelsschiffahrt. Berlin 1926.
177 Handelskammer Hamburg, Bericht über das Jahr 1922, S. 58.
178 Rolf Erdmann, Die Krisis im deutschen Schiffbau, in: Wirtschaftsdienst 1928,
S. 1502–1505.
179 Rede beim Landesparteitag der Hamburger DDP am 14. 10. 1923, in: Hamburgischer Correspondent Nr. 482, 16. 10. 1923.
180 Wochenbericht der Behörde f. d. Arbeitsamt, 1.–6. 8. 1921, in: Staatsarchiv
Hamburg: Demobilmachungskommissar, 114/6, zitiert nach der Staatsexamens-
arbeit von Armin Knoop, S. 18–19; Statistisches Jahrbuch Hamburg 1925, S. 272.
181 Jahresbericht ADGB Hamburg 1921 (wie Anm. 122), S. 5.
182 Krankenversicherungsmitglieder laut Statistischem Jahrbuch Hamburg 1925,
S. 246.

183 Jahresbericht ADGB Hamburg 1921 (wie Anm. 122), S. 8f.

184 Jahresbericht ADGB Hamburg 1920 (wie Anm. 122), S. 34. Vgl. zu diesem Abschnitt: Statistische Mitteilungen über den hamburgischen Staat, H. 13: Der Wert der Gehälter und Löhne in Hamburg. Hamburg 1922; Hamburger Statistische Monatsberichte, Jg. 1 (1924), S. 58, 97–100. Der Realwert der Löhne wurde aufgrund von Feststellungen des Statistischen Reichsamts mit Hilfe des Lebenshaltungsindex errechnet. Die Ergebnisse schwanken von Monat zu Monat sehr stark.

185 Hamburger Echo Nr. 168, 20. 6. 1923.

186 Hierzu: Statistische Mitteilungen über den hamburgischen Staat, H. 13, S. 20–21, 30–31; Hamburger statistische Monatsberichte, Jg. 1 (1924), S. 77–80, 97; Andreas Kunz, Verteilungskampf oder Interessenkonsensus? Zur Entwicklung der Realeinkommen von Beamten, Arbeitern und Angestellten in der Inflationszeit 1914–1924, in: Die deutsche Inflation. Eine Zwischenbilanz. Hrsg. v. Gerald D. Feldman u. a. Berlin, New York 1982, S. 347–384.

187 Diese Probleme wurden u. a. von einem Mitglied der Konsumgenossenschaft »Produktion« sehr klar beschrieben, das alles andere als ein »Freund« des privaten Einzelhandels war, in: Hamburger Echo, 17. 12. 1922.

188 Hamburger Statistische Monatsberichte, Jg. 1 (1924), S. 118–120.

189 Die Zahl der freiwilligen Verkäufe von bebauten Grundstücken in der Stadt Hamburg stieg von 1113 (1913) auf 3275 (1919), 3709 (1920), 2085 (1921), 3516 (1922) und 4670 (1923); 1925 sank sie wieder auf 1665. Statistisches Jahrbuch Hamburg 1925, S. 108; 1926/27, S. 118.

190 Schreiben der USPD-Hamburg an die Stadtverordnetenfraktion ihrer Partei in Berlin, 19. 8. 1919, Staatsarchiv Hamburg: Hamburger Volkszeitung Nr. 2, Handakte Bergmann; Tätigkeitsbericht der SPD-Bürgerschaftsfraktion 1919/21 (wie Anm. 22), S. 45–46.

191 Statistisches Jahrbuch Hamburg 1925, S. 131; 1926/27, S. 127–128.

192 Hamburger Statistische Monatsberichte, Jg. 1 (1924), S. 117.

193 Senatsprotokoll, 31. 10. 1923, Staatsarchiv Hamburg: Staatliche Pressestelle I–IV, Nr. 7651.

194 Z. B. in der Frankfurter Zeitung Nr. 713 vom 26. 9. 1923: »Eine außerparlamentarische Aktion«.

195 Statistisches Handbuch Hamburg 1920, S. 235, 241.

196 Vgl. zu diesem Abschnitt über die Finanzpolitik: Lippmann, Mein Leben, S. 312–337, 359–366.

197 Vgl. die Ausführungen von Bürgermeister Diestel am 4. 12. 1918 in der Bürgerschaft, Stenographische Berichte, S. 688.

198 Schreiben der Handelskammer an die Deputation für Handel, Schiffahrt und Gewerbe, 18. 8. 1923, Staatsarchiv Hamburg: Staatliche Pressestelle I–IV, Nr. 7168. Vgl. Karl Lund, Das Papiernotgeld von Schleswig-Holstein und Hamburg 1914–1923. Berlin 1971, S. 29–37.

199 Dazu Försterling, Hamburgische Bank von 1923.

200 Die Protokolle und ein zusammenfassender Bericht über die Tätigkeit der Notstandskommission vom Dezember 1923 finden sich im Staatsarchiv Hamburg, Staatl. Pressestelle I–IV, Nr. 7414.

201 Der Bürobeamte. Organ der Gewerkschaft der öffentlichen Verwaltungs- und Justizbeamten und Angestellten, Sitz: Hamburg, Jg. 19, Nr. 20, 15. 10. 1922, S. 217. Weitere Dokumente im Staatsarchiv Hamburg: Staatliche Pressestelle I–IV, Nr. 7168. Auf diesen Unterlagen basieren die folgenden Ausführungen.

202 Geschäftsbericht 1922 des ADGB Hamburg (wie Anm. 122), S. 4.
203 Hamburger Echo, 20. 6. 1923.
204 Hamburger Echo, 21. 9. 1923.
205 Hamburger Echo, 22. 9. 1923.
206 »Unter dem Hungerjoch«, in: Hamburger Echo, 20. 10. 1923.
207 Die genauen Zahlen lauteten im Jahresdurchschnitt:

1919	240696	1924	154613	1928	201020*
1920	269839	1925	161259	1929	213448*
1921	242874	1926	163302	1930	200910*
1922	252039	1927	173301	1931	186203*
1923	232988	1928	194085		

   * Stand am Jahresende. – Bis 1921 unter Einschluß der Angestellten, bis 1923
   der Beamten, die dann im AfA-Bund bzw. ADB gesondert organisiert wurden. Quelle: Jahrbuch ADGB Hamburg 1928, S. 121; 1931, S. 314.
208 Jahresbericht des DMV Hamburg 1919, S. 124.
209 Jahresberichte des Gewerkschaftskartells bzw. des Ortsausschusses Groß-Hamburg des ADGB 1919, S. 22–29; 1920, S. 42.
210 Vgl. Saul, in: Herzig u. a. (Hrsg.), Arbeiter in Hamburg, S. 261–282.
211 Z. B. Karl Anton Gutknecht in der 1. Bürgerschaftssitzung am 8. 1. 1919, Stenographische Berichte, S. 25.
212 Jahresbericht DMV Hamburg 1919 (wie Anm. 38), S. 8–9.
213 Statistisches Jahrbuch Hamburg 1925, S. 274; Hamburger Anzeiger, 14. 3. 1923.
214 Genauer zu Witthoefft: Büttner, Staatskrise, S. 365–368; zum übrigen u. a.: Jahresberichte der Handelskammer 1919–1923.
215 Jahresbericht Handelskammer Hamburg 1919, S. 46–47.
216 Jahresbericht Handelskammer Hamburg 1922, S. 15.
217 Archiv der Handelskammer Hamburg, Plenumsprotokolle, 15. 3. 1920.
218 Ehrenteit in der Bürgerschaftssitzung am 27. 6. 1923, Stenogr. Berichte, S. 761.
   Jahresbericht des Arbeitgeberverbandes Hamburg-Altona für 1921 / 22, in: Mitteilungen der Arbeitgeberverbände Unterelbe und Hamburg-Altona, Jg. 4
   (1922), Nr. 37, S. 170.
219 Hamburger Echo Nr. 295 vom 28. 6. 1922.
220 Max M. Warburg, Richtlinien für die redaktionelle Führung einer hamburgischen Tageszeitung, Juli 1929, Historisches Archiv der Hapag-Lloyd AG: Akten
   Cuno, Korrespondenz Warburg.
221 Vgl. dazu den Jahresbericht 1923 des ADGB-Hamburg (wie Anm. 122).
222 Vgl. dazu die Berichterstattung in der Hamburger Tagespresse vom 8. bis
   17. 8. 1923; den Bericht des Chefs der Ordnungspolizei vom 16. 8. 1923 im
   Staatsarchiv Hamburg: Senat, Cl VII Lit. Me, No. 12, Vol. 32; die Darstellung
   bei Voß, S. 16.
223 Jahresbericht ADGB Hamburg 1920 (wie Anm. 122), S. 22–24, 28–31.
224 Jahresberichte ADGB Hamburg 1921 (wie Anm. 122), S. 6, 14–17; 1922, S. 4–
   5, 30–31; 1923, S. 9–10. Zum »Zehnpunkteprogramm«, seiner Entstehung und
   Bedeutung vgl. Potthoff, Gewerkschaften und Politik, S. 295–304.
225 Berliner Tageblatt, 28. 9. 1923.
226 Das Gutachten wurde in allen großen Tageszeitungen veröffentlicht, z. B. in den
   Hamburger Nachrichten Nr. 463 vom 4. 10. 1923. Die genauere Begründung erschien am 12. 10. 1923 im Wirtschaftsdienst, Jg. 8, S. 941–943.
227 Berliner Tageblatt, 10. 10. 1923.
228 Genauer hierzu Försterling, Hamburgische Bank von 1923.

229 Niederschrift über die 15. Besprechung der Notstandskommission des Senats am 24.11.1923, Staatsarchiv Hamburg: Staatl. Pressestelle I–IV, Nr. 7414; Hamburger Anzeiger, 22.11.1923: Das Währungschaos.
230 Hamburgisches Gesetz- und Verordnungsblatt 1923, 1473. Pressemitteilung des Senats, 24.11.1923, Staatsarchiv: Staatl. Pressest. I–IV, Nr. 7178.
231 Vgl. Werner Abelshauser, Verelendung der Handarbeiter? Zur sozialen Lage der deutschen Arbeiter in der großen Inflation der frühen zwanziger Jahre, in: Vom Elend der Handarbeit. Hrsg. v. Hans Mommsen u. Winfried Schulze. Stuttgart 1982, S. 445–476. Holtfrerich, Inflation, S. 268.
232 Statistisches Jahrbuch Hamburg 1925, S. 206; 1926, S. 223; 1927, S. 228. Im 2. Halbjahr 1925 war es bereits einmal zu einer günstigen Zwischenphase gekommen.
233 Jahresbericht ADGB Hamburg 1925 (wie Anm. 122), S. 27.
234 Jahresbericht DMV-Hamburg 1924 (wie Anm. 38), S. 41.
235 Vgl. dazu die ausführliche Berichterstattung in der Tagespresse, besonders im Hamburger Echo. Eine gute Zusammenfassung enthielt der Artikel des Vorsitzenden des DMV, Robert Dißmann, im »Vorwärts« vom 25.5.1924.
236 Vgl. Büttner, Hamburger Gewerkschaften in der Weltwirtschaftskrise, S. 519.
237 Dazu genauer mit detaillierten Belegen: Büttner, Staatskrise, S. 255–258.
238 Staatsrat Hey, Die soziale Lage der hamburgischen Staatsdiener vor und nach dem Kriege, Drucksache Nr. 375 für die Senatssitzung am 22.9.1925, Staatsarchiv Hamburg: Staatliche Pressestelle I–IV, Nr. 7651; Statistisches Jahrbuch Hamburg 1925, S. 226–227, 230.
239 Holtfrerich, Inflation, S. 266.
240 Genauer dazu: Büttner, Staatskrise, S. 100–105.
241 Vgl. Büttner, Staatskrise, S. 685.
242 Aufzeichnung von Paul de Chapeaurouge, Staatsarchiv Hamburg: Familienarchiv Ch.,U 181.
243 Max v. Schinckel an Rudolf Blohm am 27.12.1929 und an Karl Deters am 4.3.1931, Staatsarchiv Hamburg: Firmenarchiv Blohm & Voß, 549 S 54 bzw. 608 S 13.
244 Dazu: Lippmann, S. 338–348, 391, 400–413, 458–474; Hamburg und seine Bauten mit Altona, Wandsbek und Harburg-Wilhelmsburg 1918–1929. Hamburg 1929, S. 19–26; Büttner, Staatskrise, S. 266–267.
245 Schumacher, Wohnstadt, S. 38, 41, 83.
246 Fritz Schumacher: Wie Barlachs Ehrenmal in Hamburg entstand, in: Ockert, S. 137–144; Schreiben an Stephan Prager, 6.1.1937, ebda, Beilage. Vgl. die Dokumentation der Auseinandersetzungen um das Denkmal bei Piper, S. 57–62.
247 Dieses Kapitel über den Hochbau beruht auf den Büchern: Hamburg und seine Bauten (wie Anm. 244); Schumacher, Wohnstadt; Hipp, Wohnstadt Hamburg; Funke, S. 113–134; Rolf Spörhase, Bau-Verein zu Hamburg Aktiengesellschaft. Entstehung und Geschichte im Werden des gemeinnützigen Wohnungsbaus in Hamburg seit 1842. Hamburg 1940, S. 325–375.
248 Hipp, Wohnstadt Hamburg, S. 91.
249 Vgl. die Tabelle der Wahlergebnisse in den Stadtteilen bei Büttner, Staatskrise, S. 667. Helmuth Warnke (Der verratene Traum Langenhorn. Das kurze Leben einer Hamburger Arbeitersiedlung, Hamburg 1983) läßt diesen Aspekt unerwähnt. Er wäre nach seiner betonten Darstellung der Probleme der Siedlung und der Leistungen der KPD für sie auch kaum zu erklären.
250 Hipp, Wohnstadt Hamburg, S. 120.

251　Vgl. Loose, Groß-Hamburg; außerdem genereller: Johe, Expansionsdrang.
252　Statistisches Jahrbuch Hamburg 1925, S. 194; 1929/30, S. 206. Hamburg und seine Bauten (wie Anm. 244), S. 64. Außer auf den einschlägigen Kapiteln in diesem Band basiert der Abschnitt auf den entsprechenden Teilen im »Jahresbericht der Verwaltungsbehörden der Freien und Hansestadt Hamburg«, Bde 1925–1927, und auf den ebenfalls veröffentlichten Tätigkeitsberichten der SPD-Bürgerschaftsfraktion für die vier Wahlperioden von 1919 bis 1931.
253　Außer den in Anm. 252 genannten Werken vgl. hierzu und zum Folgenden: Hygiene und soziale Hygiene in Hamburg. Hrsg. v. d. Gesundheitsbehörde, Hamburg 1928.
254　Hierzu noch immer von grundlegender Bedeutung: Preller, Sozialpolitik.
255　Jahresberichte der Verwaltungsbehörden 1925 (wie Anm. 252), S. 633.
256　Vgl. Jahresberichte der Verwaltungsbehörden 1925, S. 636. Von rund 2200 ehrenamtlichen Pflegern waren 1925 583 Kaufleute, Gewerbetreibende und Handwerksmeister, 515 Arbeiter und unselbständige Handwerker, 307 Staatsbeamte und Angestellte.
257　Vgl. zu diesem Kapitel die grundlegende Arbeit von Milberg, ferner die in Anm. 252 genannten Quellen.
258　Milberg, S. 217.
259　Sozialdemokratische Staats- und Gemeindepolitik in Hamburg unter der Verfassung von 1921. Hamburg 1924, S. 114.
260　Vgl. zu diesem Abschnitt: Bolland, Universität; Ahrens, Werner von Melle.
261　Statistisches Jahrbuch Hamburg 1920, S. 439.
262　Vgl. die Tabelle in: Universität Hamburg 1919–1969. Hamburg 1969, S. 342–343; für die Dozentenzahlen: Statistisches Jahrbuch Hamburg 1920, S. 438; 1925, S. 317; 1931/32, S. 203.
263　Vgl.: Die Studierenden an der Hamburgischen Universität im Sommersemester 1925, in: Hamburger Statistische Monatsberichte 1925, S. 213–216.
264　Vgl. Gantzel-Kress, S. 29–44.
265　Jahresberichte der Verwaltungsbehörden 1925 (wie Anm. 252), S. 245–246.
266　Vgl. den Neudruck von: »Junge Menschen«. Blatt der deutschen Jugend. Jg. 1 ff: Hamburg 1919 ff. Das Haus der Freideutschen Jugend gehörte 1922 zu den Gebäuden, gegen die rechtsradikale Bombenanschläge verübt wurden.
267　Vgl. Gay, Republik der Außenseiter; Hamel, S. 139–145.
268　Vgl. die »intellektuelle Biographie« Warburgs von Gombrich (s. Literaturverzeichnis) und den Überblick über die Geschichte der Bibliothek von Fritz Saxl, ebda., S. 433–449.
269　Jaeger/Steckner, S. 72. Dieses Kapitel basiert ferner auf den Darstellungen von Oppens, Der Mandrill, und Lippmann, Mein Leben, S. 575–606.
270　Vossische Zeitung, 21.4.1928, abgedr. bei Jaeger/Steckner (wie Anm. 269), S. 123.
271　Lippmann, Mein Leben, S. 600.
272　Peter Blachstein, Griffelkunst, in: Geist und Tat 3 (1948), S. 463–464.
273　Emil Bien, Ergebnisse. Heft für historische Öffentlichkeit. Hamburg 1979, S. 30.
274　Die in diesem Kapitel behandelten Probleme habe ich eingehend in meinem Buch über »Hamburg in der Staats- und Wirtschaftskrise« untersucht. Zur weiteren oder detaillierteren Information verweise ich deshalb auf die Ausführungen, Quellenbelege und Literaturangaben in dieser Arbeit.
275　Aus Hamburgs Verwaltung und Wirtschaft 1928–1932.

[276] Vgl. Büttner, Gewerkschaften in der Weltwirtschaftskrise. Für den ADGB-Ort-ausschuß Groß-Hamburg und die meisten Einzelgewerkschaften liegen Zahlen für 1932 leider nicht vor, da die Jahresberichte im allgemeinen erst um die Mitte des folgenden Jahres erschienen.

[277] Vgl. Schneider, Arbeitsbeschaffungsprogramm.

[278] Undatierte Denkschrift für den bürgerschaftl. Beamtenausschuß (ca. 20. 7.–1.10.1932), Staatsarchiv Hamburg: Bürgerschaft I, C 81, Bd. 4.

[279] Aufzeichnung vom 25.September 1930, Geheimes Staatsarchiv Berlin-Dahlem: Rep. 90/2326.

[280] Zuschrift im Hamburger Anzeiger Nr. 114 vom 19.8.1932.

[281] Zum Folgenden vgl. Büttner, Finanzpolitik des Hamburger Senats.

[282] Stenographische Berichte 1931, S.602–607, 610–613 (13.Sitzung am 10. 6.1931).

[283] Ebda, S.713ff. (15.Sitzung am 26.8.1931).

[284] Hamburger Anzeiger Nr. 285 vom 5.Dezember 1931.

[285] Vgl. Büttner, Hamburg 1932.

[286] Moritz Julius Bonn im Hamburger Überseeklub, Hamburger Fremdenblatt Nr. 309a, 7.11.1931.

[287] Abschrift im 2. Lagebericht der Hamburger Polizei vom 16.6.1928, Staatsarchiv Hamburg: Film S 10977. – Die folgenden Ausführungen basieren auf meiner eingehenden Darstellung: Politik und Entwicklung der KPD.

[288] 15. Bürgerschaftssitzung am 26.8.1931, Stenographische Berichte, S. 716.

[289] Rotes Hamburg, Nr. 2, Sept. 1930, Staatsarchiv Hamburg: Plankammer, Nr. 224, abgedr. bei Büttner, Politik und Entwicklung der KPD, S. 144.

[290] Werbeflugblatt der KPD-Wasserkante, September 1930, abgedruckt ebenda, S. 145.

[291] Die Rote Fahne, Nr. 197, 24.8.1930, abgedruckt ebenda, S. 138–141.

[292] Resolution des Zentralkomitees der KPD, Beilage zur Hamburger Volkszeitung vom 30.3.1932.

[293] Für die Geschichte der NSDAP in Hamburg vgl. die in Anm. 166 genannte Literatur, außerdem Büttner, Staats- und Wirtschaftskrise, S. 71–75, 395–409. Werner Jochmann habe ich für weitere mündliche Informationen zu danken.

[294] Vgl. Jochmann, Im Kampf um die Macht.

[295] So z.B. in der warnenden Schrift der Regierungsparteien zur Bürgerschafswahl 1931: »Haltet das Tor offen!«, in großen Teilen abgedruckt bei Jochmann, Nationalsozialismus und Revolution, S. 341–347.

[296] Die Eingabe ist abgedruckt bei Eberhard Czichon, Wer verhalf Hitler zur Macht? Zum Anteil der deutschen Industrie an der Zerstörung der Weimarer Republik. Köln 1967, S. 69–70.

[297] Vgl. zum Folgenden: Büttner, Politik der Hamburger SPD.

[298] Hamburger Anzeiger Nr. 225, 26.9.1931 (Noch einmal sprachen die Führer); Redemanuskript im Staatsarchiv Hamburg: Familienarchiv Petersen, L 46.

[299] Hamburger Anzeiger Nr. 73, 27.3.1931.

[300] Vgl. verschiedene Redekonzepte im Staatsarchiv Hamburg: Familienarchiv Chapeaurouge, U 91, 158, 161.

[301] Die Zitate finden sich der Reihe nach im Hamburger Fremdenblatt Nr.61, 2.3.1930 (Carl Grevsmühl, DVP); Hamburger Echo (SPD), 22.8.1930; Hamburger Anzeiger 11.9.1930 (Gustav Stolper, Staatspartei); Die Freie Stadt, 1930, Nr. 3.

[302] Hamburger Echo, 19.9. bzw. 26.9.1930.

303 Eichholz in der 14. Bürgerschaftssitzung am 30. 9. 1930, Stenographische Berichte, S. 834.
304 Hamburger Echo, 12. 12. 1930.
305 Vgl. Anm. 295. Über die Entstehung, die Persönlichkeiten und Gruppen, die die Herausgabe und Verteilung dieser Schrift ermöglichten, Näheres bei: Büttner, Das Ende der Weimarer Republik.
306 Erklärung der Fraktion im Hamburger Fremdenblatt Nr. 119, 29. 4. 1932.
307 Das Schreiben der Fraktion ist abgedruckt bei Timpke, S. 44–46. Die Vorgänge bis zur Ablösung des demokratischen Senats am 8. März 1933 werden weitgehend aufgrund der Dokumentation und Darstellung in diesem Buch, ferner in Büttner / Jochmann, Hamburg auf dem Weg ins Dritte Reich, geschildert. Die Darstellung von Karl Ditt (Sozialdemokraten im Widerstand. Hamburg in der Anfangsphase des Dritten Reichs. Hamburg 1984) bringt demgegenüber nichts Neues. Sie ist aber in vielen Punkten unhaltbar. Beispielsweise übersieht Ditt bei seiner Kritik am Rücktritt der sozialdemokratischen Senatoren, daß sie wegen der Mehrheitsverhältnisse im Senat gar nicht die Möglichkeit hatten, das Echo-Verbot zu verhindern und auf diese Weise das Zeichen des Widerstands zu setzen, das er (S. 39–40) von ihnen fordert. Ihren Protest brachten sie eben durch ihren Rücktritt zum Ausdruck.
308 Timpke, S. 52–53.
309 Schreiben an Hermann Dietrich, 9. 3. 1933, Bundesarchiv Koblenz: Nachlaß Dietrich, Nr. 142.

Abkürzungen

ADB	Allgemeiner Deutscher Beamtenbund
ADGB	Allgemeiner Deutscher Gewerkschaftsbund
AfA-Bund	Allgemeiner freier Angestellten-Bund
AuSR	Arbeiter- und Soldatenrat
DDP	Deutsche Demokratische Partei
DHV	Deutschnationaler Handlungsgehilfen-Verband
DMV	Deutscher Metallarbeiter-Verband
DNVP	Deutschnationale Volkspartei
DVP	Deutsche Volkspartei
KPD	Kommunistische Partei Deutschlands
NSDAP	Nationalsozialistische Deutsche Arbeiterpartei
SAP	Sozialistische Arbeiterpartei Deutschlands
SPD	Sozialdemokratische Partei Deutschlands
USPD	Unabhängige Sozialdemokratische Partei Deutschlands

Literaturauswahl

Die allgemeinen Darstellungen zur Geschichte der Weimarer Republik, einzelner Parteien, Verbände, Ereignisse usw. werden nur genannt, wenn in der vorliegenden Studie unmittelbar aus ihnen zitiert oder auf sie Bezug genommen wird. Alle Werke zu nennen, die es der Verfasserin ermöglichten, die Hamburger Entwicklung in den generellen Zusammenhang einzuordnen, ist aus Platzmangel nicht möglich.

Ahrens, Gerhard, Werner von Melle und die Hamburgische Universität. In: Zeitschrift des Vereins für hamburgische Geschichte 1980, S. 63–93.
Angress, Werner, Die Kampfzeit der KPD 1921–1923. Düsseldorf 1973.
Asendorf, Manfred / Franklin Kopitzsch / Winfried Steffani / Walter Tormin (Hrsgg.), Geschichte der Hamburgischen Bürgerschaft. 125 Jahre gewähltes Parlament. Berlin 1984.

Behrens, Reinhard, Die Deutschnationalen in Hamburg 1918–1933. Phil. Diss. Hamburg 1973.
Berlin, Jörg (Hrsg.), Das andere Hamburg. Freiheitliche Bestrebungen in der Hansestadt seit dem Spätmittelalter. Köln 1981.
ders., »Lynchjustiz an Hauptmann Berthold« oder Abwehr des Kapp-Putsches? Die Ereignisse in Harburg im März 1920. In: Berlin (Hrsg.), Das andere Hamburg, S. 209–234.
Bock, Hans Manfred, Syndikalismus und Linkskommunismus von 1918–1923. Zur Geschichte und Soziologie der Freien Arbeiter-Union Deutschlands (Syndikalisten), der Allgemeinen Arbeiter-Union Deutschlands und der Kommunistischen Arbeiter-Partei Deutschlands. Meisenheim 1969.
Bolland, Jürgen, Die hamburgische Bürgerschaft in alter und neuer Zeit. Hamburg 1959.
ders., Die Gründung der Hamburgischen Universität. In: Universität Hamburg 1919–1969. Hamburg 1969, S. 21–123.
Büttner, Ursula, Das Ende der Weimarer Republik und der Aufstieg des Nationalsozialismus in Hamburg. In: Büttner/Jochmann, Hamburg auf dem Weg ins Dritte Reich, S. 7–37.
dies., Die Finanzpolitik des Hamburger Senats in der Weltwirtschaftskrise 1929–1932. In: Zeitschrift des Vereins für hamburgische Geschichte 1978, S. 181–226.
dies., Die politische Haltung der Hamburger Freien Gewerkschaften in der Weltwirtschaftskrise. In: Herzig u. a. (Hrsgg.), Arbeiter in Hamburg, S. 517–528.
dies., Hamburg in der Staats- und Wirtschaftskrise. 1928–1931. Hamburg 1982.
dies., Vereinigte Liberale und Deutsche Demokraten in Hamburg. 1906–1930. In: Zeitschrift des Vereins für hamburgische Geschichte 1977, S. 1–34.
dies., Politik und Entwicklung der KPD in Hamburg 1924–1933. In: Voß/Büttner/Weber, Vom Hamburger Aufstand zur politischen Isolierung, S. 55–183.
dies., Die Politik der Hamburger SPD in der Endphase der Weimarer Republik. In: Herzig u. a. (Hrsg.), Arbeiter in Hamburg, S. 457–469.
dies., Hamburg 1932: Rettung der Republik oder Systemzerstörung? In: Büttner/Jochmann (Hrsgg.), Zwischen Demokratie, S. 41–65.
dies. und Werner Jochmann (Hrsgg.), Zwischen Demokratie und Diktatur. Nationalsozialistische Machtaneignung in Hamburg – Tendenzen und Reaktionen in

Europa. Mit Beiträgen von Ursula Büttner, Helga Grebing, John A. Grenville, Werner Jochmann und Werner Johe. Hamburg 1984.

dies. und Werner Jochmann, Hamburg auf dem Weg ins Dritte Reich. Entwicklunsjahre 1931–1933. Hamburg 1983 (Veröffentlichungen der Landeszentrale für politische Bildung).

Comfort, Richard, Revolutionary Hamburg. Labor Politics in the Early Weimar Republic. Stanford 1966.

Danner, Lothar, Ordnungspolizei Hamburg. Betrachtungen zu ihrer Geschichte 1918–1933. Hamburg 1958.

Fischer, Wolfram, Deutsche Wirtschaftspolitik 1918–1945. 3. verb. Aufl. mit einem Tabellenanhang von Peter Czada. Opladen 1968.

Flechtheim, Ossip K., Die Kommunistische Partei Deutschlands in der Weimarer Republik. Offenbach 1948.

Försterling, Manfred, Die Hamburgische Bank von 1923 Aktiengesellschaft. In: Hamburger Wirtschaftschronik, Bd. 3 (1965), S. 1–124.

Funke, Hermann, Zur Geschichte des Mietshauses in Hamburg. Hamburg 1974.

Gantzel-Kress, Gisela, Zur Geschichte des Instituts für Auswärtige Politik. Von der Gründung bis zur nationalsozialistischen Machtübernahme. In: Klaus Jürgen Gantzel (Hrsg.), Kolonialrechtswissenschaft, Kriegsursachenforschung, Internationale Angelegenheiten. Baden-Baden 1983, S. 23–88.

Gay, Peter, Die Republik der Außenseiter. Geist und Kultur in der Weimarer Zeit: 1918–1933. Frankfurt/M. 1970.

Gombrich, Ernst H., Aby Warburg. Eine intellektuelle Biographie. Frankfurt/M. 1981.

Hamel, Iris, Völkischer Verband und nationale Gewerkschaft. Der Deutschnationale Handlungsgehilfen-Verband 1893–1933. Frankfurt/M. 1967.

Herzig, Arno/Dieter Langewiesche/Arnold Sywottek (Hrsgg.), Arbeiter in Hamburg. Unterschichten, Arbeiter und Arbeiterbewegung seit dem ausgehenden 18. Jahrhundert. Hamburg 1983.

Hipp, Hermann, Wohnstadt Hamburg. Mietshäuser der zwanziger Jahre zwischen Inflation und Weltwirtschaftskrise. Hamburg 1982.

ders., Wohnungen für Arbeiter? Zum Wohnungsbau und zur Wohnungsbaupolitik in Hamburg in den zwanziger Jahren. In: Herzig u. a. (Hrsgg.), Arbeiter in Hamburg, S. 471–481.

Holtfrerich, Carl Ludwig, Die deutsche Inflation 1914–1923. Ursachen und Folgen in internationaler Perspektive. Berlin, New York 1980.

Hortschansky, Günter u. a., Ernst Thälmann. Eine Biographie. Frankfurt/M. 1981.

Jacobsen, Hans-Adolf/Werner Jochmann (Hrsgg.), Ausgewählte Dokumente zur Geschichte des Nationalsozialismus 1933–1945. T. 1–2 u. Kommentar. Bielefeld 1961/1966.

Jaeger, Roland/Cornelius Steckner, Zinnober. Kunstszene Hamburg 1919–1933. Hamburg 1983.

Jochmann, Werner, Die Ausbreitung des Antisemitismus. In: Deutsches Judentum in Krieg und Revolution 1916–1923. Hrsg. v. Werner E. Mosse. Tübingen 1971, S. 409–510.

ders., (Hrsg.), Im Kampf um die Macht. Hitlers Rede vor dem Hamburger Nationalklub von 1919. Frankfurt/M. 1960.

ders., Nationalsozialismus und Revolution. Ursprung und Geschichte der NSDAP in Hamburg 1922–1933. Dokumente. Frankfurt/M. 1963.

ders., Stoecker als nationalkonservativer Politiker und antisemitischer Agitator. In: Günter Brakelmann, Martin Greschat und Werner Jochmann, Protestantismus und Politik. Werk und Wirkung Adolf Stoeckers. Hamburg 1982, S. 123–198.

Johe, Werner, Territorialer Expansionsdrang oder wirtschaftliche Notwendigkeit? Die Groß-Hamburg-Frage. In: Zeitschrift des Vereins für hamburgische Geschichte 1978, S. 149–180.

Kluge, Ulrich, Soldatenräte und Revolution. Studien zur Militärpolitik in Deutschland 1918/19. Göttingen 1975.

Kolb, Eberhard, Die Weimarer Republik. München, Wien 1984.

Krause, Hartfrid, USPD. Zur Geschichte der Unabhängigen Sozialdemokratischen Partei Deutschlands. Frankfurt/M. 1975.

Krause, Thomas, Von der Sekte zur Massenpartei. Die Hamburger NSDAP von 1922 bis 1933. In: Maike Bruhns u. a., »Hier war doch alles nicht so schlimm«. Wie die Nazis in Hamburg den Alltag eroberten. Hamburg 1984, S. 18–49.

Krebs, Albert, Tendenzen und Gestalten der NSDAP. Erinnerungen an die Frühzeit der Partei. Stuttgart 1959.

Krüger, Gabriele, Die Brigade Ehrhardt. Hamburg 1971.

Lippmann, Leo, Mein Leben und meine amtliche Tätigkeit. Erinnerungen und ein Beitrag zur Finanzgeschichte Hamburgs. Aus dem Nachlaß hrsg. von Werner Jochmann. Hamburg 1964.

Lohalm, Uwe, Völkischer Radikalismus. Die Geschichte des Deutschvölkischen Schutz- und Trutz-Bundes 1919–1923. Hamburg 1970.

Loose, Hans-Dieter, Abwehr und Resonanz des Kapp-Putsches in Hamburg. In: Zeitschrift des Vereins für hamburgische Geschichte 1970, S. 65–96.

ders., Groß-Hamburg, Hansestaat oder Republik Niedersachsen? Territoriale Neuordnungspläne für Nordwestdeutschland in der Revolution 1918/19. In: Zeitschrift des Vereins für hamburgische Geschichte 1980, S. 95–116.

Milberg, Hildegard, Schulpolitik in der pluralistischen Gesellschaft. Die politischen und sozialen Aspekte der Schulreform in Hamburg 1890–1935. Hamburg 1970.

Ockert, Erwin, Fritz Schumacher. Sein Schaffen als Städtebauer und Landesplaner. Tübingen 1950.

Oppens, Edith, Der Mandrill. Hamburgs zwanziger Jahre. Hamburg 1969.

Piper, Ernst, Ernst Barlach und die nationalsozialistische Kunstpolitik. Eine dokumentarische Darstellung zur »entarteten Kunst«. München, Zürich 1983.

Potthoff, Heinrich, Gewerkschaften und Politik zwischen Revolution und Inflation. Düsseldorf 1979.

Preller, Ludwig, Sozialpolitik in der Weimarer Republik. Stuttgart 1949.

Ritter, Gerhard A. und Susanne Miller (Hrsgg.), Die deutsche Revolution 1918–1919. Dokumente. 2. Aufl. Hamburg 1975.

Saul, Klaus, »Verteidigung der bürgerlichen Ordnung« oder Ausgleich der Interessen? Arbeitgeberpolitik in Hamburg-Altona 1896 bis 1914. In: Herzig u. a. (Hrsgg.), Arbeiter in Hamburg, S. 261–282.

Schneider, Michael, Das Arbeitsbeschaffungsprogramm des ADGB. Zur gewerkschaftlichen Politik in der Endphase der Weimarer Republik. Bonn-Bad Godesberg 1975.

Schumacher, Fritz, Das Werden einer Wohnstadt. Bilder vom neuen Hamburg. Hamburg 1932 (Neuaufl. 1984).

Stehling, Jutta, Der Hamburger Arbeiter- und Soldatenrat in der Revolution 1918/19. In: Herzig u. a. (Hrsgg.), Arbeiter in Hamburg, S. 419–428.

Striesow, Jan, Die Deutschnationale Volkspartei und die Völkisch-Radikalen 1918–1922. Bd. 1–2. Frankfurt/M. 1981.

Stürmer, Michael (Hrsg.), Die Weimarer Republik. Belagerte Civitas. Königstein/Ts. 1980.

Timpke, Henning (Hrsg.), Dokumente zur Gleichschaltung des Landes Hamburg 1933. Frankfurt/M. 1964.

Ullrich, Volker, Die Hamburger Arbeiterbewegung vom Vorabend des ersten Weltkrieges bis zur Revolution 1918/19. Bd 1–2. Hamburg 1976.

ders., Weltkrieg und Novemberrevolution. Die Hamburger Arbeiterbewegung 1914–1918. In: Berlin (Hrsg.), Das andere Hamburg, S. 181–208.

Vorwärts – und nicht vergessen. Arbeiterkultur in Hamburg um 1930. Materialien zur Geschichte der Weimarer Republik. Mit Beiträgen von Hans-Michael Bock u. a. Berlin 1982.

Voß, Angelika, Der »Hamburger Aufstand« im Oktober 1923. In: Voß/Büttner/Weber, Vom Hamburger Aufstand zur politischen Isolierung, S. 9–54.

Voß, Angelika/Ursula Büttner/Hermann Weber, Vom Hamburger Aufstand zur politischen Isolierung. Kommunistische Politik 1923–1933 in Hamburg und im Deutschen Reich. Hamburg 1983 (Veröffentlichungen der Landeszentrale für politische Bildung).

Warburg, Max M., Aus meinen Aufzeichnungen. Privatdruck 1952.

Weber, Hermann, Die Wandlung des deutschen Kommunismus. Die Stalinisierung der KPD in der Weimarer Republik. Frankfurt/M. 1969.

Wheeler, Robert F., USPD und Internationale. Sozialistischer Internationalismus in der Zeit der Revolution. Frankfurt/M., Berlin, Wien 1975.

Witt, Friedrich-Wilhelm, Die Hamburger Sozialdemokratie in der Weimarer Republik. Unter besonderer Berücksichtigung der Jahre 1929/30–1933. Hannover 1971.

Personenregister

Neumann, Paul 256
Nocht, Bernhard 223
Nöldeke, Arnold 80
Nonne, Max 223
Noske, Gustav 43, 54, 86, 93

Otto, Walter 128

Panofski, Erwin 225
Papen, Franz von 238, 252, 259, 267, 275, 277
Pardo, Herbert 31
Pauli, Gustav 226–227
Perner, Richard 68
Petersen, Carl 19, 52, 64, 93, 144, 189–190, 231, 270, 273, 278–279
Piper, Carl Anton 57
Platen, Curt 132
Pollak, Egon 228
Preuß, Hugo 9

Rathenau, Walther 112, 133
Reich, Hermann 107, 120
Richter, Alfred 278
Rieper, Jacob 18
Röhr 98, 100
Roß, Rudolf 64, 249
Roth, Alfred 97, 128–129

Sauerlandt, Max 226–227
Saxl, Fritz 225
Schacht, Hjalmar 172, 175
Schack, Wilhelm 128
Scheidemann, Philipp 19, 93
Schleicher, Kurt von 252
Schneider, Karl 197
Schnitzler, Arthur 227
Schön, August 80
Schönfelder, Adolph 83, 256, 273
Schoenhals, Albrecht 227
Schramm, Max 64
Schumacher, Fritz 192–195, 197–200, 203, 226
Siemers, Edmund 220
Sieveking, Hans Otto 103
Sinowjew, Grigorij 121, 125
Stalin, Josef Wissarionowitsch 125
Stern, William 221, 223

Sthamer, Friedrich 95
Stoecker, Adolf 61, 128
Stolper, Gustav 270, 272
Stolten, Otto 64
Straßer, Otto 264
Stresemann, Gustav 56, 59, 133, 171, 271
Struve, Karl 68, 79
Stubbe, Heinrich 31
Stürmer, Michael 7
Sudeck, Paul 223

Tarnow, Fritz 244
Thälmann, Ernst 107–109, 118–121, 123, 133, 258–259, 296
Thiel, Otto 271
Toller, Ernst 227
Traun, Heinrich Otto 165

Unna, Paul 223
Urbahns, Hugo 118–120

Vering, Hermann C. 88, 101, 104, 136, 189–190
Vietz 88
Völckers, Friedrich 98, 165

Wagner, Paul 18
Wangenheim, Adolf von 98, 100–101
Warburg, Aby M. 225
Warburg, Max M. 58–59, 133, 134, 166, 251
Wedekind, Frank 227
Weichmann, Herbert 202
Westarp, Kuno von 60
Wield, Friedrich 227
Wigman, Mary 228
Wilhelm II. 17, 117
Witthoefft, Franz Heinrich 56, 58–59, 164, 266
Woermann, Kurt 266
Wolf, Hans 46
Wolffheim, Fritz 15–18, 114–118
Woytinsky, Wladimir 244

Zeller, Friedrich 17–18
Ziegel, Erich 227
Zinn, Alexander 226